行政法理論と憲法

中川義朗
Nakagawa Yoshiro

法律文化社

目　次

第Ⅰ部　行政法概念と基本原則

第1章　行政法概念と憲法 ……………………………………… 3

はじめに——問題の所在と考察の視角　3

Ⅰ　行政・行政法概念の形成と展開　10
　　1　行政法概念の形成　　2　行政法の「基本要素」としての「行政」概念控除説の問題性　　3　行政概念「結合説」の台頭　　4　行政（法）のメルクマール（標識）説の意義と課題

Ⅱ　現代の代表的行政法概念の検討　25
　　1　行政法概念のための方法論の検討　　2　「行政特有法」説の問題点　　3　行政法＝「行政機関法」説の意義と課題　　4　総合的行政主体説の意義と問題性　　5　「政策」中心の行政法概念の意義と課題

Ⅲ　「行政」の法としての行政法概念と憲法　41
　　1　行政概念「積極説」の形成過程とその問題　　2　「行政権」と積極的行政法概念　　3　「現代化」の視点からの行政法概念の再構成——「参加・協働」行政　　4　積極的行政概念から実質的行政法概念へ

むすびに代えて——議論の整理と行政・行政法新概念の「検証」　61

第2章　憲法的法治主義の原則 ……………………………… 67

はじめに——問題の所在と考察の視角　67

Ⅰ　憲法と行政法との関係（一般）についての諸見解　74
　　1　「憲法超然的」行政法から「具体化された憲法」としての行政法へ　　2　行政法の現代的役割——憲法は「抽象化された行政法」？

i

Ⅱ　法治主義原則の形成と発展　85
　　1　フライナーの実質的法治主義の構造　2　本質性留保説と原則全部留保説──ボン基本法下の法律留保原則の展開　3　わが国における「法律の留保」論の発展──「留保」から「授権」へ

Ⅲ　法の支配と法治主義の「現代化」　104
　　1　「法の支配」の形成とその展開　2　「法の支配」か、あるいは「実質的法治主義」か──両者の「統合」としての「憲法的法治主義」

むすびに代えて──議論の整理と「憲法的法治主義」の課題　113

第3章　行政法の「政策化」と行政の効率性の原則について
　　──ドイツにおける行政法改革論議を参考にして　………………　119

はじめに──課題への基礎視角　119
Ⅰ　行政法改革と「政策」・「効率性」の意義　122
　　1　行政法の政策化の背景と行政法改革　2　「政策」および行政の「効率性」の概念　3　「法政策学」＝法制度設計における「効率性」の原則の意義

Ⅱ　ドイツにおける行政法改革論と行政の「効率性」の原則　131
　　1　行政法改革の背景とその方向性　2　行政法改革における「効率性」原則の位置づけ

Ⅲ　わが国行政法における「効率性」原則の位置づけ　138
　　1　行政法の一般原則としての「効率性」の位置づけ　2　行政法における効率性の原則の意義と限界　3　行政法の各論（参照領域）における「効率性」の意義

むすびに代えて──今後の課題　147

第Ⅱ部　「多極的行政法関係」と権利保護

第4章　ドイツにおける多極的行政法関係論と第三者の法的地位…　151

はじめに──課題への視角　151
Ⅰ　多極的行政法関係の一般的特質　155
　　1　多極的行政法関係とはどのような法関係か　2　多極的行政法関係の特質

Ⅱ　多極的行政法関係における第三者の地位（公権）
　　──シュミット－プロイスの理論を中心にして　168
　　　1　多極的行政法関係における紛争の特質　　2　多極的行政法関係
　　における「私益調整」論　　3　プロイス理論についての若干の批判
　　的検討

むすびに代えて──「多極的行政法関係論」の課題　179

第 5 章　多極的行政法関係における「第三者」の手続法的地位論
　　　　──行政手続法・都市計画法を中心にして …………………………… 181

はじめに──課題への視角　181
Ⅰ　多極的行政法関係の意義　184
　　　1　多極的行政法関係の意義　　2　行政法関係論・多極的行政法関
　　係論の展開とその一般的特質

Ⅱ　「多極的行政法関係」視点からの行政手続法第10条の法的意義　191
Ⅲ　都市計画法における住民参加システムと多極的行政法関係論　195
むすびに代えて──行政手続法第10条と多極的行政法関係論の課題　200

第 6 章　取消訴訟における「第三者」の原告適格の
　　　　　基準としての基本権適用論序説
　　　　──ドイツ法との比較研究 ……………………………………………… 203

はじめに──課題への視角　203
Ⅰ　判例における「保護規範説」の構造とその特質　207
Ⅱ　保護規範説への批判論の検討── H. バウアーの批判を素材として　213
Ⅲ　第三者の原告適格と基本権適用論　219
むすびに代えて──研究の整理と課題　229

第Ⅲ部　個別行政法の研究

第 7 章　建築行政における実効性確保のための法制度と
　　　　　政策に関する若干の考察
　　　　──建築基準法第 9 条の「除却命令」を中心にして …………… 235

はじめに──考察の基本視角　235

Ⅰ　建築基準行政における法の執行状況とその問題性　237
　　1　違法建築物に対する「除却命令」をめぐる執行状況　　2　建築
基準行政における行政指導多用の背景・理由

Ⅱ　建築基準行政における近隣住民ら＝第三者の法的地位論　243
　　1　第三者による「除却命令」発令の請求権問題

Ⅲ　違反建築の是正措置に関する政策論的検討　247
　　1　建築基準行政における行政指導の意義と課題　　2　行政指導の
改善策　　3　違反建築に対する「執行罰」導入の意義とその課題

むすびに代えて——研究の整理と今後の課題　257

第8章　国立大学法人に関する若干の考察
——独立行政法人としての「特性」と教育研究の「自由」の狭間のなかで … 261

はじめに——考察の基本視角　261

Ⅰ　国立大学法人法の立法過程の特質　264
　　1　行財政改革＝組織的減量化の手段としての国立大学法人化
　　2　高等教育研究機関としての国立大学改革の流れ

Ⅱ　国立大学法人の行政法的位置づけと関連問題　267
　　1　国と国立大学法人との行政法的関係　　2　行政計画法としての
国立大学法人法と教育研究の「自主性・自律性」

Ⅲ　国立大学法人法と大学の自治権　277
　　1　国立大学法人法と教員人事に関する自治権　　2　国立大学法人
法と財政的自治

むすびに代えて——今後の課題　282

あとがき
索　　引

第 I 部

行政法概念と基本原則

第1章　行政法概念と憲法

はじめに——問題の所在と考察の視角

(1)　周知のごとく行政法総論（基礎理論）のうち、行政法概念、すなわち「行政に関する法」の核心にあたる実質的意義の「行政」概念について、控除説から積極説、控除（消極）説と積極説の「結合説」、機関態様説、国家目的実現説、および社会管理機能説（遠藤博也）までさまざまな概念が多様な視点・方法によって展開され、まさに「多様化」・「混乱」の渦中にある。たとえば、ドイツ行政法学の父、オットー・マイヤーは行政をもって、控除説と国家目的実現説を結合させた「法秩序の下で、司法以外の国家目的実現のための国家の活動」と定義づける。また美濃部達吉も、同様に消極説的国家目的説に立脚していた。このようにドイツ・わが国において積極説や新しい結合説の提唱はあるものの、目下のところテキスト・レベルではこの控除説が支配的となっている。ただ行政法学においては、形式的意義の概念はともかく実質的意義の積極的行政概念の構成自体が困難であるとする見解や行政法学においてはもはやこの概念を不

---

1)　Vgl., H.J. Wolff ／ O. Bachof ／ R. Stober, Verwaltungsrecht, 10Aufl, S. 25ff. ヴォルフは、実質的意義の行政の「積極的」「消極的」概念について、R.v. Mohl, L.v. Stein および G. Jellinek に始まって、最近の K. Stern の見解に至るまでの諸概念の内容とこれらに対するコメントを加えている。彼は、その中で「行政」の概念規定は「問題」であり、「論争」があり、かつ「理論的に混乱」している、と総体的に評価している。Vgl. H. Maurer, Allgemeines Verwaltungsrecht, 18Aufl., S. 1 ff.
　　わが国の行政概念については参照、田中二郎『行政法　上（全訂第 2 版）』 4 頁以下、手島孝『行政概念の省察』187頁以下、遠藤博也『行政法 II（各論）』 7 頁以下、小早川光郎『行政法　上』（弘文堂） 4 頁以下、成田頼明他『現代行政法（第 5 版）』 5 頁以下、塩野宏『行政法 I （第 6 版）』 1 頁以下。
2)　Otto Mayer, Deutsches Verwaltungsrecht, I 3 Aufl., S. 13f.
3)　美濃部達吉『日本行政法　上』（1936年）41頁以下、その他佐々木惣一『日本行政法総論』（1921年）29頁以下。

第 I 部　行政法概念と基本原則

要とする見解も台頭しはじめている。[4]

　他方憲法学界に目を移すと、行政（法）概念の実定法上の根拠である憲法第65条・66条3項の「行政権」に関わって、前記控除説のほか「内閣の職務」規定（73条柱書）に基づいた「法律（国法）の執行説」や、これら規定の英文言を重視し国家統治の基本方針・「統治行為」（「政治問題」）をも取り入れた「行政権（executive Power）」の意味であるという「執政権説」が提唱され、現在も活発な議論が展開されている。[6]

　次に行政概念に続く行政法学の「対象と範囲」の設定を主たる目的とする「行政法」概念について、かつては「①行政に関する法」であること、②「国内法」であること、および③「公法」であることから成る、いわゆる「国内公法説」（伝統的公式）[7]が支配的であったが、このうち②③に関わって、行政法の「グローバル化」[8]の進展や公法私法2元（区別）の否定説の台頭により「公法」・「国内」部分が削除され、代わって「行政に特殊固有な法」、あるいは「行政に関する特有の法」という、「行政特有法説」[9]が目下支配的であるといえよう。ただこの見解においては、「行政法」概念の基本要素たる「行政」が前記控除説と結合する場合、「行政」の意義が消極的にのみ規定されるためその本質をきわめ、かつその外的範囲を区画するという「概念」の体をなしてないという基本的問題をかかえる。けだし伝統的公式における「公法」が「行政の特有」性によって代えられたにすぎず、肝心の行政がこのような控除（消極）説によって形成することになれば、行政法概念自体も「残余」（Übrigbleibendes）＝「（立法）でもない、（司法）でもないもの」、あるいは（白紙的）「国家目的」に関する法に

4）　E. Forsthoff, Lehrbuch des Verwaltungsrecht, 10Aufl. 1973, S. 1. 参照、塩野宏・前掲書・2頁以下、今村成和『行政法入門（第9版）』15頁以下、曽和俊文「行政と司法」『行政法の新構想 I』310頁以下。

5）　参照、高橋和之「現代立憲主義の制度構想」（2006年）87頁以下、松井茂記『日本国憲法（第3版）』（2007年）213頁。

6）　参照、佐藤幸治『日本国憲法と「法の支配」』（2002年）210頁、佐藤幸治ほか『ファンダメンタル憲法』228頁以下、同『日本国憲法論』479頁以下。

7）　美濃部達吉『日本行政法 上』41頁以下、田中二郎『行政法上（全訂第2版）』24頁以下、塩野宏「行政法の対象と範囲」『行政法の争点』4頁。

8）　最近の研究として参照、岡田正則「グローバル化と現代行政法」『現代行政法の基礎理論』351頁以下。

4

第1章　行政法概念と憲法

なるからである。そればかりではなく、この行政法概念のうち、行政に「特殊固有」の部分については、2元論の区別基準たる公法＝公権力説又は公益説（公役務）に代わるほど明確ではなく、そうかといって今日塩野宏教授によって代表される行政過程論の提示のみでは行政法概念としては不十分であるからである。それを承けて最近では、○○基本法や計画立法の増大を背景として、伝統的公法・私法（の区別）にとらわれない「公共政策（形成・実現）」に関する「手段法」としての行政法や「ガバナンスとしての行政法」概念を提唱する論者も台頭している。また最近では、阿部泰隆教授のように、「憲法の枠内での政策実現のための手続法」といった現代行政の特徴を的確に取り込んだ行政法概念を基軸にすえて、『行政法政策学』という独自の行政法体系を構築した研究が生まれている。さらに法律の執行過程中心から行政による「立法・執行・政策」過程をふくめた「社会工学」としての行政法学も提唱されている。これらの新傾向概念の問題は、後に検討するように「政策」や「ガバナンス」が現代行政法の重要な特徴（メルクマール）であることに相違ないが、これらのメルクマール自体が多義的であり、たとえば「ガバナンス」の場合コーポレートガバナンス（公共統治）として企業の経営・管理の「改善」の意味でも用いられるためこれとの区別が問題となる。またこれらは法解釈学としての行政法概念（Begriff）の共通の"本質"であるといえるかどうか、この概念の基本要素を行政法体系の内容・構成にどう反映させるか、というむつかしい課題がある。

(2)　かくして、行政法概念不用論はともかく、かりにその概念が行政法の理論体系の「対象と範囲」の設定にとって必要不可欠だとすれば、それをどのよう

---

9)　今村成和・畠山武道補訂『行政法入門（第9版）』24頁以下、塩野宏「行政法の対象と範囲」『行政法の争点（初版）』4頁、大橋洋一「行政法の対象と範囲」『行政法の争点』4頁、小早川光郎『行政法 上』44頁以下。

10)　Hans J. Wolff / Otto Bachof / Verwaltungsrecht Ⅰ, 9 Aufl., 6 ff. Hatschek, Lehrbuch des deutschen und preußischen Verwaltungsrechts, 1931, S. 200. 阪本昌成「行政権の概念」『憲法の争点（第3版）』198頁以下。

11)　原田尚彦『行政法要論（第7版）』25頁、大浜啓吉『行政法（第3版）』19頁以下。

12)　参照、木村琢磨「ガバナンスの法理論」31頁以下、浜西隆男「行政法・行政法理論・政策過程論」自治研1089号、57頁。

13)　阿部泰隆『行政法再入門 上』17～18頁、同『行政法政策学』も参照。

14)　参照、藤原淳一郎「転換期の行政法学」『慶應の法律学（公法Ⅱ）』237頁以下。

5

第Ⅰ部　行政法概念と基本原則

に構成すべきかが、まさに学科自立の出発点の課題として問われてくる。すなわち藤田宙靖元最高裁判事が指摘のように[15]、種々雑多な行政法規に共通に通底する、なんらかの「原理」・「理論」があるはずであって、これなくして「(統一)行政法典」不在の行政法にあって自立の学自体も成り立たないからである。行政法(学)の対象(本質)・範囲を確定するうえで、まがりなりにも「行政法とはなにか」について明確なイメージを確立することが必要不可欠だと思われる。

　さらに実質的意義の行政法概念のうち、「行政」に関してはわが国の代表的積極説(新＝手島孝説[16]、旧・「修正」＝田中二郎説・成田頼明説[17])という見解の展開があり、これら新概念は消極説の課題の克服をめざすのみならず、「行政」自体への本質的洞察を深め、行政法基礎理論・体系の構築の上で大きな影響を与えたといえるが、他方「ゆりかごから墓場まで」(福祉・給付・供給行政)の現在の多種多様な行政活動、民営化に伴う「私人による行政の拡大」といった現代行政(法)現象に積極説が適確に「対応」しうるかという点から批判も多く、また「行政に関する法」において「行政」と「法」とが「関する」という文字どおり連結的表現により、行政法概念としていかなる独自の認識価値を生み出すのかという点について、「国内公法」説に代わるほど明確にされていない。このようななか最近では、行政法概念のうちもっぱら「法」に焦点を当て、これを憲法価値実現の「手続的・手段的法」、「技術的法」あるいは「政策手段法」と位置づける見解[18]がみられるようになった。ただ結論的にいえば、行政・行政法概念の実質的再構成をめざす以上、これら「手続法」、または「手段法」「技術法」という規定のみでは、実体的目的・価値を十分取り込んだ行政・行政法概念の構成という「目標」に到達したとはいえない。したがって、もとより行政概念の(わが国の新旧)積極説あるいは結合説をそのままの内容で議論の出発点にすえるというものではないにしても、何らかの"積極性"を前面に出し

---

15)　藤田宙靖『行政法総論』3頁以下。

16)　手島孝『行政法概念の省察』187頁。

17)　田中二郎『行政法総論』22頁、なお成田頼明教授は、(旧)積極(田中二郎説)を「参考」にして「行政」を、「国家的公共的任務を現実具体的に執行し、または自ら設定した目的を自己のイニシアティブにより計画、規制、誘導、指導等の方法で実現する多様な行政主体による形成的活動である」と定義づける。参照、成田・荒・南・近藤・外間『現代行政法(第5版)』5〜6頁。

18)　参照、塩野宏『行政法Ⅰ(第6版)』76頁以下、原田尚彦・前掲書25頁以下。

た構成が必要不可欠であると思われる。けだし、広義の消極説にもさまざまな
ものがあるが、このうち、消極的要素・程度の比重が大きい概念の場合には、
上記のように実質的意味の行政法概念に値しないことになり、行政法総論の出
発点としての法概念の役割にてらし基本的問題が残るからである。[19]

(3) このようにして、行政法理論体系の「自立」ないし構成の深化にとって最
初の関門が、この「行政法」の定義づけの課題——それが通説的「特有法説」
においては実質的意味の積極的「行政」概念の構成ということになるが——で
ある。したがって、「学としての行政法」の構築のためその概念構成を導入部
の基本問題として予め検討しておく必要がある。けだし、憲法をはじめとする
民・商法、刑事法、および民事・刑事訴訟法の基本六法と異なって、行政法の
場合にはその関連する法規が多種多様性であって、その基本概念・原理・内容
についてその必要性もふくめてまったくの「混迷」におちいり、「ヤバイ行政
法」[20]・「存亡の危機」[21]とさえ評されるからである。[22]すなわち行政法概念の構築は、
単にこの「混乱」を避けるためばかりでなく、行政法総論体系においてその内
容・構成に明確な展望を与えることにより、行政法学を基本六法なみに仕立て
あげることが必要不可欠の課題である。

このようななかで、わが国の行政法理論に戦後もたえず影響を与え続けてい
る、あるいは相互の学術交流が一層活発になっているドイツにおいて、最近行
政法の性質をめぐって、かつての「具体化された憲法としての行政法」を彷彿
させる「憲法の優位」[23]という視点から、すなわち「単純（行政）法律に対する[24]

---

19)　先学の代表者のひとりである清宮四郎は、自ら行政概念消極説に立脚しつつも、あえてそれへ
　　の「不満」を表明し、積極的「行政（法）」概念の構成は極めて難しい問題であり、「その確立は
　　後続にゆだねざるをえない」旨、のべる。『憲法 I（第 3 版）』（有斐閣）299頁以下。
　　Vgl., Hans J. Wolff / Otto Bachof, AaO., S. 6 f., Dirk Ehlers, Verwaltungsrecht im demokratischen
　　und sozialen Rechtsstaat, in Erichsen / Ehlers, Allgemeines Verwaltungsrecht, 13. Aufl., S. 5 ff.
20)　参照、櫻井敬子『行政法講座』（2010年）3 頁以下、とくに 9 頁以下。
21)　藤原淳一郎・前掲書・238頁。
22)　成田頼明教授は、行政概念につき確立的定義が存在しないことについて、「行政の内容が広範に
　　わたり時代の推移によるその変遷」をその原因としてあげる（成田・荒・南・近藤・外間『現代
　　行政法（第 5 版）』）1 頁以下。その他参照、野呂充「行政法の規範体系」『行政法構想 I』（総論
　　体系）41頁。
23)　F. Werner, Verwaltungsrecht als konkretisiertes , Verfassung, August 1959, DVBl S.527ff. E.
　　Schmidt-Aßmann, Das allgemeine Verwaltungsrecht als Ordnungsidee, 1982, S.18ff.

第Ⅰ部 行政法概念と基本原則

憲法の拘束性、規準性、貫徹力」をベースにした行政法理論の構成をめざす方
向が注目される。すなわちこれは、単に憲法の段階的効力（優位）論、あるい
はその「実効性」としての憲法裁判権の位置づけの議論にとどめずに、法治国・
実質的法治主義の原則、「制御（Steurung）学」の対象としての行政（組織・作用）
を導きの糸として、行政法総論（基礎理論）において、憲法の原理を太い「幹線」
として「中間行政法」「各論」レベルまで貫徹させる積極的試みと評価するこ
とができるからである。

　この憲法と行政法の関係（一般）をどう位置づけるべきかについては、O.
マイヤーの有名な「序言」[25]──「憲法は変わっても、行政法は残る」──以降
さまざまな観点から議論され、とかくわが国では両者の「乖離」傾向が指摘さ
れるなかで、戦後フリッツ・ヴェルナーの「具体化された憲法としての行政法」
という命題の下、両者の「一体性」をどのように構築するかが行政法総論レベ
ルにおいて焦眉の課題として提起されている。すなわち、行政法の「自己完結
性」「タコツボ化」が進行するあまり、法段階的「関係」をふまえた、憲法と
行政法との適正な「距離」、あるいは憲法に対する「行政法の従属性、自立性
および補完性[26]」との命題が体系的・具体的に示されていないからである。この
視点からわが国の憲法と行政法の関係をみると、これは行政法概念（対象と範
囲）について、行政（組織・活動）の基礎を憲法第65条の「行政権」規定におき、
これを通底とする第66条３項・73条（内閣の職務）の関連規定によって形成さ
れる憲法制度的概念にもとめたうえで、これを行政法総論レベルにおいてどの
ように位置づけるべきか、という課題設定を意味する。換言すれば、憲法第65
条を頂点とする「憲法動態的力」が行政法概念をはじめ基礎理論にどのような
インパクトを与えるかという検討が、まず行政法理論（体系）構築のための出
発点にすえられるべきである。その上で、国や自治体の行政の具体の個別活動
の集積・分析による概念構成へ向けて「下から」の「修正」という相互交流が

24）　ライナー・ヴァール『憲法の優位』（小山剛監訳）215頁以下、参照。Vgl., E.Schmidt-Aßmann,
　　 AaO., 11ff., 18ff.
25）　Otto Mayer, AaO., 3 Aufl., Vorwort.
26）　E. Schmidt-Aßmann, AaO., 1982, S.11ff.（エバーハルト・シュミット-アスマン『行政法理論の
　　 基礎と課題』太田匡彦・大橋洋一・山本隆司訳11頁）

求められる。

⑷　本章（第1章）は、この点について、ハンス・J. ヴォルフ（Hans J. Wolff）を始祖とし、オットー・バッホフ（Otto Bachof）によって継承され現在ではR. シトーバー（R. Stober）も加わって3名を共著とするドイツの代表的行政法著作における、実質的意義の「公行政」(öffentliche Verwaltung・public Administration)[27]概念の構成過程にそくして検討し、その結果としての仮設的概念に、わが国の憲法構造から導き出される行政の制度的概念を重ね合わせることにより、行政法学の出発点およびその内容・構成の基本要素を展望しうる実質的意味の「行政」の積極的概念をへて、さらに行政法の新構成昇華させようとするものである。

　このように本章の目的は、ドイツの議論を参考にしながら行政法理論（総論）にとっての出発点であり、また最大の困難な課題である「行政」・「行政法」概念、およびその内容を、民事法・立法法・司法法との関係のみならず憲法との関係の視点から、とくに「憲法の優位」を前提とする「行政権」（65条）規定と行政（法）概念をめぐる学説の状況を検討し、その上で新見解を提唱することにより行政法総論体系の基礎を構築をめざす試行的実験にほかならない。すなわち、行政法総論の基礎理論、組織法、行政作用（法）の体系、およびこれをめぐる行政と市民との紛争解決・救済システムというその構成のいずれをとっても、憲法との関係（距離）に対する洞察抜きには語れないからである。こうして、実質的意味の積極的行政・行政法概念の構成によってはじめて行政法基礎理論・体系への明確なる基本方向を示しうるのである。行政・行政法概念をふくむ行政法総論のシステムにおいては、シュミット・アスマンによれば[28]、最高法規としての憲法とますます増大する個別行政法規・判例との「橋渡し」という役割、具体的には法解釈における法実務の負担軽減、および「法政策の援助的手段」が期待される。この学問的作業は、行政学・行政法学・比較法に関連する学際的視点からの理論的研究のみならず、すぐれて法実践的意義

---

27)　H. J. Wolff / O. Bachof / R. Stober, AaO., S. 9.

28)　Schmidt-Aßmann, AaO., S. 10ff.（同前掲書・訳・4頁以下）。その他、最近における「憲法と行政法とのあり方」についての研究として参照、棟居快行「憲法と行政法序説」『行政法学の未来に向けて』（阿部泰隆先生古稀記念論文）129頁以下。

第Ⅰ部　行政法概念と基本原則

をもつといってよい。すなわち行政法総論（＝基礎理論）の構成の主たる目的
は、行政作用（法）の体系的構成のみならず、司法および立法（政策）の各実
務に役立つ基礎的概念・一般理論を提供することにあるからである。

Ⅰ　行政・行政法概念の形成と展開

1　行政法概念の形成

(1)　周知のごとく、憲法、民・刑事法、商法、および（民事・刑事）訴訟法の
基本六法をはじめとする法律学において、たとえば憲法であれば国家の基本法
（最高法規）、民事法であれば市民生活に関する法、刑事法であれば犯罪と刑罰
に関する法というふうにそれぞれ定義され、これら水先案内（人）をえて、概
ね順風満帆に大きな柱（＝基本構成）から、詳細な個別項目・内容に至るまで
展開されるのが、法分野の違いをこえた「共通のスタイル」である。すなわち
自立（固有）の学の体系としての個別法学にとって、簡にして要（的）を得た、
かつ他の法学科から識別されうる内容特定の「定義」ないし「概念」の構築が
その出発点とされてきたのである。

　この点行政法においてはいささか事情が異なり、その出発点から困難な課題
に直面する。たとえば古くは、議会主権と普通法（コモン・ロー）に基づく「法
の支配」（rule of law）の二大原理の下、イギリスに近代的行政法の母国、フラ
ンス流の「行政法」（droit administratif）がはたして存在するのか、またこれを
導入すべきか否かが問われ、当時の代表的な憲法学者、A. V. ダイシーが当初
これを消極に解したこと、すなわち、「イギリスの法律用語には行政法・行政

---

29)　参照、大橋洋一「行政法の対象と範囲」『行政法の争点』4頁。

30)　イギリスの代表的公法学者 A. V. Dicey が行政法の母国、フランスの "ドロワ・アドミニスト
ラティーフ" にはじめて「接触」したときの行政法のイメージと、イギリス法の原則である「法
の支配」との「違和感」があまりにも大きかったからである。その理由としては、フランス「行
政法」は、国王、官吏の特権擁護のためのコンセイユ・デタ（行政裁判制度）および固有の権力
分立論に代表され、かつ「公役務」を指導原理とするもので、「普通法」・「法の支配」のイギリス
法とは相容れないものであるとされた。A. V. Dicey, Introduction to the law of the study of the
constitution, 3th edn., (1889) chapter XⅡ, 7th edn., (1908) chapter XⅡ, A. V. ダイシー『憲法序説』
（伊藤正己・田島裕訳（318頁以下））『ダイシーと行政法』猪股弘貴訳）1頁以下、60頁以下、そ
の他参照、鵜飼信成『行政法の歴史的展開』4頁以下、和田英夫『ダイシーとデュギー』57頁以下。

裁判に相当する適当な言葉がない」とのべ、その上で「名前がないということは、本当はわれわれがそのもの自体を認めていないこと」を意味すると指摘していた。その後次第にイギリスの法制度において固有の行政法制度（地方教育機関＝行政委員会など）が成立し、また国家制定法（初等教育法・高齢者年金法・国民保険法など）においても "行政法" の成立・展開がみられ、19世紀末から20世紀の初頭になると、理論においてもダイシー自身の手による「イギリスにおける行政法の発展[31]」という論文に代表されるごとく学科自立の方向が看取される。

　他方フランスから出発した「行政法制度」（コンセイユ・デタ、県参事会）は全ヨーロッパの征服をめざしたナポレオンによって占領され、彼を庇護者とするライン同盟諸国を中心にいわゆる「３月前期」のドイツに大きな影響を与え、行政法（理論）の制度的基盤をなす行政裁判制度――「行政司法[32]」（執行機関と司法機関との統合でその本質は行政機関）――が各邦に形成された。その後ドイツでは、３月革命挫折後1850年１月31日のプロイセン欽定憲法をへて、後期立憲主義時代に「法学的方法」に基づくドイツ行政法の創設者であるオットー・マイヤー（Otto Mayer）による有名なテーゼ、すなわち行政法とは「支配する国家と、これに対峙する臣民との間の固有の法関係」であり、この「固有の法関係」とは「公権力自体が関与する」法、すなわち「公法」であると位置づけられた[33]。これにより、固有の行政法＝公法＝公権力あるいは「高権」（Hoheitsrecht）というドイツ行政法の骨格が形成された。そして彼にあっては、この「行政法によって良好な秩序を保っている国家」こそが「法治国家[34]」である、とされた。またO. マイヤーの代表的後継者（マイヤー・シューレ）であるフリッツ・フライナーも、権力分立に基づく立憲主義的行政概念と司法との区別について、い

---

31)　A. V. Dicey. The Development of Administrative law in England, The law Quarterly Review 31号（1915）148頁以下、ダイシー『イギリスにおける行政法の発展』『ダイシーと行政法』（猪股弘貴訳）153頁以下。

32)　ドイツ行政裁判制度・行政法（理論）の展開については参照、南博方『行政裁判制度』61頁以下、中川義朗『ドイツ公権理論の展開と課題』143頁以下、田上穣治「ドイツ行政法」『行政法講座第１巻』131頁以下。

33)　Otto Mayer, AaO., S. 15f. 塩野宏『オットーマイヤー行政法学の構造』260頁以下。

34)　Otto Mayer, AaO., S. 13ff.

第Ⅰ部　行政法概念と基本原則

ずれも法規の執行ないし適用作用であるためその区別の困難性を指摘しつつ、狭義の行政法の意味については、「行政のために特別に制定せられたる公法的法規」ととらえ、そのうえで「法律の支配」のための広義の行政法規には固有の「公法」のみならず私法（＝財産権の主体としての「国庫」など）もふくまれる[35]とする。さらに W. イェリネックも、行政法を「行政に固有の法」に限定しつつ、その実質的意義としては「立法・裁判以外の、国家若しくはその他公権力の担い手の活動」と純粋に消極的にとらえる。戦後ドイツにおいては、広義の行政法概念について「公行政が活動する際の基準となる法規の総体」を指し、狭義にはこのうち「行政主体の高権」に関わる法規の総体であると解されている[37]。こうしてドイツの「伝統的公式」（行政法＝国内公法説＝公権力説）が形成されてゆくことになる。

　かくして、イギリス・ドイツにおける "フランス的行政法"（行政制度＋公法＝公役務）との「接触・導入」のプロセスは、改めて「行政法とは何か」を考えさせる最初の、かつ重要な契機であったといってよい。このフランス→イギリスへの "越境" 過程にあっては、独特の権力分立論、すなわち君主の統治権を前提とし、行政に関わる紛争について司法権の介入を排除しつつ、いわば自前の紛争解決機関（コンセイユ・デタ）を用意することにより、「行政」の "自立性" の確保を中心とするフランス的行政（裁判）制度とそれによって生み出される「公役務」に代表される固有の「公法」原理が、普通法（common law）にもとづく「法の支配」のイギリスにおいてはまさに「未知との遭遇」を意味したからである。

(2)　わが国では明治憲法下において、佐々木惣一博士が、行政法概念を定立するにあたっての「一定の用意」として、次の点を指摘していた[39]。

　第一に、「行政法と名づくる（統一）法典が存せざること」、

---

35)　F. Fleiner, Institutionen des Verwaltungsrecht（1928）8 Aufl., S. 9 .

36)　W. Jellinek, Verwaltungsrecht, 3 Aufl., S. 6 .

37)　H. J. Wolff / Bachof / Stober / AaO., S. 96f.

38)　くわしくは参照、兼子仁編著『フランス行政法学史』、雄川一郎「フランス行政法」『行政法講座（第 1 巻）』151頁以下、P. ウェール・D. プイヨー『フランス行政法』（兼子仁・滝沢正訳）5 頁以下。

39)　佐々木惣一『日本行政法・総論』1921年29頁以下。

第1章　行政法概念と憲法

　第二に、「行政法を他の法と区別し、従って、行政法学を他の法学に対して独立の一科と為すにあり。故に、行政法の概念は、他の法に対して独立の一体たり得ることを標準として之を定るを要す」（傍点筆者）こと。

　それゆえ行政法が「行政に関するの法」、すなわち「国家が行政を行うに当たっての適用うくるの法なることは」明らかであるが、これでは、「一切の法は行政法たるべし」、すなわち「ほとんど一切の法は或る程度において行政に適用せらるる」ので、この概念では行政法が「他の法に対して独立の一体」足りえず、「正確（な概念）にあらず」とされた（傍点筆者）。

　こうして佐々木博士は、「行政」に関して消極説的前提の下で「限定」を加え「国家目的実現」説という一種の「積極説」を展開した上で、行政法に関して次のように定義づける──。すなわち、旧憲法下では「行政法とは、帝国議会の参与によっておこなはるる作用（立法）及び司法裁判所に参与によっておこなはるる作用（司法）を除外したる残余の作用中国内関係に属するものに付いて、特に観察して、其の国家機関の組織及び作用を規定する法を謂う」（傍点筆者）[40]と。

　この佐々木博士の見解は全国家作用からの「除外」後の「残余」に関する組織法、および作用法という典型的な消極説的行政法概念であるといってよい。

(3)　これに対して美濃部達吉博士は、「実質の意義における行政」の概念につき、①法規の下におこなはるる作用なること、②法規の執行、法規の授権、法規の制限、並びに民事刑事の外一般国家目的及び社会目的の為にする作用なること、という一定の消極説的見解をふまえ、積極的「国家目的」（＝「社会目的」）実現を加味する、ドイツ法で今日いうところの結合説的行政概念に立っていた[41]。

　美濃部達吉博士は、このうち②後者、「一般国家目的」説という行政概念をふまえつつも、こと行政法概念については、前記のごとく①行政に関する法なること、②国内法なること、および③「行政法は公法」であること、また「行政権ノ法ナリ」とする行政法は佐々木惣一博士と同様に行政組織法、および行

───────────

40)　佐々木惣一・前掲書・33頁以下。
41)　美濃部達吉『日本行政法 上巻』（1936年）41頁、同『行政法撮要 上巻（第5版）』50頁。

13

第Ⅰ部　行政法概念と基本原則

政作用法（行政権と人民との関係の法）から構成されるとした（ただし、佐々木博士にあっては行政＝「消極的」国家目的実現説と「残余」の国家行政組織法・作用法＝行政法とが一応「連結」していたのに対し、美濃部博士の場合には、行政と行政法概念は分離され別個に定義づけられていた）。さらに行政法と憲法との関係について、行政法は「憲法の基礎の上に成立する」ものであって、行政法と憲法との関係は「各論」・「総論」との関係である、と。美濃部達吉は、戦後においてもこの３要件の組合わせ説（伝統的公式）を中心とする見解を基本的に維持していた。[42]

(4)　戦後における伝統的行政法（学）発展の礎を理論・実務にわたって築いてきた田中二郎博士は、実質的意味の積極的「行政」概念について「法の下に法の規制を受けながら、現実具体的に国家目的の積極的実現をめざして行われる全体として統一性をもった継続的な形成的国家活動」であるという、「法の規制」を受ける点で一定の消極的枠組みを前提にして、その上で伝統的国家目的説を現代的にアレンジした「継続的な形成的国家活動」説[43]（＝旧積極説）を提唱した。これは、消極的国家目的（実現）説を基礎に、ドイツ基本法における社会国家規定（20条・28条）・給付行政および計画行政の進展に伴う「社会形成」・「形成行政」活動の増大という特徴を重視し[44]、これを行政概念の構成に積極的に、かつ統一的に取り入れたものである。したがって、「国家目的」自体は白紙であるものの、後続の「形成的国家活動」という表現からみて主として「社会国家」・「福祉国家」に行政レベルで対応せんとする概念規定であることが読みとれる。換言すれば、公行政の中心をなす秩序（規制）行政・警察行政・公権力の行使といった野太い伝統的な行政法学の基本線の特徴が、この概念から

---

42)　美濃部達吉『日本行政法　上巻』（1934年）7頁以下、同『行政法序論』（有斐閣、1948年）27頁以下。なおこの『序論』は、美濃部の「遺作」で、「はしがき」は子息美濃部遼吉氏執筆、末尾の「解説」は後継田中二郎の手による「未完成」の作品であり、内容自体は戦前の行政法の代表的著作と基本的に変わるところはないが、戦後における憲法と並ぶ行政法体系の総仕上げを意図しつつ「挫折」した最後の作品（＝遺作）でもある。

43)　田中二郎『行政法総論』22頁、同『新版　行政法　上巻（全訂第2版）』24頁以下、その他参照、今村成和『現代の行政・行政法の理論』8頁以下。

44)　この点について行政の自己目的の形成およびそのイニシアチブによる、「計画、規制、誘導、指導等」といった具体的方法をあげて、E. フォルストホフらと同様にその本質を「形成的活動」として定義づけるのが、成田見解である（成田頼明他著・前掲書・5〜6頁）、Vgl., E. Forsthoff, AaO., S. 5 ff. H. Maurer, AaO., S. 4 ff.

必ずしも鮮明にされないという批判がある。他方「行政法」概念自体について[45]は、田中二郎博士は、基本的に前記佐々木惣一・美濃部達吉博士による３要件の修正から成る、「行政の組織及び作用並びにその統制に関する国内公法」という「国内公法説」を受け継いでいた。このような「国内公法説」は、「行政に関する特殊固有の法」（＝「国内公法」）・「本来的公法関係」（公権力の行使）、「伝来的公法関係」（管理関係）および公権・公義務関係という公法私法２元論に立脚するものであり、これはまた、行政法総論の各構成要素全体——行政上の法律関係、公権（義務）、特別権力関係、行政作用法（行政行為・公法契約）、行政強制、行政救済——を貫徹する体系の方向指示的役割をもつのみならず、基本的に（消極的又は積極的）行政概念と形式的行政法概念との「乖離」を前提とするものであった。

　さらに柳瀬良幹博士も、行政概念につき「控除説」を前提として行政法概念[46]について、「行政法は、国内法のうち行政に特有なもののみを指称する」と定義づける。この「行政」の「特有性」については、①憲法、②司法、および③私法との「相違」をもってそれに「特有なもの」とする。また③「私法」との「区別」については、伝統的公法私法２元論をふまえ、公法関係＝「一方的支配権」説を基軸にして、（行政）主体説、ドイツの国庫説、および裁判管轄・訴訟手続説を取りあげ、それぞれ綿密に検討したのち実定行政法規に欠缺の多い行政法（＝公法関係）であることから、それを「補完」するため私法の適用を積極的にみとめるのである。

(5)　最近では行政法概念の展開について、今村成和・塩野宏教授らに代表される、伝統的公法私法２元論の「否定」説が支配的となったのを承けて、「国内[47]公法説」のうちから明確に「公法」の部分が削除され、それに代わって「行政に特殊固有の法」（特有説）、もしくは組織法的意味の「行政府の行うすべての活動である」（総合的行政主体説という。）という概念が表舞台におどり出たといっ[48]

---

45)　参照、塩野宏・前掲書（第６版）・１頁以下（４〜７頁）。

46)　柳瀬良幹『行政法（改訂新版）』（角川書店、13頁）以下。

47)　今村成和『現代の行政・行政法の理論』８頁以下、塩野宏・前掲書・28頁以下、小早川光郎『行政法上』（弘文堂）44頁、芝池義一『行政法読本（第２版）』６頁以下。

48)　今村成和著・畠山武道補訂『行政法入門（第９版）』24頁以下、大橋洋一『行政法（第２版）』２頁以下（４〜５頁）。

第Ⅰ部　行政法概念と基本原則

てよい。

　こうして行政法概念自体について、行政法学界では概ね伝統的「国内公法」説からこの「行政特有説」あるいは組織的意味の行政法概念＝「総合的行政主体説」にソフト・ランディングしたかにみえるが、この過程をザッハリッヒに観察すれば、「特有説」の場合には、「公法」＝「行政に特殊固有の法」に変わったのみであり、その中枢を占める「行政」の概念が積極的な内容で明示されない、あるいは前述の伝統学説と同様、行政と行政法（概念）がそれぞれ別個に構成される、という特徴をもつ。そのため特有説に代わって後者、すなわち行政（法）の対象・範囲を網羅的に画する「行政府の行うすべての活動」という組織的意味の行政法概念が比較的問題が少ないため行政法総論で重要な地位を占めつつある。ただ、この総合的行政主体説においては、実質的意味の行政法概念の構成とはいえないため（ドイツでは一般的に、形式的・実質的行政・行政法概念は別個に論じられる）、依然として「行政府の行うすべての活動とはなにか」という、ここで問題とされる「行政」（法）の実質的内容の解明という課題が未解決のままである。とくに、この「行政府」の中に内閣・行政機関（内閣府設置法上の「内閣府」、国家行政組織法上の省・庁・委員会）が含まれるとして、憲法上その権限とされる「統治行為」・「政治問題」に関する権限をふくむ内閣全体の作用が帰属するか否かが、直ちに問題となる。すなわち内閣は、いうまでもなく「執政権的権能」と固有の行政権（＝「執行的権能」）を併有する組織だからである。この問題については、実質的意味の行政（法）概念の憲法的視点からの考察の際（Ⅲ）、改めて取り上げて検討する。

2　行政法の「基本要素」としての「行政」概念控除説の問題性

(1)　伝統的「行政法」概念（＝国内公法説）の嫡出子たる「行政に特殊固有の法」あるいは「総合的行政主体説」においてその基幹要素をなす「行政」概念については、前述のごとく田中二郎博士や成田頼明・手島孝教授らの積極説の提唱

---

49)　参照、畠山武道「行政法の対象と範囲」『行政法の争点（第3版）』4頁以下。そこでは、従来の定義・概念というより行政法研究者が論究する「行政法の特有現象とは何か」（本質・原理）という視点から、これまでの行為規範論、行政過程論、政策法学など代表的見解を狙上にのせ批判・検討しているが、結局「解答は未だ見つかっていない」と。

があるものの、全国家作用のうちから立法と司法を除くもの（「残余」）という「控除説」が今なお支配的である[50]、といってよい。この見解は、近代立憲主義の基本要素＝権力分立の統治原理を前提に、国家の全体作用から立法および司法の「機能的側面」（＝「作用」）を控除したものを「行政」とするもので、「控除」説ともよばれるが、これについては多くの論者が指摘するように権力分立の歴史的成立過程に附合し、かつ、「控除」方式のためあらゆる行政活動を包括する網羅性（悉皆性）を有するという点にメリットを有し、そのため多くの公法学者によって支持されてきた。反面それは、その論理構造に以下のような基本的問題が内在していることもあって、少なからず批判もされてきたところである。

すなわちこれは、「前提」とすべき権力分立的統治システムについて、自然法的・超時代的に普遍妥当のドグマとして定立することが不可能である、換言すれば、それが特定の「歴史的な原理[51]」であるにもかかわらず、控除説は抽象的に措定された特定の時代、すなわち具体的には「立憲君主制モデル」の下に構成され、それを基本的に引きつぐという問題性をもつ。この権力分立制（モデル）（議院内閣制型まで含めて）をどのようにとらえ、現行憲法下の特質、すなわち権力分立における各権力の完全分離と権力間の「抑制と均衡」をどう規定すべきかが前提とされるべきところ、権力分立制に依拠する控除説にあってはこの点が全く不分明である。

第二に、権力分立制を所与とする控除の程度・範囲が論者によって相当バラつきがあり、「法の規制をうける」という点で立法のみ控除する、単純な「控除説」から、立法プラス民事刑事の司法を「控除」する、実質的意義の消極的行政概念（立法と司法以外の執行作用で国家もしくは公権力の担い手の活動[52]）、また最近では憲法学者による、この二権（立法プラス司法）の外、「執政」（統治）および「業務」の控除[53]、ならびに二権プラス「統治」（執政）および「国家指導

---

50) 塩野宏『行政法Ⅰ（第6版）』2頁以下（64頁）、清宮四郎・前掲書（第3版）・300頁、宮沢俊義『日本国憲法』（日本評論社）487頁以下、佐藤功『概説日本国憲法』364頁、その他参照、石川敏行『基本論点・行政法』10頁以下。なお石川教授は、行政概念について「暫定的結論」として消極説に分がある、とする（15頁）。

51) コンラート・ヘッセ『ドイツ憲法の基本的特質』（初宿・赤坂訳）307頁以下、とくに309頁。

52) W. Jellinek, AaO., S.6. 高田敏『新版行政法』（2009年）11頁。

第Ⅰ部　行政法概念と基本原則

計画」・「軍事行政」を「控除」する説——これらを「第一段階」として「控除」
後、残余の内容を「執行権およびこれが帰属する法主体へ委託された具体的措
置による、共同体の任務の自己責任的・恒常的処理」と積極的に規定する K.
シュテルン教授の二段階的「結合説」など——まで実に多様化しており、これ
らを一つの「控除説」の標題によって束ねること自体困難をきわめるといって
よい。

　第三に、この控除説においては、全国家作用から控除された「残余」もしく
は「国家目的」の内容の「検討」ないし「精査」が十分なされないまま一種の
「思考停止」に陥り、ひいては実質的意味の積極的行政概念構築の試みの放棄
をもたらす、という問題がある。したがって、「残余」のなかに行政権＝内閣
の権能たる「執政」・「統治」作用を含めるかどうかという問題に加えて、権力
分立的統治・行政の制度しくみでは、肝心の主権者人民とのかかわりも不透明
であり、「残余」をより具体的な国家目的実現、公権力作用、あるいは「関連
法規」などと置き換えても、その中味の特定という点で「不十分」さは否めず、
実質的行政（法）再構成への展望がみられない。こうしたなかで、最近では行
政（法）概念・控除説を「前提」として、その上で一定の積極的概念を提唱す
る「二段階」的・「結合」説の展開が注目されよう。これは、ドイツ・日本で
は前述のシュテルンの見解や小早川光郎教授の見解に代表される。

　ただ、このような行政概念についての控除説あるいは控除的要素の大きい結
合説によっては、行政法学の「対象と範囲」が確定されないのではないか、と
いう根本的疑問が全く解消されない。他方で、このような消極的行政概念の構
成によっても、あるいは積極的行政（法）概念自体を構築しなくても行政法学
（総論・基礎理論・体系）は成り立つという見解が浮上している。また行政法（学）

---

53)　阪本昌成「行政権の概念」『憲法の争点』（2008年）222頁以下。

54)　Klaus Stern, Das Staatsrecht der Bundesrepublik Deutschland, Bd., Ⅱ (1980), S.738ff.

55)　Ingo von Münch, AaO., S. 3。阪本昌成・前掲書・222頁、杉村敏正・澤野義一「行政権と内閣」『基
　　本法コンメンタール（憲法）』・224頁以下。

56)　参照、小早川光郎『行政法 上』10頁以下。

57)　参照、手島孝・前掲書・36頁以下、とくに50頁以下。このなかで手島教授は憲法（学）−行政（学）
　　−行政法（学）の３部門の基底において重なり合う鍵的要素として「行政」概念の「積極説」を
　　あげ、それぞれの「有効性」を検証する。

第1章　行政法概念と憲法

体系構成のためには、行政の形式的意義の行政でよいのではないか、もしくは組織的意味の行政で十分対応できるのではないか等々の意見があることも事実である。けだし、一般に概念・定義という形で行政法の本質が明示されなくても、その「対象・範囲」さえ「明確」にされれば、その基本的内容・構成に支障はないという見解もあるからである。ただこれに対して一般的にいえば、「行政法とはなにか」という点に関して積極的な解答がないかぎり、「控除」の結果としての「残余」、あるいはそれにつづく白紙的「国家目的」の実現「国家的事務」というだけでは実質的な「行政」の本質が解明されず、これを承ける行政法の本質（対象・範囲）も画定されないため、行政法学という「独立の一体」（佐々木惣一）も成り立たない、といってよいだろう。

3　行政概念「結合説」の台頭

(1)　そこで控除説的行政概念に対するこれらの批判を「回避」するため、一方では前記積極説もしくは結合説が展開されている。また憲法学界では、憲法第65条の「行政権」（＝内閣）の再規定から、行政権－行政活動の本質への「行政（法）」概念アプローチが展開されている。

　現在ドイツでは国法学の大家、K. シュテルン教授による「行政」概念の結合説がその代表的見解である。すなわち教授は、実質的意義の行政とは、まず控除的視点としては、国家作用のなかから執行権の機関および特定の、帰属する法主体を通じて行われる「法設定（立法）、統治（執政）、国家指導計画、軍事防衛、および裁判（司法）に属する、すべての公共的事務の履行」を除外したものをさし、次いで積極的には、「執行権の諸機関、およびこれらに帰属する特定の法主体に委託された、所与の目的規定に基づく法的拘束の下での具体

---

58)　塩野宏・前掲書・2頁以下。また行政法研究者の中には、実質的・積極的行政概念を「スルー」にする見解（芝池義一教授ら）を「一つの見解」と好意的に評価する向きがある。参照、曽和俊文「行政と司法」『行政法の新構想 I』310頁以下。

59)　Vgl., H.J. Wolff / O. Bachof / R. Stober, AaO., S. 9 . 25ff., 大浜啓吉『行政法総論（第3版）』（2012年）7頁以下。

60)　参照、藤原淳一郎「転換期の行政法学」『慶應の法律学　公法 II』（慶應義塾大学出版会）235頁以下。

61)　Klaus Stern, Das Staatsrecht der Bundesrepublik Deutschland, Band II (1980) S. 736ff. (738)

19

第Ⅰ部　行政法概念と基本原則

的措置による、共同体の恒常的自己責任的事務処理」と位置づける。すなわち、シュテルン教授によるこの行政概念の新規性は、控除説という伝統的権力分立的把握に完全に尽きるものではなく、すなわち全国家作用のなかから伝統的＝権力作用（立法プラス司法）のほか、「統治・国家指導計画、および軍事防衛」の３部門を「控除」した（残余的）作用をもって一応「行政」と規定したうえで、さらにこの「行政」の特質、すなわちその典型的な「メルクマール」に相当する部分を加味して独自の統一概念として「結合的」に仕上げている点にある。このような部分的に「消極的」・「積極的」な位置づけ＝「結合説」を、実質的行政法概念の構成という基本的課題・視点からどう評価すべきであろうか。

(2)　教授のこの控除説的部分のうち、政治（統治）／行政２分論の下で「統治」はともかく、「国家指導計画」・「軍事的防衛」を立法・司法とともに固有の「行政」概念から控除すべきであるかどうか、まず問われよう。この問題についてシュテルン教授は、「統治」・「計画」・「軍事」（防衛）いずれも法的統制の困難な部門、すなわち「法から自由な裁量」、あるいは「政策形成」的要素が大きいこと、また行政法の基本原理たる法治主義の原則＝法的統制との間に「不一致」を来たすことを、「控除」の根拠としてあげる。ドイツでは1956年３月19日の第７回基本法改正により、基本法制定時の「行政」規定（同１条３項・20条）が「執行権」へ変更されたこと、および州レベルではベルリン憲法第３条１項が「執行権は統治（Regierung）とこれに服従する行政」によって構成される旨規定していることから、両者（統治と行政）の形式的「相違」を前提にして、あえて固有の「行政」（≒「法の執行」）から「統治」を除外したものと考えられる。ただこれに対して、国家指導計画および軍事行政が「執政・政治的性格」を帯びることはいうまでもないが、他面これら（指導）計画（裁量）や軍事行政に対する法的・民主的統制（シビリアン・コントロール）の必要性が強いため、とくに現代ドイツの「社会的法治国」（20条・23条・28条）の下、「執行権及び裁判は法律及び法に拘束される」規定（20条３項）に基づく行政の憲法的・実質的法治主義原則により、これらの民主的・法的統制のシステムを確保することはきわめて重要な行政法・憲法（公法）の課題であるといってよい。これを、わが国における実質的法治主義の原則に照らしてみても、国家指導計画・軍事・防衛行政それぞれの範囲・射程において、たとえば全国総合開発計画・各自治

20

体の総合開発基本構想(旧自治2条4項)などについて、それは高度に「政治的」・「統治的」性質をおびるが、「頭から」これに対する法的統制の対象から除外すべきものとはされておらず、むしろその法的根拠を求め規律を強化すべきものである。すなわち総合開発計画等の国家指導計画においては、長期にわたる全国的スパンの計画の性質上裁量の拡大・訓示規定化（計画裁量）は避けられないにしても、国民の一般意思を代表する議会・法律による統制（＝議会留保）は不可欠だからである。また後者の軍事的防衛については、具体の治安出動・武力の行使・戦闘行動などが国際法規（ハーグ陸戦条約・1910年効力発生など）・防衛法や行政規則としてのマニュアル（行動規範）によって規律され、全く「法から自由」の行為として位置づけることには民主主義およびシビリアン・コントロール上から問題があり、とくにこれらと関連する情報連絡・後方支援・補給、戦傷病救助などは「一般の行政活動」と基本的に同質の行為であり、その意味でもあえて「行政」の概念から外す合理的根拠はないといえる。

(3)　次にシュテルン教授は前記「行政」概念のうち、前記諸要素（立法・司法＋統治・計画＋軍事・防衛）の「控除」ののち、「残余」の中味を吟味しこれを「具体的措置」による、「共同体の自己責任的事務処理」であり、組織法的に執行機関（官庁）に帰属する「共同体」の「事務処理」である、という積極的定義を提唱する。シュテルン教授によるこの結合説は、前記のような問題をかかえつつも、行政法の外的区画（構成範囲）を明確にする点、および純粋「控除説」の問題、すなわち行政活動の悉皆性を期すあまりその本質の探求作業の「停止」を克服するという点では重要な意義を有する。しかしただこの積極的基準については、基本的に行政のみならず司法にも妥当する基準ではないか、という疑問が提起されよう。すなわち権力分立論の実質的創設者であるJ. ロックやモ

---

62)　高田敏教授は、立憲主義・実質的法治国（＝実質的法治主義）の立場から、法律による「行政統制」を困難にする包括的地位・権限を「行政権」に付与する見解には反対される。参照、同『新版行政法』9頁以下。

63)　参照、塩野宏『行政法 Ⅰ(初版)』(1991年) 2 頁以下。なお塩野教授は、手島孝教授の「本来的・擬制的公共事務の管理および実施」という行政概念＝（新積極説）（『行政概念の省察』36頁以下）に対し、「直ちに生ずる疑問」、すなわち「司法あるいは裁判もこれに含まれるのではないか」という疑問を提起する（同7頁以下）。

64)　John Locke, Two Treatises of Government, 1690（ジョン・ロック『統治二論』（加藤節訳）441頁以下（470頁）。

第Ⅰ部　行政法概念と基本原則

ンテスキュー[65]の理論において、行政と司法はいずれも国民代表（議会）＝立法の下での「執行権」と位置づけられ、この「執行権」は、「市民法」に対する執行権（裁判権）と「万民法」に対する執行権（行政権）とに区別されてきたことに鑑みると、両者（行政・司法）とも「共同体の自己責任的事務処理」と位置づけることができるからである。それゆえ両者間（行政と司法）の「峻別」のため、シュテルン教授は予め権力分立的「控除説」的手法で立法のみならず司法をも「ふるい落とし」、その上で積極的行政概念を提唱している点に留意すべきである。この見解は、概括的控除後の「残余」の内容を精査し、その中から実質的に「行政」の範疇に属さないものを析出した功績は大きいが、いずれにしてもこの結合説では、あまりにも控除説的比重が大きく、すなわち多種多様な要素の「控除」のため、行政の積極的イメージが湧いてこない、という「控除説」自体に内在する基本問題が解消されないといっても過言ではない。

4　行政（法）のメルクマール（標識）説の意義と課題

(1)　このようにドイツおよびわが国では、行政・行政法の実質的概念の「多様性」のため、換言すればあらゆる点で有用な統一的概念が不在のためその定義づけに代わる、これらに「特有」の標識（メルクマール）の「叙述」が一般的になりつつある。その契機をなしたのは、実質的「行政」概念の定義づけを行うのは「困難」であるが、「行政法は何であるか」を「記述」することはできる、というE. フォルストホフの指摘である[66]。

　たとえばこれを、現代ドイツの代表的テキストであるH. マウラーの『行政法総論[67]』においてみるに、「行政」概念については控除説、積極説、および両

---

65)　Montesquieu, DEL' ESPRIT DES LOIS, 1748（モンテスキュー『法の精神上』（野田良之・稲本洋之助・上原行雄・田中治男・三辺博之・横田地弘訳）287頁以下。）

66)　フォルストホフは、この意味について次のように解説する――。「控除的方法」に基づく「権力分立的」行政概念、たとえば、イエリネック（W. Jellinek）の「立法と司法以外の国家その他の公権力の担い手による活動」という命題は一応「定義」と呼べるものであり、それが唯一の可能なものではあるが、「その認識価値」は考えられるほどに「小さい」、行政を「定義づける」のではなくむしろ「その叙述」の方が実り多い。ただこの「叙述」は大きな困難に直面していると。すなわちそれは、「固有の意味関連性」をもつ「形態」を認識できるものでなければならないからである（Ibid. S. 1 Fn. 1）。

67)　H. Maurer, AaO., 18Aufl., S. 1 ff.

第1章　行政法概念と憲法

説の「結合説」をふくめて詳細な検討を行った上で行政法概念自体については、その典型的な「標識」として、①社会形成作用であること、②公益志向的であること、③将来へ向けた「能動的」・「形成活動」であること、ならびに④個別事例の規律、および計画実現のための「具体的措置」であることを挙示する。またインゴーフォン・ミュンチも、行政法のメルクマークとして次の４点をあげる——。すなわち、①公益のための活動——「人間共同体の全体への志向性」、②公法的に組織された法主体の活動——一般行政は組織的意味の行政機関によって行使されるが、たとえば航空機の機長、地区煙突清掃婦人協会（Bezirksschornsteifeger）、もしくは埋葬協会（Bestattungsverein）のような組織への「特別委任」（Beliehenen）により高権を付与された、私人が「行政」を行う活動、③行政活動の自由と統制——行政は一方では包括的指導とコントロールに服し、他方では広範な活動の自由が付与されている（前者に対する「専門監督」（Fachaufsicht＝当・不当を基準とする監督）と後者に対する「法規監督」（Rechtsaufsicht＝適法・違法を基準とする監督））、ならびに④多様な法形式の活動——行政活動の法形式は圧倒的に「公法」の形式で行われるが、他方少なからず「私法」の形式でも行われるため多様な形式をとること。

　H．マウラーの見解は④の個別事例の規律・具体的措置を除くと、前述のわがくにの（旧）積極説（＝田中二郎説）における、法の下で「法の規制」を受けながら「全体として統一性のある」「継続的な形成的国家活動」という定義と基本的に同一内容か、あるいは類似性をもつといってよい。すなわちこの（旧）積極説が「国家目的の実現」をはさんで①～③へと連続的にまとまりのある統一概念に仕立てあげているのに対して、H．マウラーの場合には、これらを現代行政共通の性質として個別的に列挙している点に、構成・方法のちがいがある。この標識説の立場は、ますます多様化しつつある現代行政（法）の主要な傾向を取り上げて一定の断面的特徴を記すものの、「行政法とはなにか」という本質の解明という課題に真正面から向き合うものではなく、むしろ「行政法とはどのような（性質の）法であるか」という点について、典型的な特質（メ

---

68)　Ingo von Münch, Verwaltung und Verwaltungsrecht im demokratischen und sozialen Rechtsstaat, in Erichsen／Martens, Allg. VerwR. 8 Aufl., S. 5 ff.

第Ⅰ部　行政法概念と基本原則

ルクマール）をあげるにとどまっているといえよう。そこに、標識説の意義と
限界があると思われる。

(2)　以上のごとく、わがくにおよびドイツの代表的論者において、行政法学の
対象である実質的意義の「行政法」とはなにか、あるいは「行政法とはどのよ
うな法であるか」、という困難な課題に関して、その中核要素である「行政」
概念について、何らかの積極的解答をあたえようとする"試み"はあるが、そ
れが必ずしも成功しているとはいえない状況にある。その結果として「残存」
するのは、行政概念自体としての「控除説」・「結合説」であり、あるいは行政
法概念としての「行政に特殊固有の法」を経由して、再還帰する「控除」説で
ある、という二重の意義での控除説であるといってよい。

　他方、「行政」概念として前述のいわゆるシュテルン教授に代表される「結
合説」をふくむ「積極説」はその本質・特質を究明するという概念自体につい
ての深化発展には評価すべきものがあるが、ただ周知のごとく、その概念の精
確性という点ではいぜんとして問題があり、とくに広義の「法律の執行」の範
疇に属する行政と司法との明確な線引き——たとえば、自由裁量性の有無、司
法の目的が法の適用であるのに対し行政は目的に対する手段などの困難性が指
摘される。それを承けて後述のように、積極説・結合説も国家目的を中心とし
た概念から「公共事務」（公共性）の「処理」「管理」を中核とする概念に移行
しつつある。またシンプルにごく形式的に「行政に関する法」、あるいは「行
政に特有の法」という概念では、行政法学は他の法分野とくに民事・刑事法、
各訴訟法と識別できるほど明確な内容（性質）が規定されないままである。そ
こで、これら行政法概念をめぐる多様な問題性を概観するならば、まず次の
「Ⅱ」で行政法概念の方法論・視点を明確にした上で、動態的法秩序の源泉と
しての「憲法具体化法」＝行政法、あるいは「憲法優位論」の視点から行政法
概念を再照射して新たな積極的概念を構築すべきであり、これによって行政法
学創設以来の積年の「永遠のテーマ」でもあるこの課題に、たとえ万人が納得

---

69)　Vgl., E. Forsthoff, AaO., S. 5 ff. Fleiner, AaO., 8 Aufl., (1928) S. 5 ff. （『独逸行政法論』（＝
　　Fleiner, AaO., 3 Aufl, 1911・山田準次郎訳）7頁以下）。

70)　手島孝・中川義朗編著『新基本行政法学（第2版）』「コラム欄」（手島孝執筆）（法律文化社）
　　9頁以下。

第1章　行政法概念と憲法

できる新行政法概念の構築は困難であるとしても、現代の高度科学技術時代（IT・AI）に実りの多いパラダイムをめざした、より実り多い実質的行政・行政法概念に到達できるものと考える。けだし、実質的・積極的行政・行政法概念について、あらゆる観点において「有用な概念」を構築することが困難であるといわれることからも、まず多様な錯綜した関連諸概念・議論を、解釈学としての行政法の視点・方法論を整理した上で新展開させることが必要不可欠であるからである。

Ⅱ　現代の代表的行政法概念の検討

1　行政法概念のための方法論の検討

⑴　上述のごとき、行政・行政法概念に関する日独の代表的論者の見解の概観的考察から、まずその「再構築」のためには方法論上の基本的問題について予め整理することが求められる。ここで検討すべき点は、これら行政・行政法概念の制度的前提をなす近代立憲主義の二大要素のひとつである権力分立（＝三権分立）に関する基本的視座である。すなわち、それがJ. ロックやルソーらの近代啓蒙思想家によって「理念型」が形成されたこと、しかもそれらが特定の時代・国家における統治形態の分析・性格づけであったこと、したがって、後続の立憲主義国家の権力分立のありようは多種多様であり、共通の統一的概念の措定、すなわち超時代的・自然法的モデルは存在しないことが、まず確認されねばならない。特定の時代・国の憲法＝立憲主義の下での「行政権」規定にその基礎をおく「行政法」の制度的概念の追求という方法論の整理・確立が先決的な課題となる。周知のごとく、権力分立・議院内閣制の統治構造の下、「行政権」に関する法としての行政法にあっては統一法典を欠き、種々多様な専門・

---

71)　H. J. Wolff ／ O. Bachof ／ R. Stober, AaO., S. 26ff., Ingo. v. Münch in Erichsen ／ Martens, All. Verwal. S. 5 ff.

72)　この点を強調するのがK. ヘッセである。すなわち彼によれば、「三権分立」といっても立法＝議会、行政（執政）＝大統領・内閣、司法＝裁判所というスケッチのみで、担当の国家機関、行政については大統領（制）もしくは（議院）内閣制に帰属する場合など多種多様であるからである。コンラード・ヘッセ・前掲書335頁、その他参照、阪本昌成「議院内閣制における執政・行政・業務」『憲法五十年の展望Ⅰ』（総合と均衡）220頁以下。

第Ⅰ部　行政法概念と基本原則

技術的法規、ならびに判例・行政先例・慣習法などの法源によって構成される解釈学としての行政法（学）において、また憲法と個別行政法規・判例との「橋渡し」が期待され、その総論・基礎理論において、行政法の「対象」に関連する観念であり、「メルクマールの集合体としてのその内容」と「対象の集合体」としての「範囲」によって規定される行政法概念の構成に関する議論としては、なぜ統一的行政法概念の構築かという課題とともに、どのような視点からアプローチするのかという点がきわめて重要な前提作業となるのである。

　これまで述べてきたように、行政（法）概念については、形式的もしくは組織的意味のほか、実質的意味が区別されてきた。この方法論について、これまでの研究成果に基づいて伝統的公法私法２元論（区別論）の再検討の方法論として示されたのは、①本質的・理論的概念と②制度的・技術的それとの区別を明確にした上で論ずべきとの指摘を受けて「行政法」概念の検討にあたっても、この２元論をめぐる議論と同様に②制度的・技術的概念、とくに②′憲法を基礎とする、いわば憲法制度的概念という特定の法制度に依拠して議論をすすめてゆくべきである、という共通の立場・視点の確認であった。さらに現在では、行政法（学）では多様な課題に「適応」するため、その「機能的分類」として類型的概念、説明概念、道具概念、および開発概念が整理され、このうち法解釈学としての行政法学に有用な、前述の②制度的・技術的概念に相当するのは道具概念であるといわれている。その他の概念はそれぞれ字義どおりで、行政法（関係）の「局面」ごとに用いられ、また相互に重複しているのである。その上でわれわれの行政（法）概念の批判・再構成にあたっては、行政法＝「具体化された憲法」という視点からも②′の憲法制度的概念の探究を中心課題にすえるべきであろう。

---

73)　Der Brockhaus IBd., S. 75.

74)　宮沢俊義「公法私法の区別に関する論議について」国家学界雑誌第49巻９号、鵜飼信成「行政・行政法・行政法学」田中二郎・原竜之助・柳瀬良幹共編『行政法講座　第１巻』23頁以下。なお、この論文の公法学（憲法・行政法）の方法論における、その「重要な意義」については参照、鵜飼信成『行政法の歴史的展開』81頁以下、とくに同86頁以下。その他参照、小早川光郎・前掲書・４頁以下。

75)　このうち「道具概念」は宮沢俊義のいう「技術的概念」に概ね相当するもので、行政法（解釈）学ではこの概念が中心的に用いられる。参照、塩野宏『行政法概念の諸相』３頁以下。

26

2 「行政特有法」説の問題点

(1) この実質的「行政法」概念について、前記のごとくかつての「国内公法説」に代わってその嫡出子的地位を占めるのは、いわゆる「行政特有法」説である。

これについて公法私法2元論否定後の行政法理論をリードしたのは、今村成和教授である。同教授は、行政法概念の設定の困難性を自認しつつ、裁判制度（司法）の一元化および公法私法2元論の否定をふまえ、次のようにのべる。[76]「裁判制度が一元化された現行憲法の下では、過去の2元論は一応ご破算にして、全法律秩序のなかで、行政に関する法的規制の特殊性がどのように構成されているかを新たにみなおすことの方が、はるかに効果的である」（傍点筆者）とした上で、行政法は①「行政に関する特有の法」を意味し、その範囲は、②「行政権の帰属者たる行政府の活動を広く指す」、あるいは「行政に関する（すべての）法現象」であると。

この見解は基本的に、戦後の伝統的学説において公法・私法2元論の「崩壊」後もその精神を継承した「行政に関する特殊固有の法」[77]という内容で発展させつつ、その行政法概念自体の構成とその対象・範囲を明確に区別して、後者＝「対象・範囲」については、憲法第65条の「行政権」が担当する全体的活動という、組織法的意味における行政概念を採用したものである。

また成田頼明教授も、公法私法2元論の枠組みを離れ「行政に特有の法現象、あるいは行政に関するすべての法と法現象」を指すという特有説プラス「（すべての）行政法現象」説を提唱し、その上で具体的には行政による「私法的手段」——公営住宅、政策融資、公共用地の任意買収、普通財産の貸付けなど（行政私法）——を後者の視点からすべての（行政）法現象をその「範囲」にふくめている。[78] さらに最近では、建築基準法上の「指定確認検査機関」制度（77条の18以下）や地方自治法の「指定管理者」制度（244条の2第3項以下）などに代表される「私人による行政」、[79] および民間委託（民営化）などの「私化」・「保障行政」が「行政私法」などともに行政法の概念（＝範囲）に含まれる。

さらに、小早川光郎教授が、行政概念を、「人民との関わりの下で行われる[80]

---

76) 今村成和『行政法入門（第9版）』21頁以下、同『現代の行政・行政法の理論』12頁以下。

77) 参照、田中二郎・前掲書・24頁。

78) 成田頼明・荒秀・南博方・近藤昭三・外間寛著『現代行政法（第5版）』20頁以下。

第 I 部　行政法概念と基本原則

民刑事法以外（——司法）の公の事務の処理」と定義づけたうえで、行政法については、民刑事司法以外の「行政に固有の法の体系」をもって、その定義となす純粋「固有説」にたつほか、芝池義一教授も行政法をもって「行政に固有[81]または特有の法」と定義づける。これらの学説は、それぞれ表現に微妙に差異があるものの基本的に同一傾向・内容を表す見解であり、2元論「否定」後の行政法概念において通説的地位を占めつつあるといってよい。この「特有説」（または固有説）の狙いは等しく伝統的に「国内公法」とされてきた行政法と憲法との区別を明確にするためであり、また同じ「執行権」に属する行政（権）と司法との形式的相違を意識したものであるといえよう。この特有説の問題性は、上記の「私化」「行政私法」を行政法（学）の対象に採り入れる理由づけの問題のほか、実質的には司法権（作用）に属する行政訴訟（裁判）や（上級）機関・第3者機関による行政不服審査が「行政法（学）の（固有の）対象・範囲」とされており、また内閣・行政機関による命令（政令・府省令・規則）制定がその本質は立法作用であるにかかわらず行政法の定義との関係からすれば、行政特有の法現象とみなされ行政法総論・作用法の基本的内容・構成になっており両者の「整合性」をどう確保するか、という点にある。

(2)　これらの定義づけにおいて、中枢的要素である「行政」・「特有」「法」のうち「行政」自体については、ドイツにおいてもわが国でも、オットー・マイヤー[82]による、「行政は、司法以外において、国家の法秩序の下で、その目的を実現するための国家の行為」であるという一種の控除説——ただ、これは厳密には、消極（控除）的要素に積極的要素を加味した「結合」説ともいえるが——を嚆矢として現在まで実に様々な議論が展開されているのは、すでに述べたとおりである。このうち、「行政」概念についての純粋控除説の立場からは、国家作用全体から立法・司法を消去した「残余」（二権以外の国家目的若しくは国

---

79)　ドイツにおける「民営化・私化」（保障行政）についてくわしくは参照、米丸恒治『私人による行政』、松塚晋輔『民営化の責任論』（成文堂、2003年）大脇成昭「民営化法理の類型論的考察——ドイツ法を中心にして」法政研究66巻1号285頁、板垣勝彦『保障行政の法理論』（弘文堂、2013年）。

80)　小早川光郎・前掲書・44頁。

81)　芝池義一『行政法読本（第2版）』6頁、同『行政法総論講義（第4版）』2〜3頁。

82)　Otto Mayer, Deutsches Verwaltungsrecht I, Bd., 3 Aufl., S. 13ff. 参照、塩野宏『オットー・マイヤー行政法学の構造』101頁。

第1章　行政法概念と憲法

家活動）に関する法が「行政特有法」としての行政法概念であるとされる。したがって、今日の通説的見解である行政法概念特有説がこの控除説に基づいて、あるいはそれを「前提」として展開される場合、前述のごとく「控除説」の抱える根本問題が行政法概念に受けつがれるため、行政法の本質・特質を明らかにする「認識価値」はきわめて低く「不満足」であるというほかはない。また行政法＝行政特有法説が、行政概念＝積極説に連動することにより、積極的行政法概念へ発展する可能性はあるが、実際には両サイドからその後の展開がないままで、行政法概念については別個・独立に、あるいは組織法的意味（総合的行政主体説）のそれとして構成されるため、これに連なる実質的行政法概念への展開も管見のかぎり、みられないのである。

　かくして、行政法概念に関する「伝統公式」の後退に伴い、前述のとおり行政に関する「特有法」という新概念が主流として提唱されている。上述のように、その中枢要素たる「行政」について伝統的控除説によってはその実質的内容が充填されず、そのため今日では組織法的主体説、すなわち「行政権の主体・行政府の行うすべての活動」説が、行政（権）に対する民主的・法的統制というその目的からもっとも無難な有効な見解として広く認められつつある。ただこの概念についても問題がないわけではなく、肝心の「行政」府の実質的内容を欠くため、内閣担当の国家作用のうちどこまでを「行政作用」の範囲にふくめるか、統治（政治）／行政２分論の原則の下でも必ずしも明確にされず、あくまで組織法的構成にとどまるため期待される行政作用（活動）をふくめた統一的で、かつ実質的概念への展望がみられないのである。

3　行政法＝「行政機関法」説の意義と課題

(1)　このような近時の理論状況のなか、行政法の定義・対象と範囲をめぐる現代の通説的見解、すなわち「行政に特有の法」説に関して、その問題性、とくに「行政」に「特有」の各部分について、行政組織法・作用法の視点から検討

---

83)　参照、浜西隆男・前掲論文・57頁（62頁）以下
84)　E. Forsthoff, AaO., S. 1, Ingo v. Münch, AaO., S. 1 ff. またミュンチは、ドイツ行政法学は1世紀以上にわたって「行政」概念の定義づけに努力してきたが、「正しい定義」は今なお存在しないし、「拡大控除説」は「粗大スクリーン」（Grobraster）としてのみ役立つ、と批判する（4～5頁）。

29

第Ⅰ部　行政法概念と基本原則

を進め、新見解を提唱しているのは、岡田雅夫教授[85]である。

　岡田教授による行政法理論に関わる問題提起は多岐にわたるが、このうち行政法概念については、①「行政に関する法」→②「行政に特殊固有の法現象」→③行政に「特殊固有」とは民事法との「相違」から「行政機関に関する法」へと展開させるところに、その独自性がある。

　この見解の根拠をややくわしく説明すると、以下のとおりである——。

　行政法上の対市民の権限主体・機関の行う諸活動（作用）および「行政法上の法律関係」は、私法上の「権利義務」から構成される厳密の意味の「法律関係」にふくまれないとする基本認識の下、法人格を有しない国や地方自治体の行政機関・執行機関・行政庁（大臣・自治体の長ら）の「権限」と市民の法的行為（願・申請・届）との関連・交錯によって構成される法律関係は、（民事法上の）「権利義務関係」から構成される固有の「法律関係」には含まれないと。反対にこれを「行政上の法（律）関係」（＝「公法上の法律関係」）にふくめると、構造上民事法的論理と同一内容となり、「行政に特有の法現象」をもってメルクマールとする通説的行政法概念との自己撞着、すなわち論理の矛盾を来たすと。

　このような教授の見解は行政法の「特殊固有性」の本質を追求する上で示唆に富むものである。すなわち教授にあっては、行政法＝「行政に特殊固有」性の視点を貫徹すれば、行政法の対象・範囲は、公権力の行使＝行政庁の許認可などの、文字どおり「行政に固有の」法現象に限定されるため、それ以外の「法現象」は行政法（学）の対象から除外され、原則的には私法（民事法）に属すべきものとされるからである。さらに、教授はこう指摘する[86]——。

　行政法が「行政に特有の法」だとすれば、「解釈学の対象となる行政法は民法とは法の構造をまったく異にする法だということである。行政法は，実体的な権利義務関係を前提としない法であるということ、そしてそのような理解を妨げてきたのが、行政主体概念を基礎とする行政法理解であった」（傍点筆者）。「通説は、行政法関係を基本的に民事法のそれと同じ構造のものと理解する。

---

85)　岡田雅夫『行政法学と公権力の観念』247頁以下。
86)　岡田雅夫・前掲書・284頁以下。

30

第1章　行政法概念と憲法

つまり、権利義務関係として。このため行政法学は大きな困難に直面する。すなわち行政法を民事法から区別しなければならないという困難に」、「行政法関係を民事法のそれと同じく権利義務関係だと理解すれば、両者を法の構造によって区別することはできない。いずれも権利義務関係なのだから区別のしようがない」(傍点筆者)と。そして結論的に、「行政法とは、行政機関に関する法」であると。

このように岡田教授の場合、行政特有性の貫徹という視点から、通説の「行政主体」概念を措定することによる民事法的構成の問題性をふまえて、行政法の法律関係と民事法のそれとの厳密な「区別」による「行政に特殊固有」性の根拠を、国や自治体などの行政主体(公法人)ではなく、「行政機関」(大臣・庁長官・知事・市町村長など)という「行政権の主体」としての行政活動に求めるのである。

(2)　前記のごとく新行政法概念＝「行政に特殊固有の法」とみる場合、この「特有性」の効果をどこまで射程させるかにもよるが、岡田教授のように、それに民事法上の法律関係との「構造上の相違」まで含めるとすれば、行政の「私法形式」の諸活動—ドイツ法では伝統的「国庫」概念に代表される「行政私法」(Verwaltungs-privatrecht)[87]がこれに相当する——民事法と基本的に同質の行為であるためこれらは「高権的」活動を中心とする行政法固有の範囲(狭義の行政法関係)から除外されることになる。ドイツ法を継承した伝統的理論は、公企業の経営や公の財産の管理(＝財産権の主体としての国)などの法律関係を「管理関係」という独自の範疇を設けて〝対応〟してきた。これに対して岡田見解による行政法の対象・範囲は、原則的には行政機関(官庁)による「許認可」(行

─────────────

87)　ドイツでは、伝統的に「公法としての行政法」を基本概念として位置づけるため行政が「私法上の主体」として活動する場合法理論的にどう捉えるべきか、活発に議論されてきた。国家責任(法)においてはかつての〝受忍せよ、そして清算せよ〟(dulde und liquidiere)という命題や国家の〝身代り小僧〟(Prügelknaben)との位置づけが、私人が国庫等に対する補償請求権を基礎づける命題の代表的なものである。Vgl., Wolff / Bachof / Stober, AaO., 10Aufl., §8 8 -10 (S. 81ff.)。すなわち概念上は広義の行政法の一部としつつも、「財産権の主体」(宝塚市パチンコ店規制条例事件最高裁平成14年7月9日判決・民集56巻6号1134頁)としての「国」(＝国庫)や私法上の主体としての国は「公権力」(＝高権)の主体とはいえないものの、広義の行政法の範囲と位置づけ、法的統制＝法治主義の網をかけようとするのが「行政私法」論である。その他参照、成田頼明他『現代行政法(第5版)』20頁以下。

31

政行為）などの「権力関係」に関する法＝「本来的公法関係」に限定され、伝来的公法関係（＝管理関係）はそれからはずれることになるが、それではあまりにも狭すぎるので、「行政機関に関する法」として広く後者を取り込む表現になっているのである。また岡田見解の源流にあたる、「行政に固有の法」＝「行政機関に関する法」だとして、行政機関＝「行政権」＝内閣（憲65条）という「図式」の中で内閣の職務のうち、統治・執政的要素（作用）がこれから除外され、その範囲があまりにも狭く限定されることになりはしないか、その結果として「行政府に属するすべての活動」に関する法という組織法的意味の行政法概念に照らしても、その射程範囲との乖離が大きくなるのではないかという課題をのこすことになろう。すなわち、このような「行政機関」に「固有の法」が行政法の本質だとすれば、すでにのべたように、この行政法概念は、ある意味で行政法の内的本質（核心）について的を得た概念ではあるが、他方その外的区間（守備範囲）を画定するという点では、通説的行政法の「対象と範囲」との乖離が大きく、また行政法総論の具体的内容・構成の点でも課題が残るといえよう。

　この点について具体的には、憲法第65条が行政権の帰属（担当）と定めるところの内閣の職務には、条約の締結、外交関係の処理、衆議院の解散（73条2～3号）のような「高度の政治性」（統治行為論）をもつ執政的権能のほか、「法律の誠実な執行」のような平常的行政活動が含まれる。したがって、行政法＝「行政機関に関する法」説は、これら憲法規定との関係をどう整合的に位置づけるのか、必ずしも明確にされていないという問題も浮上する。すなわち、統治（執政）／行政2分論の下では、「行政機関」とは統治（執政）（＝内閣）を除く国家各種の作用（狭義の行政作用）を担当する国家行政組織法上の行政機関だとすれば、「行政権に関する法」としての行政法においては、行政法（学）の中心的目的たる、行政権に対する民主的・法的統制が不十分ということになろう。

　このように「行政特有説」、その延長線上の「行政機関法」説の基本的問題は、中枢を占める実質的「行政」に対する表面的観察の結果を重視するあまり、また「特有性」については、対私法上これと識別されうる内的構造の特質についてどこまで「明確」にしうるかという点では、基準それ自体に不透明さを残

第1章　行政法概念と憲法

すことになった。すなわち今日、行政法と民事法との「関連交錯」、あるいは
「共通法」的部分（信義則、権利濫用の禁止、および平等原則の法の一般原則）が存
在することから、ますます拡大しつつある「私人による行政」＝民間委託・「私
化」などの現代法的現象を「特有説」によってどう位置づけるのかが行政法学
上の新たな問題として発生しているのである。

4　総合的行政主体説の意義と問題性

(1)　したがってこれらの諸課題を解決すべく近時の傾向としては上述のよう
に、行政法について、今村成和・成田頼明教授の前記行政法概念のうち、後半
の「行政権に帰属するすべての活動」、あるいは「行政」にかんする「すべて
の法現象」の部分を自立的に、かつ、組織法的に把握して、一方の当事者が国
や自治体などの「行政主体」である、すべての法現象であるとする定義づけが
台頭している。「新世代」の行政法（学）の代表のひとり大橋洋一教授も、「行
政主体・機関の行う多様な活動」をもって行政法概念（対象・範囲）とする。
この総合的行政主体説は、行政法の（外的）範囲区画の「明確化」という点、
および「行政に対するトータルな民主的＝法的統制」（制御）という行政法の
主要な目的にてらせば、きわめて有効な概念であるといえる。けだし、これに
よって「行政権」に属する活動であれば、それが公法的であれ、私法的あるい
は事実行為であれ行政の活動として当該概念によってカバーされるからであ
る。

　しかしながら、これはあくまで国家行政組織法・内閣府設置法等の実定法を
根拠とする組織的法意味の概念であり、基本課題である実質的行政概念＝行政
府の活動全体の本質・特色が必ずしも解明されておらず、また組織法・作用法
全体を貫徹する統一的法概念とはいえないこと、さらに一般に概念もしくは定
義がその内的本質を意味するならば、これをもってしては行政の本質に迫る概
念といえないのではないだろうか、という前述の疑問が残る。すなわち、この
行政法概念が行政概念＝控除説と連動することになれば、控除説に内在する基

---

88)　今村成和『行政法入門（第9版）』（畠山武道補訂・15頁以下）、成田頼明・前掲書・20頁以下。
89)　大橋洋一・前掲書・4頁以下。

33

第Ⅰ部　行政法概念と基本原則

本問題がそのままこの組織法的意味の行政法概念に引きつがれ、その法概念の
「積極化」への展望が全く見いだせないからである。また、控除説ではなく（新・
旧）積極説もしくは結合説と連結——ただ多くの論者において「行政」概念と
「行政法」概念を切り離しているが——しても、実質的積極説の「行政法」概
念としては結実していないのである。

(2)　行政法概念を、前述のように「行政特有説」、あるいは「総合的行政法主
体説」によって再構成するにしろ、ポスト公法私法2元論の中心的課題は、そ
の境界（範囲）の問題としての国庫論・行政私法の位置づけ、あるいは行政の
民営化＝私化と固有の行政法概念——行政主体が「公権力」の行使として関与
する法——との「緊張」関係をどう克服するかであった。すなわち新理論では、
国や自治体の行政主体の活動を、「行政権の主体」としての活動と「財産権の
主体」としてのそれとに区別し、後者が狭義の行政法の範囲に属するか、また
行政法規が適用されるか否かが主に論議されてきた。

　これについて現代では、公企業に対する特別権限の「委任」のほか、増大し
つつある「私人による行政」、たとえば公の施設に関する指定管理者（自治242
条の2第3項以下）による利用許可処分、および建築基準法にもとづく指定確認
検査機関による建築確認処分（77条の18以下）、刑務所の民営化・私人による違
法駐車の取締り、ならびにドイツ法における航空機・船舶（内）における機長・
船長および田畑・森林・狩猟監視官への警察権の付与という「特別委任」
(Beliehenen)の場合が、その代表的制度である。すなわち、これらの行政のし
くみは包括的に「私人による行政」と表されるごとく、固有の「行政主体・行
政機関」に属さない者（自然人又は私法上の法人）による活動が「行政」の活動
の一部と看做される制度である。すなわちこれらは、「地位的には」私法主体
であるが、「作用的」に限定範囲の高権的活動を行い、その限りで間接国家行
政へ組み込まれる関係である。具体的にはこれらは、固有の行政（主体・機関）

---

90)　参照、米丸恒治『私人による行政』（日本評論社）3頁以下。

91)　Vgl., H. Maurer, AaO., S. 623ff. ただし、米丸教授は、伝統的「特別委任」の具体的形態である
　　船長・機長への権限付与を現代の「民営化」（「私人による行政」）の一部ではなく、単に、緊急避
　　難的な権限が船（機）長に秩序維持のため附与されていると位置づける。参照、同前掲書・184頁
　　以下、とくに194頁注（25）。

第1章　行政法概念と憲法

図1　「私人による行政」の法関係の典型

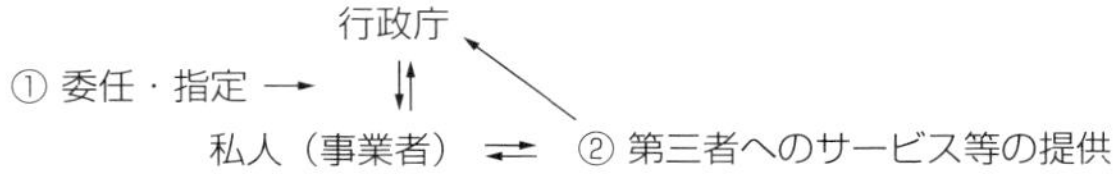

行政庁

① 委任・指定 →　　↑↓

私人（事業者）⇄　② 第三者へのサービス等の提供

に属さない私人が行政庁の「指定」（「委任」）を受けることにより、一定の（行政庁としての）「地位」を得て、その上で第三者（私人）に対して「高権」＝行政行為（許可・確認・交通規制など）を行うというしくみである（図1参照）。これは、個別の行政の行為形式論からすれば、利用の禁止の解除、建築の自由の回復（許可）、もしくは資格・権限の付与（特許）であり、行政救済法レベルでは、その「処分性」の存在を前提に行政不服審査・行政訴訟（抗告訴訟）の対象とされる法形式である（行審法1条・行訴法3条）。ただこれらの行為の「結合・連鎖」により、複雑・多様な利害関係を法的に表示する行政法関係の一種となり、利害対立（紛争）をどの範囲で切り取るか――すなわち指定を受けた「私人」の地位は行政の「内部関係」か、あるいは「外部関係」か――によって解決の枠組み・適用法理が異なるのである。このケースでは、「私人」としての活動主体は、もとより固有の「行政機関」ではなく法人（民間事業者）であるが、これが第3者に対して行政行為（処分）または契約を行うもので、行政作用法上の活動形式を「個別的」にみるかぎり、図の①と②の局面において行政法的意義を有する「行政活動」であるということができる。この場合さらに分解してみると、①の「有効・適法」が②の活動の行政活動の前提をなす。すなわち、行政庁の①の行為に違法・不当（瑕疵）があり、それが②の行為にどのような影響を及ぼすかが、すなわち①の瑕疵がそのまま②の「私法主体」へ継承され、瑕疵もある行為として取消し又は無効（重大性＋明白な瑕疵の基準）となりうるのか否か、また当該地方公共団体が国賠法上の「公共団体」（1条1項）として賠償責任を負うか否かが、典型的な紛争事例である。後者の事例について――ただし行訴法第21条1項の「訴之の変更」の例であるが――当該建築確認事務の帰属する地方公共団体の賠償責任を肯定したのが、最高裁平成17年6月24日決定であった。

　すなわちこの法的仕組みは、行政法関係においてひとつの行為が同時にその

第Ⅰ部　行政法概念と基本原則

相手方のみならず「第3者」に異なる法効果を与える「三（多）極的行政法関係」と異なって、行政庁による「指定」を受けた「私人」が固有の行政に代わって行政を執行し、第3者と直接「法律関係」を形成するという「多段階的システム」であるからである。しかも現在、規制緩和（削減）・民営化（＝「私化」）政策の推進により、これら「保障行政」の比重が国・自治体レベルにおいて飛躍的に増大しつつあるため、私人による行政を行政法レベルの範疇にとどめず国家論のレベルとして「保障国家」の行政——国・自治体などの行政主体が特定の私人・事業者に一定の資格・地位を付与（指定）し、これらが第3者・市民に対して許認可＝行政処分を適切に行うよう保障する責任体制をもつ国家のこと——ととらえる新傾向が登場している。そしてこの保障行政（Gewährleistende Verwaltung）とは、最近の研究では「社会の適正な自律的組織能力に依拠した市場との競争構造の組織化、促進、最適化を指向する」行政活動と定義づけられるが、行政サイドからは「民営化」・「私化」の制度的保障をもつ「国家」体制を意味する。

(3)　こうして、法律関係の一当事者が「行政主体」「行政機関」であれば、その行うすべての活動を行政法学の対象とする組織法的（意味）の「行政法」概念によっては、行政法の範囲は一応形式的に画定されよう。しかしこれでは、必ずしも作用法上のその本質が明確にされないため一種の「循環論法」——すなわち、ある作用（活動）がアプリオリに行政活動であるから、国家行政組織法（内閣府設置法・各省庁・委員会設置法）が行政機関の任務・所掌事務と規定している、あるいは各設置法が定めているので、そのため「行政作用」であるといえるのか——に陥るという困難な課題が残ることになる。したがってこの総合的行政主体説の問題点を法技術的に克服するため、ドイツ行政法では、すでに述べたように固有の行政主体・機関の位置づけと並んで、「公法的に組織される（私人の）法主体」による活動をそのメルクマールとする論者もいる。ま

---

92)　判時1904号69頁。なお本決定に対し、学説は概ね批判的である。参照、金子正史『まちづくり行政訴訟』358頁以下（366頁以下）、塩野宏『行政法Ⅲ（第4版）』165頁注（3）以下。

93)　くわしくは参照、板垣勝彦「保障国家における私法理論」行政法研究4号77頁以下、三宅雄彦『保障国家論と憲法学』14頁以下。

94)　板垣勝彦『保障行政の法理論』（弘文堂）45頁。

95)　畠山武道「行政法の対象と範囲」『行政法の争点（第3版）』4頁以下。

た、「行政主体・行政機関に属するすべての法現象」というこの行政法概念の場合、憲法の基本規定からすれば「行政権」（65条）の範囲如何という問題であるにもかかわらず、内閣法・国家行政組織法といった憲法下位の付属法律によって行政権（＝行政法）の意義・範囲が区画されるという法段階上の問題が発生するという点も指摘されよう。すなわち、「行政権の主体」を中心にして、「財産権の主体」をもふくむ内閣府設置法・各省庁設置法で定める「任務」・「所掌事務」に属する一切の活動をもって「行政法」概念とする組織法的意味の「総合的行政主体説」の場合には、肝心の「行政」概念を実質的に構成するものではないため、行政法概念につづく基礎理論・内容・構成に明確な展望を示すものではなく、また前述の特有説が抱える問題に加えて、「行政府のすべての活動」が現実の行政法（Sein）の客観的認識論か、あるいは行政組織法の定める規範（Sollen）に対する実践的解釈論の区別であるかが必ずしも明確でない、という新たな問題も指摘されている[98]。

5 「政策」中心の行政法概念の意義と課題

⑴ さてこれまで「解釈学」中心の行政法学においては、最近の政策立法や計画の策定を主内容とする○○基本法の台頭・増大（基本法という名称の法律数に2018年３月現在49本）[99]を背景として「政策」を行政・行政法概念・総論体系のなかにどう位置づけるか、という現在的な課題に直面している。すなわち、「政策」（＝法律）の執行（憲法73条柱書）＝行政活動とみて、これを行政法解釈学の中枢要素に位置づけその基本原理、政策主体、政策過程（形成－実施－評価－修正のサイクル）、政策形成と市民参加、政策過程と個別行為形式の関連、政策に対する法的規制・手法、および政策に対する救済システムなどについて全体

---

96) Vgl., Ingo von Münch, AaO., S. 5 ff.（8）

97) 参照、宝塚市パチンコ店事件最高裁平成14年７月９日判決（民集56・6・1134）。

98) 高田敏教授は、法治国家・法の支配（又は法治主義）に関わって、日本国憲法がそのいずれを「採用しているか」の問題を論ずるに当たって、客観的「認識論」と実践的「解釈論」の区別を明確にするという方法論の重要性を指摘される（高田敏・前掲書・591頁以下）。

99) 行政法学における「基本法」の意義・特色および法的性質に関する研究として参照、小早川光郎「行政政策過程と"基本法"」成田頼明先生退官記念『国際化時代の行政と法』59頁以下、塩野宏「基本法について」同『行政法概念の諸相』23頁以下（初出、日本学士院紀要63巻１号）、その他、本書第Ⅱ部第３章「行政法の『政策化』と行政の効率性の原則について」を参照。

第 I 部　行政法概念と基本原則

を幹線的に貫徹できるシステムを構築できるか、その場合行政法学の主流をなす「ドグマティク」（＝解釈学）としての行政法学とどのように「関連・交錯」するのか等々について、これまで平井宣雄教授の『法政策学』（第2版・1995年）に代表される先駆的な研究はあるものの、まだ解決の基本方向が不透明の段階にあるといえよう。[100]

　このようななか出発点としての実質的、あるいは形式的な行政法概念について、「政策」中心にこれを位置づける見解が次第に浸透しつつある。これについて、行政法学における先駆者のひとりである原田尚彦教授は行政法をもって、端的に「政策実現のための手段法[101]」と位置づけ、さらに行政法は、①国等が実現すべき行政施策の内容、②「政策」を公正かつ効果的に実施するための手段・方法、および③行政施策に係わる国民の地位（受益や負担の範囲と限界）を定めるものであり、従来の公法私法（2元論）すなわち「国内公法」としての行政法にとらわれるべきではない旨を指摘する。また大浜啓吉教授[102]も、『行政法総論』のなかで、第2編「行政活動」の冒頭第1章を「政策形成」にあて、さらに「第1節政策と法案、2節行政計画、3節条例」に分け、それぞれ政策の形式・手段に分節して、その「概念規定」に沿った総論・作用論を展開している。これは「政策」をもって、行政法総論における、「中心的・基本的要素」に位置づけ、行政法概念としての「一定の公共政策を具体化した法規範」という規定に基づく行政作用法の体系構成をめざすものである。さらに阿部泰隆教授[103]は最新の『行政法再入門・上』のなかで、行政法を「国家・公共団体が憲法的価値の枠内で、一定の政策目的（公共性）を、行政活動を通じて実現するために行政機関に授権し（根拠規範）、また権限に枠をはめる（規制規範）群の法」と位置づける。阿部泰隆教授は行政法に関する科学を、大きく『行政法解釈学』と『行政法政策学』とに分け、それぞれ独自の完結的な「体系」に仕立てあげている。このうち後者は、「憲法的価値＝政策目的（公共性）」を実現するため

---

100)　参照、畠山武道「行政法の対象と範囲」『行政法の争点（第3版）』4〜5頁、大橋洋一「行政法の対象と範囲」『行政法の争点（第4版）』4頁以下。

101)　参照、原田尚彦『行政法要論（全訂第7版）〔補訂版〕』25頁以下。

102)　大浜啓吉『行政法総論（第3版）』7頁以下。

103)　阿部泰隆『行政法解釈学Ⅰ』40頁、同『行政法再入門　上』15頁。

第1章 行政法概念と憲法

の「行政過程」を中心にすえた概念レベルの表現にとどまらず、政策目的―実現手段にもとづく「法政策」学体系に対応した構成に各「参照領域」ごとの個別的「公共政策」の目的を加味した、総合的『行政法政策学[104]』を樹立し、(「政策」中心時代の) 新しい行政法学の方向を示す代表作品として注目される。

また行政学の分野に視野を広げると、森田朗教授[105]が憲法第65条「行政権」を基礎とする「行政」について、これを「法律の執行」(＝政策の実現) と位置づけ、「政策」を行政学・行政法学のキー概念に据える。すなわち現代行政は、主権者たる「国民」の意思を「具現」する議会 (国会) で制定された「法律・条例や予算」を執行することが、国や自治体のもっとも「基本的、かつ中心的活動」であるからである。

こうしてみれば行政学・行政法の多くの研究者において、実定法・制度・理論レベルでも「政策」が今や主座をしめつつあるのではないか、という認識を共有するものも当然であろう。

(2) このような「政策」中心の行政法学にとって強い追い風になっているのは、前記政策立法としての基本法・計画立法・政策系の立法の増大のほか、(公共)政策学・政策法務・法政策学の隆盛とともに通則法的な「行政機関が行う政策の評価に関する法律」(平成13法86)[106] が制定されたことである。すなわちこの法律は、行政主体・機関が政府に関わる「公共事務」(形成－実施・執行－評価) を行うにつき基準となる通則的法規であるからである。これは、前記の政策過程のうち、主として「評価」－「修正」過程を中心にして「評価の在り方」や「基本方針」の「政府」による策定、各「行政機関」が行う政策評価などを規律するものであるが、「政策」に関する実定法上の定義づけ (同2条2項)、「政策評価の結果の取扱い」(4条) のほか、政策全般に関わる方針・実施等官庁横断的な規制、および「総務省が行う政策の評価」を定めている。ただこれは、あ

---

104)　阿部泰隆教授の厖大、かつ先駆的行政法の「政策学」的・「解釈学」的研究の紹介・批評についてくわしくは参照、大橋洋一「阿部泰隆著『政策法学の基本指針』―『政策法学』と行政法学」自治研究72巻11号 (1996年) 121頁以下、常岡孝好「変革の時代における行政法学のあり方―阿部泰隆『行政法解釈学Ⅰ・Ⅱ』を契機として」自治研究86巻7号28頁以下、同9号46頁以下、同11号25頁以下 (2010年)。

105)　森田朗『許認可行政と官僚制』3頁以下、同『制度設計の行政学』281頁以下。

106)　政策評価法・条例の解説については参照、宇賀克也『政策評価の法制度』(2002年) 13頁以下。

39

第Ⅰ部　行政法概念と基本原則

くまで政策にかんする「評価」の部分を中心にした通則的法律であり、各種・多様な政策・計画の（形成・実施の）在り方は、特定の行政分野に関する基本法や個別計画法に委ねられており、そのため政策全般に関する「一般法」として位置づけるには限界があるといえよう。

　このように行政法において、「政策」を中心にした行政・行政法概念を位置づける主たる狙いは、単に概念レベルの頭出しにとどまらず、基本原則、政策形成、政策実現、評価、政策のための調査、および政策と行政救済などの構成・内容においてその方向指示的役割を提示することにあるといってよい。この点「行政法政策学」の提唱は、「行政に関する法」という、ほとんど白紙的な形式的概念から脱皮し、それに「政策」という現代行政（活動）の特質を刻印することにより、行政法概念をより実質化させた点は評価できる。ただここでも具体の内容・構成に立入れると、実質的な「政策」の意義、「政策と計画」を挟んで立法（議会）と行政（内閣）との役割分担・協力・競合関係、個別法における政策の「多様性」と総論（基礎理論）レベルにおけるその「一般化」、政策立法の法的性質、政策の失敗とその法的責任（補償問題）など、解明すべき困難な課題が山積している。このように、先行している「政策」に関する諸科学――政策学・立法学・政策法務など――の成果を生かしつつ「政策学としての行政法」という独自の体系をどのように構成するか、という困難な課題に直面している。

(3)　他方ドイツでは、O. マイヤー以降法学的方法に基づく行政法学が主流であり、実質的意義の行政（法）についていえば、その厳密な定義づけから、現代行政の性質の記述ないしメルクマールというスタイルに移行しつつあることは、すでにのべたところである。そこでは、ドイツ連邦共和国基本法第23条・28条の「社会的法治国」の下、給付行政・生存配慮行政の増大を背景にして秩序・規制行政と並んで、「社会形成」作用の重要性が増しており、行政法の代表的メルクマールとしてあげられる。その先駆者であるE. フォルストホフ[107]は、「行政」の積極的定義づけは「困難」としつつ、その性質の「叙述」として「法律の枠内で、かつ法を根拠とする」「将来指向的社会形成」＝「社会秩

---

107)　E. Forsthoff, AaO., S. 1 ff.（64f.）

序の形成」をあげているし、また H．マウラー[108]は、現代行政のメルクマールの冒頭に「社会形成」（Sozialgestaltung）をあげて、その重要性を強調している。H．J．ヴォルフは特定の共同体の「利害対象物」（公共事務）の「処理」を（政策）の「決定作用」（decision making）と位置づける。

　このように行政法学における政策的要素、ないし「政策法務」としての比重の増大とともに、行政法解釈法（学）から分離・独立させ固有の体系を構築することは喫緊の課題として浮上しているが——この点前述のように、基本原理・内容の構成という点において行政法と政策学を統一的・体系的に整理・構成した阿部泰隆教授の『行政法政策学』が目立つ——、「解釈学」としての行政法概念理論の中にどう「政策的要素」を位置づけ、その上で「行政」「行政法」のまとまった全体的メルクマールとの「整合性」をどう図るかという点が、（今後の）行政法学にとって最大の課題であろう。すなわち、「（公共）政策」に関する法は行政法全体のあくまで一部にすぎず、これを通底とする共通的本質的要素とまではいえないからである。

Ⅲ　「行政」の法としての行政法概念と憲法

1　行政概念「積極説」の形成過程とその問題

(1)　これまでドイツおよびわが国における多様な行政・行政法概念を多角的に概観し、行政法学にとってその実質的意義の、かつ積極的行政概念の必要性を確認しつつその再構築の視点から、若干の課題を指摘してきた。すなわち行政法を、ごく一般的に「行政に関する法」、あるいは「行政に特有の法」また「行政府の行うすべての活動」と規定するにせよ、行政法学の「対象と範囲」を画するための概念の構成に当たっては、まず実質的意味で、かつ積極的もしくは結合的「行政」概念の構成が必要不可欠だということである。その上で、「行政」の法として行政法概念を規定する必要がある。これについてわが国では、行政概念の（新旧・修正）「積極説」がその代表的なものであるが、いずれもこれまで各方面からさまざまな理由で批判[109]をうけ、必ずしも大方の支持を集めている

---

108)　H. Maurer, AaO., S. 4 ff.

41

第Ⅰ部　行政法概念と基本原則

とはいえない。すなわち、田中二郎博士の提唱した旧積極説は、伝統的積極説である国家目的（実現）説に現代行政の特徴、とくに計画行政・社会（秩序）形成行政のそれを重ね合せることにより行政＝「継続的な形成的国家活動」として完成させたものであり、また「修正」（旧）積極説としての成田見解は、その概念として（行政の）イニシアチブに基づき、多様な行政主体による「社会形成」活動を中心にすえる。これに対して手島孝教授は、憲法の行政権（65条）をはじめとする行政関連規定および公共性の観念を導きの糸として「本来的および擬制的公共事務の管理および実施」という（新）積極的行政概念を構成した。[110]

　この見解は行政＝公共性＝公共事務を基軸にすえて、後者を「本来的」（自然的・実質的）公共事務──公共事務たることの社会的合意が先験的に存在し、公共事務たることが何ぴとにも明瞭に認識されうるもの──と「擬制的」それ──政治過程（社会的統合による政策の形成・決定の過程）の洗礼を経て「公共的たること」を擬制されたもの──とに分け両者を「合一」させたもので、それに対する「管理および実施」をもってその概念とする。この行政学（理論）、規範科学（憲法・行政法）における「行政」への理性的接近のアルファでありオメガである積極的概念の提唱は多くの反響と批判を呼び、またそれをめぐって公法・行政学界において論戦が展開された。そのうちこの新概念の基軸たる「公共事務の管理・実施」というより、むしろ「本来的」公共事務と「擬制的」それとの区別、その基準および「具体例」ならびに（新）行政概念と司法との区別（可能性）をめぐって論議が集中的に展開された。[111]

(2)　他方ドイツでは、ハンス・ヴォルフ（Hans J. Wolff）を嚆矢として、バッホフ（Bachof）、R. シュトーバー（Stober）を加えて現在3人の共著である『行政法』[112]という代表的テキストにおける行政の積極的概念が「批判」をうけつつも今なお、君臨し健在である。ここではヴォルフ・バッホフらの積極的概念の

---

109)　（新旧）積極説（田中二郎説・手島孝説）に対する批判としては参照、塩野宏『行政法Ⅰ（第6版）』2頁以下、塩野・前掲書（初版）・7頁（注1）以下、阪本昌成「議院内閣制における執政・行政・業務」佐藤幸治・初宿正典・大石眞編『憲法五十年の展望Ⅰ』242頁以下。

110)　手島孝『行政概念の省察』36頁以下、同「憲法における行政」手島孝・中川剛『憲法と行政権』所収（法律文化社）19頁以下。

構成過程を内在的に追跡し、これをベースにしてわが国憲法第65条・73条を中心とする制度的行政（法）概念を重ね合わせ、さらにとくに自治体行政において拡大しつつある「市民参加」「行政と市民との協力（働）」という現代行政の"特質"を加えることによりより高いレベルの、「矛盾のない」「統一的」概念の再構成が可能かどうか、また可能だとすればそれをどう規定すべきかという、行政法学における基本テーマに挑戦してみたい。

　そこでヴォルフはまず行政概念を、①形式的概念、②組織的概念、および③実質的概念に分け、E. フォルストホフと同様このうち、③の実質的概念の構成がもっとも困難であり、「今なお、満足に成功したといえるものがない」という。なぜならば、そもそも「統一的な、すなわちあらゆる観点で有用な概念はそもそも存在しない[113]」からである。

　次に彼は、この③実質的概念の検討に際して、「公行政」（öffentliche Verwaltung, public Administration）という言葉の意味から入る。すなわち、「öffentlich」とは、プロイセン一般ラント法（1794年）第10章Ⅱ第17条における「公衆」（Publikum）のように、「不特定の、多様な人の特定グループ」の意味であると解する。したがって、この意味での"öffentlich"の淵源をなす歴史的理念型は、古代都市国家における"共同体"、すなわちギリシヤのポリス（Polis、Poplis）、あるいは古代ローマの都市国家「ギヴィタス[114]」であり、これらの本質は"政治的なもの"（das Politische）である。このような「不特定多数」から成る近代社会の共同体は法（契約）により組織され、それにより成立したのが、「国家、自治体、および教会」である。こうして「政治的に統合された

───────────

111）　なお手島教授は、新行政概念の「行政と立法および司法」の検証過程において、「三権分立制の下での行政は本来の行政から上記の意味での司法を除いたもの」という消極的限定を加える（同『憲法と行政権』46頁以下）。この手島見解に対する憲法・行政法学サイドからの批判・疑問提起としては参照、藤田宙靖《学界展望》行政法（公法研究31号215〜217頁）、塩野宏『行政法Ⅰ（初版）』7頁注（1）、阪本昌成・前掲・238（242）以下。このうち、阪本教授は「本来的公共事務」に該当するとされる具体例──古代中国やエジプトでの「治水事業」のほか、（日本での）国土防衛、日常の防犯、公衆衛生等々──について「批判」を加える。

112）　H. J. Wolff / O. Bachof / R. Stober, 10Aufl., AaO., S. 25ff.

113）　Ibid., S. 26.

114）　参照、小滝敏之『地方自治の歴史と概念』105頁以下。なおこれについて「ポリス、キヴィタス」は独立した自由な共同体として、いかなる上位の権力にも従属しない「自治体」であった（福田歓一『政治学史』9頁）。

第Ⅰ部　行政法概念と基本原則

多様性」を構成するものは、近代では「国家・自治体における個人、すなわち
人民（Volk）」である。

　またVerwaltungは、「Ver」と「Waltung」から成り、このうち後半のWaltung
とは、「walten」の名詞形で、①ある事物（Sach）に関連のある「事務」を処
理する、または②民間（私的）、もしくは官庁組織の「業務」を「実施」する、
という意味である。すなわちWaltungは「処理」（Erledigung）と対極にあり、
その中間に、「嚮導・指導」（Lenkung, Fuhrung, Leitung）や「貫徹・執行」
（Durchsetzung・Vollziehung）などが位置する。したがってWaltungは「奉仕的
仲介」という言葉の意味から、自ら商品の生産（創造）やサービスの提供を行
うのではなく、これらへ奉仕する「補助的活動」（＝「憲法補助活動」としての行
政）の意味である。それゆえ狭義の「行政」は、計画やプログラムによって嚮
導された「決定形成」（decision making）である。近代国家において国民的に、
また政治的に（組織された）共同体（国家など）のすべての構成員に「共通の一
般的事務」（利害対象物）、すなわち「公共事務」の存在を前提にしてこの「公
共事務」の（実際の）「引き受け」（Wahrnehmung）が「行政」の任務である。
その内容は、「共同体およびその構成員として（必要不可欠の）事務」である。
近代国家において、すべての人・物を統一的に「組織化」し、かつ供給しなけ
ればならない最低限度の「公共事務」の内容は、「人類の共同生活に必要な需
要、たとえば、交通、公共の安全と秩序のための施設、財政、および他の公共
団体との協力¹¹⁵⁾」である。この「人類の共同生活に必要な需要」としての公共事
務は、前述の新積極説における「本来的公共事務」に類似する概念であるが、
彼我の具体の実例には相当の「違い」がある。すなわち前述のとおり、ヴォル
フらは共同体が「存続」しうるための最少限度の、共通の「公共事務」を念頭
におくのに対し、新積極説の場合には、古代エジプトのナイル河の氾濫に伴う
治水対策など超時代的・世界共通の「本来性」が念頭におかれているからであ
る。いずれにしてもこの「公共事務」の範囲、およびその配属は近代立憲主義

---

115)　H. J. Wolff / O. Bachof, AaO., 9 Aufl., S. 10ff. なお、同書の10Aufl.（1994）では、この点につい
　　て、「公共の安全・秩序、公共交通、公の施設、公勤務者（公務員）」を例示している（AaO., S.
　　32）。

116)　手島孝・前掲書（110）・36頁以下（64頁以下）。

44

国家では人民や代表者によって憲法および法律に基づき決定されるが、現在までたえずその範囲が拡大してきた（＝「拡大的行政国家」化）。しかし、すべての「公共事務」の提供・実施がそのまま実質的意味における「行政」（öffentliche Verwaltung）に当たるわけではなく、それを「制限」する形式的要素が働く。ヴォルフにおいては、それが「共同体の機関による事実上の引き受け」である。

　こうして実質的意味の「行政」とは、共同体の（行政）機関が行うすべての活動（作用）ではなく、「実質的に、公共的事務を対象とする（機関の）行政活動」である。結局「行政」は、「共同体の機関が事実上引き受けている」公共事務のことであり、この部分のみ取り上げればそれは、一種の組織法的意味の行政概念に通ずるものがある。

　ヴォルフによれば、特定の「事項（務）」自体がこの「実質的意義の行政」に値するかどうかは、本質的に「憲法状況」（Verfassungslage）、とくに「経済システム」に依存している。こうして、「もっとも注文の多い[117]」と評される、実質的意義の行政概念は総括的に次のように整序される[118]——。

　実質的意義の行政とは、「多面的であり、かつ条件つきであり、もしくは部分的にのみ目的に規定され、それゆえ他の規範（憲法・法律・政府の実施措置）によって規律され、部分的にのみ計画的であり、自己参加的に決定的に執行的であり、かつ形成的な共同体、およびそのために任用された共同体の管理者としての構成員による事務の引き受け」（傍点筆者）と。

　この定義の基本は、前述のとおり一定の共同体「存続」のために憲法（状況）によって割り当てられた「公共事務」を（行政）機関が「処理」することであり、この基本線にさまざまな「条件」・「注文」をつけて完成したものであり、そのため“行政”の全体的・本質的特徴を正確に把握するためには各要素についてくわしい「説明・注釈」を要する。とくに、この実質的概念において、ヴォルフが詳しい補足「説明」をしているのは、公共事務の処理が「他の規範（憲法・法律）によって規定」（fremdebestimmte）され、また他の主体等に有益的（fremdenutzigte）である、という点である。

---

117)　Dirk Ehlers, AaO., S. 5 ff.
118)　H. J. Wolff / Bachof / Stober, AaO., S. 2 , 18, 19（33）.

第Ⅰ部　行政法概念と基本原則

　他方この概念に対しては、しばしば「抽象的すぎる、また不特定であるし、不透明である」、あるいは他の国家作用との区別を「優先」するあまり、「内容に乏しい」（substanzarm）という批判[119]を受けている。この概念は、現代行政分野の多様性（秩序行政・規制行政、給付行政、計画行政、および需要・調達行政）、ならびに作用・機能面での特色（決定の執行、政策・計画等の形成、および「政策面」における目的－手段の関係性）を総合的に考慮した構成になっており、一見すると「統一性」が極めて困難であるにも拘わらずあえてまとまった概念に仕立てあげているところに、その特質がある。

　この「計画的」「自己参加に執行的」、かつ、「形成的」な公共事務の「引き受け」という、ヴォルフらの実質的行政概念については、前述のミェンチらの、いわゆる行政の標識（メルクマール）説やシュテルン教授の二段階的「結合説」との違い、あるいはわが国（新旧・修正）積極説との関連性など「多様な視点」からの「批判」や「疑問」が提起されている。そのうち主なものは、まずこの概念は、現実の行政の多種多様性を十分取り入れたものであるかどうか、次にこの概念により、行政と司法を鋭く、かつ明確に識別しうるか[120]、という点にある。このうち前者が、前述のようにわが国でも積極説に向けられている批判と同様その中心的なものであるが、ヴォルフの見解は、前記の批判のごとく多様な行政活動をきめ細かく、かつ網羅的にくみ取っており、行政活動（作用）の悉皆性という点では基本的問題を一応「克服」しているともいえよう。ただ補足的な「解説」を必要とするように、「抽象的」・「不透明」とされる点については、たとえば「条件的」もしくは「目的にのみ規定され」、したがってその限りで「他によって規定された」「公共事務」という表現にみられるように行政概念の正確性、およびその活動の悉皆性を期すあまりいろいろな条件・限定・修飾語が付けられ、そのため統一概念としては「不確定」という批判が当てはまるといわざるをえない。後者の批判は、「法律の執行」・「執行的

---

119)　この実質的「行政」概念に対する批判については参照、Winkler, Orientierungen in öffentlichen Recht 1979. S 1 ff. (Vgl., Wolff / Bachof / Stober, AaO., 10 Aufl., S. 33)、K. Stern, AaO., BandⅡ, S. 735f.

120)　Dirk Ehlers, Verwaltung und Verwaltungsrecht, in; Hans-Uwe-Erichsen und Dirk Ehlers, Allgemeines Verwaltungsrecht, 13Aufl., S. 5 ff.

決定」、あるいは「公(オオヤケ)」の事務処理（公共事務の処理・実施・管理）という規定は基本的に「司法」にも妥当するのではないか、すなわちこれでは、実質的に「行政」固有の特質を鮮明にしたとはいえないというものである。この批判に対してヴォルフは、「司法」との相違を十分考慮してその組織法的要素、すなわち「共同体の事務処理のため任用された管理者」による事務の（事実上の）引き受けという「制限」をかけることにより、これに「対抗」できると判断したのである。

　このように近代立憲主義の権力分立の下、実質的意義の「行政」と「司法」とをどのように峻別すべきかという課題はもっとも困難なものであり、これまでロックやモンテスキューらをはじめ多くの論者が定義づけを行うものの、必ずしもその成果は芳しくなく、これに対する批判が交錯するなかで、「行政」の実質的意義の積極的概念の確立をめざすものにとってはまさに「苦闘」をしいられてきた「厚い壁」である。すなわち多くの論者は、司法＝消極性、法に対する拘束であり、行政＝積極性、裁量性というそれぞれの特色をあげて両者の区別を明確化させたり、古くは司法＝国内法（市民法）の執行および法の適用・執行自体が目的であり、行政＝国際法（万民法）の執行および将来の社会秩序形成として区別する。しかしながら、いずれも今日まで大方の支持を得るほど成功していない。

　この実質的意義の行政概念を、行政法学の立場から鋭意検討している小早川光郎教授も、「社会管理」としての行政＝「公の事務の処理」と規定した上で行政と「人民との直接的関わり」を重視する一方で、他方司法と行政の区別を明確するため一種の「条件」付きの積極説を組み立てている。すなわち行政とは、「人民との直接のかかわりの下」での「民事刑事司法以外」の「公の事務の処理」であると。

　こうして、この積極的行政概念については、かつての通説＝控除説における

---

121)　Vgl., F. Fleiner, Institutionen des Verwaltungsrecht, 3 Aufl., 1928, S. 7 ff. 同書・第 3 版（山田準次郎訳『独逸行政法論』）7 頁以下。E. Forsthoff, AaO., S. 5 ff. Otto Bähr, Der Rechtsstaat, 1864（Nachdruck. 1963), S. 52. Bettermann, Verwaltungsakt and Richerspruch, in Jellinek Gedächtnisschrift, 1955, S. 361ff. その他参照、清宮四郎『憲法Ⅰ（第 3 版）』299頁。

122)　小早川光郎『行政法 上』14頁。

第Ⅰ部　行政法概念と基本原則

国家作用のうちから二権（立法＋司法）の「残余」（＝国家目的の実現）という結果から、さらにその内容を検討しさまざまな積極的な要素を統一的に描写する試みとして評価することができるが、ただ概念自体については実質的意味の司法と行政との明確な区別が「困難」とみて、司法＝民刑事手続を除外するという「制限」を加えたり、また多様な行政活動を適確に、かつ網羅的にカバーするため「条件」・「注文」を重畳的につけているため、全体的に統一的「行政」自体をザッハリッヒに観察・描写することがきわめて困難になっていることは否めない。

　このような点からすれば、ドイツにおける積極的「行政」概念の長所を生かしつつ、短所をいかに減殺するか、また概念の透明性をいかに高めるかが、われわれの当面の克服すべき重要な課題である。

2　「行政権」と積極的行政法概念

(1)　行政法は憲法を「基礎」としその第65条の「行政権」に関する法（美濃部達吉）であることから、「具体化された憲法としての行政法」（F. ヴェルナー）、あるいは「憲法と行政法の一体性」の視点から「行政法」概念を検討する場合、まず現行憲法が権力分立制の下で、一体「行政（権）」についてどのような原則的規定を設けているかが、その中心課題となる。

　これについて、憲法第65条は権力分立の一部門である「行政権」が「内閣に属する」と規定し、その上で「行政権の行使」（66条）について内閣の、国会に対する連帯責任制をもうけ、衆議院の内閣不信任議決権（69条）と内閣による衆議院の解散権規定（7条3号）と相まって、議会と行政権の帰属主体として合議体「内閣」を指定し、協働システムである議院内閣制を統治の基礎的しくみとして保障する。このうち、憲法第65条が「行政」の組織・作用を統轄する「行政権」をさし、第66条が形式的意味の「行政」を意味すると解される。したがって、前者（65条）の規定が憲法と行政法とを結合させる「紐帯」としての位置を占める。この「行政権」自体の意味については、制憲者意思とみなされる金森徳次郎憲法担当大臣による、制憲議会での「行政権」についての答弁［(「行政権」の意義は「執行権」＝（Executive Power）]および憲法全体の関連構造から、国家戦略的・総合政策的・国家指導的計画などに代表される「統

48

治」・「執政」事項をもふくむ広義の「行政」（権）と解されている[123]。これらの規定を受けて、同第73条１項が内閣の担当する各行政作用（「内閣の職務」）の基本的内容を示す根拠規定である。すなわち、憲法第73条柱書は、①「一般行政事務」（general administrative functions）のほか、次のような「事務」を定める。すなわち同第１号は、②「法律を誠実に執行」し、③「国務を総理」（conduct affairs of state）することを規定し、同第２号〜７号において内閣の個別の統治的・儀礼的行為を列挙する。このうち、行政活動（作用）の本質的・全体的内容を表すのは②および③であるが、両者の関係については、それぞれの言葉の意味・文理解釈からすれば、②の「法律の執行」が「国務」（＝国家的事務）の一部であることは相違なく、また③の「総理」の「統括的処理」という意味からすれば[124]、②が③に包括されることにより行政権全体の「職務」は帰するところ、③の「国務の総理」という包括的概念に集約されるといってよい。

　この「国務」は、文言を重視すれば立法・司法を含む国家的事務全般をさすが、これに権力分立の規制を加え、さらに（地方）公共団体の事務をもふくめると、「公共（の）事務」と表現する方がより適確であろう（＝行政事務統轄説）[125]。これに対して憲法学者のなかには、「行政権」の英文規定（Executive Power）、権力分立論の下での一般意思（＝法律）の第一次的執行としての「行政」の役割、およびケルゼン的法段階論の帰結などから、実質的行政の本質は、むしろ②「法律の執行」にあり、次の③「国務の総理」はいわば白地的法概念であり、この「法律の執行」にふくまれるとみる見解がある（法律執行説）。たとえば高橋和之教授は、現憲法下の国民主権モデルの下では、立法は「始源的法定立」であり、行政とはその「法律の執行」であり、「執行」とは、あらゆる（行政の）行為が究極的に法律に根拠をもたねばならず、行政がケルゼン的意味での「法律の実現過程」として現れる[126]、という見解に立つ。

　これについては、行政権（内閣）（＝「国務の総理」）の中心的内容として国・

---

123)　参照、佐藤幸治『憲法（第３版）』209頁。
124)　参照、宮沢俊義・芦部信喜補訂『日本国憲法』487頁。
125)　小早川光郎（前掲書７頁）は、旧地方自治法第２条２項の「公共事務」との相違を考慮してこれを「公の事務」と表現する。
126)　高橋和之『立憲主義と日本国憲法（第３版）』358頁。

第 I 部　行政法概念と基本原則

自治体の公共事務の「管理」（処理）のほか、国＝（中央）行政に重点をおいて総合的戦略的、政策的方針、国家指導計画、および総合調整作用などを加えこれをむしろその中心的役割と位置づける「執政権」[127]説との対立がある。後者の視点から佐藤幸治教授は、[128]憲法の「行政権」概念について法律の執行を基本にしつつもこれらの統治的・政策的要素を加えて、「適切な方向・総合的な政策を追及しつつ」、そのメインを「法律を誠実に執行」することに求める。この見解はいうまでもなく、あくまで憲法上の「行政権」の意義として展開されたものであり、行政法（学）の「対象・範囲」を画するための行政法概念そのものではないが、「具体化された憲法」としての行政法理論・体系の構成という視点からすれば、また「政治的・政策的要素」の増大という現代行政法の特徴を取り込むという方向性を示した点で、実質的行政（法）概念の形成にとって重要な示唆に富む規定解釈であるといえる。

(2)　こうしてこの「行政権」には上記憲法の「内閣の職務」（73条）規定において、法に拘束される「固有」の行政活動と、法から自由な裁量的「統治行為」（政治問題）がともに含まれることから、行政法学において、その対象の「行政（法）」概念の法的基礎としての「行政権」と、内閣が担当する「職務」（活動・作用）との間に不一致があるのではないか、という問題が起こる。すなわち現行憲法の下、内閣の担当する諸「事務」（7条・73条1〜7号ほか）から全体的行政活動の意義・範囲が帰納的に導き出される概念でなければならないからである。したがってこの問題は、行政法学でいう「行政」については、立法作用の「控除」の結果その「残余」の内容を精査し積極的に「国家目的の実現」又は「公共事務の処理」と規定した上で、さらにこの「統治」作用を除いた狭義の「行政」に関する法であるとする、いわば「小行政法主義」にとどまるのか、あるいは前述の内閣の職務に属する執政「統治」をふくめた広義の「大行政法主義」に立つべきか、という課題でもある。すなわち行政法学の対象・範囲については、憲法・内閣法上内閣担当のすべての事務ではなく、むしろ各大臣・

---

127)　阪本昌成・前掲書・257頁以下。

128)　佐藤幸治『憲法（第3版）』209頁以下。

129)　「政治」、「統治」、「執政」などの基礎概念の定義についてくわしくは参照、阪本昌成・前掲書・207頁以下。その他参照、佐藤幸治『日本国憲法と法の支配』（有斐閣、2003年）469頁以下。

省庁長官（行政官庁）を頂点とする「行政各部」（行政機関）の担当事務がその中心を占め、内閣は指揮監督権を行使してこの「行政各部」（憲72条）によるこの狭義の「行政活動」を「統一」・「連絡・調整」することをその本務とするためこれが「国務」（＝公共事務）の「総理」の本来的意味である。これには基本的に、内閣法の規定事項（権限）というよりも、むしろ「分担管理制」の下国家行政組織法および内閣府設置法・各省庁設置法で定める府・省、および庁・委員会の「行政機関」（内閣府設置２条・国行組３条１・２項）の「任務」・「所掌事務」が該当する。この点を明確に意識しつつ、形式的・組織的意味の行政法について「行政機関に関する法」と定義づけたのが、前述の岡田雅夫見解であった。[130]

　ただこのような小行政法主義に対しては、広義の行政（権）（控除説的「行政」概念）＝狭義の「行政」プラス固有の「執政」（内閣担当）を含めて「行政府の行うすべての活動」（に関する法）（＝総合的主体説）を行政法学対象の「行政」（法）概念とする位置づけも、また当然考えられる。この場合には、現行憲法の下、内閣による国会の召集（７条２号）・衆議院の解散（７条３号）・総選挙の施行の公示（７条４号）、条約の締結（73条３号）、外交関係の処理（73条２号）、および天皇の国事行為に対する「助言と承認」（憲４条）などの「執政的」事務をふくむ行政権全体の活動について、実質的行政（法）概念・「対象と範囲」の中に取り込むだけでなく、基本原理としての実質的法治主義（法の支配）およびその他の基本原理（信頼保護・比例性・権利濫用の禁止・平等原則）の適用という方法で「統制」（「制御」）するための方法が用意されねばならない。またこれらはいずれも憲法（学）プロパーの「対象・範囲」に属することから、行政（法）概念への「取り込み」についてはたとえ統治（政治）／行政の２分論に立たずとも、これまでのところ一般に「消極」に解されている。さらに、これらが一般に判例では「統治行為」（政治問題）という「法から自由」（Rechtsfrei）な行為として司法審査の対象外——たとえば、衆議院の解散につき最大判（昭和35年６月８日民集14巻７号1206頁）、自衛隊の違憲性についての控訴審判決（札幌高判昭和51年８月５日判時821号21頁）など——とされてきた経緯に鑑みると、これ

---

130)　岡田雅夫・前掲書・247頁以下。

第Ⅰ部　行政法概念と基本原則

をどのように「克服」するかという基本課題を残すことになる。すなわちこれは、統治行為（執政行為）と目される行為に行政法の基本原理たる実質的法治主義（法の支配）の適用をどう基礎づけるか、という課題でもある。一般的にいえば、行政法の基本原理の適用を頭から全面的に排除することは、いずれも憲法の「行政権」の行為である以上想定しがたいのであるが、戦後におけるアメリカ憲法・行政論の影響もあって、執政／行政２分論の下、執政を除く固有の行政権・活動をもって行政法学の対象とされてきたし、現在もこの見解は維持されたままである。

(3)　このような憲法学における「行政権」をめぐる論争はさておき、現憲法下の行政権＝内閣の「職務」活動をザッハリッヒに観察すれば、行政＝法律の執行に完全に尽きると断言できるか、疑問がわく。すなわち、憲法はその規範論理的視点から、前述のごとく「法律を誠実に執行すること」（73条）と並んで、あらゆる「公的な問題（事項）」の処理（「国務の総理」）という行政の「職務」が関わる根拠規定をもうけていること、前述のようにわが国憲法の「行政権」（65条）がドイツ基本法の「執行権」（１条３項）と基本的に同義であることから、「法から自由」な「社会形成的」（フォルストホフ）・政策的活動が含まれることを総合的に考慮すれば、完全に「法律の執行」に尽きると解釈することは困難であろう。

　こうして、前述のようにヴォルフらが提唱する、「（国法）を部分的に執行する」「計画的」「自己参加的に執行」する、「社会形成的」「公共事務の処理」という実質的行政概念と現行憲法の規範論理的解釈から導かれる「行政権」の担当「職務」である、「国務の総理」・「法律の執行」を主内容とする実質的行政概念が基本的に一致するとみてよい。

---

131)　参照、今里滋『アメリカ行政の理論と実践』（九州大学出版会）、271（276）頁以下。

132)　ドイツでも、行政を「国法の執行」に限定する、いわば「小行政（法）主義」に対して批判的見解が強く、これに「社会形成」を加えて総合的、積極的又は結合的概念に仕立てあげるのが一般的傾向である。H. J. Wolff / Bachof, AaO., 9 Aufl., S. 6 ff. コンラード・ヘッセ・前掲書・340頁以下、参照、成田頼明他・前掲書・８頁以下

3 「現代化」の視点からの行政法概念の再構成——「参加・協働」行政

(1) これまでの考察を総合すると、実質的かつ（憲法）制度的意義の行政法は、現行憲法の諸価値（行政目的）——民主主義・人権・平和（安全）——を、「適正手続」を通じて実現する「手段的・技術的法」（「行政過程」）であるということができる。すなわち、行政に関する「法」としての行政法は、憲法上の目的（価値）を実現するための「技術的・合理的法」、あるいはその「手段的・方法的法」であるということができるからである。実現すべき目的は憲法上の諸価値、すなわち人権・民主主義・平和および（公共の）福祉（実質的公共性）であり、これらの価値の行政法への導入（下降）を経て、行政法総論（基礎理論）において「正確」に位置づけられるべきものである。その際行政法概念の構築に当たっては、法的根拠のみならず価値＝目的を憲法より受け継ぎこれを下位の法令（＝法律・命令）をへて末端の行政行為（処分）などに伝達・継承すべきものでなければならない。それはまた、ケルゼン流の法段階論に基づく憲法優位の動態的秩序・効力論を前提とした概念でもある。

(2) こうして行政法は、憲法上の形式的視点からすれば、端的に行政権——「内閣それ下位の行政機関の任務（＝「法律の執行」および「国務の総理」＝憲法73条1号）をその組織・手続を通じて実現する過程（行政過程）に関する法である」、と一応整理することができる。そしてこの内閣の包括的任務は、基本的に「公共事務の処理」に集約される。このうちこれまで主に後者「手続的価値」（塩野宏）についてのみ行政法の対象・範囲とされてきたが、これらの目的を実現すべき手段の全過程を、すなわち「目的・価値－手段・手続との関係」を当該行政法概念の中に積極的に取り入れてこそ、その本質にせまることができる。これはごく一般的にいえば、国家目的＝憲法上の価値＝公共事務の「市民参加」による実現（＝処理・管理）という手段の関係として規定される。ただこれでは基本的に司法のみならず立法も該当するのではないか、という疑問がわいてこよう（とくに2004年以降、重大な刑事事件における司法への「国民参加」としての裁判員制度が導入されている点に着目）。すなわちこれでは、行政固（特）有の法が対

---

133) 田中二郎『行政法 上（全訂第2版）』27頁注1。塩野宏・前掲書（第6版）・76頁、同『公法と私法』228頁、高田敏編『新版行政法』59頁、その他参照、原田尚彦・前掲書・9頁（「価値中立的な技術法」）。

第Ⅰ部　行政法概念と基本原則

立法・司法との関係で「明確に」区別されないままである。そこで改めて、現代行政過程−作用における共通の特質はなにかを再検証する必要に迫られよう。

　現代の行政通則法（＝行政手続法・行政事件訴訟法・行政不服審査法）の各規定によれば、それぞれ行政法の中心的な活動・対象は、「公権力の行使」（処分性）＝伝統学説のいう本来的公法関係、ドイツ法における「高権」（Hoheitsrecht）（基本法第24条1項）による「支配」関係（＝「一方的規律」ないし「規律力」への市民「参加」）である。すなわちこの共通の特質を、「一方性」を内容とする「公権力の行使」（行訴法3条1項）から、あるいは伝来的公法関係・管理関係や（行政）私法関係においてともに（und／od.）行政と市民の「法律関係」（地位）を、原則対等を旨とする「参加・協働」に求める見解が台頭しつつある。すなわち、憲法第13条又は第31条を根拠とする行政の適正手続を「具体化」する行政手続法（条例）では、行政過程への市民の「参加」「協働」に代表される行政活動（作用）・行政手続が大きなシェアをしめてきたのである。そこで、現代行政法では、依然として行政目的実現のための「一方性」「一方的規律」を内容とする「公権力の行使」（処分性）がその中心を占めるなか、この特徴に現代的市民の「参加と協働」をどう接合するか、という課題が発生する。行政への「参加と協働」と行政の権力的行為形式における「一方的規律」との関係を統一的にどうみるか、すなわちこれらと「日本行政の伝統的スタイルとの緊張関係」をどう「克服」するか、が大きな課題としてクローズアップされてきたのである。

　この新見解は基本的に、「公権力の行使」＝上下的優劣関係にもとづく「高権」に代えて、あるいはこれとともに市民の「参加・協働」によって形成（変更・廃止）される両者の原則的対等の「行政法関係」と位置づけることによって、通則法的地位を占める行政事件訴訟法、行政不服審査法、および行政手続法に

---

134)　参照、塩野宏・前掲書・154頁以下。なお塩野宏教授は、行政行為の統一的特質（効力）として公定力とは別に「規律力」をあげるが、これについて阿部泰隆教授は、これは民事法にもある（契約の解除妨害排除）特質であり、また行政行為の一般的属性ではなく、むしろ侵益的行政行為のみ妥当することなどから、この「規律力」概念の導入については批判的である（『行政法解釈学Ⅰ』77頁）。

135)　参照、兼子仁『行政法総論』「第2編」83頁以下、田村悦一『住民参加の法的課題』2頁以下、山田洋「参加と協働」自治研究80巻8号28頁、同「現代行政法における協働と参加」『現代行政法の基礎理論』331頁以下、大橋洋一・前掲書・（第2版）56頁以下。

136)　塩野宏・前掲書・400頁以下。

54

第1章　行政法概念と憲法

における「公権力の行使」（処分性）よりも、むしろ市民の「参加」「協働」に比重をおいて現代行政と市民との外部関係を規定すべきである、というものである。この「参加」「協働」は実際には国家行政よりも、むしろ自治体行政においてまさに「住民意思を反映させるための仕組み」[137]あるいは住民主権の「具体化」としてさまざまな（とくに自治体の）行政分野へ広がりをみせ強化されており、かつその核心を占めつつあるといってよい。

(3)　ここで多様な意義・効果をもち「混声合唱」[138]とよばれる、国や自治体の行政過程への「市民参加」の制度的拡大傾向をみておこう。

　すなわちこの「参加」「協働」については、国や自治体行政において、こんにちこれを加速・強化する一般的制度として、とくに「手続的法治国」の下に、行政手続法・行政手続条例における「適正手続四原則」[139]の保障、すなわち①審査基準・処分基準の設定・公表、②記録資料の閲覧、③「理由の付記」、④告知・聴聞、「弁明の機会の附与」、および関係資料の文書閲覧、ならびに⑤命令等（命令、審査基準、処分基準、行政指導指針）に対する意見公募手続等（行手法第6章38条以下）の保障がある。個別の行政法分野では、都市計画法、廃棄物処理法、原子炉等規制法などにおける「聴聞」「公聴会」「意見書の提出」、環境影響評価法における方法書・準備書についての住民の「意見表明権」、および各種（自治体）審議会における委員の「公募制」などの個別的「参加」制度の拡大傾向は、その「実効性」について重要な課題を残しつつも最近国や自治体行政において制度上ますます増大しつつある、といってよい。とくに地方自治レベルでは、伝統的な各種直接請求（自治74条）、住民監査請求（242条）、住民訴訟（242条の2〜3）、請願権（憲16条・自治124・125条）のほか、全国各地で広がりをみせる自治基本条例・市民参加条例における各種「市民参加」制度、および住民投票条例などがあり、さらに自主条例における対等当事者間の「協議制」付きの許可制度をも、この隊列に加えることができよう。

　これらの各種法令・条例上の「参加」「協働」制度はいかなる意味でそれら

---

137)　今村成和『行政法入門（第4版）』17頁。

138)　榊原秀訓「住民参加の展開と課題」『住民参加のシステム改革』（日本評論社）8頁。

139)　塩野宏『行政法Ⅰ（第6版）』295頁以下、その他参照、宇賀克也『行政手続法の解説（第3版）』、行政管理研究センター編『逐条解説・行政手続法平成27年度版』。

55

第Ⅰ部　行政法概念と基本原則

が実質的意義・効果をもつ法的仕組みといえるのかが問題とされる。すなわち、一般に「行政の決定過程における市民の影響力行使」と定義づけられる参加について、現代ではとくに自治体行政における申請・願・届など何らかの市民サイドのイニシアチブ（住民発案）から、上記のように住民監査請求──住民訴訟（自治242条、同条の2〜3）、全国の個別条例・自治基本条例（住民参加条例）における住民投票、国民投票（憲法改正国民投票法）、地方特別法における住民投票制度（＝憲95条）に至るまで多様な形態がある。したがって、これらの法制度をどう評価するかについて、一律に論ずることは困難であるが、いまや行政実体法・手続法などを中心にまさに「市民参加」が花盛りであり、これらの実現に向けて論究すべき課題も多い。すなわち、これら制度について、これまで全く「発動」されないものや、その「拘束力」が弱いため次第に後退した制度も少なくなく、市民の「参加」「協働」のシステムについては、とくにその法的性質の解明や実効性──たとえば住民投票条例における「法的拘束力」の有無の検討──（たとえば、投票結果は「参考」意見であるとする那覇地裁平成12年5月9日判決・判例時報1746号122頁）が求められている。

⑷　行政と市民（私人）との「協働」については、最近地方自治体を中心に「（事前）協議付きの許可制度」をもつ条例が相次いで登場し、注目されている。たとえば、(旧)三重県紀伊長島町（現在は合併により紀北町）の「水道水源確保条例」（平成6年条例6号、合併後廃止）や、熊本県の「高齢者・障害者等の自立と社会的活動への参加の促進に関する条例」（やさしいまちづくり条例＝平成7年制定・同20年改正）などの「高齢者等の移動等の円滑化法（平18年・法91）」に基づく、全国自治体の「施行（委任）条例」がその代表的なものである。この熊本県条例においては「公共性」の強い、一定規模の「特定建築物」について、ユニバー

---

140)　参照、柳瀬良幹「住民参加の定義」自治研50巻2号51頁以下、小高剛「住民参加手続の法理」（大阪市立大法学叢書）139頁以下、田村悦一『住民参加の法的課題』2頁以下、その他、椎名慎太郎『行政手続法と住民参加』22頁以下参照。

141)　参照、兼子仁『行政法総論』1頁以下、荒木昭次郎・黒木誉之・澤田道夫・久原美樹子『現代自治行政学の基礎理論』19頁以下、とくに26頁、その他参照、山田洋「参加と協働」自治研80巻8号28頁以下。

142)　この紀伊長島町（当時）「水道水源確保条例」の"配慮義務"をめぐる判例（最高裁平成16年12月24日判決・民集58巻9号2536頁）の解説については参照、牛嶋仁「水道水源保護条例適用における配慮義務」『地方自治判例百選（第4版）』64頁。

56

第1章　行政法概念と憲法

サル・デザインに基づくバリアフリー等による「建築」を義務づけ、その際建築主と自治体当局との間で「事前協議」制を設け、あらかじめ自治体と建築主＝事業者が対等の立場で協議を行い、──ただしこの場合、両者の「合意」が処分の発動要件とはされていないため「対等」といえるか疑問という見方もあるが、──そのうえで建築確認（建基法6条）をするしくみであり、この条例は協議義務違反の事業者等に対しては「制裁」として「公表」が予定されている。

　このように、行政過程において私人の「参加」・「協働」の拡大は、行政立法におけるパブリック・コメント制度[143]（行政手続法「意見公募手続等」（第6章（38条以下））の保障や行政手続法における手続4原則（聴聞又は弁明の機会、理由付記など）、行政行為（協議付きの許可制度）、行政契約、行政計画、行政調査（所得税などの質問検査権における事前通知制度＝国税通則法74条の2〜同条13の2）に代表される個別行為形式ばかりでなく、国と公共団体（自治体）の関係においても、第一次地方分権改革（2000年4月1日施行の地方分権一括法）により同様な制度・傾向が導入されるようになった。すなわち、地方分権の一定の進展により両者の「協力・対等」関係を旨としつつ一般的「関与」のうち、「指導勧告」「報告の徴収」「協議」などの非権力的手段の行使が常態化し重要になってきたため、総務省に設置の国地方係争処理委員会の「審査の対象の申し出」である、「是正の要求」などの「公権力の行使」はむしろ実態上例外的現象であるといってよいからである。またこれに、全国知事会等の地方公共団体6連合組織と国の行政機関との「地方自治」に関わる法令問題についての「協議」システムの導入などの組織的・団体的「協働」（地方自治法第263条の3──意見の申出・内閣の回答義務）が加わって、制度的には両者の「協力」「対等」の関係を一層促進しつつあるといえよう。

(5)　この行政における「参加」「協働」システムをドイツ連邦の関連法規にお

---

143)　パブリック・コメントについて常岡孝好教授は、アメリカ法（APA）を参考にしつつ、パブリックコメントの閣議決定から行政手続法の第六章「意見公募手続等」（38条〜45条）の具体化により、（ア）原案資料開示請求権、（イ）意見情報提出権、（ウ）適正考慮要求権、（エ）個別的処理（考慮）を受ける権利、（オ）考慮結果回答受領権を内容とする「参加権」を提唱する。参照、常岡『パブリックコメントと参加権』147頁以下。

57

第Ⅰ部　行政法概念と基本原則

いてみると、まず行政手続の「一般法」である行政手続法（Verwaltungsverfahrens-
gesetz VwVfG）（1976年制定）では、第２部第１章「手続上の原則」のうちの第
28条で「当事者の聴聞」、同第29条で「当事者による記録閲覧」権（Aktieneinsicht
durch Beteiligte）という、行政手続上の二大「手続的権利」が規定されている。
また同法の「個別行政手続」のうち「正式の行政手続」においては、①「当事
者の聴聞の義務づけ」（66条）、および②「口頭弁論の必要性」（67条）があげら
れる。次に計画確定手続の中では、「計画確定議決」・「計画の認可」の事前手
続として「聴聞手続」が義務づけられている（73条）。さらに、個別法におい
て連邦自然保護法の改正（2004年 BNatschG）により、「協働権」の章名の下に「環
境、自然保護、原子力の安全のため連邦大臣によって承認された団体（Verein）」
には、次の手続（１～４号）において「当該専門鑑定書」についての意見表明・
記録閲覧する機会から与えられねばならないと規定されている（63条１項１～
４号）。

①　「自然保護・景観保護」の分野に関する命令（Verordnung）および法律下位の法
　　規命令
②　海洋領域保護のための「下命」（Geboten）と「禁止」（Verboten）の解除の付与
③　連邦官庁によって、またはドイツの排他的経済水域・大陸棚におけるラントの官
　　庁によって執行される計画確定手続
④　連邦官庁によって発令される「計画の認可」と連邦自然保護法第63条１項３号の
　　意味における「計画確定」に代わって国民参加が規定される場合の計画認可手続

　　また、上記の連邦レベルのみならずラントにおいても、「権利能力」を有す
る団体の「協働権」と連邦大臣によるものと同様の「承認」に関する規則を制

144）　Sartorius, Verfassungs-und Verwaltungsgesetze Gebundene Ausgabe 2017, 100 （VwVfG）
　　§§28・29. Kopp/Ramsauer, VwVfG, 14, Aufl., §28 （S. 531ff.）. §29 （S. 560ff.）。連邦自然保護法
　　（BNatSchG）のくわしい内容と協働権については参照、小澤久仁男「ドイツ連邦自然保護法上の
　　団体訴訟─自然保護団体の協働権からの分析」立教大学大学院法学研究第39号（2009年）58頁以下。
145）　Vgl., Öffentliches Recht, 15Aufl., NO. 46 （§58～60）, Sartorius, AaO., 2017, 880§63. なお、
　　2015年の連邦自然保護法の改正により、海洋領域保護のため「協働権」に関する規定が整理統合
　　された（新法60条）。
146）　1976年連邦自然保護法の制定により一貫して「協働権」（Mitwirkungsrechte = BNatSchG.
　　§63）という語が用いられているが、最近の環境・権利救済法においては、団体の参加について「参
　　加権」（Beteiligungsrecht）という用語が使われている。しかし、両者の内容には基本的に差異は
　　ない。参照、小澤久仁男・前掲論文・178頁。

定することができ、この規定に基づき「承認」された団体に当該専門家の鑑定書に対する意見表明権および記録閲覧権（＝「協働権」）が与えられねばならないものとされた（第60条1・2項）。このようにドイツにおいては、連邦行政手続法・連邦自然保護法を中心に、一定の承認された「団体」等に「意見表明」権、および記録閲覧権などの「協働権」が導入され、その後消費者情報法（Verbraucherinformationsgesetz, Sartorius, Verfassungs-und Verwaltungsgesetze, 2017, Ergänzungsband 862a）などにも拡大しつつある。

4　積極的行政概念から実質的行政法概念へ

⑴　このように、「行政に特有の法」という通説的行政法概念、あるいは総合的行政法主体説に代表される新行政法概念の構成においては、中枢的要素たる実質的「行政法」の積極的定義づけを求めて、憲法との関係、とくに「具体化された憲法としての行政法」および「憲法の優位」という国法秩序の体系をふまえ、抽象的国家目的に代えて「憲法的価値」をその目的にすえ、それを行政の主体・機関（組織）──行政過程──、市民の「参加と協働」を中心とした「適正手続」によって実現する一連の活動である[147]、と位置づけることができる。

　この新概念は、実質的行政概念についての（旧）積極説（田中二郎）による、「法の下で、法の規制をうける」という控除説的「前提」をくわえておらず、また国の立法過程においては、とくに憲法第95条「地方特別法」における住民投票を除くと「市民の参加・協動」という要素の比重が小さいため、この「参加」制度の有無によって対「立法」との区別は明確となろう。ただそのなかでも、行政手続法・全国各自治体の行政手続条例が「命令等意見公募手続」（法6章38～45条）（パブリック・コメント）を定めており、この点について実質的に「立法」（作用）である「命令等」への国（市）民参加により、立法と新行政（法）概念の「区別」が不可能になるのではないか、という点が一応問題になりえよう。ただ現憲法下の国家レベルの立法過程においては「国民参加」（国民の法律発案＝イニシアチブ）制度の不在のため、市民の「参加」「協働」を加えることにより構成される新行政概念──「憲法上の価値の実現をめざす」「政策形成

---

147)　参照、手島孝・中川義朗編『新基本行政法学（第2版）』（中川義朗・執筆）11頁以下。

第Ⅰ部　行政法概念と基本原則

的法執行的公共事務」の、「参加・協働」による処理——において形式的に立法との「区別」が明確になされうる。また行政と司法との関係では、実定法上国民の司法参加の一形態である裁判員制度（裁判員の参加する刑事裁判に関する法律（平成16・法63））・検察審査会制度——検察官の「不起訴処分」に対する2回の検察審査会の議決にもとづく「強制起訴」制度（検察審査会法41条の2・41条の6～7）——など一定の「国民参加」的要素はあるが、これらは原則的一般的国民「参加」手続とまではいえないため、この新概念において市民「参加」手続を取り込むことによって、対司法との区別も一応明確にされよう。

　問題は、このような「参加」「協働」がはたして、行政（法）の積極的「定義」の本質的地位を占めうるかという点である。すなわちこれは、行政それも自治体行政の積極的要素たりえても、国の行政（法）の基本的要素とはなりえないのではという疑問、また憲法との関係を中心にした、あくまで理念上形式論的・「参加」にとどまるのではという批判が予想される。とくに現行憲法下の国や自治体の統治過程、とくに立法・行政過程への「市民参加」は理念・建前上拡大しつつあるものの、その実態、すなわち法律・条例の執行状態＝（「休眠」化？）は憲法第95条の地方特別法や最近の自主条例による住民投票の「失速」に象徴されるごとく、ほとんど形骸化しているといっても過言ではない。[148]

　したがって、行政法概念への「参加」「協働」の要素の取り込みは、その「実態」を反映したものというより、多分に国民主権の具体化としての「期待」[149]を込めた理念・役割を担わされたものであるといってよい。

⑵　本章の主たる目的は、実質的意義の行政概念に関する積極説、すなわち国家目的説、公共事務管理・実施説、および憲法第65・73条1号における「国法執行説」・「執政権」説が、いずれも全面的な「妥当性」という点では問題を抱えているため、それらを「修正」し、憲法上の関連規定との整合性を図りつつ、かつ簡潔にして要を得た積極的「行政法」概念を提示し、もって行政法総論の

---

148)　自治体行政においては首長・議員らに対する解職、議会解散を求める発動要件として従来の有権者総数の「1／3以上」が40万および80万を越える場合にそれぞれ「段階的」に緩和され（自治76条1項ほか）、大都市における直接請求の「活性化」を促すものとして期待されているが、まだ改正法の施行から日が浅いこともあってか現在までのところ目にみえる「効果」が表われていない。

149)　山田洋教授は「協働」について、制度・実態というよりむしろ「ものの見方」「理解のしかた」という視点でとらえる。山田洋・前掲論文・336頁。

60

基本原理・構成（要素）・内容に一定の展望を与えて、確固とした「体系」を構築するための諸課題を提示することにあった。かくしてわれわれは、行政法理論の基礎をなす（積極的）行政法概念について、先行研究をふまえて、憲法第31条、65条、73条によって代表される（憲法）制度的概念としての行政・行政法の概念、すなわち「憲法的価値の実現をめざす」、「市民参加・協働による」、「政策形成的・法執行的公共事務の総括処理」（＝X）（処理）という「行政」の新定義に加えて、行政に関する「手段的・手続的法」という、「法」としての特質を加えることにより積極的行政法概念に辿りつくことができる。すなわち、実質的意味の行政法とは「憲法上の価値の実現をめざす手段的・手続的法」であると。かくしてこの新積極的行政法概念は、「憲法上の価値」の実現という目的に対する「手段法」とが「政策形成的、法執行的公共事務」の「総括処理」に「手続的法」として行政法の特質がそれぞれ基本的に「対応」する構造になるとともに現代行政の全般的特質を網羅的に表現する概念となっている。

むすびに代えて——議論の整理と行政・行政法新概念の「検証」

⑴　現行憲法の下で、行政裁判制度の「否定」、および「司法の一元化」という行政法の制度基盤の「変化」を重視して伝統的行政法理論はその全面的見直しが進められ、その結果として公法私法2元論への「批判」を契機として、行政法＝「国内公法」という「伝統的公式」[150]は姿を完全に消しつつある。代わって今日では、行政法概念について、①「行政に関する法」（形式説）、②「行政に関する特殊固有の法」（特有説）、あるいは③「行政府の行うすべての活動に関する法」（総合的主体説）が主役におどりでた。ただこれらの「定義」はいずれも、「行政」の実質的意義の積極的概念をスルーにするか、あるいは常識的権力分立的消極説を「所与」とするため、肝心の行政の本質（＝対象・範囲）が鮮明にされず、行政法の対象（本質）・範囲が画定されない、という基本問題をかかえている。換言すればこれらはいずれも、実質的なそれではなく、あくまで形式的、あるいは組織法的意味の行政法概念にとどまっている。

---

150)　田中二郎『行政法 上（全訂第2版）』24頁以下。

第Ⅰ部　行政法概念と基本原則

(2)　そこでまず、現代ドイツにおいて行政概念「積極説」を提唱している H. J. Wolff/O. Bachof/R. Stober の「行政」(öffentliche Verwaltung, Public Administration) 概念の形成過程にそくして考察するならば、その語源的意味から、また古代ギリシヤの"ポリス"・"キヴィタス"（ローマ）の性質から「行政」の本質を、不特定多数の構成員の「共通の利害対象物」の「存在」を前提にしてその「解決・処理」をめざす一連の「過程」とみなすことができる。すなわちこれが、あらゆる「行政」に共通の「公共性」の謂である。[151]

　近代立憲主義・権力分立に関する議論の方向としては、現行憲法下の特定の権力分立制を措定すること、その上で行政・行政法概念を構成するに当たっては、「価値中立的な手段的・技術法」の視点からではなく、憲法の価値・原則・規定を踏まえ、かつ、それを取り込んだ概念の構築が必要とされる。[152]すなわち、「行政権」－「行政」－「行政法」というベクトルからその出発点としての「行政権」は権力分立と同様、「超時代的・自然法的」なモデル（公式）に基づくものではなく、あくまで特定の憲法・権力分立制に基礎づけられるため、[153]まず「行政権に関する法」としての行政法の位置づけを俎上にのせるべきだからである。またこれについては、行政法学の方法論の見直しをふまえた①「制度的・技術的概念」（≒道具概念）と、②「本質的・理論的概念」の「混合」をさけ、両者の区別を行ったうえで、行政法解釈学においては①制度的概念、とくに③憲法制度的概念を基礎にして、これに②の理論的概念がどのような影響を与えるのかが検証されるべきである。その上で、権力分立を前提とする「行政権」(65条)、「内閣の職務」(73条)、および「行政各部」(72条) とつづく「行政（法）」関連規定の整合的なしくみ解釈にもとづく行政（法）概念の積極化が追求されてきた。この点をこれまでの研究成果でみると、伝統的な「控除説」のほか最近では、①法律の執行説、②執政権説などが展開され活発な論争が続いているが、これまでの行政法学には、行政概念控除説を除き後者①②をめぐる憲法学界での検討結果がいずれも、行政法の概念・基礎理論においてほとん

---

151)　「公共性」に関しては、内外ふくめると厖大な研究・著作がある。ここでは、手島孝『学としての公法』29頁以下、片岡寛光『公共の哲学』を参照。

152)　参照、原田尚彦・前掲書・8頁以下、高田敏『新版行政法』59頁。

153)　K. ヘッセ・前掲書・309頁以下。

ど反映されていない（憲法と行政法（学）の「すみわけ」の定着）。そこで憲法上の「行政権」概念について、行政法の本質・対象の視点からの落し込み作業の上で大きな役割をしめるのは、憲法73条柱書きの「国務の総理[154]」である。しばしば「行政」の本質とされる「法律の執行」も「国家的事務」（行政事務）の一種であるので、これに含まれるからである。また、現行憲法規定の英文上の表記、および現行憲法の制定過程（制憲議会における憲法担当大臣の答弁）から、憲法第65条の「行政権（executive power）」には、固有の行政（権）＝「法律の執行」の外、前記統治・行政的作用（「国務の総理」）がふくまれる広義の行政権（アメリカ（＝合衆国憲法第2条（合衆国大統領）第1節1項「執行権は、…大統領に属する」）・ドイツ（基本法1条3項・20条2〜3項他）などの憲法ではこれを「執行権」と規定する。）であると解されることから、「具体化された憲法」としての行政法の視点からこの「関門」をどうクリアするか、という新たな問題が発生する。

　この点ドイツ公法学では、行政は「法律の執行」に完全につきるのか、あるいはそれ以上の「何か」（統治的・国家戦略的・国家指導的、また軍事防衛的な活動などの「統治」）を含意するのか、という問題として提起されている。これについて権力分立を前提に全国家作用のうち、まず立法と司法が控除され、次いで「統治」（Regierung）も除去され、「行政と（この）統治との中間」に、国家戦略的・政策的方針の作成、国家指導計画などの「社会（秩序）形成作用」が含まれるという、一種の「結合的」見解が台頭している。わが国憲法学では、「行政権」（65条）について、①法律の執行を基本に、②国務の総理のほか、③社会形成作用、もしくは国家戦略的・指導計画を取り込む広義の「執政権説」が有力であり、これを実質的「行政」の概念に移すと、ストレートに「政策形成的・法執行的・国家的事務の統括整理」と定式化することができる。このうち、③政策＝社会形成については、フォルストホフら[155]が社会秩序・財貨（経済）秩序に対する行政の「変動的」「形成的」作用を中心にして「行政」を構成したことをもって起点とするものであり、まさに現代行政の代表的特徴である。ま

154）　この「国務の総理」については、学説上①行政事務統轄説（宮沢俊義）と②立法・司法を含む国務総合調整説（小嶋和司）との対立がある。くわしくは参照、百地章「『国務を総理する』の意味」『憲法の争点（第3版）』208頁以下。

155）　E. Forsthoff, Lehrbuch des Verwaltungsrechts, Bd., I 10 Aufl. 1973, S. 59ff.

第Ⅰ部　行政法概念と基本原則

たこの「国家的事務」については、これに（地方）公共団体の事務（自治事務）を加えると「公共事務」と称するのがより正確であろう。このとらえ方は、モンテスキューらの権力分立の「公式」（行政＝法律（国法）の執行）に基本的に合致するというメリットは大きいものの、他方現行憲法下において、行政権が行政裁判の「前審」としての司法的作用（行政不服審査や行政審判など）や、命令＝行政機関による「立法」（「行政立法」）をどのように位置づけるか、あるいは同じ「法律の執行」の役割を担う司法権との相違をどのような基準で明確にするかという難題が待っている。けだし、行政法の本質はともかくその範囲を画するという点からすれば、前記憲法上一定の「司法作用」や「立法作用」が、現行憲法において行政権（内閣・各省庁・行政機関）に割り当てられその「活動範囲」に組み込まれていることから、あえてリスクを伴う実質的意味の積極的行政（法）概念に踏み込む必要はないという戦略的判断もありうるからである。

　ただわれわれが、これら「行政」を除く二機関・作用（立法・司法）を、なにを根拠としてそれぞれ「司法」あるいは「立法」作用と断定するのかと問われれば、これについての解答は必ずしも明確ではなく、結局は形式的・組織的意味の控除説的な判断に依拠しているのである。また権力分立の構造について、（現行）憲法が、いわば「政策的」各権力間の「抑制と均衡」原理に基づいてそれぞれ権限を配分しているので、これらの「不一致」は恒常的なものである。そこであえて、予め「司法」を除くという控除説的<ruby>篩<rt>ふるい</rt></ruby>をかけなくとも、現代行政（法）の最大の特質――「政策形成的・法執行的公共事務」――を概念の中核にすえ、さらに「市民の参加と協働」という現代行政の特質を加味することにより両者（行政と司法）を一層鮮明に識別することができよう。

(3)　このような行政権概念から行政法概念へ展開するにあたって、また市民の視点から行政府のあらゆる活動へ「参加」と「協働」の要素をあげることができる。換言すれば現代行政では、①「政策法（律）の執行的および（形成的）公共事務の総括処理」にあたり、行政主体・機関が上から一方的に「執行」「形成」「総括処理」するのではなく、行政決定の過程において市民がイニシアチブ、もしくは何らかの「影響力」を行使する制度・しくみが与えられるのが一

---

156)　参照、曾和俊文・前掲書・310頁。

搬的であるといってよい。これは規範レベルでは、憲法第13条や31条に基づ
く、行政への「適正手続」をもとめる基本権の投映でもある。とくに、平成6
年施行の行政手続法とそれに続く全国自治体の行政手続条例の相次ぐ制定は、
憲法第31条「適正手続」の「具体化」であり、しかもそれらが行政に関する通
則法的実定法であるだけに、（新）行政法概念の構成にとって不可欠の重要な
要素をなすといってよい。かくして行政法とは、形式的には「行政に関する法」
であり、実質的には、「市民の参加・協力による」、「政策形成的・法執行的公
共的事務の総括処理に関する法」であると定義することができよう。また「行
政の法」としての行政法の特質を強調する論者によれば、「国内公法」に代え
て、行政法は憲法上の価値（行政目的）、あるいは「政策」を実現するための“手
続・手段・方法”であり、すぐれて「技術的・合理的法」であると構成される。
これは、現代法としての行政法自体の特殊性を通じて現代行政活動の特質に迫
る試みであると評価することができる。

(4) こうしてわれわれは、行政法＝「行政」に関する法、あるいは「行政特有
の法」という通説的形式的概念において、中枢的要素たる「行政」について、
実質的意義の“積極的”概念の形成過程をドイツの代表的理論において「追跡」
し、その上でわが国憲法構造上の「行政権」・行政作用規定を重ねることによ
り、仮説的に「憲法上の価値の実現をめざす」「政策形成的、法執行的公共事務」
の「市民参加・協働」による「総括処理」、という新概念に辿り着いた。

　これは一方で、「法律の執行」「公共事務」をキー概念として主として警察・
秩序・規制行政を念頭におきつつ、他方「社会形成」によって計画的・政策的
行政を中心とする、現代立憲主義国家の行政現象の特徴を網羅的に包括する定
義になっている。これに関する最大の問題は、この概念によってはたして行政
と司法とは明確に「区別」されうるか、それとも両者は必ずしも厳密に「識別」
する必要はないのだろうかという伝統的な権力分立的行政概念にまつわる課題
が完全に「克服」されたかどうかである。これについて「省察」を重ねた上で
新積極説を展開された手島孝教授は、行政＝「本来的・擬制的公共事務の管理・

---

157)　参照、塩野宏・前掲書・76頁、原田尚彦・前掲書・27頁以下。

158)　参照、田中二郎・前掲書・27頁（注1）、その他参照、藤原淳一郎・前掲書・238頁以下。

159)　手島孝『憲法と行政権』39頁以下。

第Ⅰ部　行政法概念と基本原則

実施」という、文字どおり「公共性」＝「公共事務」概念からあえて「司法を除く」という「修正」を加えて「実定的－理論的概念」に仕立てている。またドイツでは、本章で基本的に依拠した Wolff/Bachof/Stober が実質的「行政」[160]概念について、前述のように「公共事務」を基本にすえつつも、（行政）機関による当該事務の割当て（＝引き受け）という組織法的「修正」を施すことにより、概念の精確性を期しその完成度を高めた。ただこれらの「修正」により、多様な控除説と同様に「立法」「司法」を行政概念の内在的本質に派生する基準からではなく、その外見的メルクマールによる「区別」に依拠したと評されよう。このように先人達の「格闘」を眼の当たりにすれば、実質的意味における「行政」と「司法」との本質的・内在的「区別」（基準）は有効に成就しないといえるかもしれない。これについての「弁明」として、E. フォルストホフの冒頭の「名言」——実質的行政概念の構成は「困難」であるが「記述」することはできる——はここではあえて繰り返さない。本章では、これらの「困難性」を十分認識しつつ、仮説的・試験的実質的意味行政・行政法概念構成のためのささやかにして「大胆な挑戦」として、次のようにこれを規定する。

　すなわち実質的行政とは「憲法上の価値の実現をめざす、政策形成的・法執行的公共事務の市民参加・協働による総括処理」（＝ X）であり、これに続く実質的意味の行政法概念については、「『行政』に関する手段的・手続的法である」という形式的「特質」をふまえて、「憲法上の価値の実現をめざす、政策形成的・法執行的公共事務の、市民参加・協働による総括処理」に関する「手段的・手続的法」であると提唱できよう。この場合前述のように「憲法上の価値」とは、現行憲法の三基本原理（国民主権・人権尊重・平和主義）をはじめとする憲法上の価値に関わる規定によって具体化される諸価値（平和・安全・福祉・環境）をさす。この概念においては、「憲法上の価値」の実現がそのための「手段的法」に、「政策形成」と「法執行」の公共事務が主として「手続的法」にそれぞれ「対応」し、全体として統一的行政法概念の構成を期すとともに現代行政の特質（メルクマール）をほぼ網羅的にカバーするものとなっている。

---

160)　Wolff/Bachof/Stober, AaO., 10 Aufl., S. 33ff.

第2章　憲法的法治主義の原則

はじめに——問題の所在と考察の視角

⑴　行政法総論（基礎理論）の中枢を占める「行政の法治主義」の原理、もしくは「法律による行政」の原理はドイツ公法、とくに（形式的）法治国家論および権力分立を中心とする国法の基本秩序にその淵源があり、具体的には法学的方法に基づくドイツ行政法の創設者と目されるオットー・マイヤーの「法律の支配」（法律の法規創造力・法律の優位・法律の留保）にその原型をみいだすことができる。これが明治憲法時代に、美濃部達吉らの手を通じてわが国に導入され、日本国憲法の下でも伝統的行政法理論の基本原理「法治行政の原則」として定着したものである。

　他方、イギリス公法の中心原則たる「法の支配」（rule of law）は、周知のごとく、「国王といえども、神と法の下にある」（ブラクトン）（Henry de Bracton）という中世的「法の支配」をへて、近代においてイギリスの代表的憲法学者、ダイシー（A. V. Diecy）による3原則、すなわち①政府官吏の権限濫用の禁止、

---

1 ）　Otto Mayer, Deutsches Verwaltungsrecht I, 1 Aufl., S. 3 Aufl., S. 64ff.
2 ）　美濃部達吉『日本行政法総論』（1919年）42頁以下。美濃部は、権力分立のうち「行政権と立法権との関係」について、次のようにのべる。①行政権ノ作用ハ法規ニ牴触スルコトヲ得ズ。②行政権ニ依リ人民ノ自由及ビ財産ヲ侵スニハ必ズ法規ノ根拠アルコトヲ要ス。③行政権ハ法規ノ根拠ニ基クニ非ザレハ特定人ニ対シテ法規ノ命ズル所ノ義務ヲ免除シ又ハ特定人ノ為ニ特権ヲ設定スルコトヲ得ズ。
3 ）　田中二郎『行政法上巻（全訂第2版）』48頁以下。
4 ）　A. V. Diecy, Introduction to the study of the Law of the constitution, 10th Ed., 1959, PP.183-205.（『憲法序説』（伊藤正己・田島裕訳175頁以下（179）.）、その他参照、ダイシー著『ダイシーと行政法』（猪股弘貴訳）1頁（60頁）以下、田島裕『イギリス憲法——議会主権と法の支配』59頁以下、加藤紘捷『概説・イギリス憲法（第2版）』138頁以下。

第Ⅰ部　行政法概念と基本原則

②平等原則、および③判例の蓄積による人権・法原則の確立（判例法主義）を主内容として形成されその後修正発展し、いまやイギリスのみならず普遍的な公法原理の代表であるといっても過言ではない。したがって法の支配は今日では、国家法＝憲法のみならず、行政法・国際法（公法）や法一般（法哲学）などでも法の一般原則として定着し拡大していることもあって、その内容はきわめて多義的である。[5]

(2)　「法学的方法」にもとづくドイツの代表的行政法学者、オットー・マイヤーは、その代表作『ドイツ行政法Ⅰ』（3 版・1923年）の「序言」において、[6]「憲法は滅びるが、行政法は残る」という有名な命題でもって、1871年のビスマルク帝国の立憲君主政（制）から1919年のワイマール憲法への「根本変革」（＝立憲君主制から民主・共和制へ、「人間に値する生存」の保障（151条1項）、および所有権の義務づけ（153条3項）など（「修正資本主義」的憲法への転換））にもかかわらず、行政法の基本原理＝形式的法治国・「法律の支配」（法律による行政）に基づく行政法の基礎・体系の「堅持」を宣言した。

これに対して1949年ドイツ連邦共和国基本法の下では、F. ヴェルナーによる「具体化された憲法としての行政法」[7]という演題が憲法と行政法との関係、および行政法の基本原理・体系のあり方を示す「一般原則」として浸透しつつある。すなわち、これまで国家の基本法たる憲法と、統治機構の構成要素＝「『行政権』に関する法としての行政法」（美濃部達吉）との関係については「憲法超然的行政法」というとらえ方が支配的であったが、このF. ヴェルナーの命題を契機として、むしろ「行政の憲法への依存性」[8]、ないし両者の「一体性」、

---

5 ）　たとえば、現代イギリスの代表的行政法のテキストは、法の支配の内容として、①（法の枠内での行政への裁量権の保障をふくむ）合法性、②司法の独立、③公正性をあげる。See H. W. R. Wade & C. F. Forsyth, Administrative law, 9th Edit., 2004, PP. 20-25. 参照、深田三徳「法の支配をめぐる諸問題の整理と検討」『法哲学年報　現代日本社会における法の支配』（2005年）7 頁以下。

6 ）　Otto Mayer, Deutsches Verwaltungsrecht, 1 , 3 Aufl, 1923, Vorwort.

7 ）　F, Werner, Verwaltungsrecht als konkretisiertes Verfassungsrecht, DVBI, 1959, S. 527ff. ドイツはもとよりわが国公法学においてもヴェルナー（Werner）のこの論文のもつ意義および憲法・行政法への「影響」についてはさまざまな評価がある。わが国における最近の研究として、三宅雄彦「憲法具体化と行政法」社会科学論集（埼玉大学）134号（2011年）1 頁以下（同『保障国家論と憲法学』（尚学社、2013年））が示唆に富む。

8 ）　H. Maurer, Allgemeines Verwaltungsrecht 18. Aufl., S. 13f.

および適切な「距離」の確保が行政法学にとっては大きな課題とされてきたのである。これについて、権力分立の各構成作用を比較法的にみれば、前記ダイシーのように憲法＝国家法レベルにおける人権保障のための司法的秩序（＝司法の独立）を主要目的とする「法の支配」と、専ら行政法＝立法と行政の関係における「法律による行政」（＝行政の法治主義）とを（比較）検討の上で、現行憲法の基本原理・構造により適合的な原理として「法の支配」もしくは「法治主義」のありよう、すなわち現行憲法原理・構造に即した実質的法治主義と法の支配の内容は何か、という視点から課題を探求すべきである。そのためには、法の支配と法治主義の原則のそれぞれの「原型」を出発点として、その後の展開を予め検討しておく必要があろう。

(3) このような法治主義（＝法律による行政）は権力分立のうち、とくに「立法と行政」との関係に関する基本的関係のルールであり、その主たる舞台は行政法総論（＝基礎理論）であるが、行政法は、権力分立的「行政権」に関する法（部分）であり、また憲法的価値（＝行政目的）を実現する「手段的・技術的法」でもある。さらに憲法は、行政決定のための「ひな型」の形成、これに対し行政法は「ひな型」に沿った国家目的の実現の手段・方法、あるいは行政法＝公共事務の処理・執行・および（行政）機関による引き受け（H. J. ヴォルフ）に関する法など、憲法と行政法との関係については必ずしも統一的な「公式」が定まっているわけではなく実にさまざまに位置づけられる。

　こうして、当面の課題たる行政の法治主義原則の憲法的視点からの「再検討」という課題に取り組むためには、予め「憲法と行政法との関係」（一般）はどうあるべきか、という点について一定の見とおしを与える必要がある。その上で、近代憲法の統治機構における「社会秩序の形成」作用（E. フォルストホフ、H. J. ヴォルフ）を担う「行政権」――個別憲法（ボン基本法第1条、20条2～3項、アメリカ合衆国憲法第2条1節など）では「執行権」という名称で位置づけられ

9）　美濃部達吉・前掲書・42頁。

10）　参照、本書第I部第1章「行政法概念と憲法」、その他参照、田中二郎『行政法　上巻（全訂第2版）』27頁、塩野宏『行政法I（第6版）』76頁以下。

11）　Hans. J. Wolff / O. Bachof / Stober. AaO., S. 25ff.

12）　E. Forsthoff, AaO., S. 64ff.

69

第Ⅰ部　行政法概念と基本原則

る——が、独立の学科としての（国家法からの）分化に伴い、これに関する法律・
規定のみを根拠として自己完結的な体系を構築するのではなく、国家の基本法
たる憲法上の価値を行政法レベルでどう実現すべきか、換言すれば、「全体」
（総論）・「基礎」と「部分」（各論）・「上部構造」との一体性をどのように構築
すべきかが、まず検討されるべき当面の課題であるといえよう。

　これまで戦後わが国の行政法においては、実質的行政概念のうちの控除（消
極）説、行政法概念（＝「国内公法」説）、公法私法の区別（2元）論[13]、行政法の
基本原理・一般原則、公権論・特別権力関係論[14]、行政上の法律関係、および行
政の行為形式、行政行為・公権力の「過剰性（優越性[15]）」、行政計画・調査、行
政強制、ならびに行政救済法に至るまで伝統的理論の見直し・再構成が行われ
てきた。そのようななかで、法治主義の原則もしくは法律による行政の原理に
ついても日本国憲法の制定に伴い再検討がなされてきた。また、O．マイヤー
による法治主義原則の3要素（＝法律の法規創造力、法律の優位、法律の留保）に
ついては、主に「法律」の実質的意義と「法規」創造力の問題、および主原則
の「積極的要素」たる「法律の留保」原則の範囲（民主主義的要素）の拡大につ
いて論議されてきた[16]。それによれば、かつての立憲君主制下においては「自由
権」・「基本権」の憲法上の列挙を根拠とする、オットー・マイヤーらの古典的
「侵害留保説」（Eingriffsvorbehalt）が支配的であったが、第二次大戦後のボン基
本法や現行憲法下では、社会的法治国（基本法23条・28条）や社会権（憲法25～
28条）を根拠とする、侵害行政のみならず「給付・授益」にも法律の留保を拡
大する「社会留保説」の台頭、もしくは本来的「権力関係」を構成する「公権
力の行使」（行訴法3条1項）によって侵害留保説に代える「権力行使留保説」
の提唱、あるいは基本権など国民にとって「本質性＝重要事項」に法律の根
拠を求める「本質性留保説」への転換を説くものなど、さまざまな見解が展開
されてきた。このうち最近ではわが国でも、ドイツと同様にドイツ連邦憲法裁

---

13)　公法私法二元論の批判については参照、今村成和『現代の行政と行政法の理論』3頁以下、塩
　　野宏『公法と私法』103頁以下。
14)　参照、中川義朗・前掲書「第Ⅱ部」・49頁以下、室井力『特別権力関係論』（第7章）239頁以下。
15)　田中二郎・前掲書・35頁（注1）。
16)　参照、田中二郎『行政法総論』32頁以下、塩野宏『行政法Ⅰ（第6版）』77頁以下、髙田敏『法
　　治国家観の展開』582頁以下、阿部泰隆『行政法解釈学Ⅰ』92頁。

70

判所の一連の判決で確立された本質性留保説＝重要事項留保説を支持する見解が台頭・拡大しつつある。また、法治国・法治主義の自由主義的要素の拡大のみならず民主主義的要素の面から原則的にすべての行政活動に法律の根拠を必要とする「全部留保説」——「原則的全部留保説」、「原則的完全全部留保説」、「完全全部留保説」——も提唱されている。これら新傾向のうち戦後のドイツにあっては、本質性留保説が連邦憲法裁判所の判決によってリードされ、学説もこれに従う形で支配的傾向として確立されつつある、といってよい。

　こうした法律の根拠づけという法治主義の「積極面」（＝法律の留保）の範囲の拡大要求をめざす前記諸見解は、いずれも実質的法治国の構造（ボン基本法23条・28条）、および自由主義・民主主義的要素（28条）にマッチさせる試みであると評価できよう。ただわが国の法律留保論の諸見解については、その内容を精査するといずれも一長一短あり、どれが「通説」といえるか「決め手」がなく「百家争鳴」の観は否めず、一種の「混迷」状況にあるといっても過言ではない。わが国の場合、周知のように付随的・具体的司法審査制もあって、これに関する適当な裁判所の判決が見当たらず、数少ない代表判例のひとつである（旧）浦安町（当時）におけるクラブによるヨット係留施設の鉄杭の打刻について、河川法および（旧）漁港法（現漁港漁場整備法）上無権限の町長による強制撤去に対する住民訴訟において、裁判所が海上交通の安全性の確保を理由とする緊急避難の措置（民法720条）であるとして住民らの損害賠償請求を棄却した判例について、「撤去」による、「財産的価値」が少ないなどの理由から学説も概ねこれを支持しており、結論として組織規範のみならず根拠規範をも欠

―――――――――――――――――――

17）高橋滋『法曹実務のための行政法入門』判時2325号3頁以下、山本敬生「法律による行政の原理」『行政法の争点』20頁以下。

18）参照、杉村敏正「『法律の留保』論についての覚え書」『続法の支配と行政法』14頁以下。

19）シュテルン・前掲書（訳）・185頁（197）以下、Maurer, AaO. S. 123ff. 127ff. 大橋洋一『行政の行為形式論』1頁以下。

20）最判平成3年3月8日民集45巻3号164頁。

21）なお、塩野教授はこの判決について法治主義の原則たる法律の留保＝侵害留保説の「例外」を認めた趣旨ではなく、むしろ責任要件に基づく民事法上の「損害賠償」事件ととらえる。塩野宏・前掲書（第6版）・87頁（注4）。その他参照、大橋洋一「ヨット係留施設の撤去」『行政判例百選Ⅰ（第5版）』208頁、磯部力「漁港水域内のヨット施設の強制撤去」『地方自治判例百選（第4版）』80頁。

第Ⅰ部　行政法概念と基本原則

く無権限の措置＝法治主義の原則違反に伴う住民訴訟・損害賠償請求訴訟において、法治主義（＝法律の留保＝侵害留保説）さえもいわば軽視され、「緊急権が出でて法治主義がへこむ」実態に一定の「理解」を示す結果になっている。このようにわが国ではドイツと決定的に異なって、判例がリードするというスタイルがほとんど期待できないことも、法律の留保論の「混迷」解消のための「決め手不足」の原因の一つであるといってよい。

(4)　こうしたなか、戦後における「具体化された憲法」の視点からの行政法理論の再検討の方向として、ドイツ行政法に淵源をもつ法治国家・行政の「法治主義」の原則から英米法的な「法の支配」に転換すべきであるという議論がある。その代表のひとり大浜啓吉教授は、公法私法２元論・法治主義から成る伝統的理論の問題性を指摘のうえ、「法の支配」の採用を主張する。それによれば、国民主権（前文・１条）、国権の最高機関・唯一の「立法機関」たる国会、法律の執行機関としての「内閣」＝行政権、および立法・行政を裁判所の違憲立法審査権によって統制するという現行憲法の統治構造＝具体的付随的司法審査制（76条・81条）、ならびに統治構造の目的としての人権保障、とくに憲法第13条・31条にもとづく適正手続の保障、および各権力相互の関係・法の段階構造を総合的に勘案すれば、大陸法型の「法治主義」（＝法律による行政の原理）よりも、むしろ英米法的な「法の支配」が現行憲法原理・関連規定により適合的である、とする。その上で同教授は、広義の法の支配の理念型のうち「リーガル・プロセス型」をベースに行政の役割を「執行機関」のみではなく政策機能を重視しつつ、「法の支配」のサブ原則として、①授権執行の原則、②適法処分の原則、③手続的デュープロセスの原則（法理）、および④裁判的救済の原則をあげる。

また憲法学者にあっては、現行憲法下における法の支配の内容として、ダイシーの前記３原則をベースとしつつ、司法権による人権の保障や、個人の尊

22)　その他法治主義関連判例としては、旭川市国民保険料条例違憲訴訟（最大判平成18年３月１日判決民集60巻２号587頁）などがある。

23)　大浜啓吉『行政法総論（第３版）』、69頁以下、とくに91頁以下。その他現代のアメリカにおける法の支配と行政法の関係については参照、同『法の支配と行政法』（塩野宏先生古稀記念　上）140頁以下、158頁以下。

24)　大浜啓吉・前掲書・102頁以下。

72

厳・人格的自律権にもとめる見解が支配的傾向である[25]。「法の支配」の本家・源流国であるイギリスにおいては、法の支配に関して「形式学派」と「実質学派」に分け、このうち前者は別名「伝統学派」とよばれ、ダイシーの「法の支配」の３原則の修正版が中心をしめるが、後者については司法による人権の保障を中心に据える内容で整理されている[26]。前記憲法学者の「法の支配」に関する「見解」とこの「実質学派」とは基本的に同一内容である、といってよい。さらに裁判官ビンガム（Bingham）らは、ダイシー見解を基本的に「支持」しつつ、その下で８つのサブ原則を示しており、多様で、かつ拡大した内容・傾向となっている。このように一口に「法の支配」といっても、それぞれ前記のような原則の背景・出自などの基本的相違をふまえて、その具体的内容にはさまざまなものがあり、また同じイギリス「普通法」・「判例法」より発しつつもアメリカではその現代的「変容」が指摘されているが、あくまでその「基本」にあるのは上記のダイシー３原則＝「法の支配」の「原型」であるといってよいであろう。

　そこで本章ではまず、「法治主義の展開と現在的課題」を検討する前に、「憲法と行政法」の原則的関係について、法学的方法に基づくドイツ行政法の体系的創設者、オットー・マイヤーの有名な命題「憲法は変わるが、行政法は残る」を素材にして改めてその意義を「検証」し、次いでボン基本法下においては、Ｆ．ヴェルナーの「具体化された憲法としての行政法」という命題の現代的意義・課題にふれながら、両者の関係のありようを検討することにしたい。

　その上で行政法レベルにおける法治国・法治主義の「原型」をオットー・マイヤーの「法律の支配」にもとめ、これを「実質化」・「民主主義化」の視点から発展修正させたＦ．フライナー理論を検証し、ボン基本法下における、連邦憲法裁判所の主要判決によって形成される「本質性留保説」[27]の意義を概観しつ

---

25) 奥平康弘『憲法裁判の可能性』（1995年）222頁以下、佐藤幸治「『法の支配』の意義を再構する」法学教室182号、『日本国憲法と「法の支配」』（2002年）第１章Ｉ所収、土井真一「立憲主義・法の支配・法治国家」『法哲学年報 現代日本社会における法の支配』（2005年）30頁以下。

26) L, Webley & H, Samuels, Public law, Text, Cases und Materials（Oxford Uni.）, 2009, P82-83. H.W.R.Wade & C.F.Forsyth belowe, PP. 20-25. その他参照、加藤紘捷『概説イギリス憲法』138頁以下、田島裕『イギリス憲法─議会主権と法の支配』59頁以下。

27) 参照、大橋洋一『行政の行為形式論』１頁以下。

第Ⅰ部　行政法概念と基本原則

つ、その課題を改めて検討しておく。わが国においては、戦前の美濃部達吉の
理論（＝「法治行政の原則」）、戦後の田中二郎博士の「法治国家」・「法治行政」
論に代表される伝統的理論の「公式」をもとめ、これらが「法の支配」の挑戦
をどのように克服し発展してきたのか、改めて確認しておきたい。

　他方「法の支配」の視点からは、19世紀末イギリスにおけるダイシー３原則
をへてどのように修正発展してきたのか、とくに戦後のわが国にあっては、憲
法・行政法学を中心に多様な議論が展開されているので、そのうちどれが「正
統派」であるのかについてはにわかに決しがたいものがあるが、法の支配か法
治主義かという選択問題についてはイギリスにおける議論の展開を概観すると
ともに、あくまでわが国の現行憲法の基本構造・原理にマッチした「実質的法
治主義＝法の支配」という原則的立場からそのありかたを探求することが重要
となろう。

Ⅰ　憲法と行政法との関係（一般）についての諸見解

1　「憲法超然的」行政法から「具体化された憲法」としての行政法へ

⑴　行政の法治主義と法の支配の原則について、それぞれの現行憲法への適合
性を検討する場合、両者がいずれも行政法の基本原理（原則）の本丸をめざす
以上、あらかじめ「憲法と行政法の関係」について展望を与えておくべきであ
ろう。けだし両者の理念・内容が検討される場合、いずれも現行憲法から直接
派生するか、あるいはそれが憲法適合性を有するかについては、器ともいうべ
き憲法と行政法との関係（一般）についてあらかじめ確たる共通認識に立つべ
きだからである。

　さて憲法と行政法の関係一般についてはこれまで、前者（憲法）が国家の基
本法（最高法規）＝「全体」とその「基礎」、後者（行政法）が統治機構のうち
行政権に関する法＝「部分」、その上の「形成物」、あるいは行政法＝「活動す
る憲法」、また行政法とは「憲法的価値の実現の技術に関する法」、「行政法は

---

28)　美濃部達吉『日本行政法　上巻』68頁以下。
29)　田中二郎『法律による行政の原理』野村教授還暦祝賀公法政治論集所収、同『法律による行政
　　の原理』所収１頁以下、同『行政法　上（全訂第２版）』48頁以下。

74

憲法理念を指針」として制定されるべきであるとする見解など[31]、実にさまざまな「公式」で位置づけられてきた。これについては必ずしも「定説」が存在するわけではなく、これらいずれの見解によっても行政法の基本原理としての法の支配もしくは実質的法治主義の原則に関して憲法がいずれを採用しているか、あるいは採用すべきかについて、ただちに一定の方向を指し示すものではないことは、また明らかであろう。

　そこでこの憲法・行政法関係のあり方（一般）については、爾後の行政法の基本的方向づけという点で、法（学）的方法に基づくドイツ行政法の最初の体系書である『ドイツ行政法』（I・II巻・初版1895-1896年）で知られるオットー・マイヤーがその3版（1923年）の「序言」で示したテーゼが有名である[32]。すなわち、

　　本書においては、「大革新（Gross Neues）は1914年と1917年以来まったく追加されていない。このことを、われわれはすでに長い間観察してきた。「憲法は滅びるが、行政法は存続する」。われわれはここではただ、これに相応する接続点のみを報告するだけである。（第一次世界）大戦と戦争の危難によって引き起された、行政法の性質をもつ法制度の豊富な素材は、（この「3版」では）計画的に全く考慮されていない。それによって、法学的認識にとって何かが失われるものではないからである。」（括弧傍点筆者）

　この命題において「憲法」とは、いうまでもなく「大革新」で消滅した1871年のビスマルク帝国憲法、および諸ラントの憲法を指し、これらの憲法が目にみえる形で「改革」されたが、今回の改訂（3版）では、この「大革新」による豊富な「法素材」は考慮されず旧版（2版＝1914年）のままとする、という執筆経過のみを「客観的」に述べた、とも読める。あるいは行政法は、「変革」にもかかわらず従前の内容で「存続」する旨宣言し、このような行政法における政治的「変革」への自らの「対応」の「正当化」を図ったという見方もでき

---

30)　L. v. Stein, Handbuch der Verwaltungslehre, 3 Aufl., 1888, BdI, S. 6 .
31)　塩野宏『公法と私法』228頁、同『行政法 I（第6版）』76頁、宇賀克也『行政法概説 I（第3版）』4頁。
32)　Otto Mayer, AaO., 3 Aufl., 1 Bd., Vorwort.

第Ⅰ部　行政法概念と基本原則

よう。ただいずれにしてもこれにより、変革に伴う行政法の豊富な素材（＝「法源」）についてはいまだ流動的状態のため手つかずではあるが、行政法理論・体系にとってその有益な素材的価値そのものが失われることはない、という一種の期待感の発露でもある、という観察も成り立つ。

オットー・マイヤーはこのように、基本法たる憲法の「興廃」・「変遷」にかかわらず、なぜ行政法が従前のまま「存続する」かについて必ずしも具体の明確な理由を示していない。この点について、『オットー・マイヤー行政法学の構造』において塩野宏教授は、マイヤーが「行政制度並びに行政法が旧来のまま存続し、かつその上に行政法が築きあげられてきたという事実」を眼の当たりにして、彼の「フランス行政法から得たもの」の「ドイツへの適用」という比較法的視点を表しており、ドイツ行政法の「優勝性の誇示」ではなかった、とみている。それが『ドイツ行政法3版』において維持されているのは教授によれば、具体的には「自由主義的な権力分立」理論と行政の「司法的形式性」（Justizförmlichkeit）である。

ややマクロの視点からは、当時のフランスにおける度重なる「憲法変革」にも拘わらず、行政法の概念・装置（＝「フランス革命後設置されるコンセイユ・デタ＝行政裁判所的国家機関と公役務を中心要素とする公法規範への行政の服従」）の維持を眼の当たりにしてきたことが、その主要理由として指摘される。すなわちここでは、「このことを、われわれはすでに長い間観察してきた」という表現に注目すべきであろう。

他方「大革新」に伴う、行政法にとっての「豊富な素材」の分析は、マイヤー自身の手ではなく、後述のようにむしろ彼の代表的後継、フリッツ・フライナーの『行政法提要』それも同『第8版』の手によらねばならなかった。その代表的テーマが、法治国・法治主義の原則である。いずれにしてもこのマイヤーの序言（命題）は、彼自身の体験、背景となる時代・国の統治構造を色濃

---

33)　塩野宏『オットー・マイヤー行政法学の構造』289頁以下。

34)　参照P. ウエール・D. ブイヨー『フランス行政法』（兼子仁・滝沢正訳）5頁以下、その他参照、雄川一郎「フランス行政法」『行政法講座第1巻』151頁以下、兼子仁・磯部力・村上順『フランス行政法学史』。

35)　F. Fleiner, Institutionen des Verwaltungsrecht, 8 Aufl., 1928, S. 130ff.

く反映したものであるにもかかわらず、それらを超越してドイツ・大陸法圏の
みならず幅広く普及し、ひとり歩きをはじめるのである。

(3)　これに対してボン基本法下において、フリッツ・ヴェルナー（元連邦行政
裁判所長官）は、「具体化された憲法としての行政法」という学術講演・論文の[36]
なかで、憲法＝基本原則（価値）、行政法＝「具体化された憲法」という基本
的位置づけから「行政法の憲法依存性」、および両者の「一体性」の必要性を[37]
強調した。この命題と、前記のオットー・マイヤーの「序言」とは相異なる見
解を表明しているようにみえるが、もしそうだとすれば「一体どちらが正しい
のか」、という問題提起がある。これについて、インゴー・フォン・ミュンチ[38]
はいう――。すなわち今日のドイツ行政法は、たしかにオーストリア、フラン
ス、スイス、もしくはアメリカなどの行政法と明らかに「異なる」し、また
1871年、1933年、1945年それぞれのドイツ「行政」の組織・活動と同じではな
い。しかし他方、自治体のガス供給は、国家の形態（＝国制）が君主制であろ
うと共和制であろうと、まったく関係がない。さらに廃棄物処理は1935年、も
しくは1900年と1988年とでは原理的に異ならない。

　これらの例からすれば、憲法（＝国制）（Staatsverfassung）の変遷にかかわら
ず「行政法は存続する」とのオットー・マイヤーの命題が正しいのだろうか。

　この問題についてミュンチは、ドイツの「国家活動のための政治的基本決定」
はドイツ連邦共和国基本法（1949年）によっておこなわれ、立法者は「憲法的
秩序」に、執行権（統治・行政）は「法律と法」にそれぞれ拘束される（同20条
3項）ことから、また一般的にいえば、行政法は常に「政治的条件の下で」規
定される――「政治的法としての行政法」――ので、むしろ「行政法は、具体
化された憲法」であるという命題が正当性をもつ、と主張する。

　これに対してH. マウラーは、上記ヴェルナーの「行政法の憲法依存」的位[39]
置づけを内容とする命題を基本的に支持しつつ、O. マイヤーとF. ヴェル

---

36)　F. Werner, AaO., DVBI S. 527ff.

37)　H. Maurer, AaO., S. 13.

38)　Ingo von Münch, Verwaltung und Verwaltungsrecht, in Erichsen / Martens Allg. VerwR, 8
　　Aufl., S. 35ff.

39)　H, Maurer, AaO., S. 14f.

第Ⅰ部　行政法概念と基本原則

ナーの見解の間には「基本的齟齬」はない、と次のように述べる。

　「このような意味において、"憲法は滅びるが、行政法は存続する"（以下略）、という、しばしば引用されるオットー・マイヤーの命題は、そのコンテキストが示すように、常に時代に拘束されることを示唆するものと理解すべきである。(20)世紀への転換期に出現したオットー・マイヤーの作品は、リベラルな法治国家に義務づけられると同時にまた、行政法の憲法依存性の例示でもあった。そのほかこの命題は、適切にも行政法固有の継続性の存在をも表現するものであった」（傍点筆者）と。

　そこでこの O. マイヤー命題の歴史的素材に立ち入ってみると、『ドイツ行政法（1巻）』（第3版）の「第一章　ドイツ行政法の歴史的発展段階」では、「警察国家」から「法治国家」への移行、および法治国の「行政法的」位置づけが明確にされているが、マイヤーの依拠するのはあくまで当時支配的であった、シュタールの形式的法治国論である。すなわちそれによれば、「法治国家」とは、その目的を問わず「国家はどのように活動するかを、およびその実効性を法という方途で規定する」国家[40]のことであり、これはまた、立憲君主制下の君主の全面的支配（＝「統治権の総攬」）の行政法的表現たる「警察国家」と対峙する国家像である。マイヤーはこの「形式的」法治国家を、「普遍的に妥当する国家[41]」像として支持したうえで、行政法の前提をなすのは権力分立をもつ「立憲国家」であり、行政法の視点から法治国家とは「良い秩序を保つ行政法をもつ国家」である、と規定する。この場合「行政法」をもつ国家とは、いうまでもなく国＝行政と市民（臣民）とを「双方的」に拘束する法関係＝「法律上の関係」（権利・義務）にある国家のことである。

　またオットー・マイヤーによる法治国家および「法律の支配」（＝①法律の法規創造力、②法律の優位、および③法律の留保）の展開のなかでは、「支配」の主体たる「法律」は、形式的意味の「憲法的法律」であり、その中心をなす③「法律の留保」原則の根拠は、憲法における「自由権又は基本権」の「憲法上の列

---

40)　Otto Mayer, AaO., 3 Aufl., S. 25ff.

41)　F. J. Stahl, Philosophie des Rechts Bd. Ⅱ S.137.
　　またマイヤーは、このシュタールの法治国家観は、「彼の敵」とされた O. ベール（O. Bähr）やグナイスト（R. Gneist）らからも「正当なもの」と認められている、という（O. Mayer, AaO., S. 58. 注7）。

第2章　憲法的法治主義の原則

挙」であり、これらの基礎をなす憲法とは、後期立憲主義の代表、1850年1月
31日のプロイセン憲法、および1871年4月16日のビスマルク憲法からワイマー
ル憲法以前に制定された諸ラントの憲法である。

　こうしてオットー・マイヤーにおいては、前述のごとく『ドイツ行政法（3
版）』執筆当時すでに成立していたワイマール憲法（1919年8月11日）は行政法
の基本原理（＝法治国・法律の支配）の歴史的展開の素材としてまったく考慮さ
れていないことが、確認されよう。

　このようにオットー・マイヤーは、前記『ドイツ行政法・3版』を刊行する
にあたり第一次世界大戦・ドイツ革命をへてワイマール憲法の誕生といった一
連の「大革新」をその素材＝「行政法源」（Verwaltungsrechtsquellen）として考
慮せず（マイヤーは、元来法源として「憲法的法律」、命令、自主制定法および慣習（法）
のみあげ、憲法自体をその対象外にしている[42]ことに注意）、あくまでF．J．シュ
タール的形式的法治国——すなわち、「国家」の内容を規定せず予測可能な合
法性の体系として「形式的」に理解する——レベルの「歴史的段階」にとどめ
ている。ただそのなかでも注目に値するのは、「支配」の主体が、「憲法的法律」
（verfassungmässige Gesetz）であるとして、あたかも行政（組織・活動）に対する
「憲法の支配」を念頭においているように読める点である。しかし実際には、
彼の立論のベースにあったのは、上記のように当時、憲法裁判所による違憲審
査体制を欠く諸憲法であり、そのため行政法の「憲法適合性」判断の実質的な
裏付けを欠く「抽象的」なものであったことがその背景にあった。すなわち、
O．マイヤーはこの「憲法的法律」の重要な特質は、「法規」、つまり実質的意
義の法律（＝国民の権利を制限し、または義務を課す法律であることを宣言する「能
力」）にある[43]、とみていたからである。

(4)　すでにのべたように、法学的方法に基づくオットー・マイヤーの行政法体
系の直線上に、あるいはそれとの「適切」な「距離」を図りつつ発展してきた
現代ドイツの行政法にあっては、F．ヴェルナーの「具体化された憲法として
の行政法[44]」（1959年）という、時宜を得た命題がまたたくまに人口に膾炙した。

─────────────

42)　O. Mayer・AaO., S. 6 ff.
43)　Otto Mayer, AaO., S. 66.
44)　F. Werner AaO., S. 527 ff.

79

第Ⅰ部　行政法概念と基本原則

これは現代では、『ドイツ公法史第4巻』の節「見出し[45]」をはじめ、随所に援用されている。そこでは、この命題の「真意」をめぐって活発な論議が展開されている[46]。

　ヴェルナーのこの命題は、もっとも「(社会) 民主的」な憲法といわれたワイマール憲法の中から生まれた独裁体制ナチス (1933年授権法による権力分立の否定＝権力の集中、ワイマール憲法の「停止」) による「指導者原理」に基づく統治の経験から、1949年ボン基本法の「臨時性」・「暫定性」が強調されることにより、その軽視 (＝「憲法懐疑主義」) が実務界を支配する風潮のなかで、行政法においてこれを「克服」し両者の「一体性」を確保する視点から、連邦行政裁判所長官という立場で憲法“重視”の諸判決をふまえて、憲法と行政法の関係についてあるべき姿をどう構築するかを説いたものである。すなわち、ヴェルナーによれば[47]、憲法と行政法が相互に強力に「関係」していることは公法学者は容易に「認識」しており、その中心的問題は、基本法の「国家目標」(法治国家＋社会国家)・「多様に編成された段階的民主主義」(20条1項) と「行政法」との「関連性」である。

　「法治国家」と行政法との関係は、立憲君主制時代に提唱された「法治国」においては、その「具体化」として行政法レベルで法律の留保・法律の優位の制度により、上位の法が下位のそれに「優先」し、この制度を保障するのが裁判所の役割であると。社会国家では、かつての警察・税務行政といった「権力行政」＝「侵害 (規制) 行政」から「指導」・「給付」行政へ転換し、そのため「平等的・社会的・民主主義的」行政 (法) の役割が求められるのである。さらに社会国家では戦争被害者・被追放者・難民らの生活保障・負担調整などの問題もあって「生活危機の克服」の問題を国家 (＝行政) の任務に採り入れることにより、社会国家原理は国家 (＝行政) 活動の「活性化」を促す要因となっていると。

---

45)　Michael Stolleis, Geschichte des öffentlichen Rechts in Deutschland 4 Band S. 247ff.

46)　参照、シュテルン『ドイツ憲法Ⅰ』(赤坂・片山・川又・小山・高田訳) 199頁。なお、シュテルン教授は、憲法の「法治国原理」が、執行府の法 (＝行政法) に対する強力な影響を与える点に、「具体化された憲法」の形姿をみている。その他最近の研究として参照、三宅雄彦『保障国家論と憲法学』188頁 (とくに195頁) 以下。

47)　F. Werner, AaO., S.528ff.

またこうして、「社会的法治国家」・「民主主義国家」を標榜する戦後のドイツにあっては、これら「国家目標」を実現すべき行政法の役割は大きく、とくに憲法との関係でいえばその国家像を法律・レベルで「具体化」する任務をもつのは各種・多様な行政法である。

　またヴェルナーのこの命題は、ボン基本法下の「自由で民主的な基本秩序」の維持（10条2項、11条2項、21条2項ほか）、「抽象的違憲審査」、および「憲法異議」（93条2号・4a号）を中心とする憲法裁判所による判例などを通じて、「指導者」（執行権）の「暴走」を抑止するシステムとして整備された。すなわち、「憲法的法律」を、それが制定された段階で事前審査し、場合によってはそれを「変更」する（連邦）憲法裁判所の抽象的違憲審査システム（基本法第93条1項1～4号）と基本権保護を主要任務とする憲法異議（同第4a号）が大きな役割を果たすことになるからである。

　こうして、この間の重要な立法、判例、実務慣行などにより論者に、今日ほど「憲法指向的行政法」が実現した時代はなかったと言わしめるほど、両者の「一体性」（「蜜月ぶり」）が構築されてきた。したがって今日では、換言すれば「具体化された憲法としての行政法」はもはや将来実現すべき目標・課題ではなく、現状そのものになっているといっても過言ではない。このように現代ドイツにあっては、憲法と行政法の「一体性」ぶりが目立つのであるが、上記の外憲法上の理由としては、基本法の各規定、とくに基本権規定・統治機構、連邦と州（ラント）との関係などについて、憲法と下位の法律・命令（法規命令・行政命令）、および自主法それぞれの「役割」が明確に規定され、また憲法の規定自体も国家目標などの原則規定のほか専門的・技術的性格や「詳細な規定」も少なくなく、憲法と行政法との「乖離」・「不一致」を招く法制度的基盤が少ないことも、その原因のひとつである。

　シュミット・アスマンはこの点をまとめて、行政法サイドから「行政法の（憲法への）従属性、自立性、相互補足性」という3つのサブ的役割として表現し、そのうち憲法のもっとも重要な意義として「行政法のシステム化」（Systematik）

48）　E. Schmidt-Aßmann, Das allgemeine Verwaltungsrecht als Ordnungsidee, 1982, S 11ff. シュミット・アスマン・前掲書（訳）・11頁以下。

第Ⅰ部　行政法概念と基本原則

をあげている。またわが国では実質的行政法概念において冒頭で「憲法の範囲内」での「政策」（実現）を強調する阿部泰隆教授は、「憲法論」の限界を指摘し、あわせて行政法の「自立性」を訴える。したがって問題は、「憲法の具体化」という命題でもって行政法が憲法によって一方的に規定される場合のみならず、憲法原理・規定の枠内において憲法上の価値とは「離れて」行政法律を制定する場合もあり、また憲法規定の「抽象性」の故にそれ自体で完結的な法効果を与えない「未完成」の規定であるため、個別法律による「内容の充填」を必要不可欠とする「憲法の行政法への依存」（＝「相互補完性」）関係ということも、また重要な役割なのである。

2　行政法の現代的役割 ── 憲法は「抽象化された行政法」？

(1)　上述のように、ヴェルナーの「具体化された憲法としての行政法」という命題は、「行政と行政法は、その時代の憲法によって本質的に規定される」（H. マウラー）や、かつての、行政法＝「活動する憲法」（L. v. シュタイン）という命題、あるいは行政法は「行政権ノ法ナリ」（美濃部達吉）であるとする命題などとともに、憲法と行政法との関係のあり方一般を語る、いわば「常套語」として用いられてきた。またボン基本法が「基本法改正法律」によって頻繁に改正されてきたドイツにあっては、社会・経済関係の変化・発展や、国際関係などの「動因」が新たな国家課題（＝行政任務）──たとえば、（新）自由主義ないし「小さな政府」・行政の効率化の観点からの国営事業の「民営化・私化」（連邦郵便、連邦鉄道、通信（テレコムニケーション）＝ドイツ基本法87f条）、またEUを中心とする国際結合体からの要請（最近ではEUからの水道事業の「民営化」要求）や連邦軍の域外への派遣の際の連邦議会の「同意」──などを生みだしている。したがって議会は、執行権（連邦政府・行政機関）を、法律・予算・議決（議会留保）を通してどうコントロールするか、あるいは国民主権に発する「民主的正統性」をどう確保するかという問題とともに、憲法が行政権に対し「改革」のための「方向指示」として直接「授権」することも、まれではない。こ

---

49)　阿部泰隆『行政の法システム 上（新版）』28頁以下。
50)　H. Maurer, AaO., S. 13.
51)　美濃部達吉『日本行政法総論』7頁。

の点について今日では、法治主義が「憲法的法律」の支配、もしくは行政の「憲法適合性」の原則とも表現されることから、形式的意義の法律に基づく行政ではなく、直接憲法に基づく行政、もしくは「憲法的法律」による行政の「執行」原則を「具体化」しその実質的内容を形成している点に留意すべきであろう。

(2)　このヴェルナーの上記命題についてドイツでは、「Sollen」規定として両者のあり方の見直し、すなわち両者の「乖離」傾向を克服すべきものであるとする課題設定というよりも、むしろこの命題はすでに実現されているのではないか、という見方が支配的である。たとえば、前述の F. ヴェルナー自身も、[52]「あらゆる時代に憲法と行政法は相互に関係しあってきた」し、また「行政法がいかに強力に憲法に関係しているか」を容易に認識できると述べている。

　他方で、この命題自体に対して批判的な見解もあらわれている。たとえば、上記のように現代の諸課題に行政法はどう向き合うべきか、という観点から行政法学の方法論の「改革」をめざす立場からは、行政法＝「具体化された憲法」との命題は成り立つのかと疑問符をなげかける。これについてメーラースは、[53]むしろ憲法＝「抽象化された行政法」であることを示す以下の基本法規定（①②）をあげて、F. ヴェルナーの命題は行政法史にとって「望ましいものではなく、また価値あるものでもなかった」と述べつつ、他方で行政法律の立法過程（＝政治の妥協過程）を通じて憲法が行政法（学）にとって「独自の放棄しがたい効果」[54]をもつことを否定せず、逆に行政法の「政治的性格」を強調するのである。すなわち基本法の関連規定は以下のとおりである。

①　基本法20a 条：　「国は、来るべき世代に対する責任を果たすためにも、憲法的秩序の範囲内において立法を通じて、また法律および法の基準に従って執行権及び裁判を通じて、自然的生存（生命）基盤及び動物を保護する。」
②　基本法87f 条：　「（１）連邦は、連邦参議院の同意を必要とする連邦法律の基準に従って、郵便制度および遠距離通信の分野において、地域間格差が生じないように（flächendeckend）適切かつ十分なサービスを保障する。」

---

52)　F. Werner, AaO., S. 529
53)　C. Moellers, Methoden, in,Hoffmann Riem Schmidt-Aβmann A. Voβkuhle, Grundlagen des Verwaltungsrecht Band 1 , 2 Aufl, S, 123ff （133ff).
54)　C. Moellers, AaO., S. 134ff.

第Ⅰ部　行政法概念と基本原則

　メーラースはこれら規定のほか、③多極的（三極的）行政法関係における「第三者の当事者性」（Drittbetroffenheit）、および④「信頼保護」の原理（Vertrauensprinzip）をあげて、憲法はむしろ「抽象化された行政法」であるとの例証とする。すなわち①②の基本法規定は、抽象的な不確定概念により構成されるため行政法律による内容の「充填（じゅうてん）」をまって、憲法規定が一定の法効果をあらわす。また③多極的行政法関係における「第三者当事者性」（建設法典第34条「連担地域」や同35条「市街化調整区域」＝外部地域（Außenbereich）に居住する「隣人」・「第三者」の法的地位[55]）について、建築計画案が「建物の利用・建築様式、および土地面積の「態様」（Art und Maß）に基づいて直近の「環境の特性」への「接合」に関わって、地区整備計画が保障され、かつ「隣人利益」尊重のもとでも「公共の利益」に対立しない場合に許されるとしているが（31条2項3号、33条の4項3号、34条3a項3号、35条1項）、この「公共の利益」のなかに隣人等「第三者」の個別法的利益、すなわちその「主観法的権利」（＝原告適格の保障など）を読み込むことにより抽象的・客観法的性格の規定を主観法的それに「修正」させる役割を果たす。

　さらに④「信頼保護」原理について、これは個別の憲法規定に対する「直接的捕捉」の困難な法原則であり、憲法との関連性は「稀薄」であり相当の「距離」があるにもかかわらず、一応憲法上の根拠づけを失うことはないとするのである。

　このように現代公法の「常套語」である（と解されてきた）ヴェルナーの命題に抗して、メーラースはいくつかの憲法規定や行政法原則をとりあげて、憲法をもってむしろ「抽象化された行政法」と規定する。

　この基本法第20a条の「自然的生存基盤および動物保護」、および同第87f条の「地域間格差が生じないように適切かつ十分なサービス」という規定はいずれも「抽象的」規定であり、これを「基本方向」づけにして「具体化」された各行政法律——郵便法（POST法）・通信法（＝「競争を促進すること」、および「地域間格差が生じないよう適切かつ十分なサービスを保障すること」を目的とする法律（1

---

55)　くわしくは参照、本書・「第4章」「ドイツにおける多極的行政法関係論と第三者の法的地位論」
　　143頁以下（初出：熊本法学第92号1頁以下）。

条)〉、ならびに連邦土地保護法(Bundes BodenschutzG. 1999)・動物保護法(Tierschutzgesetz. 2006)——の制定を連邦の立法者（議会）に「義務」づけている。したがってメーラースのこの命題は、抽象化された憲法規定の内容を、行政法という下位の法規範により「充顛」することにより憲法が初めて完結的な法効果をもつことを表現したものである。換言すれば基本法は、これら行政法律に「憲法ランク」の地位を与えた。この意味で行政法サイドからすれば、基本的に「憲法依存性」(H. マウラー)にはいささかの変化もなく、それを憲法自体に軸足を置いてより上記のような一般的な性質の表現になったということができようか。

Ⅱ　法治主義原則の形成と発展

1　フライナーの実質的法治主義の構造

⑴　すでにのべたように、行政の法治主義の「原型」は、オットー・マイヤーの「法律の支配」にあるが、ワイマール憲法（1919年）、ナチス時代をへて戦後ボン基本法における「社会国家」「法治国」（20条・28条）の宣言の下、それは判例や学説を通じて絶えず変遷・発展しているのである。それは高田敏教授の言葉[57]をかりれば、「法治国家」の「普遍化的近代化と現代化」への歩みということができよう。たとえばマイヤー・シューレとよばれる F. フライナー、W. イェリネック、および E. フォルストホフや K. シュテルンらの見解をへて、またその内容については「侵害留保説」(Eingriffvorbehalt)[58] から「給付と受益」行政に至るまで法律の根拠を求める理論へ継承・発展し、さらに連邦憲法裁判所の判決によってリードされてきた「本質性留保説」として全面展開しつつあることも、その「現代化」の象徴である。その後、「全部留保説」を展望したイェッシュ[59]らの手によって、法治主義の原則・法律の留保の原則という

---

56)　von Münch/Kunig, Grundgesetz Kommentar 2 Bd., 6 Aufl., S. 489.

57)　高田敏『法治国家観の展開—法治主義の普遍化的近代化と現代化』415頁以下。

58)　なお、この「侵害」の訳語は、それが「違法」・「不当」行為を意味するのでむしろ「介入」という語をあてるべきだとする見解もある。参照、シュテルン・前掲書（訳）・197頁以下、そのほか「侵害」の意味については参照、神橋一彦「憲法と行政法」『現代行政法の基礎理論』59、69頁以下。

第 I 部　行政法概念と基本原則

基本的枠組みは維持されつつも法律の留保範囲の拡大、および基本法第80条の法規命令への「授権」のあり方・規律密度（方途・態様）の強化という形で発展してきたのである。

　これについて最近の諸坂佐利准教授の研究によって改めて注目されるようになったのは、フライナーの『ドイツ行政法の提要』（第8版・1928年、以下『提要』）における伝統的法治国・法治主義原則に対する見解である。すなわちフライナーにおいては、マイヤーによって構成された「法治主義」（＝法律の支配）の原則、形式的法治国の「実質化」、憲法的法律の支配、および侵害留保説に対する「克服」が、ワイマール憲法の行政法（原理）への「具体的投映」をとおして平等原則、および行政適法性の原則とともにはじめて実現されたからである。この『提要』（8版）は、法治国・法治主義について初版（1911年）から7版（1922年）までとは決定的に異なるものであり、内容的にはワイマール憲法の「すべての国家権力は、国民に由来する」（1条2項）との国民主権原理をはじめとし、第2章「ドイツ人の基本権および基本義務」、とくに平等原則（109条）、各種自由権、「経済生活の秩序」（151条）、および「所有権の義務づけ」（153条3項）などの諸規定を行政法レベルにおいて取り入れ、それを法（律）と行政との関係（＝行政法の基本原理）に反映させたものである。

(2)　フライナーは、この『提要』の「行政と市民との基本関係」の冒頭（第「9節」）を「法律による行政」（＝法律適合的行政の原則）("gesetzmässige Verwaltung") に充て、立憲国家における「法律に対する行政の拘束」を主内容とする「法律による行政の原則」を体系化した。この原則は実質的意義の法律（法規）の概念に基づき、法律は「一般的な規定」、もしくは一般に妥当する法命題（法規）であって執行権（行政官庁）の「恣意」を排除する点に、その主目的があるという。また法律は、立憲君主制時代のそれのように君主の「欽定」ではなく、「国民代表もしくはその協働の下に成立する」、という（ワイマール憲法下の）「国法的事実」を「考慮」に入れる必要がある。したがって行政府の命令（Verordnung）は、「法律の授権」に基づいてのみ制定可能であり、それによっ

---

59)　D. Jesch, Gesetz und Verwaltung, 1961. S. 169ff. 196ff.

60)　諸坂佐利『フリッツ・フライナー──その法治主義観』（水声社）31頁以下。

61)　F. Fleiner, Institutionen des Deutschen Verwaltungsrechts, 8 Aufl., S. 130ff.

て「行政法の法源」としての「法規命令」（Rechtsverordnung）となる。

　このように「法律による行政」の原則においては、行政を拘束する法規は、国家制定法（Gesetz）と並んで慣習法も「有効」であるとしてオットー・マイヤーの形式的法治国観や法律の支配論とは異なり、その範囲を「実質的」に拡大している点に、フライナー理論の特徴がある。また「あらゆる行政行為は、法律上の根拠を必要とする」という命題については、行政行為＝「高権的権利」（Hoheitsrecht）であることから、これは一般的に、現在の侵害留保説の「修正」としての「権力行政留保説」と同一であると説明されているが[62]、ワイマール憲法では、自由権・平等原則が基本権の中心を占め「経済生活の秩序」として「すべての人に、人たるに値する生存を保障することをめざす正義の諸原則」への適合性をもとめることにより、経済的自由とともに「生存配慮」行政（社会保障・社会福祉・供給事業）を行う、「給付主体としての行政」に明確な憲法的基礎[63]をあたえることになった。そこでは基本的に行政行為の形式が用いられること、および「自由と財産」という侵害留保の「公式」については「とくに」という限定を付していることを総合的に考慮すれば、後述の「平等原則」の適用への言及とともに、フライナー見解はむしろ後述の本質性留保説ないし（原則）全部留保説に通ずるものがあるのではないか、という見方[64]ができる。

　フライナーによれば[65]、法規＝実質的意義の"法律による行政"原則の意味は、「法律を原動力」にしつつ、他方で「その制限内における行政」の活動を保障する点にある。この点において、法律による行政への「授権」と「制限」という二重の規制が働く。この原則の適用は、行政のすべての「私法的行為」については自明であるが、他方国家（自治体）と市民との関係、すなわち「公権力の担当者と権力服従者（不平等な法主体間）」との公法関係にも当てはまる。換言すれば法律による行政の原則は、「支配者として行政する国家」（命令・強制）に対する権利制限に向けられる点に、その意義がある。

　またフライナーは伝統的見解を引きついで、前述のように「とくに」市民の

---

62)　諸坂佐利・前掲書・55頁。

63)　Vgl., E. Forsthoff, Verwaltung als Leistungsträger, 1938.

64)　D. Jesch, AaO. S. 196〜197.

65)　F. Fleiner, AaO., S. 131ff.

第Ⅰ部　行政法概念と基本原則

「自由と財産に対するすべての介入は、法律の根拠に基づいてのみ、(すなわち)法律によって授権された命令(もしくは自主法)は、許される」、またあらゆる「官憲的侵害行為」、すなわち市民の自由を制限する、もしくは市民に受忍、あるいは公行政のための積極的給付の義務を課す、すべての命令・禁止(納税の義務、兵役の義務、警察上の義務、建築禁止など)は法律によって、もしくは法律から枝分かれした、あるいは許された法設定形式によって「授権」されねばならない、とする。この市民の「自由と財産」の「公式」で知られる法律の留保論(＝侵害留保説)は、立憲国家創設の際には何らかの形で憲法典において宣言されたが、ワイマール憲法ではその冒頭の国民主権の宣言(第1条2項)によって、国民の意思がすべての公権力の究極の源泉と看做され、また国民の意思は国民代表＝国民議会によって可決された憲法律および通常の法律において見出される。行政官庁は、憲法および法律から自立した権力を保有しないため、法治主義の原則は、立憲君主制下の(個別規定のような)「特別の憲法上の承認」を必要とするものではなく、行政が裁判と同様に「法律の執行」である、という原則から生ずるのである。そこから「法律が沈黙している」場合には、行政官庁は「市民の権利範囲」を侵害することは許されない、という原則が生まれる。ワイマール憲法が市民に保障した諸自由権——人身の自由(114条1項)、住居の不可侵(115条)、所有権の保障、および公共の福祉への義務づけ(153条1・2項)など——に付加された「法律留保」(Gesetzesvorbehalt)がこれら権利の制限のための基礎をなしている。他方行政官庁が、市民によって主張される公法上の請求権(Anspruch)を履行しうるのは、法律が明示的にそれを承認した場合に限るとするのが、法律による行政の原則の効果である。すなわち市民が国の行政官庁に対し具体的な給付・履行請求権をもちうるのは、憲法から直接ではなく、個別の明示の法律の根拠がある場合に限られるのである(ワイマール憲法の各種社会権的基本権規定自体は抽象的権利を保障したにとどまると解されている)。

(3)　フライナーは、以上のように狭義の「法律による行政」の原則についての説明にとどめず、法治国家的・実質的法律概念と、「すべての市民に平等な権

---

66)　Ibid. S. 132ff.

利の要求」（＝権利平等の原則・ワイマール憲法109条１項）とを結びつけた上で、次のようなサブ原則から成る「権利の平等原則」を採用する[67]。すなわち、

① 行政官庁が、特定の素材（Materie）を命令によって規律する権限を委託された場合には、「個別の命令」に代えてその必要性を満たしてはならない。「抽象的、一般的規律によってのみ、権利の平等は保障される」（傍点筆者）。
② 法律、およびこれと同等の規範（命令、自主法など）は、官庁と市民を「同じ方法」で拘束する。
③ 行政官庁は、その自由裁量の行為においても「権利の平等」の原則を順守しなければならない。

このフライナーの「権利の平等原則」は、狭義の「法律による行政」と一応切り離して提唱されているが、その意味は、憲法レベルの保障のみならず、行政法の一般原則の要素として位置づけられるため、内容的にはダイシーの「法の支配[68]」の第二原則と実質的同義とみることができる。けだし、ダイシーの「法の支配」は判例を中心とする「普通法」の支配する法原則であって、もっぱら国王・大臣・公務員と市民との間の「法適用の平等」を念頭においていたからである。これに対してフライナーによれば、①の原則において授権された行政立法（命令）という「抽象的、一般的規範」による権利平等が強調されており、これは、当時立法者非拘束説に対する批判が高まるなか、一種の「立法者拘束説」——これ自体は専ら憲法と立法との関係を表すので行政法の対象ではないため、立法者拘束説という表現は用いられていないが——を実質的に意味する[69]と解されよう。

またフライナーにおいては、一般的に行政に対する、いわゆる「合法性の原則」（Legaltaetsprinzip）、および行政の裁量における「便宜主義」（Opotünitätsprinzip）の原則[70]が提唱される。これは周知のごとく、ダイシーの「法の支配」の第一原則、すなわち行政官による裁量濫用の禁止、および恣意的行為の禁止と基本的に同一内容であり、この点裁量とその統制の法理は、イギリス行政法における

---

67) Ibid. S. 134ff.
68) A. V. Diecy, AaO., 10Ed., 1959 PP. 183-205.
69) 諸坂佐利・前掲書・57頁以下.
70) F. Fleiner, AaO., S. 140f.

第Ⅰ部　行政法概念と基本原則

「権限濫用」の法理(Urtra Vires Principle)として結実し、また現代ドイツ法の「無
瑕疵裁量行使請求権」という「主観的権利」へ発展してゆく理論的基礎をきづ
くものである。

2　本質性留保説と原則全部留保説──ボン基本法下の法律留保原則の展開

(1)　本質性留保説の展開：　　ボン基本法下では、行政の法治主義原則のうち法
律の留保原則について、「給付行政」がまだ萌芽としてさえ存在しなかったし、
また学校・刑務所・その他の営造物などの「特別権力関係」が「行政内部」の
関係であった立憲君主制時代の「法規」概念と軌を一にした、オットー・マイ
ヤーらによる「侵害留保説」は「古すぎる」として拒否され、代わって「議会
制民主主義・増大する給付行政の役割が、狭い侵害留保説の壁をこじ開け、拡
大したのである[71]」。この「本質性留保説」が連邦憲法裁判所の判決を中心に確
立され、その後主要行政法領域──侵害行政、給付行政、特別法（＝権力）関
係（官吏関係、刑務所収容関係、営造物利用関係、および学校関係）、ならびに補助
金・公的資金交付・経済基金など──において次第に拡大適用されている。

　また法律の留保原則について、その憲法上の規定（「執行権は、法律および裁判
に拘束される」（基本法20条3項））から、その「範囲」がどこまでおよぶかにつ
いて必ずしも明らかにされない。H．マウラーによれば、法律の留保の種類に
ついて現在、次のように「多様化」しているという[72]。

　すなわち、①「基本権的法律の留保」、②「組織的・制度的法律の留保」、③
民主主義・法治国家原理と結びつく「一般的法律の留保」、および④法律の形
式にこだわらない議決・承認などをふくむ「議会留保」である。

　またイェッシュはこのほか、法律の留保の「規律態様」の基準として⑤「包
括（グローバル）授権」(Globalermächtigung)、および⑥「特定授権」(spezifizierte
Emächtigung) という範疇を用いており、さらに議論を深化発展させるために
は、まずこの用語法の整理が必要不可欠となる。

　このうち①は、基本権の形成・内容をもっぱら「法律に留保」している場合

---

71)　H.Maurer, AaO., S. 124ff.

72)　H.Maurer, AaO., S. 124f.

73)　D. Jesch, AaO., S. 171ff.

90

で、ドイツでは「法律留保」（Gesetzsvorbehalt）とよばれて、③の「一般法律の留保」と区別される。②はわが国の「組織規範」における「留保」に相当する。③「一般的法律の留保」は、民主主義の側面から、主権者たる「国民の選挙」によって構成される議会制定の法律を含む「議決」が「民主的正統性」（demokratische Legitimation）[74]をもつので、共同体（国や自治体）の基本決定に関与し、市民にとって有意義な規律を「法律の形式」で「留保」し、また法治国家原理からは、国家と市民の「法関係」が一義的であり、予測可能な、かつ安定的（stabil）で、しかも行政活動を決定するのみならず、紛争事案については裁判所においても貫徹できる「主観的権利」を媒介する「一般的法律」で規律すべきことを目標として、要求する。

このうち、伝統的「法律の留保」の中心に位置する④一般的法律の留保については、伝統的制限的「侵害留保」説に対する「疑問」が、1952年8月の負担調整法第346条1項—連邦調整局長官は、第345条の規定と異なる手続を第319条2項1文の基準に従って規律することができる——が基本法に違反するか否かが争われた事件で展開された。すなわち1958年5月6日連邦憲法裁判所第二部判決[75]は、ボン基本法に違反しないという結論の理由のなかで「自由と財産」への「侵害」という「制限的公式」は、「平等・社会国家的思考様式」への傾斜、および個人の全体に対する地位についての「本質的変化」からこれを「修正」せざるをえず、新しい領域への法律の留保の拡大の必要性を判示した。ただ同判決は他方で、今日でも「給付保障行政」の管轄および手続に対してまですべて「法律留保」原則が適用されるものではないとして、それに対する歯止めをかけた。その後の連邦憲法裁判所の判決では、「民主主義的・議会主義的国家制度の枠内」で「市民に直接関連する」、すべての「原則的決定」は議会によって行われなければならず、しかも実務において支配的な「国家的行為」による「侵害」という「制限的」メルクマールから「解放」されなければならない、とされた（BVerGE40, 249）。その後の連邦憲法判決では、「侵害のメルクマールから解放されて」「基本的規範領域」、とくに「基本権行使の領域」において

---

74) ドイツにおける「民主的正統化論」については参照、田代滉貴「ドイツにおける『民主的正統化論』の展開とその構造」行政法研究14号（2016年）25頁以下。

75) BVerfGE 8, 155, 167.

第 I 部　行政法概念と基本原則

は、「すべての本質的な問題」を「自ら決定する」ことを立法者＝議会は義務
づけられており、「他の規範定立者に委ねてはならない」[76]という「本質性留保
説」[77]の骨格が形成された。

　このように本質性留保説は、まず伝統的侵害留保説の軛（くびき）から解放され、社会
的法治国において増大する給付・受益行政に対して法律による行政への⑤「包
括授権」の必要性とその拡大へと発展し、また個別行政分野では、従来「法か
ら自由な領域」として行政主体による包括的支配・命令権を内包していた、「官
憲国家の遺物」としての「特別権力関係」（官吏関係、刑務所収容関係、学校関係、
営造物利用関係）に原則的に法治主義の原則を適用し、さらに補助金・資金交
付行政、基金経済学校関係などにも「法的統制」を拡大する役割を果たした。
このように本質性留保説が伝統的な実質的法律概念＝「法規」と結びついてい
る侵害留保説を「克服」し、新たな「行政領域」に「法律」の留保を拡大させ
た意義は大きい。

　このうちとくに、生存配慮行政・給付行政においては各種の「立法化」が飛
躍的に進行し、もはや「法から自由」（rechtsfrei）な領域を探すのが困難なほ
ど規律密度の高い「立法化」が進展し拡大したので、単なる法律による「根拠
づけ」の有無を語る実益がなくなったといってよい。またこれまで「法から自
由」な領域とされてきた学校法関係、および補助金・基金行政において、連邦
憲法裁判所による「支持」をえた、本質性留保説はその「進軍」を開始したの
である。ただここでもシュテルン教授指摘[78]のように、法律の留保が従来の限界
たる「侵害行政」の領域を超えること自体は肯定できてもそれがどの程度まで
及ぶのかという点になると必ずしも明確ではなく、そのため漠然とした「本質
性」という基準で表面上覆っている状態である。

　このようななかで、連邦憲法裁判所判例などにおいて、とくに学校法の分野
における法律の留保が要求されたのは、シュテルン教授の整理によれば[79]、①大

---

76)　BVerfGE49, 89, 126f., 83, 130 ［142, 152］95, 267, 307f.

77)　ドイツにおける法律留保原則・本質性留保説に関する判例・学説については参照、大橋洋一「法
　　律の留保学説の現代的課題」『現代行政の行為形式論』1頁以下。

78)　K. Stern, Das Staatsrecht der Bundesrepublik Deutschland, I Bd., S. 796ff.（803ff.）.,Vgl., BVerf-
　　GE 8．155, 167。

79)　K. Stern, AaO., I Bd., S. 808ff.（シュテルン・前掲書（訳）・203頁以下）。

学への入学規律、②二次的教育課程制度の廃止、③専門医制度上の地位区分の作成、④裁判管轄の変更、⑤すでに法律の形式で定められている各内容の規律、⑥刑事裁判で有罪判決を受けた者の解雇、⑦学校における性教育の導入に関する決定、⑧税の優遇に関する基本的条件、⑨「ドイツ連邦共和国領内での核エネルギーの平和的利用に関する適法性の当否についての規範上の基本決定」、⑩「定額給付保障の例外としての給付」、⑪「小学校の廃校」、⑫「基本権の諸機能の行使に関する許可、および禁止の諸条件」など、である。

　逆に法律の根拠が必要とされなかったのは、「給付保障行政における管轄官庁と行政手続の規律」である。

　このように、従来特別権力関係の一部とされてきた学校法（Schulrecht）の分野などにおいて、とくに生徒の進級（学）や父母の学校運営への「参加」などの基本的地位に関する事項と、「学校経営」に関する事項を区別のうえ、前者については法律化＝法律の留保原則が進展した。ただ、給付保障の本質的問題については立法者が「自ら」決定するので未解決の領域として残るのが、①補助金行政、②特別権力関係、③授益行為に対する「負担付きの付款」、および④「公法上の契約」である。このうち、ボン基本法の「勤務関係・忠誠関係」に立つ官吏への「高権」の委託、および公務員の権利に関する「職業官吏制の伝統的原則」への「配慮」（33条4項）をしたうえで官吏関係が規律されるため——連邦レベルの主な法律としては、官吏の権利・義務を定める、基本法律である「連邦官吏法」（BBG・2009）をはじめ、官吏制度の改革・大枠を定める「官吏法大綱法」（BRRG・1999・3、BGBl IS. 654）、ラントの官吏の地位を定める「官吏（地位）法」（BeamtStG. 2008）および「官吏配慮法」（BeamtVG・2010 BGBl, IS. 322. S. 847）——、「特別権力」関係＝「法から自由な領域」が基本的に維持された上での「特別法（律）関係」への転換にとどまっているといえよう。

(2)　本質性留保説に対する「批判」と「反批判」：　ボン基本法下で連邦憲法裁判所判決によって確立され法治主義原則の中心でありその「積極面」たる法律の留保に関する「本質理論」（Wesentlichkeitstheorie）は、伝統的侵害留保説の限界を「克服」する点で重要な役割を果たすが、他方でこの基準はあまりにも「一般的であり、不明確」であるとして、多くの「批判と「拒否」を招いていることも事実である。

第Ⅰ部　行政法概念と基本原則

　この点についてシュテルン教授は、次のようにのべている。[80]

　裁判所は、基本的にはこの考え方を固く維持し、「議会留保」をいわゆる本質的諸問題の領域まで及ぼした（本質性理論）。学説は、この裁判所の原則的アプローチに追従するものではあったが、留保の下にある事項領域についての定式化があまりも「曖昧、かつ不明確である」といった批判を正当にも行ってきた。それゆえ「本質性理論」の事項的内容については、もっと詳細に規定される必要がある。すなわち、基本権の関連事項など国民にとって「本質的事項、重要な事柄、もしくは中心的事項」という一般基準ではあまりにも漠然としており明確性に欠けるからである。これについて、伝統的侵害留保説は基本法の「民主的」「法治国家」・「社会国家」（20条1項、23条1項、28条1項）、および国民主権（20条2項＝「民主的正統性」）の原則に照らせば、基本権を「侵害」する場合だけその原則が適用され、増大する生存配慮行政＝給付保障行政には適用されないため、この説ではあまりにも「狭すぎる」「古すぎる」との批判が妥当性をもつと。

　このようにただ基準の「明確性」という点に限れば、O. マイヤー以来の侵害留保説がこの本質性基準にはるかに優るのであるが、かりにそうだとしてもこの本質性基準に代わるほど明確で、かつ実質的法治国・法治主義の積極的役割を果たす理論が、後述の「（原則）全部留保説」を除いてそうたやすく発見できるわけではないことも、また事実であろう。

(3)　基本法第80条1項第2文の法規命令への授権と本質性留保説：　本質性理論の明瞭性テストの問題に関連して論議されてきたのが、基本法第80条1項第2文の法規命令授権の「規定要請」である。[81]これについてシュテルン教授は、基本法第80条1項第2文の規定——連邦政府、国務大臣、ラント政府に対して法規命令を発する権限を付与しつつ、立法者は「内容、目的、および程度について法律でこれを規定しなければならない」という制限規定——との関係について、基本権領域の「すべての本質的な決定」という程度の、ごく一般的基準を内容とする留保説では「満足のいく解答」が与えられず、前記基本法第80条

───────────

80)　K. Stern, AaO., I Bd., S. 812（シュテルン・前掲書（訳）・197頁以下（206））。Vgl.,H. Maurer, AaO. S. 129（Rn. 12)、シュミット－アスマン・前掲書（訳）・192頁以下。

81)　Vgl., V. Münch/Kunig, Grundgestz-Kommentar, Art, 80Rn. 21.

94

１項の規定に矛盾するのではないか、という疑問を呈する。[82] しかし他方で、基本法第80条１項第２文の法規命令への「授権」規定は基本法自体のなかに「特別に」織り込まれたものであり、これとは別に一般の法律の留保に関して本質性理論が提唱されており、両者が完全に整合性を保つ必要はないともいえる。ただ「留保」とは、その語義からすれば議会＝法律がみずからに「引きつけ」、かつ「保有する」作用であり、「授権」は逆に自ら留保＝「保有」している「権限」を「移転」する作用であることから、両者はいわば表裏一体でありそれぞれの基準が異なることはのぞましくないことはいうまでもなく、後述の高田敏教授の見解は留保＝「授権」原則の立場から法治主義の一元化をめざすものとなっている。

　これに対して H. マウラー教授は、上記の本質性留保説に対するさまざまな疑問は、下記（①～④）のような「意義と限界」に十分注意すれば、ただちに解消するという。[83]

① 本質性理論はこれまで「不変」に継続している伝統的「侵害留保」の「対岸」（jenseits）にあるにすぎず、これと「矛盾」するものではない。
② 法律の留保の拡大部分はその基礎をボン基本法にもっており、それに応じて「本質性理論」によって新しく「構成」されたのではなく、基本法が「具体化」されたのである。
③ 本質性理論は、法律による規律の要請がすでに基本法自体から直接発生している場合には適用されない。
④ 拡大された法律の留保は、国家と市民との「外部関係」に対してのみ当てはまり、「内部関係」には妥当しない。

　以上のようにマウラーは、本質性留保説と伝統的侵害留保説とは「矛盾」しないことを確認しその適用範囲の「限界」を明確にしているが、これは本質性留保説固有の問題性というより、むしろ基本法において「基本権が直接に適用される法として、立法権、執行権、および裁判権を拘束する」（１条３項）ため、「基本権はいかなる場合であっても、その本質的内容が侵害されてはならない」

---

82) K. Stern, AaO.,（訳）S. 206ff.
83) Vgl., H. Maurer, AaO., S. 128f.

第Ⅰ部　行政法概念と基本原則

（19条2項）からである。また「立法は立憲的秩序に、執行権および裁判は法律および法に拘束される」（20条3項）（＝法段階説にもとづく法律の優位原則＝適法性の原則）ことから、基本権に関する「本質的なこと」、「重要なこと」については留保事項として法律の根拠を求めることになった、すなわち「本質性留保説」が生まれたのであると。

　この本質性留保説と、これ以上の、執行機関への授権の「内容、目的及び程度」に関する、規律密度の濃い具体的、かつ明確な基準を求める基本法第80条1項2文との「整合性」をどう図るかという課題は一応ドイツ法プロパーの問題であるが、わが国憲法の下でも、憲法第41条「唯一の立法機関」・「立法権の（国会）独占」規定、および第73条6号「執行命令」・「委任命令」の規定を根拠にして、基本的には妥当する問題であるといってよい。とりわけ「委任命令」において授権規範＝法律との関係でどの程度明確な「授権」基準がもとめられるのか、国家公務員法第102条「政治的行為」の制限（人事院規則14-7）をめぐる判例[84]を中心にこれまで論議されてきたが、現在に至るも必ずしも明確な基準・方法が示されているわけではない。

　この「本質性」基準の核心である「本質性」は、法律学の基礎・法源論において論じられる「事物の本質（Das Wesen der Sache）」〔＝条理（die Natur der Sache）〕とは異なり、「基本権観点において、ある規律がいかに有意義、重要で、かつ根本的、集中的であるか」どうかというメルクマールであるから、基本法第19条2項の基本権の「本質的内容」については主観法的内容か、あるいは客観法内容か、また相対性原則・過剰性禁止の原則や手続法的保障との関係があるか否かについては、ほとんど意見の一致がない[85]。すなわち、この「本質的内容」はワイマール憲法下の現行の法治主義の適用事例たる、基本権の「基本事項」（Hauptsache）に該当するか否かについても、必ずしも明確ではない。こうしてマウラー教授の弁明にもかかわらず、基準自体について「不明確」・「不確実」という烙印はまぬかれないといってよい。ただこの「本質性」は、基本法自体において「直接」規定されたものではなく、あくまで法治国（基本法

84）　たとえば、猿払事件最高裁判所（昭和49年11月6日）判決・刑集28巻9号393頁、その他参照、樋口陽一「公務員の『政治的行為』と刑罰」『憲法判例百選Ⅰ（第3版）』28頁以下。

85）　Vgl., V. Münch / Kunig, AaO., Art. 19 Rn. 26.

20・28条）についての解釈、および判例によって確立された法治主義・法律留保の原則の基準にすぎないのでこれを変更することは十分可能であり、絶対的基準でないことはいうまでもない。

(4)　原則全部留保説への展開：　ボン基本法下で39歳という若さで交通事故のため夭折したイェッシュ（D. Jesch）は、『法律と行政——法律適合性の原理の変遷に関する問題研究』と題する教授資格論文で、ボン基本法下における、「国民主権」原理および「国権の最高機関」としての連邦議会中心の憲法構造に適した議会（立法権）と行政（執行権）との間の基本的ルールとして法治主義＝「適法性の原理」、とくに法律の留保原則を位置づけ、「法理論的方法」を用いて原則的「全部留保説」（Totalvorbehalt）を提起した。彼はその用語法に関し、基本権に関する法律の留保を「法律留保」（Gesetzvorbehalt）と位置づけ、行政法総論で論議される一般の「法律の留保」（Vorbehalt des Gesetzes）と区別し、その上で「留保」の程度と範囲に関して、一般条項や不確定概念が使われる警察法などの一般条項の「包括（グローバル）授権」と、法規命令における「目的、内容、程度」について「明確な授権」を内容とする「特定化された留保」（特定留保）を識別し、オットー・マイヤー以来の伝統的「自由と財産」の公式で知られる「侵害留保説」において行政が市民の基本権を「侵害」する場合のみならず、給付行政の「給付と受益」の場合にも法律の留保原則を適用すべきである旨、主張する。これはかつて、ワイマール憲法下においてフライナーが、「すべての行政行為は法律の根拠を必要とする」との表現で事実上「全部留保説」を採用していた立場と基本的に一致する。ただこの「留保」ないし「授権」の「態様・程度」（規律密度）について、フライナーはさらに突っ込んだ分析・基準を示したわけではないが、イェッシュはこれについて、「包括留保」と「特定留保」という基準を用いて「規律態様」の視点から整理した点がその功績であるといってよい。さらに市民側からその給付を「積極的」に請求できる主観的権利をもつのは、あくまで個別の法律がそのような権利を「構成要件的」に

---

86)　Dietrich Jesch, Gesetz und Verwaltung, S. 196,（171ff.）なお、イェッシュの「人と業績」および本論文（Gesetz und Verwaltuhg）の紹介・検討については参照、遠藤博也『国家論の研究』5頁以下。

87)　F. Fleiner AaO., 8 Aufl., S. 131f.

第 I 部　行政法概念と基本原則

保障した場合に限るとされた。

　イェッシュは、上述のフライナーをはじめとして、戦後においてスイスの国法学者ブルーメンシュタイン（E. Blumennstein）やハンス・ネフ（Hans Nef）などがいち早く「全部留保説」を提唱する[88]が、いずれも憲法構造・実定法上の基礎を欠く「政策的」要望にすぎない、と批判的である。そのためイェッシュは、法律の留保が具体的に問題となる主な行政領域ごとに、とくに特別権力関係、補助金交付・財政措置、学校法関係、および行政行為の「撤回」（Wiederuf）において、前記の「包括授権」と「特定授権」の基準を用いて関連判例——基本法第131条の法律に基づく、官吏の寡婦の遺族年金支給に関するベルリン上級裁判所の判決[89]（1956年11月14日判決）——をあげてそれぞれ適用を検討し、その上で法律の規律密度の基準を用いて分析・整理した。すなわち、法律の留保論における法律の授権問題は単に法律の根拠とされる法律の有無だけでなく、むしろどの程度の規律態様（密度）をもつ法律の根拠づけ（＝授権）が必要か、という点について明確な基準の設定が重要となるからである。

　法治主義・法律の留保原則のルーツは、周知のごとく、イギリス・マグナ・カルタ第39条に端を発する人身の自由に関する罪刑法定主義（Nulla poena sine lege ＝憲法第31条）、および財産権に関わる租税法律主義の原則（84条）にある。それによれば、人身の自由を制限する場合には、法律は、不確定概念など行政の「裁量」を認める法律・規定ではなく、あくまで明確な「特定授権」を要し、また財産権を制限する租税法は明確な課税要件・基準をみたす「授権」でなければならない、とされた。この点とくに問題になるのが、補助金・基金行政にかかる予算・財政法律と予算計画（案）の関係である。すなわち、予算・財政に関する法律で、補助金の支給について「包括授権」が行われるものの他方、補助金を含む予算の議決が「一括」して議会で行われることにより、いわゆる「議会留保」（＝「民主的正統性」）がみたされるため、給付行政の場合、侵害行政と異なり、この程度の授権の「態様」（Art）で十分であるとする議論があるからである。これに対して、どのような目的で、誰に、どの程度の額の補助金

---

88)　D. Jesch, AaO., S. 196, Fn. 85.

89)　DÖV 1957 S. 753. DVBl 1957 S. 503.

98

を支給すべきかを明確に法律で規定しなければ、留保＝授権の「程度」としては、不十分であるという見解がある。これについてイェッシュ[90]は、給付行政における「受益」については、留保の「憲法構造への機能的依存」関係が重要となり、とくにボン基本法の憲法秩序の下では、執行府に対する権限推定は依存しない、すなわち「行政」は「執行権」に「改正」され、基本法自体が権限の指定をしない限りすべての行政の行動形式は、「議会の授権」に依存することになるとして原則全部留保＝「特定」授権説に立つ。したがって執行権への「黙示的」な権限付与とか、あるいは「内在的権限」は認められず、議会が給付および授権に指導的役割を果たすべきであるとする。その上で、イェッシュは基本法の支配の下で、事項上限定されない概括的な「包括授権」は許されないとする。

3　わが国における「法律の留保」論の発展──「留保」から「授権」へ

　わが国における法治主義・法律の留保原則の展開をマクロ的にみれば、すでに述べたように、基本権「侵害」を中心基準とする伝統的侵害留保論から、またその後の藤田宙靖元最高裁裁判官や兼子仁教授らの「権力（行政）留保説」[91]から、ドイツの判例を「参考」とする大橋洋一教授らの本質性留保説（重要事項留保説）[92]への流れを看取することができる。すなわち権力行政留保説は、権力行政には、「議会統制」（＝立法的統制）を要する手続法的理由があり、即時強制などの行政上の強制には、法律や条例のみがその根拠となり、行政行為の属性である公定力・自力執行力などについても、法律の根拠が必要であるとする。この見解は、行政法の「本来的公法関係」（＝権力関係）を中心とした法律の留保論であるが、これは給付行政や行政指導などの「非権力的行政」に法律の根拠をもとめず、その範囲が「狭すぎる」し、また民主主義の原理、議会審議の公開性、基本政策、行政基本計画、基幹行政組織などの「重要事項」につ

---

90)　Dietrich Jesch, AaO., S.175ff. 222ff. その他参照、遠藤博也・前掲書・28頁（32）以下。

91)　兼子仁『行政法総論』67頁以下、藤田宙靖『行政法総論』（2013年）87-89頁、原田尚彦『行政法要論（全訂第7版)』82頁以下、とくに87頁以下。

92)　大橋洋一「法律の留保学説の現代的課題」『現代行政の行為形式論』1頁以下、阿部泰隆『行政法解釈学I』102-105頁、磯部力「法律による行政の原理」『行政法の争点（第3版)』21頁。

第 I 部　行政法概念と基本原則

いて法律の根拠が必要であることを明確にすべきだとする批判の上に立つ重要事項留保説こそが、現代行政の構造にもっともマッチするという。

　これに対してこの権力行政留保説は増大しつつある「給付行政」や「行政指導」に対する社会法治国・社会権的対応という視点からその適用範囲が「狭すぎる」として権力行政留保説を批判し、またドイツの本質性留保説については、とくに基準の不明確性を批判したうえでいずれも排斥して、むしろ原則全部留保説[93]に与（くみ）する立場がある。すなわち芝池義一教授によればこの説は、従来の法治主義——法律の留保——（根拠規範）としての、権力的・非権力的行政に関しこれを基礎づける「法律」（自主法＝条例もふくむ）の留保原則であり、私経済的活動を除くすべての「公行政活動への「根拠づけ」をもとめるものである。これは「公行政留保説」と指称される。

　次に「実質的・普遍的法治国」の立場から「全部」の行政活動に法律の授権（留保）を求める「原則授権説」が提唱され、注目される。

　すなわち高田教授[94]は、法治主義——法律の留保原則のうち、「立憲君主制」に由来しそれに色濃く規定され、かつ現在ではその用語法の「混乱」——基本権留保、組織・制度留保、一般留保、包括留保、特定留保、議会留保など——を避けるため「留保」という言葉に代えて「授権」（Ermächtung）という言葉を採用し、行政活動が起動するためには、原則としてすべて法律による「授権」を必要とし、「例外的」にそれを不要とする場合には、その「証明責任」を行政サイドに課す、というものである。これまで「（社会的）法治国」の「実質化」およびその「普遍化・現代化」を求めて内外の詳細な文献を分析され、活発な研究活動を展開されてこられた高田敏教授は憲法原理の転換に伴う法治行政論の変化として、①侵害留保説[95]、②権力（行使）留保説、③社会権に伴う社会留保説、④本質性理論、および⑤全部留保説の代表的5見解をあげ、その上で「問題提起」として新たに「原則授権説」を提案する。その際まず留意される

---

93)　芝池義一『行政法読本（第2版）』48頁以下、とくに53頁以下。

94)　高田敏『法治国家観の展開』461頁以下、とくに463頁、これに対して完全留保理論は「完全には貫きえない」として塩野教授は批判する。塩野宏・前掲書（第6版）・80頁以下、84頁。

95)　侵害留保説の「侵害」を中心にその「変容・拡大」の過程から用語法まで論ずるものに、神橋一彦・前掲書『現代行政法の基礎理論』・59頁以下、とくに69頁以下、がある。

料金受取人払郵便

京都北郵便局
承　認
8007

差出有効期限

平成32年1月31日
まで〈切手不要〉

414

京都市北区上賀茂岩ヶ垣内町71

法律文化社
　　読者カード係　行

ご購読ありがとうございます。今後の企画・読者ニーズの参考，および刊行物等のご案内に利用させていただきます。なお，ご記入いただいた情報のうち，個人情報に該当する項目は上記の目的以外には使用いたしません。

お名前（ふりがな）	年　齢

ご住所　〒

ご職業または学校名

ご購読の新聞・雑誌名

関心のある分野（複数回答可）
法律　政治　経済　経営　社会　福祉　歴史　哲学　教育

愛読者カード

◆書　名

◆お買上げの書店名と所在地

◆本書ご購読の動機
□広告をみて（媒体名：　　　　　　　） □書評をみて（媒体紙誌：　　　　　　）
□小社のホームページをみて　　　　　□書店のホームページをみて
□出版案内・チラシをみて　　　　　　□教科書として（学校名：　　　　　　　）
□店頭でみて　　　□知人の紹介　　　□その他（　　　　　　　　　　　　　　）

◆本書についてのご感想
　内容：□良い　□普通　□悪い　　　価格：□高い　□普通　□安い
その他ご自由にお書きください。

◆今後どのような書籍をご希望ですか（著者・ジャンル・テーマなど）

＊ご希望の方には図書目録を送付いたします。

　　　図書目録（希望する・希望しない）

Horitsubunka-sha Books Catalogue 2018

法律文化社
出版案内
2018年版

■報道の自由・知る権利の危機!? 国連に懸念を示される日本の現況

なぜ表現の自由か

阪口正二郎・毛利 透・愛敬浩二 編　Ａ５判／262頁／3000円

●理論的視座と現況への問い　「表現の自由」の保障の意義とあり方を、規制へのたゆまぬ警戒が必要との問題意識に基づき、憲法学の成果を踏まえて論究。「忘れられる権利」など表現の自由と関わる新課題も考察。

法律文化社　〒603-8053 京都市北区上賀茂岩ヶ垣内町71　☎075(791)7131　FAX075(721)8400
URL:http://www.hou-bun.com/　◎本体価格(税抜)

法律

セクシュアリティと法 2500円
谷口洋幸・綾部六郎・池田弘乃 編

●身体・社会・言説との交錯 性的な欲望や性的マイノリティと社会制度との関係を考える。本領域の法学研究の基本書。

インターネットの自由と不自由
庄司克宏 編　　　　　2900円

●ルールの視点から読み解く プライバシーや個人データを保護するための限界設定とは。日米欧の比較を通じて考える。

18歳からはじめる情報法
米丸恒治 著 [〈18歳から〉シリーズ]　2300円

合格水準 教職のための憲法
志田陽子 編著　　　　2500円

民法入門　　　　　　　2000円
生田敏康・畑中久彌・道山治延・蓑輪靖博・柳 景子 著

犯罪学リテラシー
岡本英生・松原英世・岡邊 健 著　2600円

面会交流支援の方法と課題
●別居・離婚後の親子へのサポートを目指して
二宮周平 編　　　　　3200円

実践 知的財産法
●制度と戦略入門　木棚照一 編　4000円

会社法のファイナンスとM&A
畠田公明 著　　　　　3300円

会社事業承継の実務と理論
●会社法・相続法・租税法・労働法・信託法の交錯
山下眞弘 著　　　　　3000円

医療法律相談室
●医療現場の悩みに答える
川西 譲・川西絵理 著　2500円

実務 知的財産権と独禁法・海外競争法
●技術標準化・パテントプールと知財ライセンスを中心として
滝川敏明 著　　　　　2800円

差別表現の法的規制
●排除社会へのプレリュードとしてのヘイト・スピーチ
金 尚均 著　　　　　5000円

ヘイト・スピーチ規制の憲法学的考察
●表現の自由のジレンマ
桧垣伸次 著　　　　　4800円

多元的行政の憲法理論
●ドイツにおける行政の民主的正当化論
高橋雅人 著　　　　　6000円

自治制度の抜本的改革
●分権改革の成果を踏まえて
阿部昌樹・田中孝男・嶋田暁文 編　6500円

学校事故の責任法理 II
奥野久雄 著　　　　　6500円

性暴力の罪の行為と類型
●フェミニズムと刑法　森川恭剛 著　4800円

高齢犯罪者の権利保障と社会復帰
安田恵美 著　　　　　5300円

日本の「いま」から「未来」を考える

■脅かされる自由と平和
本当は怖い 自民党改憲草案
伊地知紀子・新ヶ江章友 編 2000円
現行の自民党草案が描く社会像の危うさを表現・思想・信仰などの7つのテーマによるシミュレーションで検証。

政治／平和学・平和研究

市民社会論
坂本治也 編 3200円

●理論と実証の最前線 ①分析視角の重要性、②理論・学説の展開、③日本の現状、④今後の課題の4点をふまえた概説書。

社会資本(ソーシャル・キャピタル)の政治学
河田潤一 著 4000円

●民主主義を編む 社会資本醸成のカギと民主主義の活発化条件を、アメリカにおける草の根の政治的実践の考察から探る。

核のない世界への提言
ハロルド・ファイブソン ほか 著 [RECNA叢書]
鈴木達治郎 監訳／冨塚 明 訳 3500円

●核物質から見た核軍縮 核物質の専門家が市民に向け核物質の本質・問題を明らかにし、実現可能な核廃絶方法を提言。

国際政治学
清水 聡 著 2500円

●主権国家体制とヨーロッパ政治外交 ヨーロッパの国家間関係の展開に焦点をあてながら、国際政治のしくみをまとめた入門書。

資料で学ぶ日本政治外交史 2400円
武田知己・鈴木宏尚・池田慎太郎・佐道明広 著

日本のネット選挙
●黎明期から18歳選挙権時代まで
岡本哲和 著 4000円

市民立法の研究
勝田美穂 著 [岐阜経済大学研究叢書18] 4300円

ドイツ統一から探るヨーロッパのゆくえ
天理大学EU研究会 編 2600円

ポピュリズムのグローバル化を問う
●揺らぐ民主主義のゆくえ 4800円
中谷義和・川村仁子・高橋 進・松下 冽 編
[立命館大学人文科学研究所研究叢書第21輯]

21世紀の東アジアと歴史問題
●思索と対話のための政治史論
田中 仁 編 3000円

アメリカの大学におけるソ連研究の編制過程
藤岡真樹 著 4000円

原爆投下をめぐるアメリカ政治
●開発から使用までの内政・外交分析
山田康博 著 4300円

ドイツの平和主義と平和運動
●ヴァイマル共和国期から1980年代まで
竹本真希子 著 5300円

米州の貿易・開発と地域統合
●新自由主義とポスト新自由主義を巡る相克
所 康弘 著 3000円

寄る監視社会
謀罪」を問う
R・運用をめぐる問題点
明 著 926円

による警鐘の書。共謀
逐条解説を収録。中止
関係など刑事法に関わ
にも鋭く切り込む。

■連鎖する貧困
「子どもの貧困」を問いなおす
家族・ジェンダーの視点から
松本伊智朗 編 3300円

家族という仕組みを相対化し、同時に歴史的に女性が負ってきた社会的不利を考察、論究する。

社会学／社会一般／社会保障・社会福祉

生活困窮者支援で社会を変える
五石敬路・岩間伸之・西岡正次・有田 朗 編　2400円

住みよい地域社会をめざして自立支援制度の本質に迫り、支援を通じて「孤立と分断」を打開するアイデアを提起する。

レイチェル・カーソンに学ぶ現代環境論
嘉田由紀子・新川達郎・村上紗央里 編　2600円

●アクティブ・ラーニングによる環境教育の試み　各人の感性に立脚した問題検討を可能にする教育とは。カーソンの思想に学ぶ。

入門・社会統計学
●2ステップで基礎から[R]で学ぶ
杉野 勇 著　　　　　　　　　　　　2800円

人口論入門　●歴史から未来へ
杉田菜穂 著　　　　　　　　　　　　2100円

都市の包容力[URP先端的都市研究シリーズ9]
●セーフティネットシティを構想する
水内俊雄・福本 拓 編　　　　　　　　800円

社会福祉の歴史
●地域と世界から読み解く
田中和男・石井洗二・倉持史朗 編　　2400円

生活分析から政策形成へ
●地域調査の設計と分析・活用
河合克義・長谷川博康 著　　　　　　3300円

社会福祉研究のこころざし　4000円
大友信勝 監修／權 順浩・船本淑恵・鵜沼憲晴 編

生活保護の社会学
●自立・世帯・扶養　牧野清子 著　　4600円

〈自立支援〉の社会保障を問う
●生活保護・最低賃金・ワーキングプア
桜井啓太 著　　　　　　　　　　　　5400円

障害とは何か　●戦力ならざる者の戦争と福祉
藤井 渉 著　　　　　　　　　　　　4500円

改訂版

法学部入門[第2版]　吉永一行 編　2100円

新・いのちの法と倫理[改訂版]
葛生栄二郎・河見 誠・伊佐智子 著　2600円

テキストブック憲法[第2版]
澤野義一・小林直三 編　　　　　　　2200円

クローズアップ憲法[第3版]
小沢隆一 著　　　　　　　　　　　　2500円

ベーシックテキスト憲法[第3版]
君塚正臣 編　　　　　　　　　　　　2600円

新・エッセンス憲法　安藤高行 編　2500円

歴史から読み解く日本国憲法[第2版]
倉持孝司 編　　　　　　　　　　　　2600円

憲法[第三版]　加藤一彦 著　　　　3400円

憲法とそれぞれの人権[第3版]
現代憲法教育研究会 編　　　　　　　2600円

人権入門[第3版]
横藤田誠・中坂恵美子 著　　　　　　2100円

つかむ・つかえる行政法[第2版]
吉田利宏 著　　　　　　　　　　　　2600円

行政法の基本[第6版]　　　　　　　2700円
北村和生・佐伯彰洋・佐藤英世・高橋明男 著

都市法概説[第3版]　安本典夫 著　3800円

ハイブリッド民法5 家族法[第2版補訂]
半田吉信・鹿野菜穂子・佐藤啓子・青竹美佳 著　3200円

18歳からはじめる民法[第3版]
潮見佳男・中田邦博・松岡久和 編　　2200円

司法福祉[第2版]　　　　　　　　　3000円
加藤幸雄・前田忠弘 監修／藤原正範・古川隆司 編

国際ビジネスのための英米法入門[第3版]
植田 淳 著　　　　　　　　　　　　2900円

年金保険法[第4版]　堀 勝洋 著　7400円

はじめての政治学[第2版]
佐藤史郎・上野友也・松村博行 著　　1900円

新版 国際関係論へのファーストステップ
中村 都 編著　　　　　　　　　　　2500円

入門・社会調査法[第3版]
轟 亮・杉野 勇 編　　　　　　　　　2500円

生涯学習論入門[改訂版]
今西幸蔵 著　　　　　　　　　　　　2500円

べき点は法治国の「普遍化・近代化」への視点であり、具体的には憲法領域での発現形態が立憲君主制から民主制への憲法原理の転換に伴う新しい「国家・憲法像」である。他は、行政過程への市民「参加」——ドイツ連邦行政手続法第28条「当事者の聴聞」、同29条「当事者による記録閲覧」など——の要請という「現代化」の視点であるが、これによって代表民主制原則の下で、議会の議決・承認（＝法律の留保・授権）が排除されるものではないことに、注意を喚起する。

　かくして上記のように、伝統的「法律の留保論」に代えて高田教授は「授権原則説」と称する次の「提案」[96]を行う。

　第一に、「公行政については、法律の授権を要することを原則とする」、第二に、特定の行政領域・個別的行政に法律の根拠・授権を必要としない場合には、「厳格な証明」を要する。

　この高田見解は、「立憲君主制」下で形成された法律の「留保」原則について、憲法構造の転換に伴う内容の「変化」を十分反映していない「侵害留保」（≒「権力（行使）留保説」）から、前記の法律の留保の枠組み基準に関する学説分類（①〜⑤）のうち実質的には⑤原則全部留保説への「転換」を意味するが、単に従来の代表的学説——侵害留保説・権力留保説・本質性留保説など——に対する「留保」の範囲の拡大という側面のみならず、「留保」から（全部）「授権」への転換を説くもので、それを「原則」として再構成した。

　このような「公行政留保説」や「原則授権説」などの実質的全部留保説に対しては、「行政府」の行うすべての活動について原則的に「予め」全部法律の根拠づけを求めるとすれば、多種多様な現代の行政活動、また（ポスト）行政国家化・緊急事態への「即時の対応」の必要性のなかで、法律の根拠を「拡大しすぎ」であること、そのため行政の「機動力」を十分に生かせないことへの批判や、「原則」と「例外」の線引きの基準が「困難」・「不明確」であるとの批判があることは、前述のとおりである。

　またドイツではシュテルン教授みずから、④本質性留保説を支持しながらそ

96）　高田敏・前掲書・463頁以下。
97）　シュテルン・前掲書（訳）・206頁以下。

第Ⅰ部　行政法概念と基本原則

の「返す刀」で前記⑤全部留保説について、この説は行政権の発動について立法者（＝議会）にあらゆる事態を想定した立法を求めるもので議会（＝法律）にとっては「過度な負担」になると批判しているし、同様にわが国では塩野宏教授[98]が、侵害留保説の立場から「全部留保説」は（実際には）貫けないとして、それを行政組織法上の「根拠規範」のみで貫徹しようとすれば、かえって「包括的な授権立法」という「粗い」規律にとどまらざるを得ず、法律による「行政」統制としては問題を残す、と批判する[93]。さらに、「権力行使留保説」に立つ原田尚彦教授[99]も、重要事項留保説・全部留保説を俎上にのせ「法律の留保拡大への疑問」を提起する。

　このように法律の留保原則は、国民主権下、国民代表機関（＝議会）の議決（法律）の適用範囲を、どこまで民主主義的要素において「拡大」させるべきかという問題であり、いずれの説もそれなりの「一定の根拠」があるため、決定的な「決め手」がない状況にある。たとえばわが国では、内閣法第11条「政令の限界」や地方自治法第14条２項「権利を制限し、義務を課す」という条例制定の必要事項を定める規定を実定法上の根拠として、「侵害留保説」、もしくは「権力行使留保説」の正当性を主張する学説もあったが、今日ではこれらの規定は侵害留保説の積極的根拠にはなりえない、といってよい。けだしかつての侵害留保説は、立憲君主制における自由権や基本権の憲法上の「列挙」をその法的根拠にしていたが、日本国憲法の下で「留保」論は法律と行政（活動）の関係に関する憲法上のルールであるにも関わらず前記内閣法の「政令限界」規定などは法律レベルの「留保」規定であり、（侵害）留保説の根拠規定としては不十分であると同時に、これは最低限の基準を示したにすぎず国会の国権の「最高機関」性（41条）や福祉国家・給付行政（社会保障・福祉・給付・資金交付）からも、必ずしも妥当な基準とはいえないからである。そのようななかで現在のドイツでは、伝統的学説＝侵害留保説への批判が連邦憲法裁判所の判決において展開され、その後理論レベルで「本質性留保説」として結実し、今や完全に支配的見解となっていることは、すでにのべたとおりである。

───────────────

98)　塩野宏『行政法Ⅰ（第６版）』84頁以下。
99)　原田尚彦・前掲書・85頁以下。

102

わが国でも、最近法治主義のサブ原則たる「法律の留保」原則について、このドイツの議論・学説を「参考」にして、前述のとおり本質性留保説に与する見解がふえつつある。このうち最近では山本敬生教授が、法律による行政の原理（≒法律の留保）は、「法律適合性」の原理（≒法律の優位）よりも自由主義的モメントに重点をおいており、法律による行政主体の「完全羈束」まで要請する法理であるとはいえず、他方全部留保説は、「日本国憲法の理念にもっとも適う」理論であるが、「流動的な行政需要に対応できず」、多様化する「行政」の停滞を招くおそれがあるとして、結論として「バランス」のとれた本質性留保説への支持を表明する。また重要事項留保説には、かつて基本権に対する侵害行政を「重要事項」であるとして「法律」に留保するのが「侵害留保説」であったのに対して、この重要事項留保説は現行憲法への転換に伴い民主主義的要素の拡大から「補正」を行いうる「柔軟性」があり、その意味で「普遍的妥当性」があるのも大きなメリットであろう。

　このように、こと行政法の基本原理たる行政の法治主義＝法律による行政の原理について、ドイツにあっては判例・理論ともに、わが国では適用判例が乏しいなかで理論中心にそれぞれ「本質性留保説」（＝重要事項留保説）が次第に支配的地位を占めるに至ったといってよい。ただ原則全部留保説も「授権原則説」や「公行政留保説」という新しい形で発展しており、理論レベルでは完全に本質性留保説「一色」に染まっているわけではないことも、この際留意すべきである。後者の全部留保説については、権力分立の中で立法（権）と行政（権）の関係において完全に「一致」せしめるのは不可能であるとしてその実際の効果を疑問視する見方がある一方、「全部留保説」で一括くくられる見解にも様々なバリエーションがあり、また重要事項留保説と全部留保説との具体の問題における適用範囲の相違はどこにあるのか、明確な「線引き」がきわめて困難である。留保の範囲については、とくに補助金・資金交付、予算（法）による給

---

100)　大橋洋一、阿部泰隆、磯部力、高橋滋各教授（「法曹実務のための行政法入門（2）」判時2325号3頁）らによる、法治主義・法律の留保原則に関する見解は、それぞれ具体の理由づけが異なるものの、いずれも基本的に「本質性留保説」（＝重要事項留保説）に立つことを明示する。

101)　山本敬生「法律による行政の原理」『行政法の争点』20頁以下、磯部力「法律による行政の原理」『行政法の争点（第3版）』18頁以下（21頁）。

103

第Ⅰ部　行政法概念と基本原則

付行政・（規制的）行政指導などが具体的に問題となり議論されてきた。

　これらの問題についての個別的解答は措くとして、ここではわが国における法治主義・法律の留保についての本質性留保説または原則全部留保説という現在の理論的到達点をふまえて、次にダイシー３原則に端を発し次第に「普遍化」しつつある「法の支配」の意義——1957年シカゴ大学で開催された「法の支配」に関する国際シンポジウムでは、法の支配の意義は、個の能力を「全面発達」させることのできる自由な社会を組織するための「道具」であることが確認された（E.C.S Wade, Introduction in: A. V. Diecy. op. 10ed., P. ⅹⅶ）——を検討し、その上で現行憲法の構造・権力分立の原理・しくみから導き出されるであろう、「立法と行政との関係」、および司法による立法・行政の統制の原理をあらためて確認し、両論におけるより憲法適合的な「あり方」——「憲法的法治主義」の具体化——を模索することが重要な課題となる。

Ⅲ　法の支配と法治主義の「現代化」

1　「法の支配」の形成とその展開

(1)　法の支配が、議会主権と並んでイギリスの国家法＝憲法の二大原則であり、当時の代表的憲法学者、ダイシーによってその原型が構成されたことは、周知のことである。すなわち彼は有名な代表作『憲法研究序説』（1895年初版）[102]において、「法の支配」の３原則を次のように提示した——。

　まず、いかなる人間も、国の通常の裁判所の前において通常の法的マナー（態様）によって確立された「法に対する明確な違反」の場合を除いて、処罰されることはないし、また身体もしくは財産（goods）に対して合法的に犠牲をうけることはない。この意味において法の支配は、「広範な、恣意的な、裁量的な行政官の権限行使にもとづく、すべての政府のシステムと明確な対照（コントラスト）をなしている」[103]。

---

102)　A. V. Diecy, Introduction to the study of the law of the constitution, 1895（１ed.）, 1959（10ed.）P. 183～（A. V. ダイシー『憲法序説』（伊藤正己・田島裕訳）175頁以下、ダイシー「法の支配とフランス行政法との対比」『ダイシーと行政法』（猪股弘貴訳）所収・１頁以下。

103)　Ibid., P. 188-189.

第2章　憲法的法治主義の原則

　第二に、「法の上に何人もいないし、またあらゆる人間はかれの位階（rank）、条件がどのようなものであろうと、国の通常の法に服し通常の裁判所の管轄権が適用される。イギリスでは、法的平等の思想、あるいは通常の裁判所によって管理される単一の法への、すべての階級の普遍的な服従の考えは、その極限まで押し進められている。国王、大臣、公務員、臣民は法の前に平等であり、普通法に平等に服する。」(傍点筆者)

　第三に、人身の自由や公共の集会の権利といった「憲法上の一般原則」は、裁判所の前に提起された、私人の権利を決定する司法判決の結果である憲法の一般原則を根拠とする「法の支配」によって保護される。すなわちこれらの権利は国家制定法によって認められるのではなく、あくまで裁判所の判決の蓄積の結果である。

　この「法の支配」は、上記の3原則の内容をみても明らかなごとく、当時まだフランス流の「行政法」(droit administratif)――具体的に行政裁判制度（コンセイユ・デタ）と「公法」(公役務)の原則より構成――の観念が周知されていない時期に確立されたのである。すなわちダイシーは、イギリスには、フランス流の「行政法」および「行政裁判（審判）」(administrative tribunals)に相当する適当な言葉がない、その言葉がないということは、「実体」がない、とのべていたのである。ただ今日ではこのダイシーの認識は、彼の「単純な誤解」に基づくものであるということが共有されている。というのは、ダイシーのもう一つの大著『法律と世論』(1905)において、ベンサム流の功利主義から福祉行政の増大に伴う、国家的（＝行政）活動における「裁量判断」の必要性へと「転換」し、当時イギリス判例法はすでに行政法の存在を認識していたからである。いずれにしても、法の支配は行政法レベルというよりむしろ、憲法（＝国法）・法一般（＝法哲学）にわたる法原則であり、具体的には立法―行政―司法の三権にまたがる関係・ルール、国家（統治）権力と人権との「緊張」関係、

---

104)　Ib:d., PP. 193-194.

105)　Ibid., P. 195.

106)　Ibid., PP. 202-203.

107)　参照、A.V. Dicey, Lectures on the Relation between Law and Public Opinion in England during the Nineteenth Century, 1905（A.V. ダイシー『法律と世論』(清水金次郎訳)）、田島裕『イギリス憲法』(信山社) 66頁以下。

第 I 部　行政法概念と基本原則

および人権＝平等原則に力点を置いたルールであり、その最終の目的は「自由・平等・所有」に代表される権利の保障にある、といってよい。したがって概括的にいえば法の支配は、その理念・背景の相違を棚上げすれば、ドイツにおける「実質的法治国家」（権力分立＋法律による行政）および「司法による人権保障」（＝判例法主義に基づく人権保障）という基本ルールと原則的に同一内容であるといえよう。

　このように法の支配の「原型」は、あくまで19世紀末のイギリス法の経験的ルールであるが、その後制定法や判例法の変化・発展によりさまざまな観点から「批判」──とくにジェニングス卿（Sir Tvor Jennings）の強力な批判が有名である──を受け「修正」が施されている点をふまえて、日本国憲法の下で、「法の支配」の再構成が考えられるべきものであろう。この点、憲法における「法の支配」原則を具体的にパラフレーズすると、以下の点を指摘できよう。

　ダイシーの「法の支配」第一原則は、①罪刑法定主義と行政の裁量権の「濫用」の禁止であるが、これに関わる現行憲法の規定をみれば、租税法律主義（84条）と憲法第31条の「法の適正手続の保障」（due process of law）が、まずあげられる。

　第一原則のうち「恣意的、広範な裁量的な行政官の権限行使」について、イギリスにおける行政法の成立とともに「権限濫用の法理[109]」（Ultra Vires Principle）が発展し今やその中枢原理をしめている。わが国では、民法の権利濫用の禁止規定（1条3）によって行政法の一般原則[110]に組みこまれ、行政争訟法レベルでは、行訴法第30条の行政処分の「踰越」「濫用」の禁止（37条の2、37条の4）、行政権の「自由」とそれに対する「統制」（違法性）法理として行政法理論・実務における最大のテーマになっている。

　第二原則は、裁判所の管轄、司法手続、および（特別法としての「行政法」の存在しない時代の）「普通法」の適用における、法の下平等の原則であるが、現行憲法の下で旧行政裁判所が廃止され、司法の「一元化」（76条2項）が実現

---

108)　ダイシー自身、これら法の支配の3原則を導くにあたり、これはあくまで「イギリス憲法」の特徴・法原則に基づくものであると説明している（Ibid., P. 187以下）。

109)　Craig, Administrative law, 5 Ed. P 4.

110)　参照、大橋洋一『行政法 I（第2版）』42頁以下（44）

し、そのため裁判所の管轄面における「平等」適用については全く異論をみないところであるが、周知のごとくイギリスにおいても普通法に対する「特別法」としてのフランス流の行政法の生成・発展がみられた（ダイシー自身も「イギリスにおける行政法の発展」[111]という論文の中で、教育庁・地方政府庁の関与する判決、および各種行政法規の存在をあげてイギリスにおける「ドロワ・アドミニストラティフ」＝「行政法」の展開を確認する。）。また、わが国では原則的に行政事件＝民事事件・民事訴訟法という制度が採用されつつも、他方、行政事件訴訟特例法（1948）、行政事件訴訟法（1962）、および最近の同法の抜本改正（2002年）をへて一段と「民事訴訟法の特例法」としての性質の部分が肥大化し、もはや行政法事件・管轄をふくむ普通法＝民事手続法の「一元的」構成・適用の「平等」という観念は妥当しないといえる。しかしながら憲法の平等原則（14条）との関係では、周知のごとくこの原則は形式的・機械的・画一的平等を意味するものではなく、実質的平等、すなわち憲法の理念に照らし合理的な根拠にもとづく「区別」[112]対応が認められると解されており、明治憲法下の行政裁判所の廃止、および付随的司法審査制の下で公法事件につき特別の訴訟手続の採用がもとより司法権の本質、その「一元化」、および実質的平等原則に反するものではないことは、改めていうまでもない。

　第三原則は、人身の自由や公共の場所での集会の権利が、判例法主義の国イギリスでは、国家制定法＝憲法ではなく判例の蓄積による経験的なルールによって構成された結果であることを表明したものである。この点についてただちに付け加える必要があるのは、イギリス人の権利の保障は同時に、周知のごとくマグナ・カルタ（1215）、権利の章典（1689）、人身保護法（Habeas Corpus Act、1640・1679・1816）および最近の人権法（Human Rights Act 1998年法律42号）[113]、情報自由法（Freedom of Information Act 2000）に至るまで、重要な節目に発せられた法典・宣言（成文法）がこのような人権保障の有力な根拠になっている、

---

111)　The Development of administrative law in England, The law Quarterly Review 31号（1915）148頁以下（『ダイシーと行政法』猪股弘貴訳・153頁以下）。

112)　参照、芦部信喜・高橋和之補訂『憲法（第5版）』123頁以下。

113)　この法律は、ヨーロッパ人権規約（1953年発行）により保障された権利及び自由により一層の効果を与えることを主たる目的とするものである。参照、田島裕訳著『イギリス憲法典―1998年人権法』1頁以下。

第Ⅰ部　行政法概念と基本原則

という歴史的事実である。したがって、公共集会の権利＝憲法上の一般原則
は、判例の蓄積のみならず国家制定法によっても形成され発展しており、この
点について今日では第三原則も「修正」を迫られているのである。

2　「法の支配」か、あるいは「実質的法治主義」か
——両者の「統合」としての「憲法的法治主義」

(1)　日本国憲法下において、法の支配、法治主義のうちいずれを「採用」して
いるのか、あるいはその際それぞれの「内容」をどう規定すべきか、または両
者の出自、すなわち英米法系・ドイツ法系かの相違を除いて基本的に同一内容
か、それとも相異なるのかという公法学の基本課題について、これまでわが国
では、高田敏教授の指摘のように初期の辻清明 vs. 柳瀬良幹論争[114]、その後の佐
藤幸治・奥平康弘 vs. 高田敏論争[115]に代表されるように憲法・行政法（公法）学
界にまたがって活発な論争が展開されてきた。

　このうち最近の論争では、佐藤（幸）・奥平の両憲法学者が人権の尊重（人格
的自律権もしくは個人の尊重を中心とした人権の司法的保障）、およびそのための司
法権の独立を中心にした「法の支配」を提唱されるのに対して、高田敏教授は、
ドイツをはじめ各国の法治国（＝法治主義）の検討結果をふまえて、法の支配
と実質的法治主義（法律による行政）のいずれも日本国憲法の原理であることを
「前提」にして、法治主義と法の支配は「類似しているが異なった法原理」で
あるものの、これらを別個に説明することは「困難」であるとの立場から「共
通の内容」として人権の尊重、司法権の尊重、適正手続、および違憲審査制を
あげる。また最近では、平松毅教授[116]がボン基本法下の「法治国家」（20条・28条）
と「法の支配」とは共通の理念であることをふまえ、カール–ペーター–ゾンメル
マン（Karl-Peter-Sommermann）を中心素材として、実質的法治国家＝法の支配、
法律の留保から議会留保への展開、本質性理論の意義、および同原則から派生

---

114)　参照、辻清明「法治行政と法の支配」『思想』337号（1952年）626頁以下、柳瀬良幹「法治行
　　政と法の支配」法律時報24巻9号（1953年）59頁以下、高田敏・前掲書・582頁以下。

115)　佐藤幸治「権力分立・法治国家」樋口陽一編『講座憲法学5』（1994年）13-18頁、奥平康弘「『法
　　治主義と法の支配』をめぐって」時の令1442号（1993年）60-66頁。

116)　平松毅「法治国家論の展開」『憲法の規範力と行政講座　憲法の規範力第5巻』9頁以下。

する諸（サブ）原則としての法律の特定性と明確性、比例原則、および過少保護の禁止などを取り上げる。

このように高田敏教授は、「日本国憲法上の概念としての法治主義および法の支配」[117]において、両者を「共通のもの」として構成することを「提案」する。

これに対して、前記両憲法学者らはいずれも、「法の支配」の中枢に司法による人権保障、とくに憲法第12条「個人の尊重」、および第13条の個人の尊厳＝人格的自律権を位置づけ、法の支配と法治主義との消し難い「相違」を前提にして、その上で「法の支配」こそが現憲法下の基本原理にふさわしい、と主張する[118]。

(2) 「法の支配」に基づく行政法総論の構成：行政法学者のなかで「法の支配」を基本原理として行政法体系を構成する大浜啓吉教授は大著『行政法総論』[119]において、イギリスをモデルとする市民社会と国家、近代法の基本原則、意思自治の原則＝契約の自由、その「修正」としての行政法（特別法）、国民代表＝議会主権による法律の「民主的正統性」機能、および法の支配による人権保障を承けて、現行憲法下における法の支配の4原則を提唱している。すなわちそれは、①授権執行の原則、②適法処分の原則、③手続的デュープロセスの原則（法理）、および④裁判的救済の原則である。

このうち①は、法治主義の原則における「法律の留保」に関連していえば、高田教授の原則「授権行政」に相当し、その具体的基準については「留保」という概念を用いないものの、内容的には原則全部留保説と一致する。大浜教授によれば行政は、「法律を誠実に執行」することであり（憲法73条柱書き）、国民主権に直結する立法権（国会）による法律の制定・根拠があってはじめて行政活動は展開される。これは、「法律（制定）なければ、行政（執行）なし」の具体化である[120]。

②について、行政「処分」＝行政行為は「法律の優位」を前提に法律・憲法に「適合」するものでなければならないとする原則を明示したものである。

---

117) 高田敏・前掲書・594頁以下。
118) 佐藤幸治・前掲書・13-18頁、奥平康弘・前掲書・60-66頁。
119) 大浜啓吉『行政法総論（第3版）』82頁以下、91頁以下（102）。
120) 大浜啓吉・前掲書・102頁以下。

第Ⅰ部　行政法概念と基本原則

　③は現行憲法第31条に基づくものであり、実体法中心の法治主義原則に見られない原則であり、アメリカ憲法に基づく手続的正義＝適正手続（アメリカ合衆国憲法修正第5条・14条）をあらわすものである。これはまた、現代型「法の支配」の中心的要素であり、伝統的法治主義との相違点でもある。

　④はダイシーの第3原則、すなわち、討議の自由・公共の集会といった憲法の基本原則も、裁判所の判決の蓄積の「結果」であって、演繹的に国家制定法によって「上から」与えられるものではない、とする原則に相当する。これを大浜教授は「裁判的救済」と表現する。

　したがって、大浜教授の提案する上記の「法の支配」（＝4原則）を基軸にしてこれと法治主義（＝法律の支配）に関するオットー・マイヤー3原則と「対比」すれば、もちろん両者は完全に「一致」するものではなく、とくに③の手続的デュープロセス原則の有無において基本的に「相違」がみられるといってよい。ただドイツ法をルーツとする法治主義においても、憲法具体化法＝行政法の視点から、現憲法下の立法と行政・司法との関係のルールとしての「行政法の基本原理」の構成ということに帰するので、適正手続とくに行政手続4原則[121]（＝聴聞又は弁明の機会の付与、審査・処分基準の設定・公表、記録の閲覧、および理由付記）の、現代行政過程における重要性ならびに関連基本判例——成田新法事件最高裁判決[122]など——に鑑みると、また行政手続法・行政手続条例の制定をふまえると、その根本原理たる「適正手続」が法治主義の重要な要素に当然ふくまれると考えられる。すなわち行政の法治主義（行政の「適法執行」）においても、実体法的・手続法的「適正」性の確保が、その基本内容となる。したがって伝統的法治主義＝オットーマイヤーの3原則と大浜教授提案のこの4原則を概括的に「比較」すれば、両者の相違は一見「大きく」みえるが、ただそれぞれの「内容」を仔細に検討し現代憲法適合的に再構成すれば、大枠・具体の内容とも基本的に一致する方向で収斂されよう。その代表が上述の行政の「適法執行」の原則である。これについてたとえば英米法学者は、法の支配・法治主義の両者の「内容」は基本的に一致するが、法の支配の方が法治主義に比べて長い歴

---

121)　塩野宏・前掲書・292頁以下、294頁。
122)　平成4年7月1日民集46巻5号437頁。

史・伝統をもち究極の目的である「法・司法による人権保障」により資するのではないか、と指摘する。これは、現行憲法下において、両者の基本的内容の「同一性」をふまえつつも、歴史的な「実績」から法の支配への敬意を表したものと解される。これはまた法治主義が、周知のごとく、法治主義から民族的法治国へ変貌しナチスの独裁的支配をある意味で「正当化」し、その権力支配（法律による行政）に貢献した歴史を念頭においたものでもあるが、それのみならず法の支配が国王の権力を「神」と並んで「法」の支配下に置く中世以来の永い伝統を有し、かつ圧政に対する「抵抗」の「支え」として機能したからである。

　これに対して伝統的形式的法治主義では、専ら権力分立のなかで立法と行政の関係を中心に位置づけられることから独立の司法としての役割がほとんど「ゼロ」の構図（行政（権）に属する裁判制度）のなかで立法優位の下、行政による「法律の執行」という役割に終始するものであったといってよい。

　イギリスでは現在、「法の支配」は、"形式的"法の支配と"実質的"法の支配を分け、前者が形式学派＝伝統学派であり、後者は、法の内容に関する一定の「条件」として人権・道徳律をみたさねばならないとして、基本的人権に十分な保障を与えるという役割をもつ。

　この「実質学派」と称する法の支配の内容は、基本的に実質的法治国・法治主義の原則に「一致」し、具体的には①行政の適法執行、②手続的・実体的「適正」行政、③人権の司法的救済の原則によって構成される。

(3)　憲法的法治主義の「提案」へ：上述のように、日本国憲法においては法の支配、法治国（法治主義）原則のいずれを採用しているのかという問題提起に対して、①両原則は基本的に「同一内容」か、あるいは「相違」するか、②「相

---

123)　加藤紘捷教授は『概説イギリス憲法—由来・展開そして EU 法との相克（第 2 版）』において次のようにのべる。「もし、法の支配と法治主義とを比較して、どこに違いがあるかを問われた場合、法治主義には権力による圧政に際して危機を撥ね退けた歴史にどれだけ裏付けられているかに不安がある」と（同135頁以下、140頁）。

124)　ナチス時代の法治国・法治主義の原理については参照、柳瀬良幹「ナチスの法治国論」公法雑誌 3 巻 4 号、薗部敏「ナチス行政法の基礎理論」司法協会雑誌14巻 4 号。

125)　ダイシー『憲法序説』（伊藤・田島訳）175頁以下。

126)　加藤紘捷・前掲書・145頁。

第Ⅰ部　行政法概念と基本原則

違」するとすれば、いずれが日本国憲法下の法原則として「ふさわしいか」、あるいは「親和性」をもつか、という選択肢が設定される。これについては一応の「結論」が出されているように見える。すなわち、①法の適正手続、②法律の留保論を除くと、法の支配・法治主義の両原則の内容、および派生するサブ原則との間に基本的「相違」がないからである。そこでむしろ日本国憲法の下で立法・行政・司法の三権分立における"行政"の位置づけ、およびこれらの統治機構の原理とその目的としての人権保障およびその司法的保障のしくみを「行政」に関する法の視点から再構成すれば自ずと、両者の原則の内容が「合一化」されるといってよい。すなわち H. J. ヴォルフは、基本法第20条・28条の「社会的法治国」規定について「実質的妥当な法状態の創設・維持」をめざす「実質的法治国」(materieller Rechtsstaat) であると規定し、その具体的内容として、①行政の"実質的適法性"と②法律・命令等の"憲法適合性"の2原則をあげる[127]。このうち②行政の憲法適合性から、具体的には基本権の、とくに法的平等の原則および自由・財産の尊重義務を課している。このような"実質的法治国家"の内容としてヴォルフは、「憲法的法治主義」＝「憲法・法律による行政の原則」(Verfassungs-und Gesetzmäßigkeit der Verwaltung) を掲示するのである。わが国憲法の下では、実質的法治国家は憲法上明文規定を欠くけれどもその憲法第41条＝国権の最高機関としての国会の位置づけを根拠として、国家像として措定されるとの見解は衆目の一致するところである。またその「実質性」の意味は平等原則をはじめとする人権の保障にあり、これを担保することが司法権の主たる任務である。かくして、実質的法治国家—実質的法治主義——憲法（＝人権保障）・法律に基づく行政（＝憲法的法治主義）の「図式」が成り立つ。

　この憲法的法治主義は、ヴォルフによれば①消極面（negativ）と②積極面（positiv）から成り、①については法律の優位に相当するサブ原則が導かれ、②個人の自由と財産に対する"介入"については"積極的"法治主義の原則（＝侵害留保説）が適用される。このうち②侵害留保説については前述のように、本質性留保説によって「克服」され、今や原則的全部留保説を展望する段階ま

---

127)　H. J. Wolff/Bachof/Stober/AaO., S. 346ff.

で到達したといってよい。

したがってドイツでもわが国でも憲法的法治主義は、オットー・マイヤーの時代と異なり「人間の尊厳」（個人の尊重）およびその（独立・公平の）裁判所による司法的救済を第一義の目的とする現行の憲法構造に名実ともにマッチする制度・しくみとして再編成されねばならない。

むすびに代えて——議論の整理と「憲法的法治主義」の課題

(1)　前述のように、日本国憲法と法の支配あるいは法治主義のいずれを採用しているのだろうかという「問題提起」に対して、憲法学者を中心にして日本国憲法の下では（修正）法の支配原則に「親和的」規定・原則が多く、とくにその内容として司法による人権の保障、違憲立法審査権（81条）を中心に据えることから、法の支配を「採用」しているという見解が非常に有力である。他方、法治国・法治主義原則のサイドからは、高田敏教授に代表されるように、その「実質化」「普遍化」の進展により両者が「接近」ないしほぼ「同一内容」であるという見方がある。[128]

　このうち「法の支配」については、日本国憲法下のその具体的内容に大きな変化はないが、法治主義原則については、国民主権―権力分立―立法と行政の「関係」の在り方、その目的＝人権保障を中心にしてどう構成するか、という課題が中心になるので、その枠組みは憲法構造・原理によって大きく左右されるといってよい。そのためここでは憲法の枠組みのなかで、解釈論（実践論）の視点からの法治主義のありかたについての検討、ということが主たる課題になろう。とりわけ法治主義原則の中心要素たる「法律の留保」の原則について、元来オットー・マイヤーを始祖とする法律の留保論は、立憲君主制下において、君主主権＝全面的支配権を「前提」にして、例外的に基本権・自由権の「憲法上の列挙」がある場合にのみ、法律に根拠づけられ、その範囲内で基本権が制限される、というのが一般的構図である。その後留保の「範囲」は次第に拡

---

128)　これについて塩野宏教授は、現代の自由主義・民主主義国家実現の観点から従前の法治主義の下での諸法概念の存在理由を吟味し直す「過程」において大きな役割を果たしたのが法の支配である、と総括する。参照、塩野宏・前掲書・78頁（注3）。

113

第Ⅰ部　行政法概念と基本原則

大しその概念・制度も多様化し、基本権に関わる法律留保、議会留保、組織・制度留保、一般的法律の留保のほか、法律の「規律態様」（Art und Maß）に関わる「包括留保」・「特定留保」へと発展した。すなわち「法律の留保」は、元来自由権・基本権に関する規制権限を形式的に法律＝議会に「リザーブ」＝「引きつけ」「保有」するというものであり、それが具体的・実質的に「人権保障」に役立つか否かは、ある意味ではまったく「関知しない」とする形式的法治国の行政（法）版である。それゆえ、具体の憲法・人権保障のさまざまな「形態」を離れて、法律の留保の範囲を「拡大」「強化」しても、その目的の実現に必ずしも資するものではなく、形式上の根拠の有無の議論でしかなかったという点に、その課題と限界があった。

　そこで一般的法律の留保の制度・わく組みを維持しつつ、その範囲をめぐる「百家争鳴」的論議のなかから、ドイツにあっては、前述のごとく「本質性留保説」が侵害留保説に代わって、連邦憲法裁判所の力強い支持をえて盤石の地歩を固めつつあり、わが国でも次第に「支持」を集めつつある。ただこの法律留保論の範囲を実質的に決めるに当たっては、現行の憲法構造、とくに人（基本）権保障のありかた、法律のよるその「制限」の可能性、および個別的社会権の保障（25〜28条）の有無などについて、ボン基本法と現行憲法の「相違」に留意する必要がある。すなわち、ドイツ基本法の場合には、「社会的法治国」（20条・23条・28条）の掲示はあるものの、個別・具体の社会権については存在しない、これに対して現行憲法では、社会国家等の国家目標規定をもたず個別具体の基本権を、古典的・自由権的権利から法の下の平等原則はもとより社会権まで考えられる人権の範囲を網羅的に、かつまったく「法律留保」（基本権留保）なしに憲法が保障している点が、その特徴である。ドイツではここから、伝統的侵害留保説を「克服」する「本質性留保」説が導出されるのに対して、わが国の場合には「基本権に関わる、個人にとって重要事項」の範囲が社会権をふくめて広範になり、その保障形態も個別的に「多様」であるため統一基準を設定することが困難であり、「本質性」の基準では法律の根拠の有無をめぐる基準としてはあまりにも「漠然とした」「抽象的すぎる」との批判がそのまま当てはまる。たとえばわが国の場合には、ある意味では侵害留保＝権力行使留保説から社会留保説をへて、原則全部留保説まで各（原則的）全部留保説を

114

「本質性留保説（重要事項留保説）」がまんべんなく「包摂」しうるからである。ただ本質性留保説においては、全部留保説との「相違」が強調されるとともに、それに対する伝統的侵害留保説側（サイド）からの批判があるが、比較的無難な説として幅広く支持を集めつつある。したがってわが国の場合この基準の下ではさらに、規律態様の強化についての具体的検討が必要とされる「緩やかな」基準であるといえよう。

　さらに法治主義についていえば、その二大要素、すなわち法律の優位と法律の留保のうち、前者の「法律の優位」原則は一国の段階的法秩序において「自明」とされ、法治主義・法治国の固有の「要素」として論ずる意義は全くない状況である。これに対して「留保」論については、総論・基礎理論の舞台で華々しく論議されつつも、わが国の実務界・判例ではドイツとは異なって争訟の争点（理由）としてほとんど取り上げられていない。

　このような傾向のなかで、高田敏教授は「法律の留保」論からの転換をふまえた「授権原則」を、また芝池義一教授は組織法的権限と作用法的権限の「合一」の視点から「公正行政論」をそれぞれ提案しているが、これらの新理論は行政法基礎理論の再構築の上からも、重要な意義を有し示唆に富むものである。すなわち、これを法律の留保原則に焼き直せば、いずれも「（原則）全部留保説」、あるいはその「修正版」に相当し、これまでの通説的侵害留保説（≒権力（行使）留保説）のかかえる課題を根本的に解決し、また何より現行の「憲法構造」にもマッチすると考えられるからである。すなわちこれらの見解は法律の留保に比べて現行憲法上の明確な根拠（41条・73条6号）を有するからである。また現憲法（日本国憲法・ボン基本法）の下では、法律の「留保」の範囲の拡大というだけでは形式的「民主主義的正当性」（議会留保）をもちえても究極の目的である基本権保障にとって、「プラス」になるとは必ずしもいえない。かえって「法律」によりさえすれば、基本権の全面的「制限」・「侵害」への道を開く可能性があり、——そこでボン基本法第19条2項は基本権制限の場合であっても、その「本質的内容」の侵害はゆるされないという「制限」を課すのであるが——法律の留保原則自体もいわば「両刃の剣」であるといってよい。このように、実質的法治国—法治主義の原則—法律の優位・法律の留保—本質性留保説（連邦憲法裁判所判決）という一連の法治国的「原則」過程の中で、改

第Ⅰ部　行政法概念と基本原則

めて法律の留保制度のもつ「功罪」をみなおす必要がある。その上で実法憲法上の価値（行政目的）、とくに人権保障を取り込んだ実質的法治国家＝憲法的法治主義として再規定されなければならない。

(2)　最後に法治主義・法律の留保論について、これまでの考察の結果を整理し、その課題を提示しておこう。

　すなわち行政の法治主義＝伝統的「法律の支配」の主体たる「法律」は、憲法的法律であり、その法律が「憲法の優位」の下に行政を支配し、行政活動は法律の「枠内」でそれを執行することを主たる内容とする。行政にあっては、法律を「誠実」に、すなわち「適法」に「執行」することが、行政に課せられた責務である（憲法73条１項参照）。

　このように「行政」の本質が憲法的法律に基づきその趣旨・目的に沿って規定を「執行」することにあるので、行政法における「基本原理」としての法治主義の第一のコロラリーとしての「法律の優位」（原則の「消極面」）に相当するのは行政の適法執行の原則である、ということができる。すなわち H. J. Wolff はこれを「憲法・法律による行政」、ないし「行政の憲法・法律適合性の原則」（Verfassung-und Gesetzmäßigkeit der Verwaltung）と表現している[129]。この「憲法的法治主義[130]」は、憲法に直接根拠をもつ行政府の活動が皆無のなかで憲法上の価値・原則・趣旨を反映した「法律」で、かつ、それが独立の国家機関による（憲法）裁判権によってその適法性が担保された「法律」による行政（＝「法律」の根拠に基づく「行政」）を意味する。

　また憲法的法治主義の「消極面」としての「行政の適法執行の原則」は、上下関係の構図における一定の位置を「表示」する法段階的「法律の優位」に関する伝統的理解と異なって、上位規範による下位規範に対する動態的「形成力」、すなわち違法のすべての行政活動を取消し・無効ならしめる効力を意味し、これはすべての行政活動に妥当する原則である。

---

129)　Wolff / Bachof / Stober, AaO., IBd., 10Aufl., S. 346ff.

130)　ドイツでは、法治主義の「法律」を、「憲法的法律」と表示し、その意味を R. トーマらに代表される伝統的法規概念（＝国民の権利を侵害する規範＝侵害留保説）の意味で解していたが、憲法構造の転換もあって、現代では法律は文字どおり「憲法適合的」でなければならず、かつ「国民の権利義務に関わる法」の意味に解すべきである。

次に憲法的法治主義の「積極面」としての「留保」については、立憲君主制から国民主権的民主主義への転換、人権の尊重、およびその司法的保障の目的、ならびに法律の執行を主たる任務とする行政の性質からその根拠が失われ、また「留保」＝侵害留保という古い「軛」を脱し、高田敏教授の見解にならえばこれを法律による「適正」かつ「特定」の「授権」として再構成することがより（現行）憲法適合的であるといえる。すなわち、行政権（＝主体・機関）はその性格上他律的であるが、それは憲法を頂点とする上位規範（法律など）からの実質的「授権」（＝「適正」、かつ「特定」の授権）をへて初めて、原則的に国民の権利義務に関する抽象的規範の制定や（個別的）行為（＝行政行為）を行うことができるからである。この点について芝池義一教授は、留保の原則を行政が法律による「概括的」もしくは「個別的授権」を求める意味に理解している。

さらにこの原則は、現行憲法第41条および73条第6号、ならびにボン基本法第80条1項（法規命令への授権）から導き出され、この場合「特定」とは、「授権」の「目的・内容・程度（範囲）」が根拠法律において「明示」されることを意味する。

「特定授権」（個別授権）の「原則」に関わってその「例外」としては、行政権が、上位規範の「適正・特定授権」なしに法（律）から「独立」に活動しうるのは憲法の権力分立制度・構造から帰結される行政権固有の権限（自律権）に基づく場合、すなわち行政組織の内部行為（基幹組織は除く）、行政規則、および法的効果を有しない行政指導に限定されよう。

この憲法的法治主義（≒法の支配）、とりわけこの「適正・特定授権」の原則の具体的適用をめぐっては、ドイツでは連邦憲法裁判所の判決による「本質性留保説」のリードや官吏法・学校法などにおける特別権力関係の「法律化」が進み、給付行政の「主観的」受給権、補助金・予算法の位置づけが主として問題となるが、わが国では、「公益上必要」（地方自治法第232条の2）、「公共上の

131）　阿部泰隆教授は、行政法概念について、国家が「憲法的価値の枠内」で政策目的（公共性）のため行政機関に授権し（根拠規範）、又その権限に枠をはめる「規制規範」と位置づけている。参照、同『行政法再入門 上』18頁。

132）　参照、芝池義一『行政法総論講義（第4版）』49頁以下。

第Ⅰ部　行政法概念と基本原則

理由」（森林法26条２項）、「公けの秩序善良の風俗」（民法第90条・関税法第69条の11第７号）などの概括条項・不確定概念が問題とされよう。また手続法的規制・根拠と組織法的・作用法的「授権」の関連交錯（組織規範と根拠規範）などが議論されたところである。そのほかこの行政法の基本原則と、一般原則としてあげられる信頼保護、平等原則、比例性原則[133]、あるいは現代的法原則としての説明責任、効率性の原則などとの関係の諸問題があり、これらについてさらなる[134]検討・考察が必要であるが、これら憲法的法治主義の「各論」的問題については、ここでは問題の指摘のみにとどめ今後の課題としたい。

---

133)　比例性原則については参照、須藤陽子『比例原則の現代的意義と機能』（法律文化社、2010年）。
134)　効率性原則については本書第３章「行政法の『政策化』と行政の効率性の原則について」（119頁以下）を参照されたい。

第3章　行政法の「政策化」と行政の効率性の原則について
　　　　　──ドイツにおける行政法改革論議を参考にして

はじめに──課題への基礎視角

⑴　現代社会の構造変化は激しく、かつ、そのテンポは早い。あらゆる分野における国際化・グローバル化、情報化、および少子高齢化など現代社会の変化は、当然のことながら行政法律や行政活動のありように大きな影響を与えつつある。また、高度科学技術の発展に伴う、生命・健康・安全などに対する危険性・リスクが増大し、「給付主体としての国家」[1]や法の制御能力の限界が指摘[2]される一方で、これらの構造変化やリスク社会に対応するため、さまざまな法制度改革が進められつつある。たとえば、国と地方公共団体、官と民との役割分担の見直し（地方分権化、規制緩和および民営化）、「電子政府・電子自治体」構想[3]、ならびに独立行政法人やNPO・NGOという非政府的公益法人の創設の制度的仕組みなどが実施され、また、検討されている。

　このようななかで、わが国では行政法の対象・方法・体系を見直す改革論が活発に展開されてきた。このうち、行政活動（作用）法の分野では、行政過程論[4]、行政手法論[5]、行政領域論[6]、行政法の法的しくみ論[7]、および行政法関係論[8]などが、その代表的なものである。これらの改革論の内容について、ここでは立

1）　参照、高橋滋『先端技術の行政法理』（1997年）3頁、ドイツ憲法判例研究会編『人間・科学技術・環境』（日独共同研究第1回シンポジウム、1999年）。

2）　Vgl., Schuppert, Grenzen und Alternativen von Steuerung durch Recht, in : Grimm（Hrsg.）, Wachsende Staatsaufgaben ─ sinkende Steuerungsfähigkeit des Rechts, 1990. S.217ff.; Ritter, Das Recht als Steuerungsmedium im cooperative Staat, in : Grimm AaO., S.69（100ff.）.

3）　政府は、2003年度から、インターネットによる各種届出や証明を可能にするための法律案（行政手続の電子情報処理組織使用法案、関連条項の一括改正法案、電子署名の認証業務法案）を2002年通常国会で可決。その他、参照、総務省IT推進有識者会議報告「誰もがITを利用できる社会の実現を目指して」（平成13年）。

第 I 部　行政法概念と基本原則

ち入ることはできないが、このような改革を促進する共通の背景・理由として、最近の行政法の著しい「政策化」の傾向を指摘することができる。すなわち、こんにちの行政法は、これらの政策課題を解決するため政策目標が設定され、その実現方法として行政法律（政策立法）が制定され、審議会の答申・公聴会・意見公募（パブリック・コメント＝行政手続法第6章38～45条）などの国（住）民参加を経てその政策内容が決定・執行され、それに対する「評価」を受けて再び新たな政策課題が発見されるという政策の循環過程[9]、いわゆる"Plan-Do-See"の過程の一駒をなすからである。このような行政法の「政策化」を規律しその実現を担保するのが、平成13年に成立した「行政機関が行う政策の評価に関する法律」[10]（以下、「政策評価法」という。）である。同法は、「政策」の法的定義を実定法としてはじめて規定するとともに（2条）、政策評価のため「必要性」・「効率性」、および「有効性」の3基準を設定した（3条1項）。

　また、行政法の「政策化」の証しとして、法律、とりわけ行政法律の「変容」[11]を指摘することができる。すなわち、行政法の「政策化」の背景をなす各種の政策立法や「○○基本法」においては、国や地方自治体などの「責務」とともに、国民の権利義務とは無関係の、政策目標や政策形成の手順・方法を定める行政体や行政機関などへの授権規定が、その中心を占めているからであ

4）　参照、塩野宏「行政過程総説」『現代行政法体系・2巻』（1974年）1頁以下、原田尚彦『行政法要論（全訂第4版増補版）』（2000年）、とくに第4章「行政過程」105頁以下、遠藤博也「行政過程論の意義」北大法学論集27巻3＝4号585頁以下、山村恒年「現代行政過程論の諸問題」自治研究58巻9・11号、59巻3・7・11号、同『行政過程と行政訴訟』（1995年）。

5）　参照、阿部泰隆『行政の法システム 上（新版）』（1997年）第2章「行政の法システムのありかた」24頁以下、なお阿部教授は、従来の司法審査に代わるものとして、行政作用の方法・形式に関する「行政手法」をあげ、具体的に「監督手法」以下13の行政手法に分類している。

6）　参照、室井力「行政法学方法論議について」『現代行政と法の支配』（1978年）14頁以下。

7）　参照、小早川光郎「行政の過程と仕組み」『行政法学の現状分析』（1991年）151頁以下。

8）　参照、山本隆司『行政上の主観法と法関係』（2000年）443頁以下。

9）　小早川光郎「行政政策過程と"基本法"」成田頼明先生記念論文集『国際化時代の行政と法』（1993年）59頁以下、大浜啓吉『行政法総論』（1999年）においては、第2編行政活動の第1章が「政策形成」にあてられ、行政法過程は「政策形成過程」として位置づけられている（67頁以下）。なお参照、大橋洋一『行政法―現代行政過程論』（2001年）51頁以下。

10）　「政策評価法」の解説については参照、宇賀克也「政策評価法」ジュリスト1209号30頁以下。

11）　宇佐美誠「政策としての法」井上達夫・嶋津格・松浦好治編『法の臨界Ⅲ 法実践への提言』（1999年）143頁以下、田中成明『転換期の日本法』（2000年）156頁以下。

第3章　行政法の「政策化」と行政の効率性の原則について

る。このような政策立法が要件・効果規定から成る伝統的行政法規と並存しつつあるのが、最近の特徴である。そこでは、政策課題という行政目的を「効率」的、かつ「有効」に達成するためどのような手段（資源・法的形式）を用いるべきか、という「目的─手段」の関係が決定的に重要となる。

(2)　このような状況のなかで行政法改革の方向として、「行政の効率性」の原則についての検討が、とくに重要な課題であると思われる。すなわち、これまで理論的に政策法務、あるいは法政策学の中心概念として位置づけられ、また、地方自治法などの実定法においても規定されている「効率性」の原則[12]が、行政法の政策化に伴うところの通則的法律である政策評価法において「法」と「政策」を結ぶ 鎹（かすがい） 的役割を担うことになったからである。

　この点について、1990年の統一後（旧）東ドイツ地域を中心とするインフラ整備のための膨大な公的資金の投入などによる国家財政の危機の克服、および行政の効率的・迅速な決定の要請からの行政法律の改正を背景にして、行政法改革論[13]が活発に展開されているドイツにおいても、その鍵概念は、「変化・改革」の可能性、行政の「公開性」、および「行政責任」とともに、行政の「効率性」の原則である[14]。

(3)　かくして、今や日本とドイツにおいて「行政法への挑戦としての効率性」（ホフマン–リーム、シュミット–アスマン[15]）に対して、どのような解答を用意するかが、行政法の政策化時代における、その改革の主要なテーマになってきたといってよい。

　周知のように戦後日本の行政法学では、「具体化された憲法としての行政法」（F．ヴェルナー[16]）の視点からの伝統的行政法学の克服と、資本主義社会の「高度化」（＝「現代化」）に対応するため行政法学の改革が、その二大課題として

12)　平井宣雄『法政策学（第2版）』69頁以下。

13)　なお、1990年代ドイツ統一前後の代表的論者による行政法改革論については参照、村上博「ドイツにおける行政法改革論議」名古屋大学法政論集149号（1993年）93頁以下。

14)　R. Schmidt, Die Reform von Verwaltung und Verwaltungsrecht,Verwaltungs-Archiv, 91Bd., Heft 2 ,(2000), S.149ff (154ff.).

15)　W. Hoffmann-Riem, Effizienz als Herausforderung an das Verwaltungsrecht. E. Schmidt-Aßmann, Effizienz als Herausforderung an das Verwaltungsrecht,: Schriften zur Reform des Verwaltungsrechts, 5 Bd., 1998, S.245ff.

16)　F. Werner, Verwaltungsrecht als konkretisiertes Verfassungsrecht, DVBl. 1959. S.527.

第Ⅰ部　行政法概念と基本原則

あげられてきたが、このうち本章は、行政（法）の「現代化」の重要な要素である「政策化」への行政法総論レベルの対応として、それと不可分の関連性をもつ行政の「効率性」の原則を取り上げ、その意義・効果、および限界について先行し、かつ蓄積のあるドイツの議論を参考にしながら若干の検討を試みるものである。

Ⅰ　行政法改革と「政策」・「効率性」の意義

1　行政法の政策化の背景と行政法改革

(1)　ここ数年、国会で制定される法律、とくに行政の組織・作用に関わる法律（広義の行政法）の特徴をみると、一定の行政分野、あるいは特定の政策目的実現のための法律、いわゆる政策立法の制定が目立つ。たとえば、「地方分権推進計画」、およびこれに基く地方分権推進一括法の根拠となった地方分権推進法（平成7年、6年間の時限立法）、内閣・国家行政組織や特殊法人などの改革の基本方針・手順を規定した中央省庁等改革基本法（平成10年法103）・特殊法人等改革基本法（平成12年法58号、平成18年3月31日失効）、および司法制度改革推進法（平成13年法119）などがその代表的なものであるが、後者、すなわち特定の政策目的実現のための法律としては、環境法において、資源の有効な利用の促進に関する法律（平成3年法48）、絶滅のおそれのある野生動植物の種の保存に関する法律（平成4年法75）、および地球温暖化対策の推進に関する法律（平成10年法117）などをあげることができる。

　また一定の行政分野における政策目的立法として、「○○基本法」という名を付した法律の制定が、最近の顕著な特徴である。たとえば、最近の平成元年から約10年間において、土地基本法（平成元年法84）、環境基本法（平成5年法91）、障害者基本法（平成5年改正法94）、高齢社会対策基本法（平成7年法129）、

---

17)　参照、室井力『現代行政法の展開』（1973年）2頁、阿部泰隆『行政の法システム　上（新版）』（1997年）19頁以下。

18)　現行法としては原子力基本法（昭和30年法186号）から文化芸術基本法（平成29年法73号）まで49本の基本法がある。すでに失効した基本法として6本の法律がある。参照、小早川光郎・前掲書（注9）・59頁以下、成田頼明「『新』基本法を読む」書斎の窓503〜509号（有斐閣、2001〜2002年）参照。

第3章　行政法の「政策化」と行政の効率性の原則について

科学技術基本法（平成7年130）、森林・林業基本法（平成13年改正）、食料・農業・農村基本法（平成11年法106）、男女共同参画社会基本法（平成11年法78）、循環型社会形成推進基本法（平成12年法110）、ものづくり基盤技術振興基本法（平成11年法2）、高度情報通信ネットワーク社会形成基本法（平成12年法144号）、および水産基本法（平成13年法89号）などである。これら基本法では、①国・地方公共団体の重要な行政分野において、制度や政策・施策・事務事業などについての基本方針が明示され、②一定の社会関係、法律関係が全般的に規律され、当該分野における国の政策や施策が示され、あるいは③その政策形成の方法・手順として審議会などへの諮問・答申に基いて基本計画（9条）の内容が決定される。したがって、このような基本法の性質上、④「直接に国民の権利義務に影響を及ぼすような規定は設けられず、通常その大半は訓示規定か、いわゆるプログラム規定で構成される[19]」。

　このような特定分野の政策課題─目標─決定過程・手順を定める政策立法や○○基本法において、法と政策との融合ないし法の政策化の傾向が顕著であり、しかもこの政策立法がますます増大しつつあるところに、現代の行政法律の特徴をみることができる。これについて、法政策学の先駆者である平井宣雄教授は、「現代における法現象の変化」として、「国家や地方公共団体のなすべき一定の政策を達成するために必要な資源の調達・配分に関する計画・手続を定める技術的な法律」（資源配分規範）が登場し、このような法律が現代立法の特質である、と指摘する[20]。

(2)　行政法の「政策化」は、このような基本法や個別行政法規における政策立法の台頭にとどまらない。行政法をめぐる紛争においても、個人の権利や義務をめぐる古典的紛争というより、むしろ国や自治体の政策の当否を争う紛争、いわゆる「政策志向型訴訟[21]」が増え、この意味でも行政法の政策化が一段と進展してきたといえよう。すなわち、民衆（客観）訴訟の代表と目される公職選

---

19)　ただし災害対策基本法では、国民の権利・義務に関わる規定を設けている（市町村長の避難勧告・避難指示など──同60条他）。参照、高辻正巳他共編『法令用語辞典（第7次改訂版）』（学陽書房、1996年）126頁、藤谷正博「基本法」（杉村章三郎・山内一夫編）『行政法辞典』（1975年）96頁。
20)　平井宣雄・前掲書（注12）・6頁以下。
21)　宇佐美誠・前掲書（注11）・143頁以下（156頁）。

第Ⅰ部　行政法概念と基本原則

挙法第204条に基づく選挙訴訟や地方自治体の違法な財務会計行為の是正を目的とする住民訴訟（自治242条の2・3）、情報公開法（平成11年法42）・情報公開条例に基づく情報公開訴訟、および公害・環境訴訟や食品安全・薬害訴訟などのように多数の利害関係者を擁し、かつ、私人の権利救済という「主観訴訟」の範疇をこえる集団的・政策的行政訴訟が急増しているからである。これらの紛争が（処分・裁決の）取消訴訟（行訴3条2・3項）や無効等確認訴訟（行訴3条4項）の形態をとる場合、行政事件訴訟法の訴訟要件、すなわち私人の権利・義務の形成・変動を内容とする「処分性」（3条2項）や「原告適格」（9条・36条）などの高いハードルのため、これまでの判例において却下判決をうけるケースが少なくないこと[22]は、周知のとおりである。

(3)　このような行政法の「政策化」が進展するなかで、行政法理論はどのような「改革」を求められるのであろうか。行政法の方法・体系の改革という点では、すでにのべたように、代表的論者において、①行政の個別的行為の「結合・連鎖」を重視する行政過程論、②行政目的達成の手法を重視する行政手法論、③各行政領域の特質を重視する行政領域論、④法的しくみとしての行政法を重視する行政法の法的しくみ論、および⑤法関係を重視する行政法関係論などが、行政の政策化への従来の行政法学からの対応ということができよう。また、多数の当事者に関わる政策的紛争については、環境保護団体などの「団体」の原告適格の承認やその実定法上の表現たる「法律上の利益」（行政事件訴訟法9条）の拡大を主たる内容とする行政事件訴訟法の改正案[23]——平成16年成立（法84）——などの立法政策が、行政法の政策化への積極的対応策であるといえよう。さらに、行政法学体系の基本的性質を法解釈学（ドグマテーク）から法政策論にシフトさせようという試み[24]も、行政法の「政策化」重視の改革案であることは、またいうまでもない。

---

22)　参照、阿部泰隆『行政訴訟改革論』（1993年）1頁以下（序章「行政訴訟の基本的欠陥と改革の視点」）、芝池義一『行政救済法講義（第2版）』（2000年）23頁以下。

23)　参照、阿部泰隆・前掲書（注22)・27頁以下、行政法理論研究会編「行政事件訴訟法を見直す上・下」自治研究76巻5～6号（2000年）、なお、木村弘之亮『2001年行政事件訴訟法草案』（信山社、2001年）は、現行行政事件訴訟法に代わる総則から経過規定に至るまでの176条に及ぶ詳細な改正草案を提案している。

24)　阿部泰隆・前掲書（注5)・41頁以下。

このような行政法学における「政策化」への対応＝改革の試みをふまえつつ
も、こんにち行政法総論レベルの改革課題として、すでにのべたように、行政
の「効率性」の原則の検討が必要不可欠であると思われる。すなわち、多数制
定されつつある○○基本法・政策立法は、政策目標―手段から成る「目的―手
段決定モデル」、もしくは「資源配分規範[25]」・「管理型法[26]」とよばれ、その特色
は、いかなる人的・物的・財的資源を用いて政策目的を「効率的」、かつ「有
効」に実現するか、という点にあるからである。換言すれば、「目的―手段」
関係から構成される政策化のモデルは、いずれにしても「効率性」基準から切
り離せない[27]。これを具体的に中央省庁等改革基本法（平成10年法103）において
みると、第１条（目的）、第２条（改革に対する基本理念）、および第４条（基本方
針）を初めとして個別改革の各論規定において嚮導的役割を期待されているの
が、まさに行政の「効率性」の概念であるということができる。

　また、中央省庁等改革基本法第４条６号、および同第29条に基いて平成13年
に成立した政策評価法（平成13年法86）第３条において、政策評価の基準とし
て「効率性」があげられていることからも、これが行政法「政策化」時代の鍵
概念であることが窺われる。さらに、「法政策学」の提唱者である平井宜雄教
授[28]は、この「目的―手段決定モデル」に対応し、かつ、法政策学の主たる課題
である法制度・ルール設計の中心的基準としての「効率性」について、社会に
存在する財の無駄のない配分基準であり、「正義」とともに法政策学の基本的
評価基準である、と位置づける。

⑷　このような傾向は、ドイツにおける行政法改革と効率性の原則との関係に
ついても見られる。すなわち、一連の『行政法改革叢書』の共同編集者である
シュミット－アスマン、ホフマン・リーム両教授が、それぞれ「行政法への挑
戦としての効率性」というモノグラフィーを草し、法政策的視点から行政の効
率性の原則について論究し、またR・シュミット[29]も最新の論文「行政・行政法

25）　平井宜雄・前掲書（注12）・７頁。

26）　田中成明・前掲書（注11）・31頁以下。

27）　参照、龍慶昭・佐々木亮一『政策評価の理論と技法』（2000年）は、政策評価の目的として①意
　　思決定の改善の材料の獲得、②財政的、人的、物的、時間的、および情報的資源配分の最適化・
　　効率化の材料提供、ならびに③納税者への説明責任の３点をあげる。

28）　平井宜雄・前掲書（注12）・70頁以下。

第Ⅰ部　行政法概念と基本原則

の改革」のなかで、行政法改革の「新リード概念」として「効率性」をあげ、その背景をなす行政裁判所法（VwGO. 1991年3月改正法公布）や連邦行政手続法（VwVfG. 2003年1月改正法公布）などの行政法規の最近の改正や効率性の原則の意義およびその「制限」を論究しているからである。それによれば、一連の「行政・行政法改革」、すなわち民営化、規制緩和、およびアウトソーシングなどの行政（法）改革をリードしつつ、その共通の鍵概念として位置づけられるのが、まさに行政の「効率性」の原則である。

　かくして、いまや行政法の「政策化」の傾向が一段と強まるにつれて、行政法改革が求められ、その改革をリードする「効率性」概念について、いずれにしても行政法学がこれを等閑視することは許されない状況になった、といっても過言ではない。

2　「政策」および行政の「効率性」の概念

(1)　すでにのべたように、政策評価法第2条2項は今日、行政法改革推進の動因をなしている「政策」について実定法として初めて定義を与え、かつその評価基準として「必要性」、「効率性」、および「有効性」の3要件を定めた（同3条）。それによれば、「政策」は「行政機関が、その任務又は所掌事務の範囲内において、一定の行政目的を実現するために企画および立案をする行政上の一連の行為についての方針、方策、その他それらに類するもの」（2条2項）と定義される。これはあくまで政策評価法における「政策評価」のための定義であって、必ずしも普遍的なものではなく、またきわめて包括的である。しかし、行政（法）の政策化を促進する中心的実定法（政策評価法）において、このように基本をなす「政策」に関して、一定の理論研究[30]をふまえてはじめて統一的定義づけが行われたことの意義は大きい。

　政策評価法の内容を実質的に規定した政策評価各府省連絡会議の了承事項である「政策評価に関する標準的ガイドライン」[31]（2001年1月15日）によれば、「政

---

29)　R. Schmidt, AaO., S.154ff.
30)　行政法学者による「政策」の定義については参照、阿部泰隆『政策法学の基本指針』（弘文堂、1996年）2頁、小早川光郎・前掲書（注9）・61頁、高橋滋「法と政策の枠組み―行政法の立場から」『現代の法　第4巻』（1998年）2頁。

第3章　行政法の「政策化」と行政の効率性の原則について

策」は①「特定の行政機関に対応するための基本的な方針の実現を目的とする行政活動の大きなまとまり」（狭義の政策）、②この「『基本的な方針』に基づく具体的方針の実現を目的とする行政活動のまとまり」である「（狭義の）政策を実現するための具体的な方策や対策ととらえられるもの」（施策）、および③「具体的な方策や対策」を具体化するための個々の行政手段としての事務および事業であり、行政活動の基礎的な単位となるもの」（事務事業）が含まれる包括的・複合的概念であるとされた。すなわち、この広義の「政策」は①狭義の政策（Policy）、②施策（Program）、および③事務事業（Project）から構成される[32]。

(2)　また政策評価法は、「行政機関は、その所掌に係る政策について、適宜に、その政策効果を把握し、これを基礎として、必要性、効率性又は有効性の観点その他当該政策の特性に応じて必要な観点から、自ら評価するとともに、その評価の結果を当該政策に適切に反映させなければならない」と規定し（3条1項）、政策評価基準として①必要性、②効率性、および③有効性の3点をあげている。したがってこれらの基準に基いて、実施対象である行政機関（内閣府および国家行政組織法3条の「行政機関」＝省・委員会・庁）のすべての「政策」が評価されることになる。同法は、これら3基準自体について定義づけを設けてないが、一般的に①「必要性[33]」とは政策の目的が国民や社会のニーズに、あるいは上位の目的にてらして妥当か、という行政関与のあり方としての「必要性」の有無であり、②「効率性[34]」とは、「達成された（る）成果（効果・目標）と投入された資金（費用・資源）との関係」を意味し、その「最少化原則」によれば設定された目標を最少の資金で実現する原則をいい、その「最大化原則」によれば、設定された資金で最大の効果をあげる原則、すなわち、「最適の資源配分（optimare Resorce nallokation）の決定基準（シュミット－アスマン）、あるいは「最適の目的—手段関係」（ホフマン・リーム）と解されている。これに対して③「有効性」とは、期待された効果＝目標が達成されているかどうか、と

31)　参照、宇賀克也・前掲書（注10）・30頁以下。
32)　参照、龍慶昭・佐々木亮一・前掲書（注21）・3頁、武藤博己「政策評価の手法」松下圭一・西尾勝・新藤宗幸編『自治体の構想　第3巻』（政策）93頁以下。
33)　参照、宇賀克也・前掲書（注10）・32頁以下。
34)　Schmidt-Aßmann. AaO., S.246, Hoffmann-Riem, aaO., S.17ff. 参照、武藤博己・前掲書（注32）・102頁以下。

いう基準である。

　③「有効性」が「目標達成」に対する方向づけの基準であるのに対し、②「効率性」は、あくまで「資源投入」に対する基準である点において、両者（「有効性」・「効率性」）は異なるが、決して矛盾・対立するものではない。[35]

　このような「効率性」概念には、シュミット－アスマンによれば、広・狭義の概念があって、①もっぱら「費用効果分析」（投入された資本の収益可能性のみならず広範な使用効果をも含む）に代表される狭義の「経済的効率性」（経済性）と、②「包括的公共の福祉的効率性」（社会的効率性）という、漠然とはしているが、行政法学において重要な意義をもつ広義の概念（公財政と並ぶ公共善 öffentliche Gute）がある。[36]ややもすれば、「効率性」＝①「経済性」という意味で議論される傾向が強いなかで、②広義の概念を措定する意義は行政法学において大きいと思われる反面、その輪郭・内容を特定することがきわめて困難である、というデメリットがあることも否定できない。

3　「法政策学」＝法制度設計における「効率性」の原則の意義

(1)　このように、行政の「効率性」概念は、今日行政法の「政策化」および行政法（学）改革の鍵概念としてクローズアップされているが、これまでわが国では主として経済学、行政学、および最近の法政策学において位置づけられ論究されてきたが、ここでは法政策学、行政法学、および行政学を中心に「効率性」がどのようにとらえられてきたかを、主要な論者の見解をとおして考察しておこう。

　まず、いち早く法と政策との関わりを『法政策学』（初版1987年、2版1995年）として体系化し、文字どおりその基礎を築いた平井宜雄教授は、[37]「効率性」の基準を、もっぱら「法制度設計・ルールの制度設計」における一般評価基準として、「正義性」と並んで位置づけている。すなわち、同教授によれば、①意思決定理論の法的再構成、②実定法体系の制度設計・ルール設計、および①②による③公共的・社会的問題の解決がその基本要素をなすが、①意思決定理論

---

35)　Hoffmann-Riem, AaO., S.18f.
36)　Schmidt-Aßmann, AaO., S.247f.
37)　平井宜雄・前掲書（注12）・3頁以下。

第3章　行政法の「政策化」と行政の効率性の原則について

としては、「正義性」の基準が「法的決定モデル」に、「効率性」の基準が「目的＝手段決定モデル」にそれぞれ対応する。さらに②具体的な「法制度設計」の出発点をなすのが、(a)私法に対応する「市場的決定」、(b)公法に対応する（国の）「権威的決定」、および(c)これらの中間に位置する「手続的決定」という「決定」の三種類である。

　平井教授は、これらの①「意思決定理論」、および②「法制度設計」を構成する二つの「基準」、並びに(a)(b)(c)の三つの「決定」をそれぞれ関連づけて、法政策学の中心課題である「法制度設計」の典型モデルを具体的に検討する。

　このような「効率性」に対応する「目的＝手段モデル」の背景をなしている法律が、すでにのべたように「政策志向型訴訟」とともに最近とみに重要性を増しつつある○○基本法や各種具体的政策実現のための政策立法、すなわち「資源配分規範」・「管理型法」である。

　平井教授は、このように「効率性」の基準を法制度設計の基本要素として措定し、それがもっぱら経済学において発展してきた経緯を基に、稀少の財を無駄なく配分することという「効率性」の意味を、その基礎をなす「費用」について①機会費用（財の生産又は消費のためある行動を選択した結果、用いられる財が他の用途に用いられる機会を喪失したことによる費用）、②取引費用（市場化費用）、③監視費用（使用者と被用者というヒエラルヒー関係において前者が後者をコントロールするための費用）、および④決定費用（決定そのものに要する費用）の四つに分類した上で、②取引費用が相対的に安価ならば「市場的決定」が選択されるべきことを提言するが、結論として「効率性を明確化する理論的道具は与えられなかった」という。すなわち、「効率性」基準に関するかぎり、解決すべき問題（政策課題）に伴う費用を何らかのインディケーターを用いて計量化し、それと便益とを比較して「もっとも安価なもの」を採用し、それを法制度設計の基礎とする、としかいえないのである。このような意味で、「効率性」基準は政策形成の「あくまで基準のひとつにすぎない」、と論結する。

(2)　次に、最近「行政法の立場から」法と政策の枠組みを検討した高橋滋教授

_____

38)　平井宜雄・前掲書（注12）・70頁以下。
39)　高橋滋・前掲書（注30）、前掲書（注1）・3頁以下（特に11頁以下）。

129

第Ⅰ部　行政法概念と基本原則

は、「特定の目標とその達成のための手順」を「政策」ととらえ、これを「政府に採用される（べき）政策」（統治政策）と、それ以外の「法政策」に分類し、「目標と手順」の設定という「政策」の決定においては、法律学単独ではなしえず「他の諸科学」との協働が必要不可欠であるとしつつも、「法制度である以上およそ『法的なるもの』に根拠をおいて提案しなければならない」、とのべる。

　高橋教授は、以上の「法と政策」に関する基本枠組みから、「目的＝手段モデル」における「効率性」基準を、近代経済学の「効率性」概念に依拠して考察し、この概念を法律学の世界に移植したG. カラブレジィ（G. Calabresi）の理論[40]――経済の「外部性」を内部化することにより、効率的資源配分を確立する方法の検討――の紹介や、環境法政策における「外部（不経済）性」を内部化するコース（R. H. Coase）の定理[41]――取引費用を「ゼロ」と仮定した場合、どのような権利状態を設定しても、パレート効率的資源配分は達成されるという見解――について検討する。高橋滋教授は、このような経済学に基く環境法政策の重要性を認めつつも、「法の世界での決定が価値判断に基く決断である以上、（経済学などの）隣接諸科学の知識に対し法的視点からの加工が必要になる」とのべ、政府の政策的判断がさまざまに変遷するなかで、「行政法総論が、個別の行政法領域の踏み込んだ分析・記述に謙抑的であった」のも、これまでは「行政法の自己完結性」を維持する上で適当であったが、現代では「法解釈学に政策的思考が浸透してくる可能性に眼を向ける必要がある」、と論結する[42]。

　このように高橋教授は、「目的＝手段モデル」を前提に「効率性」概念を経済学に依拠して論究しつつも、結局法政策である以上、「法的価値判断」に基づく決断以外にはないとして、法律学へと回帰しその課題を提起する。

(3)　この点行政学においても、経済的「効率性」の限界が指摘される[43]。たとえば西尾勝教授は、次のように指摘する。「効率性」とほぼ同義の「能率性」に

---

40)　カラブレジィの理論についてくわしくは参照、G. Calabresi, Some Thoughts on Risk Distribution and the Law of Torts, 70 Yale Law Journal, p.499（1961）、（参照、松浦好治編訳「法と経済学」の原点（1994年）77頁以下）。

41)　コースの定理についてくわしくは参照、R.H.Coase,‘The Problem of Social Cost, The Journal of Law and Economics, Vol. 3 , 1960, pp. 1 -44（参照、松浦好治編訳・13頁以下）。

42)　高橋滋・前掲書（注30）、前掲書（注１）・25頁以下。

130

ついてその判断は「相対比較であり」、「複数の活動方法において、それらの投入・算出比率を測定し、その間の能率の高低を明らかにすることができたときに、はじめて実践的意味をもちうる」とし、この相対比較の方法が重要視されるが、この比較対象にはさまざまな要因が介在し、客観的指標をセットすることは容易ではなく、結局貨幣価値に換算される「費用便益分析」がその有力な方法であるとされる。しかし、この場合「時間、生命、健康、美醜」などといった貨幣価値に換算されがたい諸価値が依然として残るというその限界が存在すると。

　このように、「政策化」に対応するための法制度設計基準として行政の「効率性」が用いられるが、いずれの論者においても、経済的分析を通じた市場価格に基く「安価」な政策、もしくは「費用便益分析」という意味での「効率性」の原則の全面的支配には限界がある、という共通の問題性が指摘される[44]。

Ⅱ　ドイツにおける行政法改革論と行政の「効率性」の原則

1　行政法改革の背景とその方向性

(1)　1990年のドイツ統一後の行政（法）改革論議を促進する背景・理由としては、一方ではEUの東欧諸国への拡大、および統合の強化・深化にともなう「国際化・ヨーロッパ化」に基づく国内法の改革が、他方では、連邦郵便・連邦鉄道の「民営化」に代表されるように、「私化（Privatisierung）・規制緩和（Deregulierung）[45]」・「行政と私人の協力の強化[46]」をめざす諸改革をあげることが

---

43)　西尾勝『行政学（新版）』（有斐閣、2001年）345頁以下、佐々木信夫『現代行政学』（学陽書房、2000年）141頁以下。

44)　参照、政策評価研究会『政策評価の現状と課題』（木鐸社、1999年）13頁以下、「政策評価」の客観性をめぐる、「科学的評価」と「実用的評価」の論争については、参照、龍慶昭・佐々木亮一・前掲書（注27）・12頁以下。

45)　Vgl., W. Hoffmann-Riem. Schmidt-Aßmann, Vorwort, Effizienz als Herausforderung an das Verwaltungsrecht, 1998, S. 5．H・H・トゥルーテ「ドイツにおける行政法、および行政法学の発展　上」自治研究75巻2号（1999年）3頁以下、その他参照、ドイツの民営化に関する議論およびそのタイプなどの分析・整理については、大脇成昭「民営化法理の類型論的考察」法政研究66巻1号285頁以下、廣田全男『現代ドイツ地方自治の潮流』（東京市政調査会、1992年）11頁以下。

46)　Vgl., R. Schmidt., AaO., S.164ff.

第Ⅰ部　行政法概念と基本原則

できる。さらに、旧東ドイツの復興・公共事業の整備などによる公的支出の増大による未曾有の国家財政の危機が起因していることはいうまでもない。このような諸改革をリード・支持する理念が、政策法的視点からの「効率性（Effizienz）」の原則であり、また「分権・自治」の視点からの「市民に身近な（Bürgernähe）行政[47]」である。この場合、行政法における「効率性」を目指す諸改革は、経済学的な費用の「最少原則」、および効果の「最大原則」を意味する狭義のそれに基づくものであったのに対し、学説では、どちらかといえばむしろボン基本法の「社会的法治国」原則（20・28条）の下で、その第19条4項に代表される、行政に対する国民の手厚い権利保護のシステム、「争訟の提起による執行停止原則の制度」（行政裁判所法第80条1項）、および連邦行政手続法における慎重な計画確定手続・行政手続などを含む、広義の「公共の福祉的効率性」という概念を強調する傾向にあったことに、注意すべきである。

　狭義の行政「迅速化」・「効率化」の要請から、1990年10月の統一後ドイツにおいて押し進められた主な行政法律改革としては、①1991年12月16日公布の交通計画迅速化法[48]、②1993年4月22日公布の投資促進化法・住宅建設地法[49]、③1993年12月18日公布の計画簡素化法[50]、④1996年9月12日公布の認可手続促進化法[51]、および⑤1996年10月9日公布のイミッシオン保護法認可手続促進・簡素化法[52]などがある。

　R．シュミット教授によれば[53]、とくに④認可手続促進化法により連邦行政手続法、および行政裁判所法が改正され、申請者たる企業にとって行政手続は強化されたが、計画確定手続に代わる「計画認可制」の導入により、時間を要する「聴聞手続」が放棄され、迅速的効果が求められた。また、「行政行為の無

47）　Vgl.,Dieter Grunow, Leistungsverwaltung: Bürgernähe und Effizienz in : Kommunal Politik, 1999, S. 396ff.

48）　BGBl. IS. 2174.

49）　BGBl. IS. 2123.

50）　BGBl. IS. 466.

51）　BGBl. IS. 1354.

52）　BGBl. IS. 1498.

53）　Vgl., H. Schmitz / F. Wessendorf, Das Genehmingungsverfahrensbeschleunigungsgesetz–Neue Regelungen im Verwaltungsverfahrensgesetz und der Wirtschaftsstandort Deutschland, NVwZ, 1996, S. 955（960）.

第3章 行政法の「政策化」と行政の効率性の原則について

効ではない行政手続・形式の瑕疵」は「行政行為の発給に必要な申請が爾後に
なされる場合」には追完されるので、「無視されうる」(行政行為の「瑕疵の治癒」)
が、その期間が「行政裁判手続の完了までの期間」に延長された(連邦行政手
続法45条2項)。さらに行政裁量への考慮が、行政裁判手続においても補完可能
となった(行政裁判所法114条2項[54])。

　連邦行政手続法には、行政手続・形式の瑕疵が「実体の決定に影響を及ぼさ
ないことが明らかである」場合には、「行政手続・形式の瑕疵」のみを根拠と
しては、その取消しを求めることはできないという、いわゆる手続法に対する
実体法優先の規定(46条)があるが、またドイツ行政裁判手続における権利保
護の代表と目された、行政争訟の提起による「停止効」を廃止する規定が拡大
され「停止効」の役割が縮小した(行政裁判所法第80条2項3号[55])。すなわち具体
的には、「投資と雇用の創出に関連する行政行為に対する第三者の異議審査請
求・訴訟」の場合には、この「停止効」は廃止され、経済・労働・雇用政策重
視の視点から行政訴訟における従来の手厚い権利保護システムが修正されたの
である。

　このような行政争訟・行政手続の「迅速化」・「効率化」の視点からの行政手
続の縮減・権利保護の制限については、学説による厳しい批判がある。すなわ
ちその批判の主要な内容は、これらの改正は「法治国原理の侵害」であり、「行
政手続規定の侵害の軽視」であり、行政決定の内容的コントロールは行政裁判
所で十分であるというものである。最も迅速な行政手続も、適宜の権利保護を
欠く場合にはほとんど役立たないなど[56]、という点にある。シュミット－アスマ
ンも、「効率性」の思想は決して包括的に行政手続法規定縮減のための道具と
して使われるべきではないと批判する[57]。

　1976年の連邦行政手続法の制定により、大陸法系を代表するドイツにおいて
も「適正手続」(アメリカ合衆国憲法修正5条・14条)の観念が導入され、英米法

---

54)　R. Schmidt. AaO., S. 164f.

55)　Vg.., Carl Sartorius, Verfassungs－und Verwaltungsgesetze der Bundesrepblik. 1996, S. 600.

56)　Vg.., R. Krumusiek / Frenze, Beschleunigung von Planungs－und Genehmigungsverfahren, DöV. 1995, S. 1013. Wiegand, Die Beschleunigungsgesetz: Rechtsfragen und Erfarungen. DVBl. 1995. S. 1125.

57)　Schmidt-Aßmann, AaO., S. 261ff.

133

第Ⅰ部　行政法概念と基本原則

との融合が指摘されてきたが、奇しくも最近の一連の改正により、重要な行政手続規定が換骨奪胎的に変容し再び実体法中心に移行してきており、「逆コース」と評されてもやむをえないところである。

(2)　次に、狭義の「効率性の増大」に関しては、「連邦・ラント予算原則法」（HGrG）および「連邦予算法」（BHO）の諸規定がある。すなわち、1993年改正の連邦予算法第7条が予算の「経済性・節約性」の原則を規定し、さらに具体的に「国家事務、もしくは公共目的に奉仕する経済活動が、（国家からの）分離、非国家化もしくは民営化によってどの程度充足されるか」という点、およびその「効果・費用」がどの程度のものであるかという点について審査義務を課し、またどの程度までどのような条件の下で「民間による解決が可能か」という調査義務を課したことが（連邦予算法19条1項後段、予算原則法15条）、とくに注目される。すなわち国家事務は、その「非国家」化や「民営化」についての審査義務、および「費用対効果」についての調査義務によって、絶えざる「民営化」・「効率化」の圧力を受けることになるからである。

2　行政法改革における「効率性」原則の位置づけ

(1)　すでにのべたように、ドイツの政治・経済・社会などの変化を背景に、一段と進行しつつある「国際化・ヨーロッパ化」に対応するためさまざまな分野で立法改革——たとえば、EU指令に基く環境情報法の制定など——が行われ、それと連動しながら行政法（学）の改革論が活発に展開されている。とくにホフマン・リーム教授とシュミット－アスマン教授とを共同編集者とする『行政法改革叢書』が、その中心的舞台になっている。改革論の特徴は、一言でいえば行政法総論に関するさまざまな問題（公法と私法の区別、多段階的行政活動、交渉による紛争の解決、行政法の制御能力、および行政の効率性など）、もしくは総論

---

58)　32項目に及ぶ第6次行政裁判所法の改正の翻訳、およびその内容の解説については、参照、小原清信「1996年ドイツ行政裁判所法改正について」久留米大学法学38号105頁以下（131頁以下）。

59)　BGBl. IS. 2353. Vgl., C. Sartorius, Verfassungs-und Verwaltungsgesetze der Bundesrepublik, 1966, S. 700.

60)　R.Schmidt, AaO., S. 165.

61)　参照、ライナー・ピッチャス「ドイツにおける環境情報法の成立、その大要及び適用」自治研究74巻11号32頁以下、山田洋『ドイツ環境行政法と欧州』（2000年）28頁以下。

第3章　行政法の「政策化」と行政の効率性の原則について

と各論の関係（「参照領域」の設定による両者の融合）が論議の中心になっている、という点である。これは、行政の政策化に伴う、わが国の行政法改革論議がややもすれば各論（参照領域）・個別法領域における法政策的提言に傾斜しがちである点と好対照をなすといってよい。したがって、行政法改革の中心課題は総論の改革にあるとするのが、ドイツ行政法学の一般的傾向である。

(2)　さて、このような行政法総論改革をリードする基本概念として、R. シュミット教授[64]は、①「変化・改革の可能性」、②「効率性」の原則、③「公開性」の原則、および④「行政責任」の原則をあげる。このなかで特に注目されるのは、従来の行政法学の「自己完結性・閉鎖性」に対して「変化・改革」への「開放性・可能性」を強調している点である。また、行政学の基礎概念と目される②③④が、今日行政法改革の嚮導概念として重要な役割を果たしており、その意味で「行政法と行政学の融合」という点も、その特徴である。

ホフマン・リーム[65]は、①とほぼ同義の「行政法における柔軟性・革新可能性」を行政法改革の鍵概念としてあげ、この「革新可能性とは、新しい生産・手続および構造の発展・展開の可能性のこと」であり、具体的には経済的企業の動機づけ、リスク回避のための新技術の発見・利用、社会的アクターへの資格付与、および紛争解決の新しい方法の探求などがこれに当たる、とのべている。

この場合、行政法が「継続性」に対する信頼（法治主義・信頼保護の原則）を前提とする以上、どのような意味で「変化・改革の可能性」が行政法学の原則たりうるかという疑問について、R. シュミット教授[66]は、恒常的な「変化の圧

---

62)　『行政法改革叢書』では、その第1巻が『行政法総論の改革』（1993年）に、第2巻が『行政活動の革新と柔軟性』（1994年）に、第3巻が『交互補充秩序としての公法と私法』（1995年）に、第4巻が『制御リソースとしての行政組織法』（1996年）に、および第5巻が『行政法への挑戦としての効率性』（1998年）にそれぞれ充てられ、行政法総論の改革問題、および総論と各論（参照領域）の関係が集中的に取り上げられている。Vgl., Hoffmann-Riem／Schmidt-Aßmann（Hrsg), Schriften zur Reform des Verwaltungsrechts. Bd., 1 Bd., 5.

63)　参照、阿部泰隆「行政法の意義と行政法学の進路試論」行政法の研究教育の課題・自治研究第77巻10号49頁以下。

64)　R. Schmidt, AaO., S. 154ff.

65)　Hoffmann-Riem, Ermöglichung von Flexibilität und Inovationsöffenheit im Verwaltungsrecht — Einleitende Problemskizze, in: Schriften zur Reform des Verwaltungsrechts, 2 Bd., 1994, S. 10ff.（13）.

66)　R. Schmidt, AaO., S. 155.

第Ⅰ部　行政法概念と基本原則

力」に対して行政法が十分な「反発力（Reaktion）、および未来への開放性」を
もつか否かが問われているのであり、行政法は「継続と信頼保護」のみならず、
「変化・改革」を前提とする「最適化（Optimierung）・インセンティブ機能」に
も適合しなければならないからである、と論駁する。

　行政法は、「変化・改革」に対して、閉鎖的ではなく絶えず開放的でなけれ
ばならないというのが、彼の中心的モチーフであり、「最適化の（行政への）委
託」（連邦イミッシオン防止法50条、国土整備法２条）「影響を及ぼす計画」・「目標
の観念」（連邦イミッシオン防止法１条、原子力法１条、連邦自然保護法１条）、「租
税優遇、および負担モデル形式におけるインセンティブ・システム」といった、
行政機関による政策的価値判断の余地が、その具体例である。

　このように、ドイツでは「変化・改革の可能性」、あるいは「柔軟性・革新
の可能性」が行政法改革の代表的なスローガンになっているが、現代社会の変
化・改革の要請に基く個別的・各論的行政法規の変化にもかかわらず、行政法
総論が伝統的な「自己完結的・閉鎖的体系」に縛られ、あるいはこれを墨守し
てきたことに対する警鐘という意味では、積極的意味をもつといってよい。た
だ「変化・改革」の要請がどのような内容のものであるか、とくに「具体化さ
れた憲法としての行政法」（F. ヴェルナー）の視点からすれば憲法原則との適
合性の検討が重要な課題であることは明らかであるが、「変化・改革」が行政
法律、行政立法、もしくは不確定概念の充填などに関する行政基準の設定のう
ちどのレベルの法形式に基くかによっても、行政法学の対応が異なることに注
意すべきであろう。

⑶　ドイツではすでにのべたように、政策法的視点からの行政法改革論におい
て決定的重要性をもつのがこの「効率性」の原則であるが、「効率性」の思想
はこれまでヨーロッパ法・個別実定法においてどのような形で現われている
か――。

　まずEG法においては、ヨーロッパ共同体が、「石炭・鉄鋼共同体」・「原子
力共同体」（1957）から成る「経済共同体」という経済目的からスタートした
ことに象徴されるように、元来「効率性」を基本原理として構築された超国家
的・目的団体であることから、「経済性、必要性、および効率性」は「全体の
共同体政策を貫徹する概念の三つ組（Begriffstrias）」として位置づけられてき

た[67]。したがって、「予算執行の経済性の原則」（ヨーロッパ共同体設立条約（EGV）205条1項）、および「会計検査の基準」（同188c条2項）のみならず、「天然資源の慎重、かつ合理的利用」の促進という「環境政策」の規定（同130r条1項）からも「経済性」の原則が導き出されるのが、その特色である。

　次に憲法レベルにおいても、「効率性」の原則が明確に現われている。すなわち、ボン基本法第114条2項は、狭義の「効率性」とほぼ同義の、予算執行及財政運営の「経済性」を連邦会計検査院の審査基準として設定している。しかしこの「経済性」は、決して「財政的効果と費用との関係」においてのみ判断されるべき基準ではなく、むしろ「投入された費用が時間、労働力、財政手段などに関して妥当なものである」場合には、公共の福祉にとって国家活動は「経済的」と評価することができる、という広義の福祉的経済性の意味で理解されている[68]。

(4)　予算法の領域においては、すでにのべたように「経済性」・「節約性」の原則が、「予算計画の確定・執行」のための包括的原則として、予算法関連規定の総則のなかで明らかにされている（連邦ラントの予算法原則法6条1項、連邦予算法7条1項）。

　しかしながら、このようなドイツにおける予算関連法規における「効率性」思想の導入が実際には必ずしも十分な成果をあげていないことは、シュミット－アスマン教授の次の批判からも看取される[69]。すなわち、それは各種の実定法が、「経済性」の視点から予算制度の改革を要請しているにもかかわらず、具体的には、予算に関する「情報構造」について、収入と支出部門がそれぞれ異なる組織に割当てられているため責任関係が分離していること、また、当面の支出と収入のみが予定され、たとえば、年金の負担などの将来の支出が明らかにされていないこと、さらに予算計画（案）には予算によってどのような行政サービスを提供するかについての重要な情報がほとんど含まれていないこと、などである。

　予算法以外のその他の行政法、および行政実体法・手続法においても、狭義

---

67)　Vgl., Schmidt-Aßmann, AaO., S. 257.

68)　R. Schmidt, AaO., S. 257.

69)　Schmidt-Aßmann, AaO., S. 259f.

第Ⅰ部　行政法概念と基本原則

の効率性（経済的効率性）のみならず広義の「効率性」、すなわち「エコ的効率性」
の視点から、各種の規定が存するが（建設法典1条5項・1条a第1項、連邦自然
保護法8条、環境影響評価手続）、これらは必ずしも体系的ではなく、「拡散的・
無秩序」である[70]、と批判されているのが実情である。

Ⅲ　わが国行政法における「効率性」原則の位置づけ

1　行政法の一般原則としての「効率性」の位置づけ

(1)　さて、これまで法政策学を中心とするわが国の「効率性」についての取組
み、およびドイツ行政法改革の中心概念としての行政の「効率性」について概
括的に考察してきた。これらの成果をふまえて、行政の「効率性」をわが国の
行政法学においてどう位置づけるべきかが、次の基本的課題となる。

　わが国行政法学においては、たとえば現代の代表的行政法テキストである塩
野宏教授の『行政法Ⅰ』（初版1991年）にみられるように行政の効率性の原則は、
行政の法治主義、信頼保護、比例原則、および権利濫用の禁止と異なり、行政
法の一般原則として位置づけられていない。それはいうまでもなく、法治国原
理・行政の法治主義の原則を中心に構成された伝統的行政法学において、行政
の政策化に伴って新たに提唱された「効率性」の原則は、未だ主たる構成要素
としてみなされてないからである。そこでは、行政の「効率性」は、せいぜい
予算・財政法という「内部法」における原則たりえても、すべての行政法領域
をカバーしつつそれに妥当し、かつ、「外部法」を中心とする行政法総論の一
般原則とは到底位置づけられなかった[71]。

(2)　このようななかで、前述のように2001年の政策評価法により、評価の対象
となる、行政機関のすべての政策活動が評価基準に照らして評価されるシステ
ムが公式に導入されることになったが、行政法学においても、この政策に対す
る「評価」の中心的基準である「効率性」をどう位置づけるかが、まず重要な
課題となる。すなわち、評価は原則として行政のすべての政策的活動に及ぶこ

---

70)　Ibid, AaO., S. 260.

71)　Vgl., Schmidt-Aßmann, AaO., S. 258.

とから、行政法の一般原則と位置づけるべきか、あるいはあくまで行政に対する「評価・監視[72]」システムの一基準にとどまるのか、が問題となるからである。この点について、すでに政策法務（学）の視点から、「効率性」基準を行政法の一般原則として位置づける論者も現れている。

　まず、行政法学において政策法学の視点から法制度設計を精力的に展開している阿部泰隆教授は、「一定の政策目的（公共性）を、行政活動を通じて実現するための法技術に関する法[73]」を行政法であると規定し、政策評価法の制定に先駆けて、政策評価項目として、①行政効果、②費用と時間のファクター、③効率性を他の基準とともにあげ、「最大効果」・「最少費用」の原則を意味する「効率性」の基準を「政策上、立法上」の視点として位置づけるが、ただ、解釈論としてそれがどのような意義・効果を有するのか必ずしも明確にされていない。また大橋洋一教授[74]は、単著の行政法テキストとしてはおそらく初めてと思われるが、行政法の「現代型一般原則」として「効率性」の原則を、伝統的一般原則である法治主義の原則などと区別して独立的に位置づけ、「費用対効果分析」、および地方自治法など関連法規の規定をもって、その内容を説明する。

　もちろんこの場合、一般原則といい、政策評価の一基準[75]といい、両者にどのような相違があるのかが明らかにされる必要がある。前者の場合、民法の一般原則と行政法プロパーの原則、たとえば、論者によって違いがあるが、法治主義（法の支配）、信頼保護、および比例原則などは、ほぼ共通に行政法総論・行政作用法の原則として位置づけられている。いうまでもなく、総論の原則として位置づけるためには、すべての行政活動・組織に基本的に妥当し、これを規律するにふさわしい、文字どおり「原則」であることを必要とする。このような観点から、「効率性」の原則は、すでにみたように「改革・革新の可能性」、および行政法の「政策化」をその背景としているため、行政法学としてこれら

72）　参照、村上武則「行政の監視と評価」公法研究第62号106頁以下。
73）　阿部泰隆・前掲書（注17）・62頁以下。「効率性というと、人間らしい生活を犠牲にする議論と誤解されがちであるが、私見は、人間らしい生活を保障するための効率性を主張するものである」（同63頁）。
74）　大橋洋一・前掲書（注9）・49頁。
75）　行政における「一般原則」の意味、および民法のそれとの相違などについては参照、山本敬三・大橋洋一「対話で学ぶ行政法」法学教室249号（2001年）55頁以下。

第Ⅰ部　行政法概念と基本原則

にいかに「対処」すべきかが大きな課題となっている今日、「効率性」原則を総論（基礎理論）のなかでどのように位置づけその意義と限界を見定めておくことは、時宜に適した行政法学の再編課題である。すなわち、行政法総論が、行政や裁判の適用・判断基準を中心とする行政法ドグマティクのための理論体系のみならず、①法実務の負担軽減、②法政策的機能、および③国際（ヨーロッパ）法発展の継受、という諸機能を有する現代では、法政策と密接な関連性をもつ行政の効率性原則を行政法の一般原則に位置づける必要があるからである。

　この一般原則への位置づけは、現に政策評価法や中央省庁等改革基本法などの政策推進立法、および他の行政・財政法規（地方自治法1条・2条14項、財政法9条2項、地方財政法2条・8条、会計検査院法20条3項など）において、行政の効率性の基準が規定され、従来の「内部法」の枠を超える効果を有するにいたったこと、また「内部法」と「外部法」の区別が次第に解消されつつあること、かつ、行政法の「改革・革新の開放性」をめざす視点からも、基本方向として支持されるべきものである。

2　行政法における効率性の原則の意義と限界

⑴　さて、このように行政の効率性の原則を文字どおり行政法総論の一般原則に位置づけた場合、それはどのような意義と効果をもたらすか、が具体的に検討されねばならない。

　これについて、これまでの考察結果をふまえて検討することが必要である。すなわち行政法と「効率性」との関係について、ドイツの公法学者が次の3点を指摘していることが参考にされるべきであろう。

　第一に、法における「効率性の制限」である。ホフマン－リーム教授によれば、法秩序は、それが規範全体に及ぶ場合であれ、個別の要件要素であれ、いずれにしろ拘束力を有するので、「効率性」の考慮によって法秩序が廃止され

---

76)　E. Schmidt-Aßmann, Das allgemeine Verwaltungsrecht als Ordnungsidee und System, 1982. S. 2 ff.

77)　参照、塩野宏『行政法Ⅰ（第2版増補）』（1999年）72頁以下。

78)　Hoffmann-Riem, AaO., S. 34ff., E. Schmidt-Aßmann, AaO., S. 260ff.

第3章　行政法の「政策化」と行政の効率性の原則について

るべきものではない。たとえば、ボン基本法の「人間の尊厳」（1条）、「基本権の本質的内容の不可侵」（19条2項）、および法律の拘束的基準（20条3項）の各規定は、「効率性」の具体化に対する制限をなすのである。

　第二に、法における「効率性の要請」である。この場合、法秩序が行為主体に対して「効率性」を義務づける限りにおいて、これに対応する「行政活動」の法的規制が発生する。この法的規制は、予算法上の「経済性・節約性」の原則（連邦予算法7条）による内部法の領域のみならず、外部法においても効力をもつ。

　第三に、法における「効率性の可能性」がある。この「効率性の可能性」への考慮が適用される主要な領域は、「特別な、規範的効率の要請は存在しないが、それが規範的にも排除されていない規範」のそれである。この場合、効率性は「法秩序全体を包括する法原理」である。

　このような法との関係の下で、「効果最大化原則」・「費用最少化原則」を中心内容とする行政の効率性は、憲法の基本原理、とりわけ人権、人間の尊厳、平等原則、および実質的法治国・法治主義という原則による制限を受けることになる。このことは、「効率性」が、「行政サービスの制限や人員削減」、「公的収入の増大」、および過剰な債務・国債の採用の抑制と包括的に結びつくものでない、というシュミット－アスマン教授の見解からもうかがわれる。[79]「効率性」の原則は、これらの「財政という狭路」を排除するものではないが、これらの措置は重要な「法的保障機能」をもっており、法的安定性、信頼保護、および行政の自己拘束からその変更は問題があるからである。したがって、個別法における「効率性」の要請がある場合でも、第一の「制限」が課されることに、法解釈・法政策上も留意する必要がある。具体的には、地方自治法第2条13項、会計検査院法第20条3項、財政法第9条、および地方財政法第8条における「効率性」の規定は、一般的に財政に関する法規定の性格上、また規定の文言からも国や地方公共団体に対する「要請」ではあるが、この場合、上記のような「制限」が課されることになろう。

　行政の効率性の原則を行政法学として採用する効果は、第三の法における

---

79)　E. Schmidt-Aßmann, AaO., S.252ff.

第Ⅰ部　行政法概念と基本原則

「効率性の可能性」の領域において大きいと考えられる。けだしその「採用」
が、行政の効率性に対して黙示の中立的法領域において促進的に作用するから
である。

(2)　次に行政の「効率性」の原則は、行政法の基本原則、とくに行政の法治主
義の原則といかなる関係にたつかが考察されねばならない。この場合、行政の
「効率性」が行政法領域全体に妥当する法原則として位置づけられるならば、
形式的には行政の法治主義の内容に組込まれ、両者の間に矛盾・衝突は発生し
ない。けだし、「効率性」に対する考慮が法的問題を惹起するのは、それが「他
の法的基準」、すなわちこの法治主義の原則の充足に「不利益的」に影響を及
ぼす場合であるからである。行政法において、「効率性」の原則を重視するこ
とが、実質的法治主義の原則（＝法の支配）に「不利益的」に作用する場合、
両者の衝突・調整の問題が生じうるが、この場合一般的にいえば、実質的法治
主義の原則は、国会の制定する法律の遵守（法律の優位・留保原則）という形式
的意義よりも、むしろ人権の尊重を内包する意味であり、第一の「法における
効率性の制限」に該当し、両者は衝突というより前者によって後者が制限を受
ける関係に立つ、ことになる。ここで、行政法一般原則間の衝突の事例とし
て、憲法第84条の租税法律主義（税法における法治主義原則の具体化）と信頼保護
原則（民法１条２項）の対立に関する、周知の判例が想起される。すなわち、
最高裁は次のように判示する。

　「租税法規に適合する課税処分について、法の一般原理である信義則の法理の適用
により、右課税処分を違法なものとして取り消すことができる場合があるとしても、
法律による行政の原理、なかんずく租税法律主義の原則が貫かれるべき租税法律関係
においては、右法理の適用については慎重でなければならず、租税法規の適用におけ
る納税者間の平等、公平という要請を犠牲にしてもなお当該課税処分に係る課税を免
れしめて納税者の信頼を保護しなければ正義に反するといえるような特別の事情が存
する場合に、初めて右法理の適用の是非を考えるべきものである。」（傍点筆者）

　このケースでは、納税者間の平等・公平が強くもとめられる租税法律主義の

---

80)　Ibid., S. 255.
81)　判時第1262号91頁、判例タイムズ第657号66頁。

原則と信頼保護（信義則）原則が衝突するのであるが、前者において平等原則という憲法原則が内包されているため、後者の制限が導き出される。[82]

　ドイツにおいても、行政の効率性の原則の尊重は法治主義の原則の縮減ないし相対化に通ずるのではないか、という議論があるが、シュミット－アスマン[83]らはこれを否定し、逆に後者による前者の制限を主張していることに注目しておきたい。

3　行政法の各論（参照領域）における「効率性」の意義

(1)　行政法総論における「効率性」の原則の採用は、いうまでもなく行政法の個別領域・各論、すなわち参照領域に大きな影響を与えることになるが、「効率性」の要請が個別法において規定されている場合にも、その規定内容は自ずから多様なものがあり、一律に論ずることはできない。ホフマン・リームは、ドイツの「効率」原則に関するリソース次元の個別項目として、財政、組織、手続、人事、情報、および規範設定に分けて論ずるが、わが国の場合には、①会計・財政法領域、②地方自治法・公務員法（人事・組織）、③行政手続法・行政争訟法（行政不服審査法・行政事件訴訟法）、④政策評価法・○○改革基本法、および⑤土地改良法などの（公共）事業法領域に分類するのが適当であろう。[84]

　まず①会計・財政法領域では、財政法第９条２項、および地方財政法第８条において、国・地方公共団体の財政運営の「効率性」の原則が定められているが、これらは、従来より国や地方自治体の財政活動（収入・支出）に対する指針・指導の慣用句以上の意味は与えられなかった、といってよい。すなわち、そこでは行政の効率性の実効性を確保する法的手段が用意されず、ただ抽象的原則の宣言に留まっていたからである。この領域でより重要な位置づけがなされていたのは、会計検査院法第20条３項に基く財政活動に対するコントロール基準としての「経済性」である。狭義の「効率性」とほぼ同義で用いられる、この「経済性」の基準について、①「費用の最少化原則」と②「効果の最大化原則」以上に、現在ではドイツの学説に従い、③「効果－費用」の「差の最大化命令」、

---

82)　参照、乙部哲郎「租税関係と信義則」『行政判例百選Ⅰ（第４版）』52頁。

83)　Vgl., E. Schmidt-Aßmann, AaO., S. 261f. Hoffmann Riem. AaO., S. 24ff.

84)　Hoffmann Riem, AaO., S. 28ff.

第 I 部　行政法概念と基本原則

および④「効果÷費用」の「商の最大化命令」をその内容に含め、その拡大を図る見解もあるが、かつては「経済性」の基準がもっぱら国家の内部において、「目的＝手段モデル」たる条件プログラム（たとえば、計量法など）の「合目的性」基準として適用され、「合法性」としてのそれではないことが、指摘されてきた。わが国においても、こんにち、狭義の「効率性」の意味以上の内容を付加することが可能であろうし、後者の論点、すなわち基準の外部性、あるいは法的訴訟追行可能性をもつ基準たりうるかについては、これを積極に解する見解が有力になりつつある。

(2)　次に、②地方自治法・公務員法における「効率性」・「能率性」について、地方自治法第 2 条14項は「地方公共団体は、その事務を処理するに当つては住民の福祉の増進に努めるとともに、最少の費用で最大の効果を挙げるようにしなければならない」旨規定し、いわゆる「効率性」を意味する「最少の費用」・「最大の効果」原則を掲げる。この規定については、前者、すなわち「住民の福祉の増進」が広義の効率性の概念とも解しうるので、後者のみ取りあげて、狭義の効率性を強調するのは、正しい解釈とはいえない。この場合両者の調整が問題であるが、地方自治体の基本的責務たる「住民の福祉の増進」（自治 1 条の 2 ）に、むしろ効率性は仕えるべきものである。この「効率性」の原則は、地方自治法の解釈・適用レベルにおいて、これまで財政法・地方財政法の関連規定と同様必ずしも積極的に位置づけられず、地方自治体の努力目標に留まっていた。地方自治法の「実務」代表的コンメンタールは、この規定について、「地方公共団体がその事務を処理するにあたって準拠すべき指針である」として、「費用最少」・「効果最大」の原則を地方自治運営の「能率化」の基本原則である、と解する。

　周知のように、国家公務員法・地方公務員法第 1 条の目的規定において「公

---

85)　「差の最大化命令」、および「商の最大化命令」をボン基本法の「経済性」（＝効率性）の内容に含めることについてくわしくは参照、石森久広『会計検査院の研究―ドイツ・ボン基本法下の財政コントロール』（有信堂、1996年）80頁以下。

86)　村上武則・前掲書（注72）・108頁以下。

87)　参照、神長勲「地方自治法」『基本法コンメンタール（第 4 版）』（2001年）19頁（27頁）。

88)　参照、長野士郎『逐条地方自治法（第 9 次改訂新版）』45頁以下、大田和紀『地方自治法 I 』52頁、松本英昭『新版逐条地方自治法』（学陽書房、2001年）48頁以下。

144

務の民主的且つ能率的な運営」が強調されているが、この「能率的」規定の意味も、前述の地方自治法第2条14項の「効率性」規定とほぼ同義であり、その解釈も基本的に異なるところはない、と思われる。[89]

(3) 第3に、③行政争訟・行政手続法における「効率性」の意義であるが、わが国の行政手続法には、ドイツ連邦行政手続法第10条2項の「簡易、合目的的、迅速」な行政手続の実施義務に相当する規定はないが、「申請に対する処分」の「標準処理期間」の設定努力義務（6条）は、「迅速な」行政手続の要請に基づくものである、といってよい。[90]

　また、行政不服審査法第1条の「簡易迅速な手続による国民の権利利益の救済を図る」目的規定について、審査請求の申立てから裁決まで6年近く経過した審査庁の不作為は、「特段の事情のない限り、簡易迅速な手続による国民の権利利益の救済を行政不服審査制度の日的に照らし、違法の疑いが極めて濃厚であるが、本件裁決自体がそれだけの理由でもって当然に違法となるものではない」、とする下級審判決（長崎地判昭44年10月20日[91]）がある。審査請求に対する裁決が遅延した場合の救済措置としては、行政事件訴訟法第3条5項の「不作為の違法確認の訴え」が用意されているので、裁決の遅延がそれだけで違法になるのではない、というのが裁判所の見解である（東京地判平4・5・11[92]）。このように、行政不服審査法における「簡易迅速な手続」による権利救済規定は、単なる努力日標規定にとどまらず一定の法的効果を有するのであるが、それが争訟手続の一環によって、その実効性が担保されているレベルの規定とまではいえない、というのが実務の解釈である。

(4) 最後に、公共事業（法）における行政の効率性の意義・効果について検討しておきたい。広く「公共事業の効率性」という場合、北海道などで導入され、国レベルにおいても採用されている公共事業の見直し・評価基準としての「時のアセス」[93]の制度なども当然含まれるが、ここでは、当該公共事業関連法令に

---

89) 参照、浅井清『国家公務員精義（新版）』64頁以下、今枝信雄『逐条地方公務員法（第3次改訂版）』9頁。栗田久喜・柳克樹編『国家公務員法地方公務員法』（1997年）24頁以下、橋本勇『新版逐条地方公務員法』（学陽書房、2002年）15頁以下。

90) Vgl., Schmidt-Aßmann, AaO., S. 261f.

91) 行裁集20巻10号1260頁。

92) 判時1435号39頁。

第 I 部　行政法概念と基本原則

おいて採用されでいる「費用対効果分析」ないし「費用便益分析」の法的意義に限定する。すなわち、「費用対効果分析」などを定める公共事業関連法令[94]としては、①特定多目的ダム法第７条、②道路整備特別措置法施行令第１条の７第１項、③沿岸漁場整備開発法第７条の２第３項、④全国新幹線鉄道整備法施行令第２条、⑤下水道法第２条の２第３項、⑥土地改良法施行令第２条など、がある。このうち、⑥土地改良法施行令第２条は、「土地改良事業の施行に関する基本的な要件」のひとつとして、「当該土地改良事業のすべての効用がすべての費用を償うこと」（同３号）、すなわち「費用対効果」をあげているが、この意味について、下級裁判所の判決（熊本地判平12年９月８日[95]）では、「専門技術的なもの」であり、「効用および費用の算出方法等について法は何らの定めを置いていないこと」から、「行政庁の広範な裁量にまかされているもの」、と解釈されている。

　このような行政の「効率性」規定に関わる法事情が、政策評価法の制定によりどのように変化したのかが、次の問題となる。

　すでにのべたように、政策評価法は、行政機関による自己評価基準として、「必要性」・「効率性」、および「有効性」の三基準を設け（３条１項）、政策評価の客観的、かつ厳格な実施を図るため、①合理的手法・定量的把握、および②学識経験を有するものの知見の活用を義務づけ（３条２項）、また政策評価の結果については、政府に予算、その他の企画・立案に活用するよう義務づけている（４条）。政策評価のための「必要性」・「効率性」、および「有効性」基準についてどこまで客観的、かつ、明確な基準が設けられるかが、これからの重要な課題であるが、政策評価が単なる「評価」にとどまらず手続的規定によるその実効性の担保が、行政法システムの中に組み込まれていることがとくに注目される。このような意味で、前述の政策評価法制定以前の財政法規・地方自治法などの個別法規について、単なる実体法的「宣言」・「努力日標」・「指針」として解釈されていた諸規定と根本的に異なる法システムが導入されたことに注

---

93)　北海道の「時のアセス」についてくわしくは参照、小沢典夫「環境アセスメントと政策評価」『自治と政策』（北海道大学図書刊行会、2000年）201頁以下。

94)　参照、旧通産省政策評価研究会「政策評価の現状と課題」34頁以下。

95)　判例集未登載。

意すべきであろう。

むすびに代えて——今後の課題

　現代社会の構造変化は、（行政）法学にさまざまな課題を提起しているが、最近の行政（法）の「政策化」により、それと不即不離の関係にある行政の「効率性」の原則について行政法学の積極的な検討が求められている。最近成立した政策評価法は、このことを裏付け、はじめて「政策」について定義を加えるとともに、政策評価に基づく行政活動の実施のため、「必要性」・「効率性」・「有効性」をその基準として設定した。このうち「効率性」概念をめぐって、経済学をはじめ最近の法政策学においても活発な研究が展開されてきたが、この概念を、法律学とりわけ法制度設計のために活用しうるには、「費用最少」・「効果最大」命題の実現をめざすという改革指導的概念以上の厳密で、かつ明確な内容を設定することが必要であったが、それが現在までのところ十分なされないままであった。

　EU 統合の進展に伴う国際化・情報化により行政法改革が活発に展開されているドイツでも、行政の「効率性」はその指導的概念として位置づけられているが、その際、行政法の狭義の効率性、すなわち経済性、迅速性追求という意味で行われてきた諸改革に対して、学説では「公共の福祉的効率性」概念を対置して、むしろ実質的法治国の立場からこれに概ね批判的であったといってよい。

　わが国では、各種財政法規、会計検査院法、地方自治法、および公務員法などで、「効率性」、または「能率性」の基準・原則が規定されているが、必ずしも実効性のある法的拘束力をもつ規定とは解釈されていなかったといってよい。すなわちそこでは、「内部法」、法的システムの欠如、行政裁量、もしくはプログラム規定説が支配していたため、権利＝請求権と構成する余地がなかったからである。

　行政法の「政策化」が一段と進展し、その中心的根拠法である政策評価法が成立し、「行政法への効率性の挑戦」（シュミット－アスマン）がなされている今日、行政の効率性を、行政法改革の一つとして「改革・変革」可能性の視点か

第Ⅰ部　行政法概念と基本原則

ら行政法の一般原則として積極的に位置づけつつ、その意義・効果、および限界を明らかにすることが焦眉の課題になってきた。その際、行政法改革における効率性原則の積極的意義をふまえつつも、法治国原理、および人間の尊厳などの憲法原理からその制限を説くドイツの学説の展開はきわめて示唆に富むものである。しかし、一般に「効率性」の内容をなす「費用対効果」、あるいは「費用便益分析」の具体化・客観化については必ずしも成功しておらず[96]、また、貨幣的・数量的方法による「効率性」の基準の、法制度設計（法政策学）、および法解釈における限界が指摘されているため、行政法の一般原則としての「効率性」についてどのような意義・効果を認めることができるか、必ずしも明確ではない。このようななかで本章は、先行し、かつ議論の蓄積のあるドイツを対象として行政法改革における効率性の意義についてごく概観的な比較検討を試み、それを基にわが国における行政法の「効率性」原則について一般的・個別的に若干の考察を加えた。したがって、行政の「効率性」が行政法原則という法的価値判断に関わる以上、その法的視点からの綿密な検討が今後の課題となろう。その際、政策評価法における「効率性」に基づく評価システムによる実効性の担保が基準になるが、さらにその「効率性」の具体化に当たっては、その実体的な正当性（客観性）はもとよりであるが、住民参加や情報公開制などによって保障された、その手続的正当性をもつか否かを含めて具体的に検討することが、重要な課題であるといってよいであろう。

---

96)　参照、畠山武道「地方分権下における公共事業と評価手続」『自治と政策』117頁（184頁）、通産省政策評価研究会・前掲書（注94）・39頁。

第 **II** 部

「多極的行政法関係」と権利保護

第4章　ドイツにおける多極的行政法関係論と第三者の法的地位

はじめに——課題への視角

(1)　筆者が（当時）勤務する大学の法学部では、1997（平成9）年度の学部改革[1]に伴い行政法関連科目について、従来の「行政法Ⅰ・Ⅱ・Ⅲ」（各4単位）がそれぞれ「行政過程論」・「行政救済論」各Ⅰ〜Ⅲ（各2単位）に改められた。このうち、「行政過程論[2]」を行政法総論体系のなかでどのように位置づけるかはともかく、現代行政（活動）が行政の自己完結的な単一個別の行為形式（行政行為・行政契約・行政指導・計画など）というより、むしろ行政目的達成のための個々の行為形式の「結合・連鎖」過程＝「行政過程」として展開されていることはまちがいないところである。

　このような行政過程論と並ぶ、いまひとつの現代行政法の特色は、行政法が単に国・公共団体など行政主体と名宛人との二極的関係にとどまらず、名宛人以外の第三者（大規模施設の付近住民、交通機関の利用者、競業者、および放送局の視聴者など）の法的地位に大きな影響を与えるところの、複雑多様な利害関係のからむ「三極・多極的法関係」（drei-od. mehrpoliges Verwatungsverhältnis）[3]で

1）　参照、「法学部の教育・組織改革」（平成8年7月、熊本大学・法学部）。

2）　参照、塩野宏「行政過程論総論」『行政法体系 第2巻』（1985年）15頁以下、今村成和『行政法入門（第6版）』（1995年）161頁以下（第7章「行政過程と個人」）、遠藤博也『実定行政法』（1989年）85頁以下（第2編「行政過程」）。

3）　このような「第三者」を含む多数の利害関係者をもつ行政法関係については、ドイツでもさまざまな名称で呼ばれており、必ずしも統一されていないが——たとえば "multilaterale Verwaltungsnomalität", "mehrseitge,mehrpolige Verwaltungsverhältnisse". ——、ここでは、原則として「多極的行政法関係（mehrpoliges, od. polygonales Verwaltungsverhältnis）に統一して用いることとする。Vgl, Schmidt-Preuß, Kollidierende Privatinteresse im Verwaltungsrecht, 1992, S.1, Anm., 1. Rudolf Steinberg, Das Nachbarrecht der öffentlichen Anlagen, 1988, S.7.

151

第Ⅱ部　「多極的行政法関係」と権利保護

ある、という点にある。すなわち、行政過程論が現代行政活動の時間的・動態的フローを考察の中心的対象とするのに対し、「多極的行政法関係」論はその空間的拡大をめざす点で、対照をなしているといえよう。いずれも行政主体と名宛人との間の単一の行為形式という「局所的考察」[4]にとらわれず、現実の複雑多様な利害関係をふくむ、かつ、動態的な行政法関係を対象とする「複合的行政」（ヘーベルレ）[5]であるという点で、共通性をもつ。

　わが国では、1993（平成5）年に制定された行政手続法（法88号）において第三者の法的地位に関わる規定が、公聴会などによる第三者の意見聴取（10条）、および不利益処分の「関係人」の聴聞への参加制度（17条）としてはじめて導入されたが、これら第三者に関する地位規定を、多極的行政法関係論との関わりでどう位置づけるべきかは、これからの重要な検討課題である。また、これらと同旨の規定が全国自治体における行政手続条例のなかに取り込まれている点も——たとえば、福岡県行政手続条例第10条など——三極的行政法関係の視点から注目される。これらの国・自治体の規定自体は、一般的に行政庁の努力義務、もしくは裁量規定としてとらえられているが[6]、「多極的行政法関係」における紛争の適切な解決、およびその法的基準・第三者地位の確立という行政法の「現代化」の課題に、初歩的ではあれ、はじめて一般的な立法的対処をしたものであり、その意味で画期的であるといえよう。

(2)　行政法における第三者の法的地位[7]は、従来まで主として行政事件訴訟法上の取消訴訟などにおける原告適格（9条）の有無・範囲をめぐって論じられ（第三者の訴訟法的地位）、補充的に実体法上の行政行為論レベルで「二重効果的行政行為（Verwaltungsakt mit Doppelwirkung）[8]」という概念との関連で、行政（事前）手続の必要性、および行政行為の職権取消し・撤回の可否の問題として論じら

4）　塩野宏『行政法Ⅰ（第2版）』（1994年）42頁。

5）　Peter Häberle, Die Verfassung des Pluralismus, 1980, S. 251.

6）　参照、総務庁行政管理局編『逐条解説行政手続法（増補）』（1994年）58頁以下。

7）　このような第三者の法的地位（利益）について、二重効果的行政行為の意義と課題の視点から論究された最近の研究として、芝池義一「行政決定と第三者利益の考察」法学論叢132巻1・2・3号87頁以下が、また行政の法治主義との関連を論じたものに、藤田宙靖「行政活動の公権力性と第三者の立場—『法律による行政の原理』の視点からする一試論」『行政法の諸問題　上』（雄川一郎先生献呈論集）（1990年）170頁以下、がある。

れてきた（第三者の実体法的地位）。確かに、この二重効果的行政行為概念が第三者の法的地位を行政法学において認知・確立させる上で、大きな役割をはたしていることは否定できない。とくにドイツでは、1991年の行政裁判所法の改正により、異議審査請求と取消訴訟の提起による行政行為の「停止効」が「二重効果的行政行為」にも拡大され（80条1項2文の改正）、また、この「停止効」と「公益のため」・「関係人の重要な利益」のための「即時執行命令」との関係について、「二重効果的行政行為」の場合における「受益者」のための即時執行と「第三者」のための「執行中止」・「仮の措置」という利益調整のための規定が新たに導入され（80条 a）、この二重効果的行政行為は実定行政訴訟法上重要な意義を有することになった。

　このような二重効果的行政行為の規定と前述の「多極的行政法関係」はどのような関係（違い）があるか、換言すれば「二重効果的行政行為」という、ある意味では三極ないし多極的行政法関係に対応した立法措置にもかかわらず、あえて「多極的行政法関係」論を提唱することの意義はなにか、という問題が

8）　二重効果的行政行為論についてくわしくは参照、石崎誠也「西ドイツにおける『二重効果的行政行為』論」（兼子仁編著『西ドイツ行政行為論』（1987年）221頁以下所収）、遠藤博也『行政行為の無効と取消』201頁、高木光『事実行為と行政訴訟』355頁以下、萩野聡「複合的行政行為の特色」『行政法の争点（新版）』66頁以下、Vgl, Werner Laubinger, Der Verwaltungsakt mit Doppelwirkung, 1967, S. 5 ff.
9）　行政裁判所法80条1項「異議審査請求、および取消訴訟は停止効をもつ。これは、法形成的、および確認的行政行為、ならびに二重効果的行政行為（同80条 a）にも適用される。」
　　同第2項「停止効は、次の場合にのみ失効する。
　　　1～3　（略）、
　　　4　即時執行が公益のため、もしくは関係人の重要な利益のため行政行為を発した、もしくは異議審査請求について決定しなければならない行政庁によってとくに命令される場合」
　　同80条 a「第三者が、他人に向けられた、この受益的行政行為に対して法命令を申立てる場合、行政庁は、次の各号により、
　　　1　受益者の申立てにより80条2項4号に基づき即時執行を命ずること、
　　　2　第三者の申立てにより80条2項4号に基づく即時執行を中止し、第三者の権利確保のため仮の措置をとることができる。」
　　第80条2項「当事者が第三者に授益し、かつ当事者に向けられた負担付きの行政行為に対し法命令を申立てた場合、行政庁は第三者の申立てにより80条2項4号に基づく即時執行を命ずることができる。」
　　同第3項「裁判所は申立てにより、1項および2項に基づく措置を変更・廃止、もしくはそのような措置をとることができる。80条5項から8項までと同様に適用される。」

第Ⅱ部 「多極的行政法関係」と権利保護

ある。結論的にいえば、前者は、行政法関係の基本は、行政と名宛人の法関係を中心にして、その上で行政庁の公権力の行使である「行政行為」の効力を「第三者」にも拡大する理論であるのに対し、後者は、「社会国家」（ボン基本法第20・28条1項）における行政権の拡大を背景に、行政行為に限定せずその多様な行為形式を対象とし、私人間の複雑多様な利害関係の対立を前提に行政の「調整」的機能を重視する理論である点に、基本的相違があるといえよう。

(3) 取消訴訟などにおける原告適格をめぐる第三者の法的地位については、国家（行政）—私人の二極的関係を基礎とする伝統的公権理論の枠組[12]のなかで、行政行為などの根拠となる通常法律を基本に、必要な場合には憲法（=基本法）・基本権、条約、および慣習法・条理なども要件法規として適用され、そこでは行政行為の名宛人はもとより、建築法上の隣人などを中心とする第三者についての「個別的利益」が法によって保護されているか否か、が主要な問題となる。このような意味で、「第三者の権利拡大が公権理論の歴史の一部である」という共通認識の下で、今日では「第三者保護規範説[13]」が語られる。しかし他方では最近、このような（第三者を含む）公権は「行政法関係」、その発展システムとしての「多極的行政法関係」の構成要素、ないしその効果として位置づけられる傾向がある[14]。すなわちこれは、第三者の公権を、私人の孤立的・請求権的権利というよりも、それを包む「行政法関係」というマクロの視点からとらえ直そうとする理論傾向である。

---

10) Vgl., W. Laubinger, AaO., S. 5 ff, 参照、石崎誠也・前掲論文・229頁以下、兼子仁『行政法総論』1983年、89頁以下。

11) P. Häberle, AaO., S. 248ff., Schmitt Glaeser, Die Position als Beteiligte im Entscheidungsverfahren gestalender Verwaltung, in Lerche/Schmitt Glaeser/Schmidt-Aßmann, Verfahren als staats-und verwaltungsrechtlichen Kategorie, 1984, S. 77ff., Hartmut Maurer, Allgemeines Verwaltungsrecht, 8 Aufl., 1992, S. 145ff.

12) Vgl., G. Jelinek, System der subjektiven öffentlichen Rechte, 2 Aufl., 1950, S. 9 ff., O. Bühler, Die subjektiven öffentlichen Rechte und ihr Schutz in der deutschen Verwaltungsrechtsprechung, 1914, S. 3 f., O. Bachof, Die verwaktungsgerichtliche Klage auf Vornahme einer Amtshandlung, 2 Aufl., 1968, S. 63ff. 参照、中川義朗『ドイツ公権理論の展開と課題—個人の公法的地位論とその権利保護を中心として』（1993年）230頁以下。

13) J. Wolff/O. Bachof/R. Stober, Verwaltungsrecht., 10Aufl., 1994, S. 566.

14) Vgl., Sigurd König, Drittschutz, 1993, S. 240f., H. Maurer, AaO, S. 145ff., H. U. Erichsen, Allgemeines Verwaltungsrecht, 1995, S. 208ff., N. Achterberg, Allgemeines Verlwaltungsrecht, 2 Aufl., 1986, S. 367ff.

第4章　ドイツにおける多極的行政法関係論と第三者の法的地位

　そこで本章（第4章）は、まずドイツにおいて最近展開されている「多極的行政法関係」とはなにか、またそのベースにある「行政法関係」論の特色、および「二重効果的行政行為」との違いはなにかについて、主要学説・関連判例を通して考察し（Ⅰ）、さらに、「多極的行政法関係」を前提とする第三者の法的地位（公権）の内容・特色はどのようなものか、という課題について、最近体系的モノグラフィーを草したシュミット－プロイスの理論[15]を紹介しながら、その意義と問題性を総合的に検討する（Ⅱ）。

　ここでシュミット－プロイスの研究論文を取り上げるのは、彼の理論が単にこのような「多極的行政法関係」を前提とする伝統的公権理論の発展形態＝新公権理論という性質をもつだけでなく、現代の規制緩和・市場原理優先・新自由主義というグローバルな大きな潮流のなかで、行政と市民との関係、および市民間の紛争に対する行政（法）の役割の転換という、行政法総論の課題にとって重要な新しい問題提起を含むからにほかならない。またそれだけに結論から先にいえば、かかる「多極的法関係」において名宛人と「第三者」という私人間の紛争こそが実質的真正の対立構造であり、これら当事者に対する「局外」の、行政の「中立性」・「客観性」という一般的位置づけ、および行政の名宛人と「第三者」との形式的平等性などいくつか基本的問題をかかえた「新公権理論」の提起であるといってよい。

Ⅰ　多極的行政法関係の一般的特質

1　多極的行政法関係とはどのような法関係か

⑴　上述のように、現代行政法の特質のひとつが、空港、道路、鉄道などの大規模施設の設置認可[16]、原子力発電所の設置認可、産業廃棄物処理施設の設置許可、および医薬品の承認などの薬事行政に代表されるように複雑・多様な利害

---

15)　Schmidt-Preuß, AaO.（3）
16)　大規模施設に関する行政法上の諸問題については参照、ペーター・バドゥーラ「ドイツ連邦共和国の憲法・行政法における技術的大規模プロジェクト（1）（2）（3）（4）」（『自治研究』第64巻第5号13頁以下、同6号19頁以下、同7号30頁以下、同9号3頁以下）、山田洋『大規模施設設置手続の法構造』（信山社、1995年）。

155

第Ⅱ部　「多極的行政法関係」と権利保護

関係（人）のからむ、いわゆる「三極・多極的行政法関係」にあるとすれば、行政法学の課題がこのような行政法関係の特質に対応した法理論の構築にある[17]ことはいうまでもない。これに対応する理論として、ドイツの「二重効果的行政行為」論がわが国にも広く導入され、行政法総論の基礎概念、とくに行政行為論としての位置づけが活発に論議されつつある[18]。しかし、今日このような行政法関係の理論的受け皿としてドイツで活発に提唱されている「多極的行政法関係論」は、行政行為だけでなく、行政契約、行政計画など他の行為形式にもその「多極的法関係」を拡大し、名目的・形式的当事者たる行政—名宛人（申請者）とともに新次元としての、名宛人以外の「利害関係人」を含む、多様な「第三者」を取込む法理論である。これは、換言すれば、行政活動の空間的拡大を視野にいれた理論であり、第三者の公権・法的地位にも大きな影響を与えるものである。

　ドイツ行政法総論の標準的テキストといわれる『行政法総論』のなかでマウラー（H. Maurer）は、現代「行政法関係」について「最近、ますます多極的行政法関係（polygonale od. mehrpolige Verwaltungsverhältnisse）が出現している」[19]と規定したうえで、行政—名宛人間の伝統的「二面的法関係」に対する、多極法関係の特色は、「一面における国家、および他面における市民——同一方向的利益をもつ多数の市民——が対立するばかりでなく、市民サイドにあっても多様、かつ、偶然の利益が主張され、選択的調整がなされねばならないところの、多様な、かつ対立的諸利益の複雑なからみ合いが存在する」点にある、とする。しかし彼は、他方で「多極的行政法関係」の実態は、「多数の、多様に規律された、かつ、形成された行政法関係」にすぎず、たいてい行政法各論の領域で論じられており、「行政法総論の基礎概念としての適確性」という点で疑問をもつ、という。

　またハンス－ウベ・エリクセン（H. U. Erichsen）も、次のごとく指摘する[20]

---

17)　参照、下山瑛二『現代行政法学の基礎』1983年10頁以下、阿部泰隆『行政法システム　上（第2版）』（1996年）36頁以下。

18)　最近のわが国における「二重効果的行政行為」論に関する研究のなかで芝池教授は、行政行為の区分論として①侵害的行政行為、②受益的行政行為、と並ぶ独立の第3類型として「二重効果的行政行為」をあげることに反対している。参照、芝池義一・前掲論文・87頁以下。

19)　H. Maurer, Allgemeines Verwaltungsrecht, 8 Aufl., 1992, S. 145ff.

156

第4章　ドイツにおける多極的行政法関係論と第三者の法的地位

――。すなわち、19世紀の自由主義的法治国から、ボン基本法第20・28条にお
いて規定される「社会国家」への転換に伴う行政目的の変遷により、たとえば、
水、エネルギー、および生存に必要不可欠の「生存配慮」行政のように「行政
への市民の依存が集中的、継続的、かつ包括的になった」ことを承けて、「市
民と行政との関係は、もはやたんに双務的関係ではなく、市民は第三者的当事
者、もしくは受益者として、たとえば大規模施設の許可の場合のように他人と
多次元的関係構造（mehrdimensionale Beziehungsgefüge）」に立ち、その「複合
体がすべての利益の把握、および調整を非常に困難にしている」と同時に、こ
のような行政作用の新次元が行政法総論にも新しい要求を突きつけていると。
したがってエリクセンによれば、現代行政法関係は、「二つの、もしくは多数
の法主体間に存在する、たんなる国家―市民間を越えた、濃密な、特別な公法
関係であって、憲法・国際法関係でないものである」と規定される。このよう
な「多極的行政法関係」が、現代の社会的法治国家（基本法20・28条）にあって
は、国家―市民の二局的行政法関係の部分的・補充的・例外的関係ではなく、
まさに全体的・基本的・原則的関係であるところに、その特色がある。たとえ
ば、国家―市民間の「二面的関係」は、租税債務者、もしくは社会保険請求権
者と国家とが対立する租税法・社会法関係の分野において目立つ。この点は、
資金補助法関係にも当てはまるが、しかし補助金を受領した企業と、その機会
均等を侵害された（と主張する）競業者との関係は双務的ではなく、「多極的行
政法関係」の内容を構成する。[21]これについてシュミット－アスマン[22]が、多極的
行政法関係における「第三者保護問題」は、「建築隣人訴訟において初めて展
開し、今日では環境法の広範な部分に到達し、競業者訴訟の形で資金補助法・
経済法に広がり、官吏法のように伝統的に固定した分野の門前で突然立ち止
まっている」と述べるように、行政法各論＝「参照領域」の大部分がこの多極
的法関係によってカバーされている。

(2)　このような多極的行政法関係論の帰結のひとつは、W．ブローム（W．
Brohm）[23]が、「現代社会国家における行政裁判制度」というモノグラフィーの

---

20)　H. -U. Erichsen, Allgemeines Verwaltungsrecht, 10Aufl., 1995, S. 208ff.

21)　Vgl., Schmidt-Preuß, AaO., S. 21.

22)　Schmidt-Aßmann In: Maunz Dürig-Grundgesetz-Rdnr. 3 f. zu Art. 19Abs. IV.

157

第Ⅱ部 「多極的行政法関係」と権利保護

なかで、「個々の国家─市民関係に指向された法的争訟は、社会形成的決定の複雑な利益の錯綜について、もはや適切に捕捉することができない」としたうえで、地方自治体の建築詳細計画における土地利用の確定のような、多様な利害関係のからむ行政法関係では、「行政官庁が被告であるのは形式的にすぎず、実際には多様な当事者、個々の私人、および社会的グループ間の紛争が重要であって、そのしばしば矛盾する利益について、行政、そして究極的には裁判所が調整機関として存在せねばならない」と指摘するように、多数の、利害の相反する私的当事者間の紛争こそ第一義的に重要であって、行政と名宛人以外の第三者との関係が相対的に後退する、という点である。

この点についてグレーザー（W. S. Glaeser）教授も、社会的法治国における、非常に重要・複雑な計画・形成・配分行政において、関係者の地位にとって基本的に重要な事実として、「そこでは行政とともに、そして行政の下にある市民間関係（紛争）が重要であり、このことは諸利益の対立のみならず、しばしば交差した利益の錯綜によって特色づけられる」ため、その「利益の調整がすべての関係者、行政とすべての参加者の任務である」ことを強調する。

クレップファー（M. Kloepfer）教授は、別の視点から、「環境保護と憲法」と題する論文のなかで、「このような公法上の隣人訴訟においてしばしば展開される紛争では、認可する、または干渉しない国家に対する"自己の代理者戦争"（Selbstvertreterkriege）が展開されるが、しかし実際には、事業者が環境負荷者として第一義的な紛争の相手方であるはずである」のに、環境法の大部分が、国家の認可決定に私法的効果を付与することによって、「環境負荷者、被害者、および行政認可庁の法律的三角関係」において「敵の交換」を不可避なものにしている、と批判する。

(3) この点について、連邦（憲法・行政）裁判所の判決のうち、このような三極・多極的行政法関係──これらの判決は「二重効果的行政行為」と指称する──

---

23) W. Brohm, Verwaltungsgerichtsbarkeit im modernen Sozialstaat, DöV, 1982. S. 93f.

24) Walter Schmitt Gläser, Die Position der Bürger als Beteiligte im Entscheidungsverfahren gestaltender Verwaltung, in Lerche/Schmitt Gläser/Schmidt-Aßmann,Verfahren als staats-und verwaltungsrechtliche Kategorie, 1984, S. 93f.

25) Michael Kloepfer, Umweltschutz und Verfassung, DVB 1 . 1988. S. 305ff.（309）.

における法的争議のあり方について、同様の問題提起をするものがある。

　たとえば、①ザールラント州の経済・交通・農業大臣による水法上の計画確定手続の実施のための土地収用事件（以下、ザールラント事件という。）、および②ガレージ建築許可に対し隣人２名が取消訴訟を提起し、これに対して行政部長が即時執行を命令したことについて、原告の申立てにより「停止効」の回復を行政裁判所が一部認容した事件において、旧（1960年１月21日施行の）行政裁判所法第80条６項２文が「原告の異議審査申立て・取消訴訟提起による停止効に対する行政庁による即時執行の申立ての際、申立てにより本案裁判所が停止効を回復することができることについては取消すことができない」旨規定しているため、基本法第３条１項の平等原則に違反するのではないかと争われた事件（以下、バイエルン事件という。）において、連邦憲法裁判所第一部の1973年６月19日判決がある。同裁判所は、「訴訟の停止効は、公法訴訟の基本的原則である。この原則は、手続的に行政裁判所法第80条５項——本案係属の裁判所による同条２項１〜３号の場合の「停止効」の命令、および２項４号の場合の「停止効」の回復（筆者注）——、ならびに同条６項（同条５項に基づく申立てについての裁決はいつでも変更・廃止することができる（筆者注））によって補完される。…（略）…訴訟の停止効が原則である。……これに対して行政行為の即時執行は、例外を形成する」（傍点筆者）として、「法律上の区別に対する客観的に明白な根拠」があるので、恣意的ではなく基本法の「平等原則」に違反しない、と判示した。そのなかで同判決は、「同一の行政行為が一市民に授益し、同時に他の市民に負担を課す場合には、行政裁判所法第80条６項２文は同法第146条１項に基づく（関係人の上級行政裁判所への）異議申立て（Beschwerde）が両者に帰属するので、憲法適合的に解釈されねばならない」、と判示した。またこの②のバイエルン事件に関わって同裁判所は、「この受益的行政行為は隣人（第一審の原告ら）によって負担、およびその権利の侵害であると受け取られている。したがって、この場合は、典型的な二重効果的行政行為が問題となっている。訴訟法的構成を別にすれば、その法的争議の根底には、実際には、ただ隣

---

26)　BVerGE35, S. 263ff（272-3）. その他参照、石崎誠也・前掲論文・258頁以下。

27)　BVerGE35, S. 271.

第Ⅱ部 「多極的行政法関係」と権利保護

人間の紛争のみが横たわっている」（傍点筆者）ことをふまえ、受益者（建築主）と隣人が行政手続的に同等の権利を有する、と判示した。

また③連邦行政裁判所も、隣人（第一審原告）の一軒家に隣接して建設されたクライス職業学校のための建築許可に対する、連邦建設法第34条（未計画で建築可能な区域、いわゆる「連担建築区域（der im Zusammenhang bebauten Ortsteile）における建築許可要件規定）違反を理由とする取消訴訟に関する1969年9月19日判決[28]で、同裁判所第4部の1969年6月13日判決に基づき同条の主観法的・隣人保護的性格を否定しつつ、建築許可が有効になった時期の「証明責任」（Beweislast）について、「根本的な利益の対立に関して、隣人と行政官庁ではなく、隣人と建築主とが対立している典型的隣人訴訟においては」、「すべての関係者が自己に有利な法規範の前提を証明する責任を負う」との原則が通用されるべきであるが、この事件における「三角関係」のため、同裁判所[29]は、これに反して、「負担付き行政行為の取消訴訟においては、被告行政庁が侵害の通常の前提に対して証明責任を負うとの原則は適用しうるものではない」、と判示した。なぜならば、「原告隣人にとっての負担（Belastung）は、行政庁にとって決して受益行為ではなく、参加人である建築主にとって受益行為であるからである」。

④さらに、ヴィール（Wyhl）における原子力発電所の設置認可決定に対する、住民らの「異議申立て」について、旧原子力施設令（AtAnLV）第3条1項の定める「排除（Präklusion）制度——異議申立て期間の経過とともに、特別の私法上の名義に基づくものを除くすべての異議申立ては排除される——の合憲性が争われた事件[30]で、連邦行政裁判所第7部1980年7月17日判決は、「この規定[31]が多極的法関係（mehrpoliges Rechtsverhältnis）における調整機能をもつ」こと

---

28) DÖV, 1970, S. 135ff.

29) ibid., S. 271.

30) ヴィール原子力発電所をめぐる訴訟の経過・内容、および原子力法・原子力施設令（現行原子力法手続令）上の異議申立ての「排除」制度の意義・問題点、さらにこの「排除効」が単なる「手続的排除効」を意味するのか、あるいは出訴の途をも防げる「実体的排除効」を意味するのか、また手続の迅速化・効率化、事業者の権利安定と第三者の権利保護の「困難性」をどう「調整」するのかなどの点についてくわしくは参照、山田洋・前掲書・148頁以下、高橋滋『現代型訴訟と行政裁量』71頁以下、その他参照、Vgl., Lerche, AaO., S. 66ff.

31) BVerGE72, S. 297（307）.

を確認したうえで、「これは、一面において原子力法施設の設置者／経営者
の、他面においてこの施設によって潜在的に影響をうける第三者の保護された
法的範囲を、原子力法第7条2項2号において第三者に与えられた防御権を制
限することによって限界づける」ものであり、「多極的法関係に影響を及ぼす
偶然の、場合によっては基本権的地位に還帰する諸利益のバランスをとり、相
互の適切な関係をもたらす」、と判示した。またこの判決で、この原子力施設
令（AtAnLV）第3条1項の「排除効」は当事者に与えられた、特別の行政手
続法上の地位であり基本権保護にも役立つ、と位置づけられた。

　このようにこれらの判例では、二重効果的行政行為、もしくは多極的行政法
関係における紛争の基本構造は、行政対（第三者を含む）私人ではなく、むし
ろ「二つの私的紛争当事者」間の対立であること、ならびに行政裁判所法第80
条6項2文、および原子力施設令第3条1項（現行の1995年原子力法手続令
（AtVfV）第7条1項1文）の「排除効」制度は私人間の利害調整のための規定
であり、ボン基本法の平等原則（3条）に違反しないことが確認されている。

　このような多極的行政法関係論の一般的特質・内容については、さらに節を
改めて検討しよう。

2　多極的行政法関係の特質

(1)　このように、現代ボン基本法下の「社会的法治国」（20条・28条）における
「計画・形成・配分」行政活動の拡大を背景に、ドイツ公法理論、および連邦
憲法裁判所・行政裁判所の諸判決において、「多極的行政法関係論」が積極的
に、もしくは事案解決のための背景的理論として提唱され、注目されつつあ
る。それによれば、多極的行政法関係（紛争）の中心は、かつての行政争訟的
当事者たる、行政対（第三者を含む）市民にあるのではなく、市民相互間（行政
行為の名宛人対第三者）にあるとして、行政の役割をこれら市民的・社会的紛争
の「調整機能」（Ausgleichsfunktion）にもとめるものである。この場合、行政の
中枢的機能たる「調整」は現行法上、ボン基本法、法律、および行政（規則）
レベルなど、さまざまなものが考えられる。[32]

---

32)　P. Lerche, in: Lerche/Schmitt Glaeser/Schmidt-Aßmann, AaO., S. 101ff.

第Ⅱ部 「多極的行政法関係」と権利保護

　周知のように「調整」は、「企画調整」、もしくは「計画と調整」などの文脈で多用されるように、計画行政のなかで重要視されるところの、すぐれて現代的な行政作用の一種である[33]。「調整」の言語学的意味は、当事者間の利害対立を除去し、不均衡を是正・解消することである[34]。

　今、ドイツにおける「多極的行政法関係」における行政の「調整」作用を具体的に連邦イミッシオン法を中心とする環境法[35]、および連邦行政手続法においてみると、主に次のような規定がある。

　第1に、大規模施設、もしくは連邦イミッシオン法上の要認可施設における認可基準[36]として、「有害な環境影響行為、その他の危険、重大な不利益、および公衆・近隣に対する重大な迷惑」を惹起しないことがあげられているが、そのなかで中心をなす、「エミッション限界値に対する、技術の水準に相応する措置」によって「有害な環境影響行為に対する防止措置がとられること」が、施設の設置・操業のための認可要件の一つとして規定されている（連邦イミッシオン法4条1項、同5条1項1・2号）。すなわち行政庁は認可基準という方法で、「公衆・近隣」への「重大な迷惑」の回避義務を通して事業者と付近住民など第三者の法的・事実的利益とを事前「調整」することになる。

　第三者の住民らの立場からすれば、公害の発生がその権利を侵害する場合、施設設置計画の差止め・変更、もしくは条件（付款）、とくに負担の付加を求めることができる。

　第2に、所轄庁は申請に基づき「計画案」（Vorhaben）を官報、もしくは地域の日刊紙で公示した後1ヶ月（当初2ヶ月）間縦覧に付す義務があり、この間何人も「計画案」に対する「異議申立て」をすることができる。認可庁は、この「異議申立て」について、申請者と異議申立て者との間で「口頭の聴聞（erörtern）」を開いたうえで決定しなければならない（連邦イミッシオン法10条3

---

33)　参照、中村五郎「計画と調整」（『行政学講座 第3巻』39頁以下）、西尾勝「行政と計画」（日本行政学会編『行政計画の理論と実際』2（9）頁以下）。

34)　Vgl., G. Währig, Deutsches Wörterbuch, S. 517.

35)　参照、バドゥーラ・前掲論文・（2）25頁以下。

36)　Vgl., G. Feldhalls, Bundesimmissionsschutzgesetz, Bd., 1 A, §§ 4・6, Sigurd König, Drittschutz, 1993, S. 83ff. くわしくは参照、高木光『技術基準と行政手続』（行政法研究双書）39頁以下。

162

項・6項）という国民の参加権を保障した制度である。この異議申立て制度に
よって申請者と第三者の異議申立て者は平等に認可手続に関与し、認可庁は両
者の利害関係を公平に「調整」することになる。ただ、「部分認可」（同8条）・
「予備決定」（9条）という多段階的認可手続制度のなかで、施設の設置・操業
に関するそれ以後の手続においては、先行の手続において正式の期間内に提出
された「事実」を根拠にして第三者は「異議申立て」をすることができない、
という制限がある（同11条、原子力法7条b）。

　すなわち、この重要な「第三者の異議」制度については、大規模施設におけ
る多段階的認可手続との関連で一定の限界が付されており、これは事業者と第
三者との「調整」規定と解することができる。

　第3に、連邦政府は認可手続に関する法規命令、および行政規則を発するこ
とができるが（同51条）、この場合、「一定範囲の当事者」（学識経験者の代表、当
事者、関係経済界、関係交通体系、およびラントの最高所轄庁）に対する聴聞義務が
規定されている。この法規命令には、「簡易手続における認可の付与」、「予備
決定」、および「部分認可の付与」など連邦イミッシオン法上の認可手続の基
本原則が規定されるため、各種利害関係者のみならず専門的学識経験者などを
含めた広範囲の関係者に対する「聴聞」を通じて多様な利害が「調整」され、
その結果は行政機関の法規命令という形でアウトプットされる。

　第4に、行政手続法において、「権利侵害」が行われる行政手続の「関係人
（Beteiligter）」に対する「聴聞」義務（同28条）[38]、および行政庁による、「関係人
に対する有利な事情の配慮」義務（24条）も、ここでいう事前の「調整」規定
に加えることができよう。

　このように、行政が私人間の紛争を事前予防、もしくはその解決の「調整」
をする場合、行政サイドからすれば、妥当な行政決定・「公益」判断のための
情報収集・判断材料収集レベルのものから、「隠れた公益」[39]に相当する、関係

37）　くわしくは参照、山田洋・前掲書・180頁以下。

38）　Vgl., F. Kopp, Verwaltulngsverfahrensgesetz, 4 Aufl., 1986, S. 218ff., H. J. Knack, Verwaltungsvefahrensgesetz, 4 Aufl., 1994, S.206ff., K. Obermayer, Zum Verwaltungsverfahrensgesetz. 2 Aufl., 1989, S. 229ff., その他参照、海老澤俊郎『行政手続法の研究』（1992年）135頁以下。

39）　R. Steiberg, Komplexe Verwaltungsverfahren zwischen Verwaltungseffizienz und Rechtsschutzauftrag, DÖV, 1982, S. 619f.

第Ⅱ部 「多極的行政法関係」と権利保護

人、および第三者の実体法的・手続法的「権利」に至る各種のものが、この「調整」の対象に含まれる。

このような多極的行政法関係における、行政の広義の「調整」作用のほか、名宛人と第三者間の多極的・行政争訟的紛争関係を「調整」し解決する規定として、上述の①ザールラント事件、および②バイエルン事件の際その合憲性が問われた旧行政裁判所法第80条6項2文、および同80条a（二重効果的行政行為）の規定が重要である。同第80条6項は、同「5項に基づく申請についての裁決は、いつでもこれを変更、もしくは廃止することができる。裁決と申請が一致した場合には、これを取消すことはできない」と定めていたが、このうち、1977年の改正により同2文——「裁決と申請が……これを取消すことはできない」——のみが削除され、その後最近の改正で第80条7項において「本案の裁判所は5項に基づく申請についての裁決をいつでも廃止・取消すことができる。すべての関係人は、事情の変化、もしくは原審の手続において無過失（Verschulden）で主張しなかった事情のため変更、もしくは取消しを申立てることができる」と規定されるに至った。この改正の趣旨は、「停止効」の回復措置の場合についてのみこれを「取消すことができない」とするのは、連邦憲法裁判所の判決[40]では違憲ではないとされつつも、名宛人と第三者の手続的平等という観点から、同第146条第1項に基づく、上級裁判所への異議申立て（Beschwerde）を「当事者」間に平等に保障することにあると考えられるからである。

また、同第80条2項1文の改正、および第80条aの導入は、「二重効果的行政行為」を明記し、原告（隣人など）、参加人（建築主など）、および認可（行政）庁という行政・利害関係人の行政争訟的対立、すなわち取消訴訟の提起による「停止効」と行政庁サイドの「即時執行」との対立を調整するための規定であり、二重効果的行政行為、もしくは多極的行政法関係自体を内容とするものであると解される。

これら行政による「調整」規定において、グレーサー[41]が指摘するように、利

---

40) BVerGE35, S. 272f.

41) W. Schmitt Glaeser, AaO., S. 69f.

164

害関係者の「リスク・武器の平等」をどのように考えるか、という点が困難な課題としてクローズアップされる。すなわち、それは、取消訴訟の提起→停止効→即時執行命令→停止効の回復→上級裁判所への異議申立て、と続く一連の手続過程において、当事者の実質的平等をいかに保障するか、換言すれば、仮の権利保護における「リスクの配分」をどう考えるか、という課題でもある。

(2) このように行政裁判所法第80条1項2文、同第80条aに代表されるように、二重効果的行政行為と多極的行政法関係が重畳的にオーバーラップする場合には、あえて新たに「多極的行政法関係」論を提唱する意義は乏しい。しかし、このような多極的行政法関係が「行政法関係」→「法関係」→「関係社会」論という順序でその正当化を遡及しうる文脈のなかでその位置づけを行う場合には、多極的行政法関係と二重効果的行政行為とその目的・範囲の点できわだった対照をなす。すなわち、後者の視点からすれば、多極的行政法関係は、たんに行政行為に基づく多数の利害関係者が複雑にからみ合う関係というだけではなく、「行政法関係」論をベースにした、その広範なる展開としてその延長線上に位置づけられる「法関係」であるからである。

この行政法関係論の由来は、1971年のレーゲンスブルクでの国法学者大会において代表的論者により提唱され、以来ドイツ行政法学界において支配的な地位を占めるに至った法概念である。そこでの主報告者バッホフは、「一概念、および一制度が行政法において支配的な、私にとっては"中心的"地位を占めるのに役立つとすれば、それは行政行為ではなく、法関係である」とのべ、行政法のドグマティクにとって、「瞬間的要素」から成る行政行為よりも、「継続的法関係」たる「行政法関係」を重視する。またヘーベルレは、「行政法関係は、社会的法治国において市民のために、および市民とともに活動する、行政の本質的道具である」といい、この関係を「基本法におけるアルキメデス的点」と

---

42) P. Preu, Subjektivrechtliche Grundlagen des öffentlichrechtlichen Drittschutzes, 1992, S. 91ff.

43) Vgl., Häberle, AaO., S. 262f. なおドイツ法関係論については、村上武則「西ドイツにおける給付行政の法関係論について」伊藤満先生喜寿記念『比較公法学の諸問題』(1990年) 159頁以下、人見剛「ドイツ行政法学における法関係論の展開とその現状」東京都立大学雑誌32巻1号(1991年) 105頁以下参照。

44) Vgl., O. Bachof, VVDStRL30 (1972), S. 193 (231).

45) P. Häberle, AaO., S. 256f.

第Ⅱ部　「多極的行政法関係」と権利保護

形容した。彼は、具体的には「市民は、負担付きの、もしくは受益的行政行為よりも、むしろ行政法関係」によって規律される関係に立つので、（二重効果的）行政行為・公権という伝統的行政法の基礎概念に代わって、「行政法関係」が中枢の座を占める、と指摘するのである。

　ヘーベルレによれば、行政法関係における「マクロ的行政活動の広範な効果」[46]として、積極的に①市民と行政との「利益結合の強化・近接性」、②「形成的行政活動による継続性の要素と柔軟な適応性」、ならびに③「公行政と私人の利益の錯綜、および増大する利害関係者の複数性による限定的対立構造」という一般的特色が指摘され、とくに行政法ドグマティクにとって、消極的には「“定期的”、瞬時に囚われた一面的行政行為（einseitiger Verwaltungsakt）、およびそれに帰属する公権からの非常に強力な解放」という共通性がクローズアップされる。

　これに対して「二重効果的行政行為」の特色は、ラウビンガーによれば[47]、それが二つのもしくは多数の当事者をもつ「唯一の行政行為」であり、そのうち少なくともひとりが「利益」を授与され、かつ他人が負担を受けるという点にある。この「利益付与」とは、「私権、公権、もしくは法的に重要な利益」を基礎づけることであり、「負担」とは、「私権、公権、もしくはその他の法的地位を侵害」し、このような「権利、法的地位に関し不利益的な確認を行う」、ことである。

　この「二重効果的行政行為」の実体法的定義づけに対して、フロムは、「二重効果的行政行為」を、「利益的行政行為であって、それに対して他の者が訴権を有する」ことという行政訴訟法的定義づけをしている[48]。これによれば、「他の者」（第三者）の出訴資格（訴権）の有無が「二重効果的行政行為」成立の鍵となる。いずれにしても、唯一の行政行為を中心に、その法的効果が「第三者に及ぶ行政庁の高権的行為が二重効果的行政行為」の謂である。

　このように行政行為を基点にして、行政庁と名宛人、および行政庁と第三者

46）　Ibid. S. 251ff

47）　Laubinger, AaO., S. 29ff.

48）　Fromm, Verwaltungsakt mit Doppelwirkung, VerArch. 1965, 28. 参照、石崎誠也・前掲書・229頁以下。

の関係によって構成される「二重効果的行政行為」と、行政法関係全体におけ
る行政行為の相対化、および多種多様な行為形式の連鎖・複合体をめざす「多
極的行政法関係論」とでは、おのずからそのよって立つ思想的基盤が異なる。
これについてヘーベルレ自身[49]、行政法関係にとっての検討課題として、「部分
認可」、「予備決定」、および「二重効果的行政行為」など行政行為の多様性を
あげており、これらを考慮すると、（多極的）行政法関係論が（二重効果的）行
政行為論自体を排除するではなく、まさに行政法秩序における、そのあり方に
ついての問題提起であると解することができよう。すなわち二重効果的行政行
為の場合、ひとつの行政行為によってもたらされる行政対名宛人、および行政
対第三者という法関係が行政法（学）の焦点になるのに対し、多極的行政法関
係の場合、私人間（名宛人対第三者）の紛争に第一義的地位が与えられ、行政が
調整的・中立的役割を果たすうえで行政法関係において、行政行為の多様な形
態がクローズアップされてくるにすぎない。

(3)　上述のように、建築法、環境法、計画法、および経済法などに代表され
る、多数の利害関係者をふくむ多極的行政法関係では、中立的調整機関という
行政の役割変化とともに、行政裁判所の役割もおのずから変わってくる。これ
について、シュミット－アスマン[50]は、「多極的法関係が問題になっている場合
には、古典的二極的行政法関係（行政庁＝行政機関と申請者・名宛人・被処分者）
における裁判所の権利保護の拡張的操作が廃れ、不適切になっている」とした
うえで、権利保護は、行政庁と申請者のみならず「第三者」との関係、すなわ
ち「第三者保護」をも包括せねばならないことを強調する。その多極的行政法
関係における権利保護では、基本法第19条４項の下で関係者の、「比較考量に
基づく裁判保護の原則（Gebot eines ausgewogenen Gerichtsschutz）」が決定的に
重要である、とされる。

　またW．ブローム[51]は、「行政の法治主義の原則」の確保と「個人の権利保護」
という、行政裁判所のかつての二大任務に加えて、「社会的正義の保障」とい
う新たな任務をあげる。この任務を遂行するためには、「個々の国家―市民関

---

49)　Häberle, AaO., S. 248.

50)　Schmidt-Aßmann, AaO., Rndn. 3 , zu Art. 19 Abt.

51)　W. Brohm, AaO., S. 10.

第Ⅱ部 「多極的行政法関係」と権利保護

係の孤立した考察」は妥当ではなく、むしろ関係する「すべての法的地位、および利益」が尊重考慮されねばならないと。

このように、多極的行政法関係論では、私人間の紛争をいかに事前（後）に「手続的平等」・「武器の平等」という視点から「調整」し解決するかが行政の最大の任務であり、かつての行政対市民の法的紛争に後者の「権利保護」という視点から関与してきた（行政）裁判所には、行政の「調整」的・一次的決定に対し事後的に、かつ、最終的に「社会的正義」を担保するという重要な役割が帰属することになる。

Ⅱ 多極的行政法関係における第三者の地位（公権）
—— シュミット－プロイスの理論を中心にして

1 多極的行政法関係における紛争の特質

(1) ドイツで、最近このような「多極的行政法関係」論の視点から、「国家—市民」の双務的法関係を根拠とする伝統的公権理論を根本的に批判し独自の理論を展開したシュミット－プロイス（Schmidt-Preuß）のモノグラフィー『行政法における衝突する私益』（Kollidierende Privatinteressen im Verwaltungsrecht, 1992, 以下 （ ） の頁数はこの論文の頁を表す）を紹介しながら、まず、多極的法関係の紛争状況の特質を明らかにし、次にどのような法的基準を適用し第三者を含む市民間の紛争を解決するか、さらに第三者の地位はどのように規定されるのかを順次検討することとする。

まず、プロイスは、「伝統的公権を多極的行政法関係」に適合させること、すなわち「多極的行政法関係における衝突する私益の、主観法的に構成された調整」こそ、現代公権理論の基本課題であるとし、かつての「国家—市民」関

---

52) 最近ドイツにおいては、このような「行政法関係」・「多極的行政法関係」の視点から伝統的公権理論を批判し、第三者の「公権」を処分の名宛人との「比較考量」によって基礎づけようとする独自の理論を展開する傾向がみられる。たとえば、P. Preu, Subjektivrechtliche Grundlagen des öffentlichrechtlichen Drittschutzes, 1992, および Sigerd König, Drittschutz (1993) が、その代表的なものである。シュミット－プロイスの理論とこのプロイの論文は「基本的な発想には相通ずるものがあり」、「きわめて示唆に富む論稿である」と評価されている。参照、桑原勇進「学界展望、Peter Preu, Subjektivrechtliche Grundlagen des öffentlichtlichen Drittschutzes, 1992」国家学会雑誌第109巻9・10号174頁以下。

168

係によって構成される伝統的公権理論に代えて、「市民と市民」の水平的関係を考察の中心に据える（1～2頁）。

この点についてプロイスは、バウアー（H. Bauer）[53]が「法関係論的命題」（三極・多極的行政法関係）を基礎にしつつ法関係の「統合的要素」としての公権という立場から、通説的「保護規範説」を放棄することは「明らかに矛盾である」と批判したうえで、さらに「ただ個別的な具体的形成のみが、なお通常法律にしたがって行われるのに対し、根本的に隣人の権利は基本権から生ずべきであるとする（H. バウアーの）テーゼには同意することはできない」、という（32頁）。後述のように、プロイスにあっては多極的行政法関係において基本権を直接援用することは、「第三者の権利を基礎づける要素としての通常法律」の役割の放棄に通ずることから、支持することができないとされる。

シュミット－プロイスは、このような多極的行政法関係における多様な紛争状況を次の5つのタイプに分類し、それぞれの特色を説明する（9～11頁）。

① 「第三者の防御請求」（Drittabwehr）

　　私的第三者が、自己の抑制された利益を擁護するため、行政庁の認可に対する防御請求権でもって「第三者に負担を課し他人（行政行為の名宛人）に授益する行為」——たとえば建築確認、および（私法関係の）保険監督法上の認可など——の取消しを求める場合である。

② 「第三者の行為請求」（Drittvornahmebegehren）

　　第三者が、妨害する紛争の相手方（＝私人）に対し自己の抑制された利益の実現を主張するため、「行政官庁の作為」を求める場合である。たとえば、「認可、もしくは禁止処分の撤回」などを求める場合が、これである。

③ 「形成的行為の請求」（Gestaltungsvornahme）

　　積極的な形成的利益を貫徹するため、たとえば建築士、または事業者が行政庁による認可の付与を求める場合である。

④ 「形成的行為の防御」（Gestaltungsabwehr）

　　形成的行為の利害関係者が、第三者保護的負担（Auflage）、または第三者異議に基づき付与された認可の取消し、もしくは内容変更の異議審査請求の裁決（Widerspruchsbescheid）の取消しを求める場合である。

⑤ 「競合的な許容量に関係する利益間」の紛争

　　これは、同じ配分・選択対象に対する競合者の参入にかかわる紛争である。

---

53)　H. Bauer, Altes und Neues zur Schutznormtheorie, AöR, Bd. 113（1988）, S. 582（610ff.）

第Ⅱ部　「多極的行政法関係」と権利保護

　いうまでもなく、①②の紛争タイプが伝統的公権理論における「第三者保護」の議論のなかで支配的地位をしめていたのに対し、③④はこれまでほとんど注目されなかった紛争タイプである。後者では、建築主や事業者などという、原処分の名宛人の形成的利益を擁護するための法的地位が、「多極的行政法関係」における紛争状況の名のもとに、「第三者の利益」とともに「平等」の天秤にかけられている。これら４つの紛争タイプは、「能動的形成利益（aktives Gestaltungsinteresse）と「偶然の受動的抑制利益」（gegenläufiges passive Verschonungsinteresse）との調整が法規範的課題である点で、共通性をもつ。

　さらにシュミット－プロイスによれば、これら５タイプは原則的に「裏表性」（Kehrseitigkeit）と「互換性」（Wechselbezüglichkeit）という上位の２つの紛争タイプに大別することができ、前者の「裏表性」は、「能動的形成的利益」と「受動的抑制的利益」とが衝突するタイプである（30〜36頁）。すなわち、一面において、建築主、施設経営者、計画確定手続を必要とする計画の私的事業主体、公的資金の被助成的賃貸人、および使用者などが他（裏）面において、建築法上の隣人、イミッシオン法上の隣人、社会的賃借人、および重度障害労働者などがそれぞれ対峙する。

　かくしてプロイスにおいては、行政法紛争（当事者）が「裏表」という具体的関係で多極的法関係より発生し、これらの関係での当事者の社会経済的地位の強弱が一切捨象され形式的にとらえられているところに、その特色がある。現実の多極的行政法関係における紛争の大部分が、この「裏表性」に属する。

　後者(⑤)の「互換性」に関する紛争タイプでは、「競合的参入利益（konkurrierendes Zugangsinteresse）」が一定の許容量に関係する「国家的選択・配分決定」を求めて絡みあう場合である。この場合許容量に限界があるため、志願者は他の競業者を犠牲にしてのみ自己の目的を達成することができる、という関係に立つ。これは、「許容量に条件づけられた排除効果」、「古典的なゼロサム状況」、すなわち同一対象をめざす「私人間の分配闘争」である。たとえば、放送局の免許、大学への入学、遠距離貨物輸送の免許、およびタクシー免許などが、このタイプに属する。

(2)　このように、ドイツの代表的論者によって展開される「多極的行政法関係論」を基礎とする、プロイスの第三者公権理論（私益調整論）は、行政対市民

ではなく、複雑・多様な利害関係の私的当事者間の紛争に第一義的地位をあて、その紛争の特質を分析・類型化するところから出発する。

　すなわち、これは、行政裁判所法第42条2項における原告の「権利侵害」を要件とする公権に関する、最近の連邦行政裁判所の判例、および主要学説[54]が、「名宛人と第三者との間の行政訴訟法上の不平等性」を解消する立場からもっぱら建築法上の隣人、公共施設の付近住民、交通機関の利用者、放送局の視聴者、および免許の競業者などのいわゆる「第三者」の権利保護の拡大をめざし、通常法律の解釈による保護目的の抽出——たとえば、建設法典（BauGB, 1986）第35条1項（外部領域における建築行為）の定める許可要件としての「十分な施設整備が安全であり」、かつ「公的利益（öffentliche Belange）に矛盾しない」ことという規定について隣人の利益を「配慮」することが「公益」に適するという、「配慮原則」を通じてその内容を承認すること——、のみならず基本法第2条1項（人格の自由な発展権）および第14条（所有権）などを直接的に援用していることに対して、シュミット−プロイスは、そのような名宛人と第三者との「不平等性」は現実には存在しないにもかかわらず、「第三者」の保護を強調することは、逆に名宛人の「平等的自由」を犠牲にする、との基本認識に立つからである（553頁）。いずれにしても、この多極的行政法関係における紛争の分析・類型化、紛争当事者の「裏表」の関係、および各法的根拠づけのなかに、すでに彼の「私益調整論」を中心とする行政（法）観の特色が惨み出ているといえよう。

2　多極的行政法関係における「私益調整」論

(1)　シュミット−プロイスは、このような多極的行政法紛争を解決するための法的基準につき、「基本権が特殊な（par excellence）公権である」（傍点筆者）ことを前提としつつも、「原則的には、憲法の枠内で民主主義的に正当化された、通常の立法に矛盾する私的利益の規範的調整という権限が帰属する」点を強調する（37頁）。この場合、「基本権が、主観法的に構成された紛争解決の拘

---

54)　Vgl., F. Kopp, Verwaltungsgerichtsordnung, 8 Aufl., 1989, S. 238ff. 参照、中川義朗・前掲書・230（277）頁以下。

第Ⅱ部　「多極的行政法関係」と権利保護

束力ある最低基準（Mindestniveau）を設定する」（40頁）ことには決定的限界が
あるが、しかし彼によれば重要なことは、「通常法律による紛争解決の標準性
である」（37頁）。

　こうして、「基本権と通常法律の間に、多極的紛争状況において公権の法源
として役立ちうる第三のレベル」の法規範は存在しえないので、「一般的な、
個別要件を包括する建築法上の配慮原則（Rücksichtnahmegebot）は否定されね
ばならない」（46頁）のである。

　プロイスはこのような基本的立場から、1977年2月25日の連邦行政裁判所第
4部判決、いわゆる「豚舎判決[55]」を出発点とする建築法上の「配慮原則」の主
観法的効果について「広範な修正」を加えた、同裁判所の1986年9月19日の「免
除判決[56]」に無条件に賛成する（47頁）。

　この事件は、被告行政庁が参加人（建築主）に与えたガレージ建設のための
「特例」（Befreiung）に対し、原告（隣人）がその権利侵害、建築詳細計画（緑地、
もしくは庭園として建築されるべき増築不可能な土地として指定）違反を理由に取消
しを求めたもので、同判決は、「建築法全体を包括する——法律外的な——配
慮原則は存在しない。そしてこの原則は、憲法からも導かれない」（傍点筆者）
として、「配慮原則」の一般化に歯止めをかけたうえで、「建築詳細計画の指定
の「特例」が隣人の権利を侵害するか否かは、上述の第4部の判決で確立され
た原則によれば、本質的に個別事件の事情による。特例の付与に対する建築主
の利益、および連邦建築法第31条2項が規定する建築詳細計画の指定の順守、
すなわち特例による権利侵害、もしくは損害の防止に対する当該隣人の利益の
尊重が必要である」として、両者の利益の比較考量的判断を重視する。

　しかしプロイスは、この判決後も連邦建築法第34条1項[57]（未計画で建築可能な
区域、すなわち「連担建築区域」（der im Zusammenhang bebauten Ortsteile）とよば
れる区域内での建築許可要件を定める規定）、第35条2項・3項[58]（原則として建築不
可能な開発抑制区域における例外的建築許可規定）、および建築利用命（BauNVO）

---

55)　VerwGE52, 122（128ff.）.
56)　NVwZ1987, S. 408（410）.
57)　BverwG, B. v. 7. 4. 1988（Schmidt-Preuß, AaO., S. 47, Anm. 61）.
58)　OVG Münster, U. v. 21. 10. 1987. NVvZ, 1988, S. 377（378）.

172

第15条1項[59]（建築物の許可要件を定める規定）に関する事件において、連邦行政裁判所を中心とする裁判所が「構成要件の相違」にもかかわらず、依然として「配慮原則」を導いた前記「豚舎判決」の標準的公式を適用していることからこの原則の採用を、強く批判する。

(2)　シュミット－プロイスは、通常規範外にあって個々の多極的紛争に直接適用される基本権、とりわけ基本法第2条1項（人格の自由な発展権）を根拠とする「一般的活動の自由」を保障した連邦憲法裁判所の1959年1月8日判決――[60]「国家権力によって、憲法秩序に根拠を有しない不利益を負わされることのない、基本法上の請求権をも包括する」と判示する――について、「基本法第2条1項の主観法的手段化は拒否されねばならず」、それは現行法の知らない「一般的法律執行請求権[61]」を認めることになるとの理由から、これに批判的である（61頁）。

　周知のように、1978年8月8日の連邦憲法裁判所第2部判決、いわゆるカルカール判決（Kalkar）[62]において、「原子力の危険とリスク」から国民の生命・健康・安全の保護という基本権の侵害を防止する「憲法上の義務」が認められ、また1979年12月20日の同裁判所のミュルハイム－ケルリッヒ（Mülheim－Kärlich）判決[63]において、この国家の「保護義務」が、原子力発電所の設置を認可基準としての「実体法上・手続法上の諸要件」に依存せしめることにより、「第三者」保護のための有効な手段であることが確認された。これらの判決を契機に、イーゼンゼー（J. Isensee）やベッケンフェルド（Böckenförde）ら有力学説によって展開され、基本法上の効果として導かれ、かつ、事業認可に対する第三者の防御請求権を基礎づけるという「国家の保護義務（Staatliche Schuzpflichten）[64]」の理論について、シュミット－プロイスは次のように批判的

---

59)　BVerwG, U. v. 6 . 10. 1989, E82, S. 343（347）.

60)　BVerwG. B. v. 8 . 1 . 1959, E 9 , S. 83（88）. なお、同様の見解として参照、Eyermann＝Fröhler, Verwaltungsgerichtsordnung, 7 Aufl., 1997, S. 306ff.（Rndn. 98 zu Art. 42）.

61)　Vg.., F. Fleiner, Institutionen des Deutschen Verwaltungsrechts, 8 Aufl., 1928, 172ff. H. Maurer, AaO., S. 142f., Wolff/Bachof/Stober. AaO., S. 572.

62)　BVerfGE49, S. 89（142）, NJW1979, S. 359.

63)　BVerfGE53, S. 30（57f）, NJW1980, S. 759.

64)　J. Isensee, in: Isensee/Kirchhof, Handbuch des Staatsrechts,, 1992, S/143ff.（160ff.）E. W. Böckenförde, Der Staat 29（1990）S. 1（12f）. 参照、バドゥーラ・前掲論文（注16）Ⅰ・23頁以下。

第Ⅱ部 「多極的行政法関係」と権利保護

である。すなわち、「裏表的・多極的紛争状況において、基本権レベルでは自由対自由が対立」するため、その「衝突の解決は、矛盾する基本権利益の優先的調整、もしくは多極的考量の意味における実践的協調の原理にもとづいて行われる」べきであり、この「国家的保護義務」は基本法の定める「消極的地位(status negativus)に基づく主観法的防御的地位に明確に対立する」ものである。けだし「基本権の客観的要素」から、基本権の主観法的地位を導出することは克服しがたい困難であるからである（69頁以下）。

さらにボン基本法第20条・28条の「社会国家」原理、および最近の基本法改正によって導入された、「国家は、将来の世代に対する責任においても、立法による憲法秩序の枠内で、かつ執行権と裁判権による法律と法の基準にしたがって、自然的生活基盤を保護する」(20条a)という環境保護の国家目標規定は、私人の「公権を成立させるものではなく、第一に立法者に、第二に行政に向けられた社会的正義の目標設定をもつ活動、および具体化委託」であるから、第三者の公権の存在を基礎づけるものではないと（75頁以下）。

この環境保護に関する国家目標規定については、憲法調査合同委員会（1991年設置、連邦議会議員32名と同数の参議院構成員より構成）における制定過程、およびその文言から判断して、シュミット－プロイスの見解自体は決して特異の見解ではなく、むしろ通説的見解というべきであるが[65]、しかし彼のこの見解の根底には、憲法、とくに基本権の主観法的意義・効果の軽視、およびその反面としての通常法律・行政による「調整」的役割への過大な期待があることに留意する必要があろう。

プロイスは、結論的に「多極的行政法関係における公権」を、（自己の）私的利益を、私的紛争の相手方（の利益）を犠牲にして実現し、かつ実質的義務主体たる国家に対して貫徹しうる能力である」(247頁)と定義づけ、このような公権成立の必要、かつ、十分条件は、「規制規範が、衝突する私的利益を、その対立性・複雑性において評価・限定し相互に考量し、かつ一私人の利益の実現が必然的に他の利益を犠牲にするという形で、紛争解決のプログラムの中に

---

65)　参照、広渡清吾「新たな憲法秩序の模索」（坂井栄八郎・保坂一夫編『ヨーロッパ＝ドイツへの道─統一ドイツの現状と課題』67（83）頁以下。なお、1990年ドイツ統一後の基本法改正の経過については参照、高田敏・初宿正典編訳『ドイツ憲法集（第5版）』（2007年）14頁以下。

整序する」（248頁）ことである、という。すなわち第三者の公権は、処分の名宛人の法的地位・利益との「比較考量」の枠組みのなかで保障されるものである。

このような多極的行政法関係における公権成立の正当化根拠は、「私的紛争当事者間の平等的自由（gleiche Freiheit）の原理」（423〜425頁）である。この「公権」の定義、および「平等的自由」の原理に基づいて、プロイスは行政法各論（参照領域）における多極的行政法関係に関する紛争、および「調整」のための基準を、（連邦）建設法、連邦イミッション法、原子力法、廃棄物処理法、遠距離道路法、水管理法、および経済法などを個別的に検証し、その正当性を主張する。

この原理は、いうまでもなく多極的行政手続法・行政訴訟法関係においても妥当し、前者における手続的暇疵について、連邦行政手続法第46条によれば、当該瑕疵が「高い信憑性をもって他の実質的決定に通ずる場合にのみ」、第三者は手続的瑕疵を根拠とする取消請求権をもつことになる（526頁）。すなわち、「手続的参加（Verfahrensbeteiligung）」は、行政目的に対する行政手続の「奉仕的機能」を意味するにすぎず、原則的に客観法的性質にとどまるからである[66]。

行政訴訟法における第三者の原告適格は、①第三者保護的規制規範の存在、②規制規範に対する事実上の侵害行為、および③具体的第三者が紛争解決プログラムによって構成される人的範囲に含まれる可能性がある場合（3要件の該当性）に、認められることになると（550頁）。

かくして、シュミット－プロイスは、多極的行政法関係では、第三者を含む多数当事者間の「参加権・影響力の公平な考量の原則」、および「武器の平等の原則」を尊重すべきである旨、さかんに強調するのである。

3　プロイス理論についての若干の批判的検討

(1)　このような「多極的行政法関係」に派生する紛争の基本的状況分析を基礎とするシュミット－プロイスの第三者の公権論（私的紛争の行政「調整」論）に

---

66)　Vgl., Wolff/Bachof/Stober, AaO., S. 574.

第Ⅱ部　「多極的行政法関係」と権利保護

ついて、これまでの議論を整理しつつ、その意義、および問題点を検討しておこう。

　まず第1に、前提となる「多極的行政法関係」論が、5つの紛争タイプ、とくに③④のタイプに見られるように、現代行政の特徴である「利害関係者の複合性の増大」（ヘーベルレ[67]）という多極的法関係・紛争に対応するための客観的・価値中立的概念として導入されたものではなく、「二重効果的行政行為」・「三極的法関係」論と異なって行政対名宛人・第三者というより、むしろ行政行為等の名宛人と第三者（市民相互）間の私的・社会的紛争を考察の中心にすえる、という一定の方向への誘導的効果をめざしているところに、その特色がある。しかしながらプロイスにおいては、この「多極的行政法関係」から派生する紛争当事者が、使用者と重度障害者、賃貸者と賃借人などの「裏表」関係に代表されるように、社会・経済的地位関係を一切捨象して形式的な「平等的自由」の地位として取扱われるため、基本法の社会国家原理（同第20・28条）に即して考えればかえって不合理な結論になることが予想される。この問題性は、プロイスの「公権」の概念自体においても明確にあらわれている。すなわち第三者の「公権」の成立は、名宛人の法的利益を「犠牲」にしても、なおかつその上で、第三者の「利益」を貫徹する必要性がある場合に両者を比較考量して、後者（第三者）が優越するときに限られているからである。

　第2に、プロイスの理論では、行政は、紛争の当事者というよりも、裁判所とともにこれら紛争を調整する、局外の「中立機関」としての役割を担うものとされているため、支配的行政法（学）が行政と私人との外部法的関係の基準の設定、および紛争の解決を中心に構成されていたのに対し、この新理論では、ただ単に多極的行政法関係における第三者の地位と名宛人との「平等的自由」という次元にとどまらず、行政（法）の役割の根本的転換が図られる点が、とくに注目される。現行のドイツ行政裁判所法をはじめとする行政法体系において、かつての建築法上の市民的・私法的紛争モデルに対して行政対（第三者）市民・隣人をモデルとする「公法型」が、19世紀後半の行政裁判所の設置による、いわゆる「権利侵害」条項の導入・確立以降次第に優位するようになった

---

67)　P. Häberle, AaO., 248（250）.

経緯を考慮すれば、三極・多極的行政法関係において、市民対市民を紛争の中心に位置づけることによって、行政に対する第三者の地位をはじめとする個人の権利保護が低下するおそれがある、という点が彼の理論の根本的問題であろう。

この点わが国でも、現代行政法ではかつての「権利防御型モデル」から「複効的行政活動の三面的利害調整型モデル」への移行が必要とされるように、一般的にいえば、多数の利害関係（人）のからむ多極的行政法関係では、私人の事後的権利救済システムよりも、事前の実体法的、手続法的利害調整が行政目的達成のため有効であるとの理論はそれ自体、正当性をもつ。しかしこのことは、多極的行政法関係における行政の紛争当事者としての役割、および個人の事後的救済システムの充実を軽視するものであってはならないし、逆にその充実（たとえば団体訴訟、および抗告訴訟における義務づけ・差止め訴訟の制度化など）を不可避とすることはいうまでもない。けだし、行政による事前の実体法的・手続法的「調整」が、多数の利害関係者の間ですべて成功するとは限らないからである。

第3に、プロイスにあっては、行政が私的当事者間の紛争を調整する際の法的基準が憲法（基本権）ではなく、通常法律であり、立法者の課題であるという点である。このような見解は、ドイツにおける公権の歴史的展開（「第三者保護規範説」への発展的傾向）、とくにボン基本法下における第三者の公権を基礎づけるための基本権の直接・間接適用（たとえば、2条1項、14条など）の流れとは明らかに矛盾するものであるといってよい。プロイス自身もこのような憲法・基本権の直接・間接適用に歯止めをかけ、むしろ立法的・行政的「調整」機能を重視し、マクロにおける、行政法関係論をベースとして行政の「調整」的役割を強調するあまり、ミクロにおける、憲法を根拠とする第三者の基本権的地位ないし権利保護を軽視するものであるとの批判は免れないだろう。立法・行政による紛争の「調整」の役割自体、多極的法関係においてきわめて重

---

68) Vgl., Bartlsperger, Das Dilemma des Baulichen Nahcbarrechts, Verwaltungsarchiv, Bd. 60 (1960).

69) 阿部泰隆『行政の法システム 上（第2版）』（1996年）35（37）頁。

70) J. Wolff/O. Bachof/R. Stober AaO., S. 566.

第Ⅱ部 「多極的行政法関係」と権利保護

要であることはいうまでもないが、それは、あくまで憲法・基本権の枠内での「調整」であることをふまえるべきであって、プロイスはこの点を軽視しているのである。

第4に、シュミット－プロイスは、「本書」においてさかんに多極的行政法関係における多数当事者間の「参加権・影響力の公平な考量原則」、および「リスク・武器の平等」を強調するが、むしろこれは、これまでいわば不平等に取扱われてきた第三者の法的地位を引き上げるためではなく、どちらかといえば、「名宛人」の立場を強化することに奉仕する可能性を内包しているといえよう。

このような「多極的行政法関係」論をベースとする新公権論・私益調整論は、行政・行政法の役割の変質のみならず、行政─私人（個人・事業者）との法的関係について、シュミット－プロイス自身が認めるように、可能なかぎり行政の関与を削減・撤廃し、これを自由な私的経済活動に委ねようとする「規制緩和」・「市場原理優先」の思潮と軌を一にする理論である。

いずれにしても、この「多極的行政法関係」論のベースにある行政法関係は、そのマクロの実践的効果として、歴史的には立憲君主制下の通説的行政法理論であった「特別権力関係」を憲法適合的な「特別法関係」に変容せしめたり、「国家内部の関係」についても原則として「法関係」の光を当てることに多大の功績を残しているといえよう。また「多極的行政法関係」論自体も、行政法関係のサブシステムとしてそれなりの役割をはたしているが、目下のところ、これによって行政法総論上の「具体的な認識や推論」を導き出すことができる行政法総論のドグマティク（解釈学）的制度とまではいえない。それは、あくまで多数の当事者によって構成される行政法関係の特色についての説明的概念にとどまっている、という H. マウラーの見解は原則的に支持されるべきだと思われる。

---

71) Schmidt-Preuß, AaO., S. 520ff., S. Glaeser, AaO., S. 70.

72) シュミット－プロイスは、「行政法における私的利益の衝突の実践的意義」のなかで、EG 法による「規制緩和の努力、部分的衝撃的効果にもかかわらず、放送法のように新たに国家的配分委任が発生している」ことを批判している（Ibid., S. 3（Anm. 4））。

73) Vgl., N. Achterberg, Allgemeines Verwaltungsrecht, 2 Aufl., 1990, S. 381ff.

74) H. Maurer, AaO., S. 145（149）.

むすびに代えて──「多極的行政法関係論」の課題

すでに述べたように、わが国行政手続法（平5・法88）において、行政処分の名宛人以外の「第三者」の「公聴会」・「聴聞」への参加制度が規定され（同10・17条）、いわゆる「三面関係」が行政法総論レベルにおいてもスタートすることになった。これらの規定の意義は、行政庁のイニシアチブによる「情報収集」のための努力義務、もしくは裁量行為にすぎないが、多数の、かつ複雑な利害関係から成り立つ現代行政法関係に派生する諸問題に対して、通則法的行政法律の対応として第一歩を記したものと評価されるべきである。

これについてドイツでは、第三者の実体法的・手続法的権利規定を根拠にした、「二重効果的行政行為」論に対して、新たに「行政法関係」をベースとする「多極的行政法関係」論が提唱され、これに基づく私益の、「平等的自由」原理による「調整」論が伝統的第三者の公権論に代わって展開されつつある。本章で取りあげたシュミット−プロイスの理論は、その代表的なものである。確かに彼の投じた「一石」は大きな波紋を広げつつあるが[75]、とりわけ多極的行政法関係における私人間紛争をその中心に位置づけるべきである、という主張は、現代の規制緩和・市場原理優先論の台頭ともあいまって現代行政法（学）のありかたについて、重要な問題提起を含むものである。すなわち、これまで行政法（学）は、行政対市民（名宛人・第三者）の法的紛争を中心に、後者の権利をいかに保護・拡大するかという点に焦点を当ててきたからである。この新理論によって、これまで軽視されてきた「第三者の権利保護」はどうなるかという点はおくとしても、ドイツ、およびわが国において、現行の行政事件訴訟法・行政手続法上「行政対（第三者をふくむ）市民」の紛争構造が中心にすえられており、そのなかでは行政ではなく、（行政）裁判所が中立的・調整的役割を果たすべきであるという点を無視することはできない。具体的にたとえば、ドイツ行政裁判所法第80条における、取消訴訟の提起による「行政行為の停止効」（「仮の権利保護」）をめぐる一連の争訟過程は、行政庁ではなく、行政裁判

---

75) Vgl., Wolff/Bachof/Stober, AaO., S. 566f.

第Ⅱ部 「多極的行政法関係」と権利保護

所が「停止効」の命令・回復という方法で「調整的」役割を果たすもの（同5項）と位置づけられている[76]。この点については、わが国でも同様の問題提起がなされている。すなわち、芝池義一教授[77]は次のように指摘する。すなわち行政事件訴訟法第25条の「執行停止」制度において、「原告たる私人の利益（私益）と行政が追求する利益（公益）とが対立する場合が念頭におかれており、私人相互間の利益が対立する状況は想定されていない」し、この構図が三極・多極行政法関係における私益対立型の事件にも適用されると私益相互間の「調整」がうまく行われず、原告の私益が一方的に不利に扱われることになると。

この公・私益対立型の考え方は、ドイツ行政法にも基本的に妥当するといえよう。またシュミット－プロイスのいう、多数当事者間の「武器・リスクの平等」原則は一般的には首肯できるにしても、具体的紛争の局面においてこれを実質的にどう判断するか、という困難な課題がある。

いずれにしても、今日いわゆる「三面関係」もしくは「多極的行政法関係」をめぐる行政法的紛争が増大している。ドイツでは「多極的行政法関係論」が、このような紛争に対する理論的受け皿として、（二重効果的）行政行為・（第三者）公権を包み込む形で、「行政法関係」とともに活発に展開されている。しかしそれは、問題提起としては有益であるとしても上記のようにいくつかの理論的課題をかかえており——紛争のタイプが実質的に民（申請者等＝名宛人）と民（第3者）との争いなのか、あるいは行政庁の判断（決定・処分）対第3者の争いなのかまた潜在的当事者たる第3者を多極的法関係の正式の当事者として参与せしめる原告適格的地位を付与するための法理論なのか等々——、これらの課題を「克服」しないかぎり、行政法各論（参照領域）・「中間行政法」[78]においてはともかく、総論・ドグマティクの基礎的概念として位置づけ、これを積極的に評価することを躊躇せざるをえない。

---

76) Vgl., P. Preu, AaO., S. 91ff.
77) 芝池義一・前掲論文・99頁注5。
78) 参照、村上武則『給付行政の理論』89頁以下、とくに91頁以下。

180

第5章　多極的行政法関係における「第三者」の手続法的地位論
——行政手続法・都市計画法を中心にして

はじめに——課題への視角

(1)　周知のように、こんにちわが国行政法学の課題のひとつに、行政体・行政庁と名宛人ばかりでなく、たとえば、建築基準法第6条の建築確認における隣人、産業廃棄物処理施設などのいわゆる迷惑施設（の設置許可）における付近住民、および公共交通機関の（運賃の認可における）利用者などの多数の当事者が関与する行政法関係（一般には「三面的行政法関係」と称される。[1]）において、紛争を未然に防止するため当事者間の権利利益を公平に調整する、もしくは仮に紛争が発生した場合には、第三者を含む当事者の権利利益をどのように救済するか、という問題がある。これについて、先行して豊富な議論と実践の蓄積があるドイツでは、代表的なものとして行政行為論を中心とする「二重効果（複効）的行政行為」（Verwaltungsakt mit Dopellwirkung[2]）と、給付行政分野を中心に展開されてきた「行政法関係論[3]」の延長線に位置づけられる「多極的行政法関係」（mehrpoliges od. multipolares Verwaltung-srechtsverhältnis[4]）とがある。

---

1)　参照、阿部泰隆『行政の法システム　上（第2版）』（有斐閣、1997年）は、現代行政法では、「権利防御型モデル」から、「複効的行政活動の三面的利害調整型モデル」への移行が重要である、とする（同37頁）。このような関係は一般に「三面的行政法関係」と称されるが（参照、佐藤英善編著『行政手続法』（三省堂、1994年）58頁、仲正『行政手続法のすべて』（良書普及会、1995年）45頁）、本章では、これを「多極的行政法関係」という用語で原則的に統一する。

2)　Vgl., W. Laubinger, Der Verwaltungsakt mit Doppelwirkung, 1967, S. 5 ff., Fromm, Verwaltungsakt mit Doppelwirkung, VerArch. 1965, S. 28.

3)　Vgl., Thomas Fleiner-Gerster, Rechtsverhältnisse in der Leistungsverwaltung, VVDStRL45, 1987, S. 152ff. Hermann Hill, Rechtsverhältnis in der Leistungsverwaltung, NJW, 1986, Heft 42 S. 2605. R. Gröschner, Vom Nutzen des Verwaltungsverhältnisse, Die Verwaltung, 1997, S. 301. その也ドイツにおける詳しい議論の状況については参照、村上武則「ドイツにおける給付行政の法関係論について」同『給付行政の理論』（有信堂、2002年）86頁以下。

第Ⅱ部　「多極的行政法関係」と権利保護

　このうち、二重効果的行政行為は、わが国にもすでに紹介されており、行政
庁が名宛人（申請者）に対して行う行政行為が、その副次的効果として——利
益的もしくは不利益的に——第三者に及ぶという、いわば行政法における（二
面性）行政行為中心主義を反映した理論である。これは、ドイツでは1997年の
行政裁判所法の改正により、取消訴訟の提起—二重効果的行政行為の停止効—
同失効—即時執行—同中止（仮の措置）という内容で実定法にも採用されてお
り、理論上の概念というより実定法上の制度である点に、その特徴がある（同
80条 a）。これに対して、「多極的行政法関係」論の基本はあくまで「行政法関係」
——広義の「法関係」の一種——であるが、後者については、連邦行政手続法
第54条1項「公法における法関係」、および行政裁判所法第43条「法関係の存続・
非存続の確認」（確認訴訟）として規定されているが、これに、「多極的」に存
在する複数の当事者が法主体として関与するという特徴が付加された「行政法
関係」である、ということができる。この意味では、多極的行政法関係を検討
する場合、その前提として「行政法関係」（法関係）論への一定の考察が必要不
可欠である。

(2)　わが国においては、行政訴訟における第三者の原告適格（行訴9条）、「第
三者による請求の追加的併合」（同8条）、「第三者の訴訟参加」（同22条）、行政
不服審査への「利害関係人の参加」（行審24条）、行政手続法における第三者の
権利利益の保護に配慮した公聴会規定（同10条）、および「利害関係を有するも
の」（関係人）の聴聞手続への参加規定（同17条）、ならびに最近の個別法として
は、1997年廃棄物処理法の改正に伴う「利害関係を有する者」の意見書提出権

---

4 ）　Matthias Schmidt-Preuß, Kollidierende Privatinteressen im Verwaltungsrecht — Das
　　subjektive öffentliche Recht im multipolaren Verwaltungsverhältnis, 1992., Hartmut Maurer,
　　Allgemeines Verwaltungsrecht, 8 Aufl., 1992, S. 145ff. H. U. Erichsen, Allgemeines
　　Verwaltungsrecht, 10Aufl, 1995, S. 208.

5 ）　参照、石崎誠也「西ドイツにおける『二重効果的行政行為』論」兼子仁編著「西ドイツ行政行
　　為論」（成文堂、1987年）221頁以下所収、高木光『事実行為と行政訴訟』（弘文堂、1986年）355
　　頁以下、萩野聡「複合的行政行為の特色」『行政法の争点（新版）』（1990年）66頁以下。

6 ）　行政裁判所法第80条1項は「異議審査請求、および取消訴訟は停止効をもつ。これは、法形成
　　的、および確認的行政行為、ならびに二重効果的行政行為（同80条 a）にも適用される」、と規定
　　する。Vgl., Ferdinand O. Kopp, Verwaltungsgerichtsordnung, 10Aufl., 1994, S. 935ff.

7 ）　Vgl., R. Gröschner, AaO., S. 301. F. Kopp, Verwaltungsverfarensgesetz, 6 Aufl., 1996. S. 1281ff.
　　F. Kopp, AaO（FN. 6）S. 414ff.

に代表される第三者保護規定（同 8 条 6 項・15 条 6 項）、および情報公開法における「第三者の意見書提出の機会付与」（13 条）などさまざまな「法制度」があり、「多極的行政法関係」がますます重要になりつつある。しかしながらこれらの拡大する法現象について、わが国行政法総論（基礎理論）レベルでは、二重効果的行政行為論を除けば、必ずしもドイツにおけるような一般的・共通の受け皿規定が存在しないのが現状である。そのため、このような多極的行政法関係に関連する法律問題は、かつてはそれぞれ個別的に論じられてきたが、今日一般法としての行政手続法（平成 5 年法88）の制定をうけて、上のような第三者の権利利益を配慮する個別諸規定も含めて、改めて総合的視点から検討する必要があると思われる。

　本章（第 5 章）は、シュミット－プロイスらの議論を中心に検討した「ドイツにおける多極的行政法関係論と第三者の法的地位論」[8]（第 II 部・第 4 章）を承けて、わが国における多極的行政法関係論における第三者の手続法的地位に焦点をあて、その意義・特質、および問題点を実証的・批判的に「検討」するものである。したがって、ドイツにおける議論は一応ベースとして参照されるが、あくまでわが国の各実定法、および学説・判例に基づいて「多極的行政法関係」の成立可能性・有効性を第三者の手続法的地位[9]との関連で「検証」するものである。上記の各実定法における「第三者」「利害関係人」関連法・規定のうち、とくに行政手続法第10条の規定、ならびに都市計画法の住民参加モデル──公聴会の開催（同16条）、計画案の公告・縦覧、および住民の意見書の提出権（同17条）──を中心とする第三者の参加手続規定を取り上げ、これら諸規定に限定して多極的行政法関係論の視角から総合的に検討する。

---

8)　参照、本書第 II 部「第 4 章」所収（149頁以下）・「ドイツにおける多極的行政法関係論と第三者の法的地位論」熊本法学92号（1998年） 1 頁以下。

9)　多極的行政法関係における紛争について、山本隆司教授による、第一層「個人の行為の自由」、第二層「諸利益間の実体法関係」、第三層「行政作用の実体法上の関係者と行政庁との間の手続法関係」、および第四層「行政組織法関係」という 4 分類によれば、この第三者の手続法的地位をめぐる紛争は、「第三層」に相当するものと思われる。参照、山本隆司『行政上の主観法と法関係』（有斐閣、2000年）445頁以下。

第Ⅱ部 「多極的行政法関係」と権利保護

Ⅰ 多極的行政法関係の意義

1 多極的行政法関係の意義

(1) 行政法関係論の代表的提唱者で知られるノベルト−アハターベルクは、その基礎をなす「法関係」論が、歴史的に（関係）社会学（システム理論）や政治学という法律学以外の分野において形成・発展してきたものであることをふまえ、「行政法関係」を、端的に「二人、もしくは多数の主体間の、法規範によって形成された関係」[10]、または、「その終局点において少なくとも二主体、もしくは一面における一主体と他面における不特定多数の主体、さらに両面における不特定多数の主体から成り立つ」[11]関係である、と定義づける。このうち、後者、すなわち「多数の主体」間の、もしくは「不特定多数の主体」間の関係が「多極的行政法関係」に相当する。これは、いうまでもなく現代の法関係における高度に複雑な社会構造を反映して、それを適確に説明する手段として構成された概念である。

わが国では、「法関係論」の視点から行政法改革を提唱される山本隆司教授が、「行政法関係」について「諸主体間の、就中諸行為（可能性）の法的に性質決定された関係である」[12]、と定義づける。

両者の相違は、アハターベルクがどちらかといえば、主観法的・客観法的主体の二重性をもつ「法主体」[13]を重視するのに対して、山本隆司教授は、法関係の構成要素としての「法的な性質決定」を定義の中心にすえる。具体的にこれらの定義では、たとえば当事者間の行政上の契約、あるいは指導要綱・行政指導などの「行政法的意義・効果を有する」事実行為を含むかが、彼我の相違点として問題となろう。

これらの先駆的定義づけをふまえて、わが国において多極的行政法関係を設

---

10) Norbert Achterberg, Die Rechtsordnung als Rechtsverhältnis, 1982, S. 31. ders., Allgemeines Verwaltungsrecht, 2 Aufl., 1986, S. 367ff.

11) Ibid, S. 35. ders., Allgemeines Verwaltungsrecht, 2 Aufl., 1986, S. 367ff.

12) 山本隆司・前掲書（注9）・452頁。

13) N. Achterberg, AaO., S. 58ff.

第5章　多極的行政法関係における「第三者」の手続法的地位論

定し、それを定義づける場合には、原告適格を有する第三者の「法律上の利益」関係、ならびに法令、条例、および規則などの成文法源のみならず、また地方自治体の要綱など——たとえば、住民との協議・同意制を内容とする宅地開発指導要綱[14]——に基づく行政指導として規定される法関係を全面的に射程する必要があり、ごく形式的に「多数の法主体間の、行政法的意義・効果を有する関係」と規定することが妥当であろう。けだし、行政法関係が、当事者の権利、および義務からのみ構成される伝統的な「行政上の法律関係」[15](参照、行訴4条・36条・39条・45条など)の概念と軌を一にするとすれば、これでは現在の複雑・多様な行政法現象、および現実に多発する紛争解決に適確に対応するにはあまりにも狭まますぎるからである。ただ、「行政法的意義・効果を有する関係」が抽象的にすぎるとの批判が予想されるが、この定義は、あくまで一般に行政法の定義・範囲とされる「行政固有」の法関係という要素をふまえ、その意義・効果をもつ法関係である、という意味である点を、ここでは確認しておきたい。

(2)　さて、この多極的行政法関係論の意義・設定に関わって、たとえば、建築法における行政庁と名宛人（建築主）、行政庁と第三者（隣人）、および名宛人と隣人の個別法関係に分解して構成すれば十分であり、あえて独立の包括的多極的法関係を設定する意義はないとの主張が、ドイツの法学者の一部にみられる[16]。わが国においても、たとえば、鉄道利用者が、大阪陸運局長による鉄道料金などの改定（値上げ）認可の取消しを求めた、いわゆる近鉄特急事件において、最高裁判所（平成元・4・13判決[17]）は、その原告適格を否定する根拠として、

---

14)　各地の地方公共団体の条例・要綱のうち、産業廃棄物処理施設の設置に係る紛争の予防と調整に関する条例［福岡県（平成2年7月13日条例第20号）・兵庫県（平成元年3月28日条例第9号）など］、練馬区中高層建築物の建築に係る紛争の予防と調整に関する条例（東京都練馬区（昭和53年10月6日条例第3号）］、および宅地開発指導要綱・産業廃棄物処理要綱などが事業者と住民との「紛争の予防・調整」を地方自治体の任務としており、この「多極的行政法関係」論の視点から注目される法的素材を提供する。参照、『新条例百選』（1992年）。

15)　参照、田中二郎『新版行政法上巻（全訂第2版）』（弘文堂、1974年）69頁以下では、第2編行政法通則の第1章が「行政上の法律関係」に充てられている。この点について、成田頼明『行政法序説』（有斐閣、1984年）81頁以下も、基本的に同様の構成・内容である。

16)　Peter Krause, Rechtsverhältnisse in der Leistungsverwaltung, VVDStRL 45, 1987, S 220ff.

17)　判時1313号121頁以下。

185

第Ⅱ部 「多極的行政法関係」と権利保護

第一に、旧鉄道事業法第21条に基づく行政庁による特急料金値上げ認可処分は、行政庁と事業者の関係のみを規律するものであって、利用者の契約上の地位に直接影響を及ぼすものではなく、また利用者が有している権利を制限するものでもないこと、第二に、鉄道事業者と利用者の間には、継続的運送供給契約はなく、毎回の乗車毎に個別の運送契約が締結されること、をあげている。この論理は、本来行政庁の認可処分に基づく事業者と利用者との運送契約という、「多極的行政法関係」の構成を、行政庁の運賃の認可処分と鉄道事業者（近鉄）、および鉄道事業者と利用者との運送契約という、個別の二極的法関係に分解するという論理構成をとっている。すなわち同判決は、事業者はもとより、利用者も、認可された値上げ料金に拘束され、それに従って（附合）契約を締結せざるをえない法的地位にあることを看過している。けだし認可は、周知のように有効要件であり、認可を受けない料金などは無効であるので、認可を要すべき行為につき無認可のままなした契約は、私法上もまた無効と解されるからである。[18]

　このように、逆に多極的行政法関係を構成する最大の意義・効果は、「行政法的意義を有する」当事者間をバラバラの個別の法律関係に分解するのではなく、許（認）可基準における「公益」条項の中に、利害関係人など「第三者」の権利利益を読み込むことが可能な場合には、行政庁 v. 名宛人と行政庁 v.「第三者」の各法関係を相互依存的関係として位置づけることにより、問題の実態に即した総体的な構成をすることができる、という点にある。

　この点についてアハターベルクは、多極的行政法関係の「二者関係への解消」、および「二極的法関係の（単なる）加重」としての法律関係の説明は必要でもないし有意義でもなく、またそれは「多極的法関係の複雑性に妥当しない」と批判し、「量的のみならず、質的にも二極性と区別される多極性」（行政法関係）を承認すべきことを主張する。[19]

　かくして多極的行政法関係のメリットは、それが多数の当事者の相互依存（規制）関係から成り立つために、法関係の「多元的・相対的」構成にあり、[20]

---

18)　参照、塩野宏『行政法Ⅰ（第2版増補）』（有斐閣、1999年）98頁以下、藤田宙靖『行政法Ⅰ（総論）（第3版改訂版）』（青林書院、1995年）173頁以下。

19)　N. Achterberg, Die Rechtsordnung als Rechtsverhältnis, 1982, S. 58.

第5章 多極的行政法関係における「第三者」の手続法的地位論

法関係がいわば「ゆらぎ」ながら「柔軟に」形成される、という点にあるといってよい。

2 行政法関係論・多極的行政法関係論の展開とその一般的特質

(1) ドイツにおける「行政法関係論」の生成・展開については、古く1926年の国法学者大会でのアルベルト・ヘンゼルの報告[21]までさかのぼり、その後1960年から1980年代にかけてハンス・ハインリッヒ・ルップ[22]やヴィルヘルム・ヘンケ[23]らによって展開された、という評価が支配的である。とくにドイツ行政法学の大家、オットー・バッハフが、1971年の国法学者大会において、「一概念、および一制度が行政法において支配的な、私にとって中心的地位を占めるのに役立つとすれば、(それは) 行政行為ではなくて、法関係の概念である」として、行政法ドグマティクにおいて、行政活動の「瞬間的要素」(行政行為)ではなく、「継続的要素」たる「行政法関係」を重視したこと[24]はつとに知られており、これが「行政法関係」承認・発展のエポック・メイキングをなした、とみなされている。また、ドイツにおける現代公法学の改革の旗手とも称すべきヘーベルレは、「行政法関係が、社会的法治国において、市民のために、もしくは市民とともに活動する行政の本質的道具である」ことから、「行政法関係」を「基本法におけるアルキメデス的点」であると形容した[25]。すなわち市民は現実には、(二重効果的) 行政行為・公権という伝統的行政法の基礎概念よりも、むしろ「行政法関係」によって規律されており、この意味で行政法(学)においては、この「行政法関係」が中枢を占めるからである。

次いで1990年代になると、マチアス・シュミット―プロイスは教授資格論文のなかで、公権は「多面的行政法関係の統一的秩序基準の中に統合」され、その定義は、「私的な紛争相手を犠牲にして自己の私的利益を実現し、義務主体

---

20) 山本隆司・前掲書 (注9)・452頁以下。

21) Albert Hensel, VVDStRL 3 (1927), S. 63 (77ff.).

22) Heinrich Rupp, Grundfragen der heutigen Verwaltungsrechtslehre, 2 Aufl., 1991. S. 16.

23) Wilhelm Henke, Das subjektive öffentliche Recht, 1968, S. 3 ff.

24) Otto Bachoff, VVDStRL 30 (1972), S. 243.

25) Peter Häberle, Das Verwaltungsrechtsverhältnis — eine Problemeskizze, in: ders., Die Verfassung des Pluralismus, 1980, S. 248.

187

第Ⅱ部　「多極的行政法関係」と権利保護

としての国家に対して貫徹しうる能力」である[26]、とのべる。このシュミット—プロイスの理論は、多極的行政法関係の本質は行政処分などの名宛人と第三者の「私人」間の法的紛争にあるとして、後者の「公権」＝主観法的地位の成立を限定するのが、その最大の特徴である。

　ドイツの行政法総論の代表的テキストにおいても、「行政法関係」・「多極的行政関係」が登場し、総論の基本的地位を占めるようになった。たとえば、ハンス-ウベ・エリクセンは、「行政活動」について、「行政法関係の創設、および終了のためのシステム化の提案」[27]をとり入れ、またハンス−ペーター・ブルは、「一般的な国家—市民関係」、「行政法関係の成立と終了」、および「行政法上の法関係の種類」についてドグマティクの立場から論述している[28]。さらに、ハルトムート・マウラーは、代表的行政法テキストの中で多極的行政法関係の特色は、行政—名宛人間の伝統的「双務的法関係」に対して一面における国家、および他面における市民同一方向的利益をもつ多数の市民が対立するばかりでなく、市民サイドにあっても多様、かつ偶然の利益が主張され相互に対立し、そのためいずれの利益を「優先」すべきか選択的調整がなされねばならないところの多様な、かつ対立的諸利益の複雑な絡み合いが存する点にある、とする[29]。

(2)　具体的に多極的行政法関係における権利保護の問題性について、シュミット−アスマンは、「古典的二極的行政法関係における裁判所の権利保護の拡張的操作が多極的行政法関係において問題になる場合には、すたれ不適切になっている[30]」、と指摘する。

　すなわち取消訴訟において第三者の権利保護、とくに原告適格が問題となる場合、新旧の保護規範説を中心にボン基本法第2条1項（人格的発展権）、同14条（所有権）の基本権の直接的適用、および連邦建設法典第35条1項（外部領域における建築許可基準）における「公益」概念への、「配慮原則」の導入による「隣

---

26)　Matthias Schmidt-Preuß, AaO., S. 187.
27)　Hans-Uwe Erichsen（Hrsg）, Allgemeines Verwaltungsrecht, 10Aufl., 1995, S. 213ff.
28)　Hans-Peter Bull, Allgemeines Verwaltungsrecht, 4 Aufl., 1993, S. 263ff.
29)　Hartmut Maurer, Allgemeines Verwaltungsrecht, 10Aufl., 1995, S. 159ff.
30)　Eberhard Schmidt-Aßmann, in: Maunz/Dürig, Grundgesetz, Rdnr. 3 f. zu Art 19Abs. Ⅳ.

第5章　多極的行政法関係における「第三者」の手続法的地位論

人保護的」解釈など、文字どおりさまざまな「拡張的操作」[31]が試みられ、シュミット−アスマンは、その問題性を「多極的行政法関係」という新しい相互関係的視点から批判したものである。それは、具体的にはボン基本法第19条4項の下で、行政庁と申請者のみならず「第三者」との関係をも包括した、関係者の「比較考量に基づく裁判所の保護原則」の確立が重視されるべきである、という問題提起でもある。

　他方でハンス・マイヤーが、1986年の国法学者大会における発言のなかで、行政法関係は「もっとも内容のない法的道具」であり、上述の「行政法のアルキメデス的点」（ヘーベルレ）というより、むしろ「ミュンヒハウゼン風のお下げ髪」[32]であると酷評していることも、つとに知られている。

　しかしながら多極的行政法関係論には、このような厳しい評価があるものの、ある論者によれば、行政法の各論（参照領域）において、警察法、環境法、まちづくり法（建築基準法・都市計画法など）、土地法、交通法、経済法、および文化法・教育法まで拡大・延長し、もっぱら二極的行政法関係から構成される官吏（公務員）法・租税法の領域で立ち止まっているため行政法の大部分をカバーしつつあることが認められる[33]。

(3)　それでは、このような「多極的行政法関係」の基礎をなす「行政法関係」の特質はどこにあるのだろうか——。

　この「多極的行政法関係」は、「行政行為・公権からの一面的解放」（ヘーベルレ）[34]といわれるように、伝統的行政法の基本的要素である行政行為・公権（義務）という瞬間的・孤立的・請求権的構成から「法規範を根拠に具体的容態から生ずる、少なくとも二法主体間の関係」としての（行政）法関係を基本にすえて、それに複数の法主体の関与を意味する「多極性」を加味したコンセプトである。すなわちそれは、多数の法主体間の「関係性」の重視である。換言すれば、「法関係」という概念によって、「二つの人格間の社会関係が法規範的に

---

31)　とりあえず参照、中川義朗『ドイツにおける公権理論の展開と課題—個人の公法的地位論と権利保護を中心として』（法律文化社、1993年）。

32)　H. Meyer, VVDStRL45, S. 1987, S. 272.

33)　E. Schmidt-Aßmann, in; Maunz/Dürig, Grundgesetz, Rdnr. 3 f. zu Art 19 Abs. Ⅳ.

34)　Peter Häberle, AaO., S. 251ff.

第Ⅱ部　「多極的行政法関係」と権利保護

形成される[35]」（傍点筆者）。

　まず、行政法関係と公権との関係については、次の点を指摘することができ
よう。

　今日のわが国行政法体系においては、明治憲法以来の伝統的行政法学の基礎
を構成していた公権・公義務は特別権力関係とともに総論・基礎理論・「根本
秩序」の舞台から姿を消しつつあるが、それは一つには、公法・私法の区別（二
元論）の相対化・流動化という背景があり、他方で当事者の法的地位をあえて
「権利・義務」とリジッドに構成することのメリットが失われてきたからであ
る。すなわち、個人的公権の共通の特質と目される諸効果──移転・譲渡・差
押え・相続などの禁止・制限（不融通性の原則）──は、周知のとおり、個別の
権利利益の特質に帰するものであって、もはや公権共通の特質ではありえない
し、また行政訴訟における「権利保護」[36]の対象は、周知のように「法律上保護
された利益」（判例・通説）という意味の「法律上の利益」（行訴9条）であって、
決して権利＝公権そのものではないからである。

　これらの変化・改革を基に、行政法紛争を理論的に整序し解決する場（解釈
学）、もしくは制度設計の基準（法政策学）として瞬間的・孤立的な行為形式で
ある行政行為、もしくは個別的権利・義務よりも、これら紛争・制度設計を包
む「行政法関係」を抽出し、実質的に公平な、妥当な紛争解決、もしくは正当
な制度設計（政策）の策定を図ることが、重要になってきたのである。

　また、伝統的行政法（学）においては、一般権力関係と特別権力関係から構
成される「公権力」観念中心の行政法秩序が基本であったが、その後「法関係
論」が導入され、「権力関係」から「法関係」への重心の転換に伴い公法・私
法の本質的同一性がもたらされることになった。この点、ドイツにおいて、新
公権論の視点から、国家の（一般・特別）権力関係の否定の論拠として、国家
と市民との公権・公義務関係＝「法関係」への転換を強調するのは、ハルトムー
ト・バウアーであった[37]。そこには、国家的公権を法関係のなかに取り込むこと
により、国家－国民の「権力関係」からの脱皮、および両者の基本的に「対等」

───────────

35)　N. Achterberg, AaO., S. 54ff.
36)　参照、高柳信一『行政法理論の再構成』（岩波書店、1985年）39頁以下、原田尚彦『行政法要論
　　（初版）』（学陽書房、1976年）105頁以下。

な法関係への転換という彼の構想があった。

　さらに、行政法関係の承認が行政法（学）における行政行為（論）の地位低下に基づくものであることは、一般的に認められる。すなわち、オットー・マイヤーの行政法学以降その行為形式の中心的地位を占めてきた行政行為（論）は、今日ではもはやかつてのような栄光的地位を占めるものではなく、とくに、社会国家における支配的な「単純な高権的行政」、たとえば、年金支給などの給付行政において有効な制度ではないし[38]、またこれらを、行政訴訟的理由から行政行為として説明する必要もない。けだしこれらは、取消訴訟、および義務づけ訴訟以外では行政行為以外の行政活動の請求として、あるいは「法関係の存在・不存在」の訴訟（確認訴訟＝ドイツ行政裁判所法第43条）として争われるからである。

　ヘルマン・ヒルの表現をかりれば、「行政行為・事実行為などの特定の活動タイプは、法関係の一部、もしくは成立のメルクマール」であり、特定の法的地位は、「法関係内部の部分的局面」にすぎないのである[39]。

Ⅱ　「多極的行政法関係」視点からの行政手続法第10条の法的意義

(1)　一般的に上のような特質をもつ多極的行政法関係に、わが国の一般法レベルにおいて関連し、これを支持・促進するとみられる規定に、行政手続法第10条、および同旨の全国各自治体の行政手続条例第10条の規定（とくに福岡県行政手続条例第10条）がある。すなわち同法10条は、行政庁は申請に対する処分において、「申請者以外の者の利害を考慮すべきことが当該法令において許認可等の要件とされているものを行う場合には、必要に応じ、公聴会の開催その他適当な方法により当該申請者以外の者の意見を聞く機会を設けるよう努めなけ

---

37)　Hartmut Bauer, Subjektive öffentliche Recht des Staates — Zugleich ein Beitrag zur Lehre vom subjektiven öffentlichen Recht, DVBl, 1986, S. 208, なお、バウアーとブレックマン（A. Bleckmann, DVBl. 1986, S. 208）との国家公権論をめぐる論争についてくわしくは参照、川上宏二郎「西ドイツにおける国家の公権論—バウアーの見解に対するブレックマンの批判とバウアーの反論」『行政法の諸問題　上』（雄川一郎先生献呈論集）（有斐閣、1990年）119頁以下。

38)　N. Achterberg, Allgemeines Verwaltungsrecht, 24Aufl., 1986, S. 381f.

39)　Hermann Hill, Rechtsverhältnis in der Leistungsverwaltung, NJW, 1986, Heft 42, S. 2605.

第Ⅱ部 「多極的行政法関係」と権利保護

ればならない」、と規定する。けだしこれは、「申請者以外の者」（第三者）の利害を考慮すべきことが当該法令などにおいて許認可等の要件とされている場合が前提とされている「多極的行政法関係」を想定した一般的・手続法的規定と解されるからである。

　この規定は、事実上行われていた公聴会など第三者の意見を聞く機会の設定を、行政庁の「努力義務」として改めて課したものであり、第一義的には「行政運営の公正の確保」のための行政庁の情報収集という行政サイドの便宜を図る点に、その立法趣旨があるとされる[40]。

　これについて佐藤英善教授は、「行政の便宜」という解釈にとどまることなく、「第三者の権利利益の保護にも活用しうる」点にその意義があり、本条は、「そのような利害関係を有する第三者を含む三面関係を対象とする」（傍点筆者）規定であると、明確に位置づける[41]。また仲正氏も、同第10条は「第三者を加えた三面関係について規定している点」（傍点筆者）に、その特色があると解する[42]。

(2)　行政手続法第1条の目的——「行政運営における公正の確保と透明性…（略）…の向上を図り、もつて国民の権利利益の保護に資する」——をふまえ、かつ、その第10条の文言を仔細に検討すれば、この規定は、決して単なる「行政の便宜」にとどまらない意義をもつといってよい。すなわち、本条の要件部分は、「当該法令において、申請者以外の者の利害」を何らかの基準・方法で「考慮すべきこと」が許認可などの要件になっている場合である。この「考慮すべき」基準・方法自体について、同条は明示こそしていないが、何らかの方法により「考慮」すべきという責務が行政庁に課されている。したがって、この第10条の要件規定自体に関しては、許認可などの審査基準において、何らかの方法によって「申請者以外の者」＝第三者の利害が必ず「考慮」されなければならず、その「考慮」を通じて第三者との相互関連性が不可避的に発生するので、

---

40)　臨時行政改革推進審議会「公正・透明な行政手続法制の整備に関する答申」小早川光郎編『行政手続法逐条研究』（1996年）381頁以下所収、総務庁行政管理局編『逐条行政手続法（増補）』（ぎょうせい、1994年）116頁以下、仲正・前掲書（注1）・45頁以下、302頁。

41)　佐藤英善・前掲書（注1）・58頁以下。

42)　仲正・前掲書（注1）・45頁。

第5章　多極的行政法関係における「第三者」の手続法的地位論

これによって構成される法関係は、一種の「多極的行政法関係」ということができる。

　総務庁（省）の解説コンメンタールは、「申請者以外の者の利害」の考慮の具体的な審査基準としては、個別法において「公益」・「公共の福祉」程度では十分ではなく、「産業の利益の保護のため」などのような、より明確な基準を設けている場合をさす、と解すべきだという[43]。

(3)　次の解釈上の問題は、「必要に応じ、公聴会の開催その他適当な方法により当該申請者以外の者の意見を聴く機会を設けるよう努めなければならない」、という本条の効果規定の意味である。この部分は、一般に行政庁の「努力義務」と解されるため、結論的には、このような機会の設定は厳密の意味の法的義務ではない、という解釈が支配的である[44]。しかし杉村敏正教授は、この規定を単純に「努力義務」規定と解することに疑問を呈し[45]、また橋本公亘教授も当該法令にそのような規定がない場合にも、行政手続法の規定のなかに「意見を聴取する機会を拡げる方向」で検討してよいのではないかといった[46]、行政過程における適正手続重視の視点からより積極的な見解を主張されている。

　また同法第10条の要件のなかに、次にのべる取消訴訟などの原告適格を有する「申請者以外の者」が含まれる場合があるが、この場合には、「公聴会」などの意見を聴く機会を設けないと手続法上違法となる、という見解が有力である[47]。

　したがってこれらを総合すると、同法第10条は要件規定（義務規定）＋効果規定（努力義務規定）から構成され、全体として厳密な意味での「法的義務」まで行政庁に課したものとは解しがたいが、その趣旨は、かぎりなく法的義務

---

43)　総務庁行政管理局編・前掲書（注40）・117頁。

44)　参照、塩野宏・高木光『条解行政手続法』（弘文堂、2000年）172頁以下、南博方・高橋滋編『注釈行政手続法』（第一法規、1999年）185頁以下。

45)　杉村敏正「行政手続法要綱案（第1次部会案）について」ジュリスト985号（1991年）80頁。

46)　橋本公亘「行政手続法要綱案（第1次部会案）を読んで」ジュリスト985号（1991年）84頁。その他、参照、座談会（小早川光郎・佐藤英善・鈴木良男・橋本公亘・八木俊道）「行政手続法の制定と今後の課題」ジュリスト1039号（1994年）8頁以下。

47)　塩野宏・高木光・前掲書（注44）・173頁。

第Ⅱ部　「多極的行政法関係」と権利保護

に近い「努力義務」と解釈すべきであろう[48]。

　この規定との関連で、多極的行政法関係と取消訴訟における原告適格の有無との関係、および第三者の「公聴会」などへの手続的参加権が問題となりうる。すなわち同条では、第三者＝「申請者以外の者」の範囲が必ずしも特定されていないが、行政手続法の要綱案立案者は、それには「原告適格を認められるようないわゆる法律上の利益」を有する者のみならず、「公共料金の認可申請に際しての一般消費者のような者」――たとえば、近鉄特急事件最高裁判決（平成元年4月13日）に代表されるように判例によって原告適格が否定されている者――も含まれる[49]、と解釈していたからである。

　周知のように、住民など「第三者」の取消訴訟における原告適格については、行政処分の根拠法令のみならず、「関連法規の関連規定」を根拠として、その判断をするのが、今日の判例の立場（新潟空港訴訟最小判平成元年2月17日[50]）であることから、必ずしも「申請者以外の者」の範囲が特定されていないが、このことが、これらの原告適格肯定の障害にはならないと思われる。

　いずれにしても、判例によって原告適格を有するとされる者の範囲よりも、同法第10条規定のいう「考慮すべき」利害を有する「申請者以外の者」が一般に広く解されるがゆえに[51]、多極的行政法関係を構成する「第三者」の範囲も広く設定する必要がある。

　さらに、「必要に応じ」行政庁が必要な資料収集のため関係者の意見を聴くべきであるという行政庁の「努力義務」規定の性格からして、直ちに関係者＝第三者の手続的参加権自体を肯定することは困難であるが、事実上このような第三者が公聴会などの開催を申し出た場合には、行政庁は適切な方法で意見聴取に応ずべき地位にあると解すべきである[52]。現に、最近の土地収用法の改正（平成13年法103）により、利害関係人の請求による公聴会開催が義務化された（同23条）。上述のように、行政手続法第10条の規定自体について、文理解釈的に

---

48)　南博方・高橋滋・前掲書（注44）・185頁以下、宇賀克也『行政手続法の解説』（学陽書房、1994年）71頁以下、芝池義一『行政法総論講義（第4版）』（有斐閣、1999年）296頁以下。

49)　参照、総務庁行政管理局編・前掲書（注40）・316頁、仲正・前掲書（注1）・45頁。

50)　民集43巻2号56頁。

51)　参照、中込秀樹・研究会発言、小早川光郎編・前掲書（注40）・135頁。

52)　佐藤英善・前掲書（注1）・62頁。

194

第5章　多極的行政法関係における「第三者」の手続法的地位論

は行政の「努力義務」と解する外はなく、しかも限りなく「法的義務」に近い
それであるが、利害関係人の権利利益保護の観点からいえば、いまだ必ずしも
十分な保障規定とはいえない。しかし、これは多極的行政法関係・「三面的関
係」（紛争）の増大という現代行政の特質を考慮すれば、今後さらなる積極的
活用が期待される規定であり、個別法で、今日利害関係人・第三者の意見書提
出の手続が整備されつつあるなかで（たとえば、廃棄物処理法第8条6項、同15条
6項、情報公開法13条）、この一般法的手続規定をこのまま行政庁の「努力義務」
のままとどめておくことが立法政策上妥当かどうか、再検討する余地があろ
う。[53]

Ⅲ　都市計画法における住民参加システムと多極的行政法関係論

(1)　公告・縦覧、「住民」、もしくは「利害関係人」の一定期間内の意見書の提
出権を主たる内容とする、行政計画・行政決定過程への住民参加制度について[54]
は、現在都市計画法第17条のほか、主に次のような法律において関連規定があ
る。

① 　土地収用法の公聴会（23条）、事業認定申請書・「協議」の公告・縦覧、および「利
　害関係を有する者」の意見書の提出（24条～25条・118条）、
② 　土地区画整理法の換地計画につき2週間の縦覧、および利害関係者の意見書の提
　出（88条2項～7項）、
③ 　都市再開発法の第1種・第2種市街地再開発事業における権利変換計画につき公
　告・縦覧、および意見書の提出（83条・118条の10）、
④ 　土地改良法の土地改良事業につき20日以上の公告・縦覧、および利害関係人の異
　議の申出（8条、19条）、
⑤ 　環境影響評価法の準備書および評価書についての公告・縦覧、意見書の提出、手
　続（16条・27条）、
⑥ 　廃棄物処理法の一般廃棄物処理施設、および産業廃棄物処理施設の設置許可につ
　いての2週間内の公告・縦覧、および「利害関係人」の意見書の提出（8条6項・
　15条6項）。

53)　塩野宏・高木光・前掲書（注44）・176頁、南博方・高橋滋・前掲書（注44）・187頁。
54)　行政計画における住民参加の意義・問題点についてくわしくは参照、宮田三郎『行政計画法』
　（ぎょうせい、1984年）196頁以下。

195

第Ⅱ部　「多極的行政法関係」と権利保護

　このように、個別の実定法レベルにおいては、都市計画法における住民参加システムが「モデル的」に広く採用されており、これらを行政法的視点から、とりわけ多極的行政法関係論との関連でどのように位置づけるべきかが、きわめて重要な課題とされている。

　まず、その原型をなす都市計画法の法的しくみからみておこう。

　都市計画法第16条1項は、都道府県または市町村は都市計画案を作成する際「必要があると認める」ときは公聴会など住民の意見を反映させる措置を講ずるもの、と定める。これは、公聴会などの措置を講ずるか否かについて一見、県・市町村の（自由）裁量を認めているように読めるが、都市計画行政の特質、市民の権利利益の「影響」等の関係性を総合的に「考慮」する必要がある。すなわち、現代行政の「拡大・強化」（行政国家化）に伴い、裁量統制強化の必要性からして、濫用・踰越の場合（行訴法第30条ほか）はもとより、公聴会の成立自体についての瑕疵などの手続法的違法を根拠とする行政の裁量統制が期待されるからである。この点について判例では、公聴会が形式的に実施されるのみでは公正な行政手続の要請をみたすものとはいえない、との下級審判決（宇都宮地判昭和50・10・14）もある。

　都市計画法第17条1項・2項では、理由書を添付した都市計画案の決定（変更の場合にも準用＝21条）に対する2週間の公告・縦覧、および同期間内の「関係市町村の住民及び利害関係人」の意見書提出権が保障されている。後者では住民そのものではないが、実質的に都市計画に利害関係を有し市町村に住所（「生活の本拠」（民法21条））をもつ法人・自然人が含まれると解される。また特定街区の都市計画案については、利害関係人の権利義務の直接的変動をもたらすことから、その同意を必要とする（17条3項）。

　土地収用法も、同様に当初は「事業認定」の申請が起業者により提出された場合には、行政機関（大臣・知事ら）が「必要があると認めるとき」の「公聴会」の開催という措置義務を規定していたが、前述のように平成13年法改正（法103）により、「利害関係を有する者」から事業認定申請書の縦覧期間中に公聴

---

55)　参照、荒秀・小高剛『都市計画法規概説』（信山社、1998年）42頁。
56)　判時796号31頁。

第5章 多極的行政法関係における「第三者」の手続法的地位論

会開催の請求があったときは公聴会を開催し一般の意見を求めなければならない
いと、明確に権利・義務化された（同23条1項[57]）。また同法は、2週間の事業認
定申請書の公告・縦覧、および同期間内の「利害関係を有する者」の都道府県
知事への意見書提出権を認めている（25条1項）。さらに、収用委員会への裁決
申請書の公告・縦覧、および「土地所有者・関係人」・「準関係人」──土地、
およびこれに関する権利について仮処分をした者その他損失補償の決定によっ
て権利を害されるおそれのある者──の意見書提出権（43条1・2項）、ならび
に起業地についての起業者と土地所有者、および関係人全員との「協議」に対
する利害関係人の異議申出権が、同様に規定されている（同118条）。

　このように、都市計画法をモデルとする「公告・縦覧」、および一定期間内
の「意見書の提出」という法的しくみは、その他では土地区画整理法、土地改
良法、環境影響評価法、および廃棄物処理法などにも基本的に導入されてい
る。ただし、それぞれの個別法の趣旨目的にてらして、その期間（廃棄物処理
法の場合には1月）、および意見提出権の主体（環境影響評価法の場合には「意見を
有する者」、廃棄物処理法の場合には「利害関係を有する者」、および土地区画整理法の
場合には「利害関係人」）などが異なるものとなっている。

　これらの公聴会・意見提出権を中心とする法的しくみの意義としては、土地
関係の個別法律レベルにおいて現代行政の特質である多極的行政法関係を構成
する基本要素をなしているとともに、利害関係人の権利利益を保護し、あるい
は多様の複雑な利害関係を調整することにより、行政の公正な決定を担保する
役割が期待されるのである。

(2)　問題はこの法的しくみを、多極的行政法関係論および行政手続法第10条の
視点から統一的にどう位置づけ、理論的にどう整序するかである。

　行政法学において、このような「公告」・「縦覧」手続、および「意見書」の
提出という住民参加手続については、これまでの「デュープロセス」・手続法
思想の軽視ないし弱体化の傾向も与って、必ずしも正当に評価・位置づけが

---

57)　この点について、宇賀克也教授は土地収用法のこの公聴会開催義務規定を「行政手続法（10条）
　　上の義務を超える義務を課した」（傍点筆者）、と評価する。参照、宇賀克也「土地収用法の改正」
　　自治研究78巻2号（2002年）28頁、藤田宙靖「改正土地収用法をめぐる若干の考察」『情報社会の
　　公法学』（川上宏二郎先生古稀記念論文集）（信山社、2002年）627頁以下。

197

第Ⅱ部 「多極的行政法関係」と権利保護

なされないままであった。とくに「意見書」の提出については、これがどのような内容の権利・義務であるのか、必ずしも明確にされなかったため、いわば事実上の行為としてもっぱら行政学上の住民参加の一形態として位置づけられるにとどまっている、といっても過言ではない。[58]

多極的行政法関係論の下では、住民などの「意見書提出権」は、事実上の行為ではなく、手続法的権利であり、その提出の機会を妨害することはもとより、事実上それを侵害する場合には違法となること、言をまたない。これにより、住民はまさに、手続的参加権を有するところの、多極的行政法関係の一極を担う主体と位置づけられる。この住民らの「意見書提出権」に対応する行政庁側の責務・義務について、個別の実定法ではなんらの規定もないことから、俗に「言いっ放し」「聞きっ放し」といわれるように、法的拘束力はもとより尊重義務さえもない、と解されている。せいぜい、意見書の簡単な要旨が都市計画地方審議会に報告されるだけであるといわれている。すなわち、都市計画法における住民などの意見書は、同審議会の審議資料にとどまり、口頭陳述の対象ともならず、その採否の結果や理由なども知らされないままである。[59]しかし行政手続思想尊重の視点からすれば、この「意見書の提出」は、行政手続法上の「処分」を求める「申請」（同2条3号）には直接該当しないにしても、これと基本的に同一の性質を有する行為として行政庁において受理、もしくは補正の措置をとる義務が発生する行為であり（同7条参照）、受理後は意見書の内容を「検討」した上で「考慮」する法的義務があると解される。けだし、いうまでもなく意見書はたんに「受理」することによって解決する問題ではなく、その内容を「検討」・「考慮」して計画案などへ採用、もしくは理由付記を伴ってこれを「棄却」するという、行政手続過程の次のステップとしての「応答」がもとめられるからである。したがって現行法における、この意見書提出に対する法的（無）応答は、あまりにも形式的にすぎ、現代行政の要請である、実効性のある行政手続・住民参加の原則とはかけ離れた措置であるといわねばな

---

58) 参照、和田英夫『行政法講義下』（学陽書房、1983年）327頁以下、小高剛『行政法各論』（有斐閣、1984年）98頁以下、村上武則編『応用行政法』（有信堂、1995年）105頁、西尾勝『行政学（新版）』（東京大学出版会、1998年）388頁以下。

59) 参照、荒秀・小高剛・前掲書（注55）・44頁。

らない。

　すでにのべたように、この意見提出権は、解釈論として行政庁に対してその内容についてまで法的拘束力をもつものではないが、このことは、住民と行政庁との間の一切の法的権利義務関係の発生が否定されるべきではなく、むしろ当事者間に手続法的権利義務関係が発生する、という点に留意すべきである。かくして、この相互の規定関係性を「承認」することによって多極的行政法関係が発生することになる。

　土地収用法などの「意見提出権」も、基本的に都市計画法と同義に解されており、法的性質・内容はそれと異なるところはない。すなわち、事業認定に関する処分を行うにあたって広く利害関係人の意見を聴取し、これを参考にして「公正妥当な処分」を行わせる趣旨であって、もとより内容面でこれら「意見」に法的に拘束されるわけではないが、手続法上の規制が適用され、意見提出権自体を否定したり事実上それを侵害する場合には、当然違法となる。

(3)　最後に、手続的参加権に関する若干の特徴的判例をとりあげて、その傾向を確かめておきたい。

　まず、土地収用法上の事業認定を行うにあたって、同第22条による学識経験者の意見聴取、同第23条による公聴会の開催手続をとるかどうかについて、「必要があると認めるとき」という規定から、ダムの建設が高度の技術を要するものであっても、また起業者と行政庁が同一の建設大臣（現国土交通大臣）であっても、それは「建設大臣の裁量行為」であり、その「濫用・逸脱」がないかぎり、違法ではないと解されている。この点について、平成13年の法改正により、事業認定庁と起業者が同一であることは（国の場合には、いずれも国土交通大臣）中立性の観点から望ましくないので、とくに第三者による意見聴取・

---

60)　参照、五十嵐敬喜・小川明雄『都市計画―利権の構図を超えて』（岩波書店、1993年）194頁以下。なお、1992年の都市計画法の改正の際、政府案に対して、野党共同案が提案され、そのなかでは、市町村の都市計画の原案に対して、住民は意見書を提出することができ、市町村はそれについて報告書の提出を義務づけられる、という実効的な住民参加システムが取り入れられていた（同211頁）。

61)　参照、小澤道一『逐条解説土地収用法（第3版）』（第一法規、1986年）287頁以下。なお、認定庁は意見書を参考資料とするが、「これに拘束されるわけではない」（同289頁）。

62)　東京地判昭和38年9月17日行政事件裁判例集14巻9号1575頁、参照、訟務行政判例研究会編『判例行政手続法』（ぎょうせい、1994年）1281頁以下。

第Ⅱ部 「多極的行政法関係」と権利保護

尊重義務が課されることになった（同25条の２第２項）。

　しかし、都市計画法上の「利害関係人」の意見書の取扱いについて、都市計画地方審議会での意見書の「要旨」が異なる場合、もしくは「要旨」が全く無視された場合には、審議会の答申に基づく都市計画決定は違法である、とする昭和50年４月16日京都地裁判決[63]や、審議会の審理手続に県側の答弁が著しく不誠実であったり、概括的説明がなされただけで審理不尽の違法があり、県側の答弁が誠実になされたならば結論がどのようになっていたか定かではないので、審理不尽は「取消し事由」にあたるとした平成６年３月29日広島地裁判決[64]などが、下級審判決ではあるがとくに注目される。

　このように判例は一般的傾向として、学識経験者の意見聴取や公聴会を、利害関係者、利用者、および事業者などの権利利益の保護のための手続とは解さず、もっぱら行政庁の適正な処分のための「裁量規定」と位置づけているが、都市計画法の意見書提出について、上述のように下級審判決のなかには、その「要旨作成」は関係住民の意見を審議会に反映させる「重要な方法」、審議会は「利害関係人等の権利利益をも保護する重要な機関」、もしくは意見書の要旨は「重要な資料」であるなどと位置づけ、その手続法的な、住民参加の趣旨・目的に配慮した若干の判決もみられる。判例の全体としては、これら下級審判決は目下のところ少数にとどまるが、手続重視の新しい傾向として注目される。このような傾向は、また第三者の手続法的地位の強化を内容とする多極的行政法関係の構成の方向性とも基本的に符合するものである。

むすびに代えて──行政手続法第10条と多極的行政法関係論の課題

　わが国においては、これまで多極的行政法関係の問題は、主として行政訴訟における第三者の原告適格の承認・範囲の問題、すなわち事後的な権利救済の問題として論議されてきたが、行政手続法の制定、とりわけ同第10条による「申請者以外の者」（第三者）の権利利益の保護規定の導入により、第三者の手

---

63)　行政事件裁判例集27巻４号539頁。
64)　判例地方自治126号57頁。

続法的地位が一般法において規定され、実定法的に「多極的行政法関係」の基盤が整備されつつある。

このようななかで本章は、ドイツにおける多極的行政法関係の概念を整理・検討し、「多数の当事者間における、行政法的意義・効果を有する関係」という独自の規定を試み、ドイツにおける主要な議論の傾向を前提に、わが国における「多極的行政法関係」成立の重要な要素と目される、行政手続法第10条の規定および都市計画法の住民参加モデルを中心に、その意義・効果を考察してきた。

その結果、多極的行政法関係の視点からすれば同第10条は、「行政の便宜」、もしくは行政の「努力義務」にとどまらない法的意義を有していること、また第三者が原告適格を有するなどの一定の場合には、公聴会などの開催が法的に義務づけられる場合があること、行政手続思想重視の立場から、可能なかぎり「申請者」以外の者＝第三者の意見聴取を求めるべきことが、一応確認された。換言すれば、行政手続法第10条が射程する行政法関係は、事実上の関係ではなく、多数の当事者間の「行政法的意義・効果を有する」「多極的行政法関係」ととらえることができ、そこでは、当事者の事後的な権利利益の救済はもとより、事前の「適正」手続の保障により、（予想される）紛争の未然の防止・調整・解決がとくに期待される。

また個別法レベルでは、都市計画法をモデルとする住民参加規定——とくに公告・縦覧・「利害関係人」等の意見書の提出——は、従来事実行為的性質の行為として位置づけられ、その法的意義が軽視されてきたきらいがあることに鑑み、改めて多極的行政法関係の視点から照射する必要があることが確認された。すなわち、住民等の「意見書」の提出権の保障により、その手続法的地位が確立され、行政体・行政庁が紛争を事前に予防し、適正に行政処分・都市計画案の決定を行うことができる法的しくみが構成される。

このように、これまで個別的に論じられてきた第三者の手続法的地位を多極的行政法関係の一極（要素）として位置づけることにより、多数の当事者が関与する法律関係・紛争に適正に対応することができ、行政の新たな役割も期待されうる。

もとよりこのような多極的行政法関係は、行政法各論においては、租税法・

第Ⅱ部 「多極的行政法関係」と権利保護

官吏（公務員）を除いて、都市計画法・建築法、環境法、交通法、経済法、および教育・文化法など、あらゆる（参照）領域をカバーしつつあり、これらの個別法の具体的検討をふまえて、その意義・効果をトータルに検討する必要があり、より実態に即した分析が求められる。とくに地方自治行政においては、第三者保護、とくに住民参加・協働、および（附近）住民同意制などを主たる内容とする条例・要綱によって規定される多極的行政法関係の分析・検討が必要となろう。とりわけ都市計画や建築基準を中心とする、まちづくり行政や公害・廃棄物処理などの都市環境行政においては、行政法紛争は「つねに原理的には三当事者間の三面関係としてあらわれる[65]」ことから、「第三者」たる住民の手続当事者としての立場を十分考慮した、「三極的・多極的行政法関係」法理の構築が必要不可欠である。

65）　参照、磯部力・小早川光郎編著『自治体行政手続法』（学陽書房、1993年）179頁以下。

第**6**章 取消訴訟における「第三者」の原告適格の基準としての基本権適用論序説

——ドイツ法との比較研究

はじめに——課題への視角

　周知のように、行政事件訴訟法（平成16年法84改正前の法律、以下、行訴法という。）第9条（1項）は、取消訴訟の原告適格[1]（主観的訴えの利益）について、「当該処分又は裁決の取消しを求めるにつき法律上の利益を有する者」（傍点筆者）と規定する。この原告適格について、わが国最高裁判所は一貫して「法律上保護されている利益」を有する者がこれに該当するという立場（以下、保護規範説という。）に立って[2]、学説上「支配的」と目される見解と一致し、いわゆる事実上の利益説、もしくは法律上保護に値する利益説を否定する。

---

1 ）　ここで「原告適格」とは、訴訟の対象となっている特定の法律関係について、原告として訴訟を追行し、裁判による解決を求めうる資格をいう。ただ、行訴法第9条の括弧書き、「処分又は裁決の効果が期間の経過その他の理由によりなくなった後においてもなお処分又は裁決の取消しによって回復すべき法律上の利益を有する者」も含めて「原告適格」という場合もある。参照、山田二郎「原告適格」杉村章三郎・山内一夫編『行政法辞典』189頁。本章（第6章）では、主として取消訴訟の原告適格を検討の対象とするが、その原告適格が「法律上の利益を有する者」と規定されている無効等確認の訴え（行訴法36条）にも言及する場合もある。なお、平成16年改正行政事件訴訟法（法84）により同9条2項において、「処分又は裁決の相手方以外のもの（第三者）についての「法律上の利益の有無」の判断に際して「法令の規定」の文言のみによることなく、法令の趣旨及び目的ならびに「利益の内容及び性質」を考慮すること、これらの「趣旨及び目的」の考慮に当たっては、共通する「関係法令」のそれらをも参酌するものとし、当該利益の内容及び性質を考慮するに当たっては害されることとなる利益の内容及び性質ならびに害される態様及び程度をも勘案するものとすると定めて、いわゆる「第三者」の原告適格基準の「明確化」・「拡大」を図った、といわれている。周知のごとく、この第9条2項の新設は、これまでの代表的最高裁判決を「結集」したものであり、最高裁の「掌中」にあることはまちがいなく、これが第三者の原告適格拡大に実質的に資するものであるかどうか、目下のところ必ずしも明らかではない。本章は、わが国ではもっぱら平成16年法84改正前の行政事件訴訟法および同関連判例を取り上げ考察するものであることをお断りしておく。参照、宇賀克也『改正・行政事件訴訟法』43頁以下、小林久起『行政事件訴訟法』51頁以下、207頁以下。

203

第Ⅱ部 「多極的行政法関係」と権利保護

　学説上では、原田尚彦教授による「訴えの利益」（原告適格）に関する４分類
——①権利享受回復説、②法律上保護されている利益説、③保護に値する利益
救済説、および④処分の適法性保障説——の提唱以降、同法第９条の「法律上
の利益」を、「一種の訴訟法の利益」として解釈すべきであるという見解、す
なわち③保護に値する利益救済説が次第に有力になってきた。ただここで注意
すべきことは、最高裁判所が最近の新潟空港騒音訴訟の上告審判決（第二小平
元・２・17）で、基本的に伝統的立場に立ちつつ、周辺住民の原告適格を否定
した原審の判決（東高判昭56・12・21）を覆し、飛行場への乗入れ免許の取消し
を求める住民の原告適格を肯定した点である。この判決は、基本的には従来の
②保護規範説に立っているものの、その「内実を換骨奪胎」するという評価や
関連法規の法体系や航空法の「目的的合理解釈」という点で「画期的な意味」
をもつとの評釈に代表されるように、従来の枠を越えて第三者の原告適格を拡
大した、という点できわめて注目される。また最高裁は、このような傾向をい
わゆるもんじゅ原子力発電所設置無効等確認訴訟に関する平成４年９月22日判
決（民集46巻６号571頁）において確認し、原子炉等規制法第24条１項３号（原子
炉の「運転を適確に遂行するに足りる技術的能力があること」）、および４号（「災害防

2）　取消訴訟の原告適格に関する詳細な判例の整理・分析については、参照、法曹会『続々行政事
　　件訴訟十年史 上』106頁以下、安念潤司「第９条・原告適格」山村恒年・阿部泰隆『行政事件
　　訴訟法』（1984年）105頁以下、小高剛「第９条・原告適格」南博方編『条解行政事件訴訟法』（1987
　　年）327頁以下、泉徳治「第９条（原告適格）」園部逸夫編『注解行政事件訴訟法』（1989年）163
　　頁以下。なお、わが国、およびドイツでは、このような「法律上保護されている利益」説につい
　　てさまざまな名称が付されているが、本章では、ドイツ法との比較研究のためもっともポピュ
　　ラーな「保護規範説」（Schutznormtheorie）にこれを統一する。
3）　原田尚彦『訴えの利益』３頁以下。
4）　参照、兼子仁『行政争訟法』（1973年）297頁以下、同『行政法総論』（1983年）267頁以下、阿
　　部泰隆『事例解説行政法』199頁以下、宮崎良夫『行政争訟と行政法学』（1991年）148（とくに
　　161）頁以下、同『行政訴訟の法理論』（1984年）114頁以下、遠藤博也「取消訴訟の原告適格」『実
　　務民事訴訟講座８』69頁以下、広岡隆『行政法総論（３訂版）』（1973年）208頁以下。
5）　民集43巻２号56頁以下。この判決に対する代表的評釈としては、岡村周一「新潟空港騒音事件」
　　平成元年度重要判例解説37頁以下、原田尚彦「空港騒音と行政訴訟」ジュリスト932号46頁以下、
　　高木光・法学教室（２期）104号84頁、阿部泰隆「判例評釈」判例タイムズ696号49頁以下。
6）　行裁集32巻12号2229頁以下。
7）　参照、原田尚彦・前掲論文・49頁。
8）　参照、山村恒年「定期航空運送事業免許の取消訴訟と飛行場周辺住民の原告適格」民商法雑誌
　　101巻３号109頁以下（119頁）。

第6章　取消訴訟における「第三者」の原告適格の基準としての基本権適用論序説

止上支障のないものとして原子力規制委員会規則で定める基準に適合するものであること」）について、事故などによる「直接的、かつ重大な被害を受ける」範囲の（原子炉から約58キロ以内に居住する）住民の原告適格を肯定した。これは、原子力「事故」「災害」による広範、かつ重大な生命・身体・健康・環境汚染などの「被害」の特殊性を「考慮」し「第三者」の原告適格の範囲を飛躍的に「拡大」したものである。

　他方では、次第に有力になってきた権利救済＝①「保護に値する利益」説と判例・通説の支持する②保護規範説との対立をめぐって、後説（②の見解）支持の立場からの前説（③）への再批判[9]と、これに対する反論[10]が活発に展開されるなど、戦後行政法学の最大の課題のひとつである取消訴訟（無効等確認訴訟をふくむ。）の原告適格をめぐる論争はとどまるところを知らない。さらに、最近では現行（当時）の行訴法について、法解釈レベルの論争にとどまらず原告適格の拡大や新しい型の訴訟——義務づけ・差止め訴訟（法定外抗告訴訟）——への対応から、立法的改革の必要性[11]——2004（平成16）年、法定抗告訴訟の拡大、原告適格の拡大（9条2項の新設）、および出訴期間の延長などの行訴法の主要内容が改正された——が提唱されている。

　このような判例・学説の状況のなかで、本章は、取消訴訟をめぐって最も問題とされる、行政行為などの「名宛人」以外の「第三者」[12]——建築法上の「隣人」、営業法上の競業者、および空港・道路・原子力発電所など大規模施設の

9）　参照、田中二郎『司法権の限界』（1976年）36頁以下、雄川一郎「原告適格」『行政法の争点』202頁、同「訴えの利益と民衆訴訟の問題」田中古稀記念論文（中）1259頁以下、同「行政争訟の理論」287頁以下、橋本公亘「行政訴訟の原告適格」田中古稀記念論文集（中）1095頁以下、藤田宙靖『行政法I（総論）』（1990年）279頁以下。

10）　参照、宮崎良夫「原告適格」『行政法の争点（新版）』208頁以下。

11）　行訴法の立法的改革の必要性については、公法学会（『公法研究』（1990年）第52号）でも活発に議論された。そのなかでも、とくに阿部泰隆「行政訴訟の基本的欠陥と改革の視点」（同138頁以下）参照。

12）　たとえばガルヴァスは、第三者に対する「事実上の侵害」を、①名宛人との「地域的関連」に基づくもの（建築許可など）、②名宛人との「債権的関連」に基づくもの（賃貸借関係など）、③市場メカニズムに基づくもの（競願者・競業者など）、に分類する。
　　Vgl., Hans Ulrich Gallwas, Faktische Beeinträchtigungen im Bereich der Grundrechte, 1970, S. 30ff. なおこの論文の分析についてくわしくは、高木光『事実行為と行政訴訟』（1988年）299頁以下参照。

第Ⅱ部 「多極的行政法関係」と権利保護

付近住民など——の原告適格問題について、ほぼ同様の制度の下で豊富な判例の蓄積を有し活発な論議が展開されているドイツの理論を参考にしつつ、若干の問題提起を行うことを目的とする。その際の基本視角は、「具体化された憲法としての行政法」・「憲法的価値の実現の技術に関する法」[13] としての行政法という立場から、三極・多極的行政法関係——ドイツ実定行政法上の二重効果的行政行為を基本とする行政法関係の「多面性」——という特質をふまえ、いわゆる「第三者」に可能な限り基本権を適用することにより原告適格拡大の必要性に応えるとともに、行政訴訟における個人の権利保護のシステム・目的と行政の実質的法治主義（＝「法律による行政」）の原理との統一をめざすことによって、原告適格をめぐる両説の対立の解消を図る、という点にある。もちろんこの課題は、取消訴訟において、周知のように訴えの対象（処分性）、原告適格、および行訴法第9条の括弧書き（狭義の訴えの利益）などの多様な問題と密接に関連するが、このうち本章は、行政訴訟の「狭き門」の根本原因である原告適格固有の問題に限定して、比較法視点からドイツ法・理論を参考にして考察する。

　そこで、このような基本視角から、まず「Ⅰ」では、取消訴訟の原告適格をめぐる最高裁判例のリーディングケースを取り上げ、そこで展開されている保護規範説とよばれる見解の論理構造とその特質を分析する。次いで「Ⅱ」は、取消訴訟に関する第三者の原告適格をめぐって活発な議論が展開されているドイツにあって、通説・判例の保護規範説の根本に立ち返って理論的、かつ体系的にこれを批判しているH・バウアーの所説[15] を素材にして、わが国判例・通説の依拠する保護規範説の問題性を解明する。これらの考察をふまえて、「Ⅲ」では、このような「法律上保護されている利益」（保護規範）説と「保護に値する利益」説の対立という従来の対立の枠を越えた新しい基準、すなわち、第三者の原告適格の「法律上」の根拠を判例・通説のごとく「行政処分の根拠法規

---

13)　Vgl., F. Werner, Verwaltungsrecht als konkretisiertes Verfassungsrecht, DVBl, 1959, S. 527ff.

14)　塩野宏『公法と私法』（1972年）228頁、同『行政法Ⅰ』（1991年）53頁、その他参照、遠藤博也『実定行政法』41頁以下。

15)　Vgl., Hartmut Bauer, Altes und Neues zur Schutznormtheorie, AöR., 113（1988）, S. 592ff., ders, Geschichtliche Grundlagen der Lehre vom subjektiven öffentlichen Recht, 1986.

（規定）」に求める考え方を排して、憲法・基本権を含む「法律上の利益」という見解の定立こそがこの問題解決のための課題であるとの基本的立場から、これを論証するとともに、この見解について予想される若干の問題点を予め検討しておくことにする。

I 判例における「保護規範説」の構造とその特質

(1) 上述のように、行政処分等の取消訴訟の原告適格について、わが国の判例・通説は保護規範説の基本的立場から、行政処分の「名宛人」については、「直接の法的規律を受ける」地位からその取消しを求める「法律上の利益」を無条件に認め原告適格を肯定する[16]のに対し、「名宛人」以外の第三者に対しては、当該行政法規の保護目的が「公益」である、第三者の受ける利益が「反射的利益」、もしくは「事実上の利益」であるとの理由でその原告適格をこれまで一般的に否定してきた。たとえば最近の主な判例として、①「消費者」の受ける利益は「反射的利益」であるという理由で、不服申立て資格（行政訴訟上の原告適格に相当）を否定した昭和53年3月14日ジュース不当表示事件最高裁判決[17]、②知事の公有水面の埋立て免許に対し周辺の漁業権を有する者はその取消しにつき、「法律上の利益」を有しないとした昭和60年12月17日伊達火力発電所事件最高裁判決[18]、③文化財保護法等に基づく史跡指定解除処分に対し、「学術研究者」がその取消訴訟の原告適格を有しないとした平成元年6月20日最高裁判決[19]、④旧地方鉄道法第21条に基づく特別急行料金の改定認可に対し、特別急行列車の「利用者」の原告適格を否定した平成元年4月13日最高裁判決[20]、⑤既存の質屋は第三者に対する営業許可処分の取消しに対して、「法律上の利益」を有しないとした昭和34年8月18日最高裁判決[21]、および⑥自動車道予定路線周

---

16) 参照、遠藤博也・阿部泰隆『講義行政法Ⅱ』208頁、安念潤司・前掲書・106頁。
　　Vgl., W. Henke, Das subjektive öffentliche Recht, 1968. S. 64.
17) 民集32巻2号211頁以下。
18) 判時1179号56頁以下。
19) 判時1334号201頁以下。
20) 判時1313号121頁以下。
21) 民集13巻10号1286頁以下。

第Ⅱ部　「多極的行政法関係」と権利保護

辺の住民は、（旧）建設大臣の行った工事実施計画書の認可の取消しを求める
「法律上の利益」を有しないとした昭和53年4月11日広島高裁判決[22]などが、そ
の代表的なものである。

　これに対して、同じく保護規範説に立ちつつも、第三者の原告適格を肯定し
た判決もある。たとえば古くは、⑦公衆浴場法に基づく第三者への営業許可に
対し既存の業者の原告適格を肯定した昭和37年1月19日最高裁判決、⑧電波法
に基づく競願者への免許処分に対し拒否された第三者の原告適格を認めた昭和[23]
43年12月24日の最高裁判決、⑨農林水産大臣の保安林指定解除処分に対し影響[24]
を受ける住民の取消訴訟の原告適格を認めた昭和57年9月9日の最高裁判決、[25]
⑩定期航空運送事業免許に対し「騒音によって社会通念上著しい障害を受ける」
住民の免許取消しの原告適格を認めた平成元年2月17日の最高裁判決、および[26]
⑪前記「もんじゅ」原発無効確認等訴訟における平成4年9月22日最高裁小三
判決などが、その代表的なものである。

　これら第三者の原告適格に関する諸判決から、どのような統一的基準ないし
傾向を見出しうるか、必ずしも明確ではない。ただここで確認しうる点は、判
例が一様に保護規範説に立脚し、当該処分の根拠法規（規定）の保護目的→解
釈による「個別利益」かあるいは「反射的利益」かの峻別という論理を採用し
つつ、必ずしもその具体的方法・基準を明示しないまま最終的には法規の保護
目的よりもむしろ事件の特質、とりわけ予想される被害の態様・程度を重視し
て第三者の原告適格の可否を決定している、ということである。たとえば、法
規の保護目的との関連でいえば、不当景品類及び不当表示防止法（昭37法134）[27]
第1条は、「公正な競争を確保し、もつて一般消費者の利益を保護すること」
をその目的として明示しているにもかかわらず、最高裁はこれを消費者一般の
利益、すなわち「抽象的・平均的・一般的利益」（反射的利益）に解消せしめた

22）　行裁集29巻4号532頁以下。

23）　民集16巻1号57頁以下。

24）　民集22巻13号3254頁以下。

25）　民集36巻9号1679頁以下。

26）　民集43巻2号56頁以下。

27）　このような解釈に対する批判については参照、宮崎良夫「原告適格」『行政法の争点（新版）』（1990
　　年）210頁。

第6章　取消訴訟における「第三者」の原告適格の基準としての基本権適用論序説

のに対し、他方では航空法（昭27法231号）第1条の「航空機の航空に起因する障害の防止を図る」という目的規定については、他のこれと共通の目的をもつ航空機騒音障害防止法（昭和42年法110号）という「関連法規」と関連づけて附近住民の原告適格を肯定した。したがってこのように最高裁判所判決では、「抽象的・平均的利益・一般的利益」に還元されやすい「消費者」、「学術研究者」、「列車利用者」、「自動車道周辺の住民」などの「第三者」の（法的）利益が原告適格基準としての「法律上の利益」（行訴第9条）として精確に評価されていない点が、大きな疑問として残る。[28]

　換言すればこれら諸判決は、行政法関係を原則として行政主体と私人（行政行為の名宛人＝申請者）という二極的関係として位置づけ、例外的に「重大な被害」を受ける（おそれのある）第三者に「法律上の利益」を認めるという伝統的行政法観を「前提」とするものであるから、現代の行政法関係がもはや二極関係ではなく行政主体──私人（名宛人）──第三者という、二重効果的行政行為を中心とする「三極的・多極的法関係」であるとの基本認識を欠落させているばかりでなく、現代型の訴訟において、新しい多様な市民の権利・利益の保護にきわめて消極的であるといっても過言ではない。[29]

(2)　第三者の原告適格に関する上述の判例のうち、最高裁判所はリーディングケースと目される、前記①ジュース不当表示事件で保護規範説の意味、および論理を一般的に次のように展開している。[30]

　　「法律上の利益を有する者とは、当該処分により自己の権利若しくは法律上保護された利益を侵害され、又は必然的に侵害されるおそれのある者をいい、法律上保護された利益とは、当該行政処分の根拠となった法規が、私人等の個人的利益を保護することを目的として行政権の行使に制約を課していることにより保障される利益であって、それは、行政法規が他の目的、特に公益の実現を目的として行政権の行使に制約

28）　参照、伊藤真「訴えの利益」『現代行政法体系4』245頁以下。なお伊藤教授は、市民利益の救済のため立法的対応が遅れているわが国では、保護規範説は「市民の利益救済の途を閉ざす」、と批判する（同247頁）。

29）　参照、塩野宏・前掲書・237頁以下。Vgl., N. Achterberg, Allgemeines Verwaltungsrecht, 1982. S. 295f., U. Berger, Grundfragen umweltrechtlicher Nachbarrecht, 1982. S. 48f.

30）　民集32巻2号211頁以下、その他参照、阿部泰隆『行政判例百選Ⅱ（初版）』318頁、岡村周一『行政判例百選Ⅱ（第2版）』338頁。

209

第Ⅱ部 「多極的行政法関係」と権利保護

を課している結果たまたま一定の者が受けることとなる反射的利益とは区別されるべきものである」(傍点筆者)。

さらに、前記の「画期的」な新潟空港訴訟上告審判決は、このような「法律上保護された利益」を判断する際の基準・方法について、当該処分を定めた行政法規が、個々人の個別的利益を含むか否かは、「当該行政法規及びそれと目的を共通する関連法規の関連規定によって形成される法体系の中において、当該処分の根拠規定が、当該処分を通して右のような個々人の個別的利益を保護すべきものとして位置づけられている」(傍点筆者)かどうかによつて判断すべきである、と判示する[31]。

これらの判決を通して確認される保護規範説の論理は、①行政処分の根拠となった行政法規が、②行政権の行使に制約を課していることにより「個々人の個別的利益」を保障している場合であって、③偶然一定の者が事実上利益を受ける「反射的利益」とは峻別される、という点に要約される。このうち、①に関わって、前記新潟空港訴訟上告審判決が「当該行政法規及びそれと目的を共通する関連法規の関連規定によって形成される法体系」を強調している[32]点が、従来の判例に比較して「新規」の構成であり注目されよう。

(3) この保護規範説の論理は、決してわが国判例特有なものではなく、C. F. ゲルバーの『公権論』(1852年)、G. イェリネックの『公権体系』(初版1892年)以降の行政法学、とりわけ1863年のバーデン邦を嚆矢とする行政裁判制度、とくにその原告適格としての「権利侵害」条項との関連で生成・発展してきた、O. ビューラーらを代表とするドイツ公権理論に強い影響を受けたものであ[33]ることは、歴史上明らかである。そこでは、G. イェリネックらによつ

---

31) 民集43巻2号56頁以下、参照、岡村周一「新潟空港騒音事件」『平成元年度重要判例解説』ジュリスト957号37頁以下。

32) この点に着目し岡村周一教授は本判決を、あくまで「法律の保護する利益説」(保護規範説)を「精緻化したもの」と評価される(同・前掲書・38頁)。

33) 参照、原田尚彦・前掲書・27頁以下、宮崎良夫・前掲書・172頁以下、成田頼明『行政法序説』129頁以下。なお、ドイツ公権理論の歴史的展開とボン基本法下の特質・課題についてくわしくは参照、中川義朗『ドイツ公権理論の展開と課題—個人の公法的地位論と権利保護を中心として』(法律文化社、1993年) 230頁以下。

第6章　取消訴訟における「第三者」の原告適格の基準としての基本権適用論序説

て、上述のような判例の論理構造と同様に、①行政法規は「公益」を目的とする、②個人が行政法規によって利益を受ける場合に、「公権」と「反射的利益」の二分類され、そして具体的に、③「公権」か「反射的利益」かの判定は法規の保護目的に関する「厳密な法律解釈」（F．フライナー）によって行われることが、行政訴訟に関わる公権理論の主な内容として主張されていたのである。

周知のように、第二次大戦後のボン基本法体制の下で、このような伝統的公権理論は、行政裁判所法第42条2項の「権利侵害」規定に基づいて、第三者の原告適格の存否の問題を中心にして、「人間の尊厳」をはじめとする、基本権の主観法的性格（1条3項）、個人の「権利侵害」に対する包括的権利保護制度（19条4項）、および社会的法治国家原則（23・28条1項）の影響によって修正されつつも、その基本的内容は維持され発展してきた。すなわち、O．ビューラーやO．バッホフらに代表される通説的保護規範説は、通常の法規に基づく公権（法律によって保護された個人利益）を基準としながらも、「憲法の光」を背景とする行政法規の解釈、公権か反射的利益かについて疑義ある場合の前者への「推定」、行政手続からの一定の実体法上の公権の抽出、および行政裁量に対する法的統制としての「無瑕疵裁量行使請求権」の法理の構成などの点に

---

34)　Vgl., G. Jellinek, System der subjektiven öffentliche Rechte, 2 Aufl., 1905, Fotomechanischer Nachdruck（1963）, S. 41ff., F. Fleiner, Institutionen des Verwaltungsrechts, 8 Aufl., 1928, S. 164ff.（176）.

35)　Vgl., Eyermann=Fröhler, Verwaltungsgerichtsordnung, 8 Aufl, 1980, §42, RdNr. 96, F. Kopp, Verwaltungsgerichtsordnung, 8 Aufl., 1989, §42, RdNr. 37ff., C. H. Ule, Verwaltungsprozeßrecht, 9 Aufl., 1986, S. 200ff.

36)　Vgl., O. Bühler, Die subjektiven öffentlichen Rechte und ihr Schutz in der deutschen Verwaltungsrechtssprechung, 1914, S. 21ff., ders, Altes und Neues über Begriff und Bedeutung der subjektiven öffentlichen Rechte, in: Gedächtnisschrift für W. Jellinek, 1955, S. 269ff. O. Bachof, Die Verwaltungsgerichtliche Klage auf Vornahme einer Amtshandlung, 2 Aufl., 1968, S. 62ff., ders, Reflexwirkungen und subjektive Rechte im öffentlichen Recht, in: Gedächtnisschrift für W. Jellinek, 1955, S. 287ff., H. Bauer, Altes und Neues zur Schutznormtheorie, AöR 113, S. 582ff.

37)　E. R. Huber, Wirtschaftsverwaltungsrechts, 2 Aufl., 1953, S. 683f., Wolff/Bachof, Verwaltungsrechts, I, 9 Aufl., 1974, S. 319ff., E. Forsthoff, Lehrbuch des Verwaltungsrecht, 10 Aufl., 1973, S. 187.

38)　G. Kohlmann, Das subjektiv-öffentliche Recht auf fehlerfreien Ermessensgebrauch, 1964. 参照、手島孝『現代行政国家論』225頁以下、宮崎良夫「無瑕疵裁量行使請求権」『行政法の争点（新版）』68頁以下、小早川光郎「附論無瑕疵裁量行使請求権」同『行政訴訟の構造分析』295頁以下所収。

第Ⅱ部 「多極的行政法関係」と権利保護

おいて、憲法の基本権に代表される諸価値を可能な限り公権理論に投映させることをめざしてきたといってよい。現代ドイツのこのような公権理論の特質にてらしてみれば、わが国判例の保護規範説の論理構造は、現行憲法の原理・展開を「考慮」することなくもっぱら行政処分の根拠法規の定める保護目的の解釈にその基礎をおくことから、ドイツ公権理論、それも後期立憲君主制・ワイマール憲法時代のG. イェリネックやF. フライナーらの代表的理論と酷似していることが確認されよう。したがって、このようなわが国の判例の基本的論理は、ドイツ行政裁判所法第42条２項の「権利侵害」規定について「事実上の利益」・「法的保護に値する利益」、もしくは第三者への基本権の直接適用などを基準とする、保護規範説に批判的な公権理論の「新傾向」[39]ばかりでなく、上述のような新たな展開をみせる現代保護規範説の特質——とくに建築法分野における「配慮原則」[40]に代表される隣人（第三者）の権利保護の拡大——もほとんど「考慮」されずに展開されてきたといってよい。すなわち、わが国の判例の主要傾向は法規の保護目的（の解釈）による「公権」と「反射的利益」とのカテゴリカルな区別、およびそのための法規の「概念的解釈」の方法を採用し、ひいてはその「適用の不確実性」（H. バウアー）をもたらしているとみることができよう。すなわち、わが国でもドイツの理論・判例を参考にして両者の区別それ自体への疑問や、その相対化・流動化が有力に展開されている[41]にもかかわらず、判例・通説は依然として伝統的判断枠組み・論理構造に固執しているからである。

---

39) R. Bernhardt, Zur Anfechtung von Verwaltungsakten durch Dritte, JZ 1963, S. 302ff., R. Bartlsperger, Das Dilemma des baulichen Nachbarrechts, Verw Arch. 60 (1969), S. 35ff., M. Zuleeg, Hat das subjektive öffentliche Recht noch eine Daseinsberechtigung? DVBL, 1976, S. 509ff.

40) Vgl., Felix Weyreuther, Das bebauungsrechtliche Gebot der Rücksichtnahme und seine Bedeutung für den Nachbarschutz, Baurecht 1975, S. 1 ff.

41) 参照、和田英夫『国家権力と人権』（1979年）148頁以下、宮崎良夫「公権論」遠藤博也・阿部泰隆『講義行政法Ⅰ（総論）』145頁以下。

第6章　取消訴訟における「第三者」の原告適格の基準としての基本権適用論序説

II　保護規範説への批判論の検討——H. バウアーの批判を素材として

(1)　周知のように、わが国とドイツの行政裁判制度については、独立の行政裁判所の存在、行政訴訟の種類、原則的停止効、および職権探知主義の採用など、いくつかの点で重要な相違があるので画一的比較は困難であるが、他方では法律による客観訴訟の限定、個人の権利保護を目的とする主観訴訟としての取消訴訟、およびその原告適格の基準として、かつてのO. ビューラーらに代表される狭義の「公権」概念でなく、「法律上保護された利益（保護規範）説」をもって充てるというのが通説・判例の立場であるという点で、共通性をもつ。

　このうち保護規範説に対しては、わが国、およびドイツでさまざまな批判[44]——たとえば、通常法律の解釈に依存することに派生する、第三者の法的地位の「不安定」・「不明確」性、および憲法上の権利（基本権）、とくに環境権など新しい権利の保護への「無考慮」など——が活発に展開されている。そのようななかで、この保護規範説に対しそれを支える基本概念・解釈方法のレベルまで掘り下げてこれを根本的に批判するのは、H. バウアーである。

(2)　H. バウアーは、「保護規範説」をO. ビューラーに代表される旧説と、シュミット—アスマンに代表される新説とに分け、これらの共通点、および相違点を整序したうえで、その批判を詳細に展開する。[45]

　まず、①保護規範説の「不明確な概念的基礎と基本範疇（カテゴリー）」について、バウアーは、その中核をなす「利益」概念の不明確性を取り上げる。彼によれば、「利益」

---

42)　ドイツ行政裁判所法の条文の邦訳については参照、南博方編『注釈行政事件訴訟法』（1972年）406頁以下、その他参照、同『行政訴訟の制度と理論』（1968年）196頁以下。

43)　参照、安念潤司・前掲書・105頁以下、原田尚彦・前掲書・6頁、成田頼明・前掲書・139頁以下、Vgl.,O. Bachof, Die verwaltungsgerichtliche Klage auf Vornahme einer Amtshandlung, 2 Aufl., 1968, S. 62ff., (82-85) Eyermann = Fröhler, Verwaltungsgerichtsordnung. 8 Aufl., 1980, §42, RdNr. 96, F. O. Kopp, Verwaltungsgerichtsordnung, 8 Aufl., 1989, §42, RdNr. 43ff. (48).

44)　Vgl., W. Henke, A. a. O., S. 3 ff., M. Zuleeg, A. aO., S. 509ff., R. Bartlsperger, A. a. O., S. 35, R.Breuer, Baurechtlicher Nachbarschutz, DVBl, 1983, S. 431ff., H. Bauer, Geschichtliche Grundlagen der Lehre vom subjektiven öffentliche Recht, 1986, S. 148.

45)　H. Bauer, Altes und Neues zur Schutznormtheorie, AöR 113, S. 592ff.

213

第Ⅱ部 「多極的行政法関係」と権利保護

(Interesse)[46] は、"Dabei-sein"、"Dazwischen-sein"、および "Anteilnehmen" という意味のラテン語を語源とするもので、基本的に同義の "Neigung"、"Aufmerksamkeit"、"Nutzen"、"Vorteil" という、現在の用語法に至るまで「きわめて多義的概念」である。したがってバウアーによれば、この「利益」概念の解明なしには、これは法的問題の解決の基礎とはなりえず、「空虚な、法律的に支持しがたい白紙概念（Blankettbegriff）」になる、おそれがある。

　バウアーによれば、これと同様の批判がこの基礎概念から派生する「公益」と「私益」（個人的利益）との区分にも妥当する。すなわち、かつても G. イェリネック[47]、F. フライナー[48]、F. ギーゼ[49]、および O. ビューラー[50]らが「公権」と「反射的利益」との区別に関して、「公共利益」（「一般利益」・「国家利益」）と「個別利益」との識別の困難性を指摘してきたが、現代ではなお一層、両利益の間に必然的対立・相違が存在せず、「部分的には不可分にからみあっている」状況であり、また時代の経過とともに、「公益」と「私益」との間に流動化傾向がみられることから、かつて「公益」とされていたものが「私益」へ移行、ないしその逆も生じている。

　次に、②の「不確実な解釈方法と解釈基準」について、バウアーは、保護規範説は、個人の公権を、具体的法規の「文法的、体系的、歴史的、および合目的的解釈」によって導出するが、これを詳細に考察すると、「このような中心的方法論の問題でバラバラな意見の凝集に陥っている」、と批判する[51]。すなわち、ビューラーに代表される旧保護規範説は、「法律という素材」に第一義的価値をおいてきたが、これは立法者意思の探究に通じる結果、「あまりにも思惑的すぎる」との批判が高まってきたため、エーバーハルト・シュミット―アスマンらの新保護規範説[52]は、立法者意思ではなく現在的「利益」の客観的評価を

---

46) Vgl., Wolff / Bachof, Verwaltungsrecht, I, 9 Aufl., S. 1974, S. 166f. なお、ヴォルフ／バッホフによれば、「利益」はラテン語の「Interesse」で、「対象（他人、物、もしくは状態）への主体の関与（積極的関連性）」の意味である。

47) G. Jellinek, A. a. O., S. 70f.

48) F. Fleiner, A. a. O., S. 175.

49) F. Giese, Die Grundrechte, 1905, S. 71.

50) O. Bühler, A. a. O., S. 44.

51) H. Bauer, A. a. O., S. 596ff.

第6章　取消訴訟における「第三者」の原告適格の基準としての基本権適用論序説

重視する立場から「客観的・合目的的基準」の確立をめざす解釈を駆使して、問題の解決に当たる。しかしバウアーによれば、新保護規範説の場合でも、現代の「変遷しつつある価値観念」の下でどのような「価値、その基礎、および価値基準」が重視されるべきかという、肝心の点が全く不分明である。たとえばE.フォルストホフは、ある具体的利益が公権か反射的利益であるかの検討における「不可避的な価値判断」の際に、「権利保護の無欠缺性をめざす現代公法秩序の傾向、個人の生存確保という社会的所与に規定された個人保護の高度の必要性、および社会的配慮」を考慮すべきであるといい、またオーバーマイヤーも疑義あるケースでは、「当該規律の価値判断的解釈（wertende Auslegung）によって妥当な解決策を見いだす」べきである、と主張する。しかしバウアーによれば、このことは保護規範説が、公権か否かの審査について具体的基準・方法を明示しないまま、ただ「法適用者の価値観念」、すなわちその「主観的理解」に依存していることを、いみじくも暴露することにほかならない、ときびしく批判する。

　また、バッホフ、フーバーらの説く、ボン基本法第19条4項（包括的権利保護の基本権）を根拠とする、疑義ある場合の「公権への推定」論についても、バウアーはその「効果」は今日まで明確にされていないし、判例もこのような「推定」を語ったケースがほとんどない、と指摘する。さらにバウアーは、「公権を導きだすための行政手続法の意義」、すなわち、一定の行政手続——告知・聴聞・異議申立てなど——から実体法上の公権を導く通説の手法についても、また「不明確」である、と批判する。

---

52)　E. Schmidt-Aßmann, in: Maunz/Dürig, Grundgesetz, Kommentar, Lieferung, 1985, RdNr. 116ff. zu Art 19, Abs. 4 GG. 参照、成田頼明・前掲書・145頁。

53)　E. Forsthoff, Lehrbuch des Verwaltungsrechts, 10Aufl., 1973, S. 189.

54)　K. Obermayer, Allgemeines Verwaltungsrecht, in Mang/Maunz/Mayer/Obermayer, Staats- und Verwaltungsrecht in Bayern, 4 Aufl., 1975, S. 160.

55)　H. Bauer, A. a. O., S. 598f.

56)　O. Bachof, A. a. O., S. 287ff. in Gedächtnisschrift für W. Jellinek, S 97, E. R. Huber, A. a. O., S. 684.

57)　H. Bauer, A. a. O., S. 600f.

58)　Vgl., O. Bachof, Die verwaltungsgerichtlihe Klage auf Vornahme einer Amtshandlung, 2 Aufl., S. 67ff.

第Ⅱ部 「多極的行政法関係」と権利保護

　最後に、③保護規範説の「適用の不確実性」について、バウアーは、これまで維持されてきた「法律上保護された利益説」が今後も法実践において“有用 (brauchbar)”であり、かつ“信頼 (zuverlässig)”できる基準であるとの主張を俎上に載せて、きびしく批判する。すなわち彼によれば、保護規範説に基づく学説・判例に対しては多くの批判、とくに「相当混乱した像 (Bild)」、「混乱した・矛盾に充ちた詭弁 (Kasuistik)」、もしくは「耐え難い適用の不安定性」など、数々の批判が浴びせられているからである。

　たとえば、公法上の建築法の分野では、伝統的保護規範説に立脚していた連邦行政裁判所は、1977年2月25日の豚舎事件判決において従来までその主観法的性格が否定されてきた旧連邦建設法（BBauG, 1986年現行建設法典〔Baugesetzbuch〕）第35条の開発抑制区域の建築案に関する事案につき、許可条件としての同条の「公的利益 (öffentliche Belange)」に、「隣人の利益を配慮すべし」との要請を適用しその主観的法的効果をはじめて承認することによって、隣人の原告適格を認めた。しかし他方では、この「配慮原則」の採用によって、かえって解釈による「混乱」・「不安定性」が増大したと批判されている。すなわち同判決が、これまでその主観法的効果（隣人の権利保護）が否定されていた「公的利益」規定について、隣人の「特別の地位を基礎づけ、かつ、個別的方法で特別の法的地位が配慮される限りにおいて」（いわゆる正当化と個別化の要件の下で）その「保護に値する利益」に主観法的効果が帰属する、つまり特定の場合において隣人の「権利侵害」の要件（行政裁判所法42条2項）を充たす、と判示したからである。この「配慮原則」の主観法的効果の承認は、連邦行政裁判所の判決によって、1960年旧連邦建設法の他の規定（同34条、同31条1項・2項）、および建築利用令第15条にも拡大された。この判決について、その

---

59)　H. Bauer, A. a. O., S. 604f.

60)　H. Maurer, Allgemeines Verwaltungsrecht 8 Aufl., 1992, S. 139.

61)　E. Martens, Allgemeines Verwaltungsrecht 7 Aufl., 1986, S. 152.

62)　K. H. Friauf, Der Rechtsschutz des sog. Dritten in der verwaltungsgerichtlichen Rechtssprechung, JurA 1969, S. 3 ff. (19).

63)　BVerwGE 52, S. 122ff.

64)　Vgl., C. Sartorius, Verfassungs-und Verwaltungsgesetze der Bundesrepublik, IBd., 1989, S. 300, Vgl., Wichtige Umweltgesetze, S. 28ff. 参照、田山輝明『ドイツの土地住宅法』115頁以下。

65)　BVerwGE 52, S. 130, Vgl., BVerwG, Urteil vom 13, 3 , 1981, DVBl, 1981, S. 928ff.

216

第6章　取消訴訟における「第三者」の原告適格の基準としての基本権適用論序説

結論の是非についてはともかく、学説は「配慮原則」について、その法的根拠の不分明——基本法第14条（所有権）かあるいは通常の法律か——、および隣人の地位の「不安定性」・「不明確性」をもたらす、と概ね批判的である。その代表が、この判決を"判例法の迷路"(Irrgarten des Richterrechts)と酷評する R. ブロイヤーである。

　バウアーによれば、保護規範説の適用をめぐる「不安定性」という批判は、単に隣人建築法の分野だけでなく、他の多くの法分野——イミッシオン保護法、原子力法、営業法、職業許可法、水法、経済監視法、外国人法、税法、警察法、および官吏法——にも基本的に当てはまるというのである。

　バウアーはこれら①②③を総合して、保護規範説は多くの分野において「予見性」を有しないがゆえに、法実践的観点からも「ほとんど支持しがたい」、と論結する。

(3)　バウアーによる保護規範説に対するこのような批判がわが国の判例・学説にもそのまま妥当するか否かについては具体的な検討を要するが、いずれにしても次の諸点は確認されよう。

　まず保護規範説の基礎をなす「利益」概念の批判について、周知のように、わが国の行訴法第9条は、ドイツ行政裁判所法第42条2項の「権利侵害」の規定と異なって、「法律上の利益」を有する者に取消訴訟の原告適格を認めると定めているため、このようなバウアーの批判自体の正当性はともかく、彼の批判がそのままわが国の判例・学説の主要傾向（＝保護規範説）にあてはまるわけではない。この点、ドイツでは、保護規範説を厳しく批判する W. ヘンケが、公権概念の基礎をなす「利益」は「法実証主義の残滓」的概念であるので、これに代えて「固有の事項（eigene Angelegenheit）」なる概念を提唱するが、わが国の制定法を基礎とする限り、「固有の事項」でもって「利益」概念に完全

---

66)　連邦建設法における「配慮原則」に関する連邦行政裁判所の一連の判決の紹介・分析については、石崎誠也「西ドイツ建築法における『隣人利益の配慮原則（1）』」法政理論第19巻1号54頁以下（76頁）参照。

67)　R. Breuer, Das baurechtliche Gebot der Rücksichtnahme–ein Irrgarten des Richterrechts, DVBl, 1982, S. 1065ff.

68)　H. Bauer, A. a. O., S. 606f.

69)　W. Henke, A. a. O., S. 55f.

第Ⅱ部 「多極的行政法関係」と権利保護

に置換させることも、また不可能である。それゆえわが国の場合、法解釈論として「利益」「（固有）事項」概念自体について掘り下げた批判的検討は行政法学のレベルではほとんど行われていないが、実質的に検討すれば、原告適格としての「法律上の利益」（法的利益）と、これに該当しないとされる非法的利益——経済的・社会的・文化的利益など——との異同関係を一瞥するだけで、「利益」概念自体の多義性が、また「公益」と「私益」（個人利益）の区別の不明確性が、ドイツ法の場合と同様にクローズアップされる。たとえば、よく引き合いに出される、公衆浴場法に基づく第三者への営業許可に対し既存業者の「法律上の利益」を肯定した最高裁判決（昭37年1月19日）と、他方では質屋営業法に基づく既存業者の「法律上の利益」を否定した最高裁判決（昭34年8月18日）を比較すれば、営業法上の既存業者の法的地位という意味では、基本的には同種の「利益」であるにもかかわらず全く相反する結論になったという点で、「利益」概念自体、および両利益の区別の「不明確性」が歴然とするといってよい。

　第二に、保護規範説の用いる「法解釈」論に対する批判であるが、それが「立法者意思」の探究であれ、「客観的・合目的的解釈」であれ、わが国のそれにも原則的に妥当するといってよい。すなわち、上述のW．ヘンケ指摘のように、保護規範説に対する主な批判は、通常の法律の（恣意的）「解釈」によって第三者の原告適格（法的地位）が左右されるためその法的地位が「不安定」になる、という点にあった。事実、多くの行政法規が行政庁と名宛人・申請者（事業者・人）との二極的法関係をもっぱら規律「対象」としているため、行政処分の名宛人以外の「第三者」の利益を全く考慮していないか、あるいはほとんど無視する建前になっている。たとえばこのことは、上述の、航空法、文化財保護法、公有水面埋立法、森林法（ただし、同法第32条は保安林の指定・解除について「直接の利害関係を有する」第三者の利益を配慮している）、不当景品類及び不

---

70)　Vgl., C. H. Ule, Verwaltungsprozeßrecht, 9 Aufl., 1986, S. 200ff.（203）, F. Kopp, A. a. O., §42, RdNr. 48.

71)　最高裁判所昭37年1月19日判決民集16巻1号57頁。

72)　最判昭34年8月18日・民集13巻10号1286頁。

73)　宮崎良夫教授は、この保護規範説によれば「実定行政法の解釈をめぐって複雑、かつ技術的な解釈が展開され、結果的には、裁判官の判断の恣意性が疑われ」るとして根本的に批判する（同、前掲書・170頁）。

第6章　取消訴訟における「第三者」の原告適格の基準としての基本権適用論序説

当表示防止法——同第１条は一般消費者の利益を保護目的とする——、ならびに公衆浴場法における行政処分の根拠規定、もしくは当該根拠法律第１条の趣旨目的をみれば明らかであろう。しかし、これら法律に係る行政処分によって実際には第三者の（制定法によっては直接保護されていないという意味での）「事実上の利益」が損なわれるケースが多い。したがって、行政法規の文理解釈によって「法律上の利益」と看做されない、第三者の「事実上の不利益」と行政処分の根拠法規との「ギャップ」を技巧的・合目的的「解釈」によってどう埋めるか、ということが大きな課題として浮上してきたのである。

　上述のドイツ連邦行政裁判所判決における第三者（＝隣人・附近住民ら）の原告適格を肯定するための「配慮原則」の主観法的効果の承認は、このような「法規」と「事実」のギャップを埋めるための保護規範説の枠内での「一種」の法解釈的テクニックである、といえよう。しかし、最近では、上のような学説による厳しい批判を受けて、連邦行政裁判所が「配慮原則」について抑制的慎重な立場をとったことが、注目される。すなわち最近の判決では、「建築法全体を包括する——法律外的な（außergesetzlich）——配慮原則は存在しない」、配慮原則の主観法的効果は、あくまで「正当化と個別化」によって特色づけられる「例外的ケース」であり、憲法から直接導出されるものではないという意味の、厳しい制限が付されるようになったからである。わが国では、前記Ⅰの①〜⑪の最高裁判例にみられるように、取消訴訟における原告適格の混沌とした状況は、当該行政法規の「不確実な適用・解釈」の証しであることは否定できない・行訴法第９条の「法律上の利益」という幅広い概念が基礎になっている点に、法文上の根本問題があるといえよう。

Ⅲ　第三者の原告適格と基本権適用論

(1)　旧憲法下のわが国では、ドイツ・プロイセン法の影響の下に、「行政官庁ノ違法処分ニヨリ権利ヲ障害セラレタ」（同61条）者が列記主義の原則（行政裁

---

74)　Vgl., K. H. Friauf, Baurecht, in: Ingo von Münch, Besonderes Verwaltungsrecht, 8 Aufl., 1988, S. 592f.

75)　Vgl., NVwZ., 1987, Heft 5 , S. 409f. (410).

第Ⅱ部 「多極的行政法関係」と権利保護

判所法15条）に基づいて、行政処分に対する取消訴訟を提起しうるとされていた。この「権利」について、判例・学説とも講学上の「公権」、および「私権」を問わず「権利」一般がこれに該当する、と解してきた。その「公権」には、伝統的行政法理論による整理に従って、①参政権、②受益権、または積極的公権、および③自由権が含まれることは明白である。

　戦後の制度改革により成立した「行政事件訴訟特例法」（昭23・法8、以下行特法という。）には、文字どおり民事訴訟法の「特例法」という性格から原告適格に関する規定は存在しなかったが、一般的に「法的に保護されている権利、利益」を行政庁の行為によって侵害され、または「法律上の不利益を課された者」が、その相手方であるか第三者であるかを問わず原告適格を有する、と解されていた。

　平成16年法84号改正前の行政事件訴訟法（昭37・法139、以下行訴法という。）第9条の「法律上の利益」規定については、当初特例法時代と同様原則的には、「法的に保護されている権利、利益」がこれに当たると理解されたが、その具体的内容については、今後の「学説判例の発展」に委ねられた。

　この原告適格に関する、その後の「学説判例の発展」であるが、最高裁判例においては上述のように次第にいわゆる保護規範説が支配的地位を占めるようになった。その際注意さるべきは、「法律上の利益」を導くための「法律」上の根拠としてもっぱら①当該処分の根拠法規、もしくは根拠規定、あるいは②「当該行政法規及びそれと目的を共通する関連法規の関連規定によって形成される法体系」のなかにおける根拠法規（新潟空港訴訟上告審判決）があげられるが、③憲法、その他の法規、とりわけ基本権が挙示されていない、という点である。このように、原告適格規定である「法律上の利益」をもっぱら行政処分

76）　参照、美濃部達吉『日本行政法上』（1936年）945頁、同『行政裁判法』（1929年）164頁以下、佐佐木惣一『日本行政法論総論（再版）』（1936年）734頁以下、清水澄『日本行政法』（1935年）332頁（なお清水博士は、公権・私権のみならず「所謂状態権ヲモ含ム」と解する）。

77）　杉本良吉『行政事件訴訟法の解説』36頁以下。

78）　山村恒年教授は、これについて①と②を、（1）当該処分の根拠法によって保護される利益説とし、（2）根拠法以外の保護する次の利益を含める説として、③をさらに（ⅰ）憲法、（ⅱ）他の実定法、および（ⅲ）慣習法として整理している。参照、「『法律上の利益』と要件法規」民商法雑誌83巻5号755頁以下。

220

の根拠となる通常の法律に限定し、それ以外の法規、とりわけ憲法を排除することについて、判例・通説とも説得力ある明確な、かつ十分な理由を示さないままであった。ただ一般的に指摘されていることは、①憲法に基づく基本権侵害の訴訟を認めると、人権の包括的規定——たとえば、憲法第13条の「生命・自由・幸福追求権」——などを根拠にした行政訴訟が許されることになり、結局民衆訴訟に通ずる可能性があること、もしくは②「取消訴訟においては、自己の法律上の利益と関係ない違法を理由として取消しを求めることができない」（行訴法10条1項）という規定から問題がある、という点である。これらの理由は保護規範説を支持する論者が、「法的保護に値する利益説」に対する批判として展開している内容と基本的に同一である、といってよい。

　①については、「民衆訴訟及び機関訴訟は、法律の定める場合において、法律に定める者に限り、提起することができる」（傍点筆者）との行訴法第43条の規定、および民衆訴訟について同第9条・10条1項の規定の準用を除外した規定（同43条1項）に基づいて、主観訴訟としての抗告訴訟と、「選挙人たる資格その他自己の法律上の利益にかかわらない資格で提起」し（行訴法5条）、かつ行政活動の違法性の匡正を目的とする客観訴訟としての民衆訴訟とが厳然と区別されるが、これによって、憲法上の基本権の侵害を根拠とする取消訴訟が即「自己の法律上の利益」に関わらない民衆訴訟に通ずることにはなりえない。すなわちこの取消訴訟は、あくまで基本権という主観的利益の侵害を要件とするものであり、いかなる意味でも、自己の主観的利益に関わらない、住民一般（地方自治法242条の2〔住民訴訟〕）、あるいは有権者一般の資格（公職選挙法203・

---

79)　この点について、宍戸達徳裁判官は次のように述べる。「私は、法律上保護された利益というのは、当該処分の根拠法規によって保護された利益のみに限られると考えております。これは、現在の最高裁判例の考え方ではないかと思っております」（傍点筆者）。このような立場から、同裁判官は、「憲法あるいは他の実定法などによって保護された利益」を「導入」する見解については、行訴法第9条が「侵害された権利利益の回復と処分の取消との間に法律上の関連性」を必要として、「処分が処分要件に違反してなされた違法によって侵害された権利利益」を前提とするとの立場から、これに批判的である。参照、宍戸達徳発言「現代型行政訴訟の検討課題」ジュリスト925号13頁。

80)　参照、雄川一郎・前掲論文・369頁以下（371頁）。

81)　参照、小早川光郎「集団的訴訟」公法研究40号213頁、泉徳治・前掲論文、園部逸夫編・前掲書所収・165頁以下（170頁）。

第Ⅱ部　「多極的行政法関係」と権利保護

204条〔選挙無効訴訟〕）で訴訟の提起が許される民衆訴訟ではありえないからである[82]。したがって、憲法上の基本権侵害を根拠とする抗告訴訟の提起可能性を、民衆訴訟に通ずるという理由で排除する①の学説の理由づけは、合理的根拠を有しないといってよい。

　現にドイツでは、行政裁判所法第42条２項の「保護された法的地位」（Geschützte Rechtsposition）が広範にわたってすなわち「憲法、とりわけ基本権」、「EC法」を含む「国際法」、「他の諸国の法」、「慣習法」、および「一般法原則」からも導出されうることについては、判例・学説とも一致している[83]。すなわち、行政行為がこのような「保護された利益」と「接触」すれば十分であって、「どのような法規範からこの保護が発生するか」、全く関係ないものとされるからである。

　②の理由について、周知のように行訴法第10条１項は、原告適格である「自己の法律上の利益」と行政行為の違法性との関連性を要求したものであって、元来原告適格存否の判断とは別個の問題である。したがって、この規定が、ただちに基本権に基づく利益を「法律上の利益」に含めることを妨げるものではない。けだし同10条１項は、主観訴訟としての取消訴訟において、原告適格ある者に対して、「自己の法律上の利益」に関係のない違法事由を主張して取消しを求めることを制限したにすぎないからである[84]。「自己の法律上の利益と関係ない違法」は、一般的には「行政庁の処分に対する違法のうち、原告の権利、利益を保護する趣旨で設けられたのではない法規に違反したにすぎない違法」[85]——と解されるが、とりわけ第三者の原告適格が問題となる二重効果的行政行為あるいは三極的・多極的行政法関係の場合、その原告適格が肯定されれば、「あらゆる違法事由を主張しうる」[86]とされる。すなわち同法第９条の「法律上

---

82)　阿部泰隆教授は、法律の保護する利益説に対して、「紛争に実質的な利害を有する者に限って原告適格を認めればそうした（民衆訴訟化・濫訴の弊）はない」と批判される（前掲書・201頁）が、他方では、「行政過程への市民参加」のため、一定の範囲と限度で「客観訴訟化」する必要があるとの意見もある。参照、遠藤博也・前掲論文・78頁以下。

83)　Vgl., F. Kopp, Verwaltungsgerichtsordnung, 8 Aufl., 1989, §42, RdNr. 51.

84)　杉本良吉・前掲書・40頁。

85)　小高剛「第10条・取消理由の制限」南博方編『注釈行政事件訴訟法』120頁以下。

86)　原田尚彦・判時859号135頁。

222

第6章　取消訴訟における「第三者」の原告適格の基準としての基本権適用論序説

の利益」は、「処分の違法と関係ない法律上の利益であってもよい」[87]ので、この規定は、基本権の侵害を理由とする抗告訴訟の原告適格を否定する根拠とはなりえない。換言すればこの「取消理由の制限」規定によって、同第９条の「法律上の利益」はもっぱら処分の根拠法規・根拠規定に基づく「法的利益」でなければならないことを必ずしも意味するものではないのである。

⑵　さて上述のように、行訴法第９条の「法律上の利益」のなかに通常の法律のみならず憲法、とりわけ基本権をも含めることについての理論的・制度的障害が「克服」されたとするならば、次の課題はその具体的方法・基準である。ここでも、ドイツ法の判例・学説[88]が参考となろう。すなわち、具体的には①は、基本権を直接第三者に適用し原告適格の拡大を図る方法であり、②は、通常法律の目的規定ないし処分の根拠に関わる「公共の利益」・「公益」などの規定について“憲法適合的解釈”を施すことにより、間接的に基本権を第三者の原告適格審査に適用する方法——たとえば、ドイツ旧連邦建設法に基づいて隣人の原告適格を肯定した「配慮原則」に関する一連の連邦行政裁判所の判決[89]——である。①は、第三者である原告に対する「権利侵害」が、「適用しうる通常法律の実体法上、もしくは手続法上の規定」が「第三者保護的」でないがゆえにそれから導出されえない場合でも、それが「可能な基本権侵害」から肯定されうるケースである。たとえば、行政庁によって許可された建築計画案[90]が、「重大、かつ、受忍しがたいほど土地の状況（Grundstückssituation）を根本的に変更することによって、基本法第14条によって保護された隣人の所有権を侵害する場合」[91]には（実質的に土地の収用に相当する程度の第三者への侵害行為）、隣人（第三者）の原告適格が認められる。また、第三者（競業者）への補助金交

---

87)　山村恒年・前掲論文・765頁。

88)　ドイツ法における判例・学説について詳しくは、中川義朗・前掲書・第８章273頁以下参照。

89)　連邦建設法に基づく“配慮原則”に関する連邦行政裁判所の一連の判決の紹介・分析については、石崎誠也「西ドイツ建築法における隣人利益の配慮原則（１）（２）」法政理論19巻１号54頁以下、同20巻２号122頁以下、同「隣人保護的配慮原則に関する西ドイツ連邦行政裁判所判例の展開」法政理論22巻４号59頁以下、大西有二「公法上の建築隣人訴訟（１）（２）（３）（４）―西ドイツ行政判例における『権利』『権利毀損』、および『違法事由』」北大法学論集41巻１号１頁以下、同２号71頁以下、同３号63頁以下、４号61頁以下参照。

90)　F. Kopp, A. a. O., §42, RdNr. 44.

91)　Vgl., VerwGE32, S. 173 (179); 50, S. 282 (287).

第Ⅱ部　「多極的行政法関係」と権利保護

付に対して事業主は、通常法律の「第三者保護的規定の侵害」ではなく、「基本法第2条1項（人格の自由な発展権）に基づく自由競争の権利侵害」を根拠に原告適格を有する、とされている。さらに連邦憲法裁判所の判決によって、基本法第2条1項に基づいて「憲法適合的秩序の枠内」で一般的行動の自由が導かれるがゆえに、同規定が第三者の原告適格を基礎づける根拠になりうる、と解されている。

　このように、ドイツでは第三者の原告適格を基礎づける法的基準として憲法上の基本権が挙げられるが、問題は、具体的にどのような基本権がそれに該当するか、である。これについて、ドイツの学説・判例において目下のところ、基本法第14条（所有権）や同第2条1項を除くと必ずしも明確な統一的基準が示されておらず、ケース・バイ・ケースによるものとされている。

　②について、旧連邦建設法に基づく「配慮原則」の主観法的効果の承認がこの「憲法適合的解釈」の代表と目されるが、判決理由は、基本法第14条の所有権の保護を、建築案の許可条件の一つとしての「公共利益」（BBauG.§§34.35）への合致に直接注入するのではなく、あくまで通常法律レベルの技巧的解釈によって隣人の原告適格を肯定している。

　わが国の主要判例では、（旧）原子炉等規制法第24条1項3号の、原子炉施設の位置、構造及び施設が核燃料物質（使用済燃料を含む。）、核燃料物質によって汚染された物（原子核分裂生成物を含む。）または原子炉による「災害の防止上支障がないもの」として「原子力規制委員会で定める基準に適合するものである」という許可基準は、「公共の安全」と同時に、周辺住民の生命・身体・財産の保護」を目的とするという立場から住民らの原告適格を認めた伊方原子力発電所一審判決（松山地判昭53年4月25日）、前記「もんじゅ」原発訴訟無効等

---

92)　Vgl., VerwGE30, S. 191ff.

93)　Vgl., VerwGE 6 , S. 32ff.（Elfes-Urteil）。なお、この場合「違法な被害に対する自由」の保障という基本権の適用は決して通常法律の保護目的の探究を必要としないというわけではない。参照、J. Pietzcker, "Grundrechtsbetroffenheit" in der verwaltungsrechtlichen Dogmatik, in Festschrift für O. Bachof, 1984, S. 138ff.

94)　Vgl., Friauf, A. a. O., S. 595f., J. Pietzcker, A. a. O., S. 149.

95)　U. Ramsauer, Die Rolle der Grundrechte im System der subjektiven öffentlichen Rechte, AöR, 111/ 4 , S. 502ff.

確認訴訟における最判（平4年9月22日）、および航空法第1条の「航空機の航行に起因する障害の防止」という目的規定に、いわゆる航空機騒音障害防止法（昭和48法110）の関連規定によって形成される法体系を関連づけて周辺住民の「騒音障害を受けない利益」を「法律上の利益」（行訴法9条1項）と認定し、原告適格を肯定した前記新潟空港訴訟上告審判決はいずれも、「通常法律レベルの技巧的解釈」という②の範疇に属する。すなわち、これらの判決は、「法律上の利益」を導く要件規定を一応処分の根拠法規に限定し、その根拠規定の解釈に当たって同法の目的や関連法規を考慮し、実質的には憲法上の基本権の理念・規定——たとえば憲法第13条・25条・29条など——を注入することにより第三者の原告適格の拡大を図った、と評価することができよう。しかしこれらの場合、第三者の原告適格を肯定する基本的判断枠組みは、依然として伝統的な保護規範説に基づくものであることには変わりがない。この点結論として、原告適格を否定した主婦連ジュース不当表示事件判決などと比較しても、その巧妙な法解釈のゆえに、肝心の第三者原告適格に関する明確な統一的基準をみいだすことは困難であり、裁判官の"恣意的"解釈であると批判されてもやむをえないところがある。

　このような点を総合的に判断すれば、まず判例・通説が第三者の原告適格の有無を判断するに当たって、行政処分の根拠法規に基づく「法律上の利益」概念という伝統的基本枠組みを修正した上で、憲法の基本権をも視野に入れこれをふくめた幅広い法的利益を吸いあげることが、もっとも重要である。このことは、実定法・理論上のしくみから何ら障害とならないばかりか、かえってそれが憲法に基づく行政（訴訟）という現代の実質的法治主義の原理にも適合するものであるといえる。

(3)　さて次に、このような憲法の基本権侵害を根拠とする第三者の原告適格肯定論について、予想されるさまざまな問題（批判）に対して予め検討しておく

---

96)　行裁集29巻4号588頁以下、その他基本的に同旨の判決として、伊方原発訴訟・高松高判（昭59・12・14）行裁集35巻12号2078頁以下、福島第二原発控訴審判決（仙台高判平2・3・20）行裁集41巻3号586頁がある。

97)　これらの判決の論理・手法については、学説でも批判が少なくない。たとえば、伊方原発一審判決については、川上宏二郎「伊方原発訴訟における原告適格について」判時891号8頁、新潟空港訴訟上告審判決については、阿部泰隆「判例評釈」判例タイムズ696号54頁以下参照。

第Ⅱ部 「多極的行政法関係」と権利保護

ことが必要であろう。

　まず、基本権に基づく第三者の取消訴訟が許容されれば、多種多様な解釈・価値論争に本来技術的なはずの行政争訟が巻きこまれ、さらには包括的自由権、もしくは環境権などの新しい権利に基づく訴訟が認められ、結果的に「濫訴の弊」をもたらすのではないか、という疑問がある。これについては、「具体化された憲法としての行政法」（F. ヴェルナー）、もしくは「憲法価値実現の技術としての（行政）法」（塩野宏）という視点から検討する必要があろう。すなわち、たとえ行政法が「行政に関する技術的・合理的法」（田中二郎）である[98]にしても、その本来の目的たる「憲法価値」から乖離することは許されず、むしろその価値を積極的に実現することが要請されている[99]ので、かりに通常法律が憲法的価値を具現していない場合には憲法への直接的な還帰が認められねばならない。その場合、憲法上の基本権領域にいったん足を踏み込むと、さまざまな解釈・価値論争に巻き込まれるとの危惧は、保護規範説に対するそれ（たとえば、前述のH・バウアーによる批判）と同様であるが、“憲法と行政法の一体性”を唱える以上、このような価値論争について裁判官が回避することなくその「良心」に基づいて判断することが（憲76条3項）、憲法上要請されているのである。このような憲法上の基本権に基づく第三者原告適格と許容することが、ただちに客観訴訟（民衆訴訟）へ通ずるものでないことはすでに述べたので、ここでは繰り返さない。ただ、しばしば保護規範説から「保護に値する利益」説への批判としてあげられるいわゆる「濫訴の弊」の主張は、具体的には最近の行政訴訟事件数[100]（平成2年度新受総件数〔――全審級〕1765件、同元年度1619件）、既済件数のうちの原告勝訴（認容）率（平成元年度14.5％、同2年度10.8％）、および同却下率（元年度15.0％、2年度15.6％）をどう評価するか、また、原告適格の拡大によって「濫訴」といえるほど行政訴訟が増加するかどうか、という問題と関連する。この点について多くの論者が指摘するように、先[101]

98）　田中二郎『行政法総論』（法律学全集）97頁。

99）　遠藤博也『実定行政法』18頁。

100）　参照、「平成2年度行政事件の概況」法曹時報第43巻第8号101頁以下。

101）　参照、原田尚彦・前掲書・222頁以下、浜秀和「実務を通じてみた行政訴訟制度の問題点」公法研究第52号16頁以下。

進諸国、および民事訴訟と比較しての行政訴訟事件数の僅少さもさることながら、「第三者」の原告適格の否定を根拠とする訴えの却下判決に代表される「入り口の狭隘さ」は、わが国行政訴訟にとってもっとも深刻な問題であることに変わりはない。原告適格における法的根拠としての基本権適用論は、この問題を理論的に解決する最も重要な方途であり、またとかく行政主体（行政庁）と客体（名宛人）中心に構成される二極的行政法関係のなかで、事実上重要な利害関係を有する「第三者」の地位に憲法上の基本権の視点から光をあてる試みとして積極的に評価されるべきである。その際注意すべきは、行政行為などと第三者の基本権侵害との「関連性」（Betroffenheit）が前提とされる、ということである。すなわち、この第三者の原告適格成立のためには、行政行為によって基本権として保護された「法的地位」が、法的に、かつ間接事実のみでないという形で「打撃」（betreffen）されることが必要な要件である。その判断は、一般に「経験則」をふくむ法原則によって行われる。[102]

(4) 最後に取消訴訟の原告適格たる「法律上の利益」と、現代行政法の基本原理、すなわち行政の法治主義の原理との関連にふれておく必要があろう。

　伝統的「公権」を受け継ぐ「法律上の利益」概念は、いうまでもなく実体法上の「権利」（公権）、もしくは「法的利益」の存在を前提とするものであり、近代的な行政法（学）を成立せしめた法治国家・行政の法治主義の原理の主観法的側面を表す、と考えられていた。G．イェリネックや彼の子息、W．イェリネックの指摘をまつまでもなく、個人主義的「公権」が成立しうるためには、国家（行政部）と個人双方を法的に拘束しうる行政法の存在が必要不可欠であり——それは広く行政の法治主義の原則を意味する——、そうして、はじめて両者は権利・義務の主体として相対峙しうることになる。このような行政の法治主義（法律の支配）の原理は、周知のように、O．マイヤーによって形式的意味の「憲法的法律」（Gesetz）概念を礎石として、①法律の法規創造力、②

---

102)　F. Kopp, A. a. O., §42, RdNr. 77.

103)　Vgl., H. H. Rupp, Grundfragen der heutigen Verwaltungsrechtslehre, 2 Aufl., 1991, S. 161.

104)　W. Jellinek, Verwaltungsrecht, 3 Aufl., 1931, S. 200ff.（203）.

105)　O. Mayer, Deutsches Verwaltungsrecht, 3 Aufl., 1924, S. 66ff.（68, 69）. O．マイヤーの「法律の支配」の内容についてくわしくは参照、塩野宏『オットー・マイヤー行政法学の構造』110頁以下参照。

第Ⅱ部 「多極的行政法関係」と権利保護

法律の優位、および③法律の留保という内容で公式化された。この原則の主観法側面たる「公権」概念も、もっぱら通常「法律に基づく権利」として把えられるようになった。これは、まさに憲法に基づく基本権がプログラム規定、ないし国家目標規定と看做されていたドイツ後期立憲主義・ワイマール憲法時代にあっては、通常の行政法規（委任立法を含む）のみが行政庁と個人双方を法的に拘束し、このような行政法関係から（個人的・国家的）公権および公義務の観念が成立することを意味した。

　しかし、第二次大戦後のボン基本法体制下では、周知のように、人間の尊厳を中心とする基本権の法的拘束性の確立（1条3項）、人格の自由な発展権（2条1項）、包括的権利保護制度（19条4項）、および社会的法治国規定（20条・28条）を承けて、形式的法治国家から実質的法治国家（materieller Rechtsstaat）へ、形式的の法治主義から基本権の保障を内容とする「正義の原則」、すなわち実質的法治主義（materielle Rechtmäßigkeit）へ転換した。すなわち、「行政は憲法適合的でなければならないし、とくに法的平等を保障し、自由と財産を尊重しなければならぬ」。したがって、個人の権利保護だけでなく行政の適法性の確保をも目的とする抗告（取消）訴訟制度は、必然的にこのような憲法に基づく行政の実質的法治主義の原理に奉仕するものでなければならない。

　かくして、現行憲法における行政の実質的法治主義（法治国）の原理からも、それを担保する取消訴訟の出訴資格としての「法律上の利益」を専ら行政処分の根拠となる通常の法律に基づく「利益」に限定する見解は正当化されないといえよう。けだし、それが憲法上の基本権をも含む「法律上の利益」と位置づけられてはじめて、現代憲法下の行政法の基本原理とその主観法的側面たる取消訴訟制度の本質が一致することになるからである。

---

106)　Vgl., T. Maunz, Das Ende des subjektiven öffentlichen Rechts, Zeitschrift für die gesamte Staatswissenschaft, Bd., 36（1936）, S. 72, W. Henke, A. a. O., S. 32ff.

107)　Wolff/Bachof, Verwaltungsrecht, I, 9 Aufl., 1974, S. 174ff.

108)　「行政の適法性のコントロール（Rechtmäßigkeitskontrolle）」としての行政裁判所の意義、および限界については参照、C. H. Ule, A. a. O., S. 16ff.

109)　現代における「法律による行政」の原理の意味変遷、その問題状況、および行政国家における「計画による行政」の原理の挑戦についてくわしくは手島孝『行政国家の法理』（1976年）100頁以下参照。

第6章　取消訴訟における「第三者」の原告適格の基準としての基本権適用論序説

　もとより「法的保護に値する利益説」が判例・通説の保護規範説を批判する根拠は十分首肯されうるが、あえてより曖昧な基準たる「法律の保護に値する利益」説に立脚する必要はなく、「法律上の利益」のなかに憲法上の基本権的利益、とくに生命、健康、身体、安全、環境、および人格などの権利を含めることによって現代型の新しい訴訟にも、また「原告適格拡大の必要性」にも十分対応することができるし、さらに現代行政法の基本原理たる行政の実質的法治主義の原理とも基本的に整合性を保つことができるといえよう。

むすびに代えて――研究の整理と課題

　本章は、行訴法第9条（平成16年法84号の改正法では第9条1項に相当）の「法律上の利益」（原告適格）について判例・通説の支持する保護規範説の論理構造とその特質を明らかにするとともに、ドイツ法の学説・判例を参考にしつつ、その問題性を解明し、このうち最も論議されている「第三者」への基本権の適用によって克服しようとした試論である。

　この保護規範説に関するさまざまな問題性は、これまでも多くの研究者によって、判例・学説の整理分析、諸外国との比較法的研究、わが国の裁判訴訟制度の特徴、および国民の法意識の特質などのさまざまな視点から論究されてきたが、いわゆる「制定法準拠主義」に依拠する判例・通説の「厚い壁」は依然として維持されたままであったが、平成16年の改正行政事件訴訟法の42年ぶりの「改正」をみたのである。

---

110)　阿部泰隆教授は、法律上保護されている利益説も保護に値する利益説と同様、判断基準が「不明確」であり優劣の決め手にならない（前掲書・201頁）とされるが、客観的にみて後者（＝保護に値する利益説）の方が解釈すべき制定法の「文言」との関連性・その根拠が薄弱なのでより「不明確」・「主観的」であるという評価が正当であるように思われる。参照、藤田宙靖・前掲書・284-285頁。

111)　参照、研究会「現代型行政訴訟の検討課題」特集行政事件訴訟法判例展望・ジュリスト925号（1989年）2頁以下。

112)　ドイツ以外のフランス、アメリカにおける最近の行政訴訟の原告適格の拡大傾向についてくわしくは参照、（フランスについて）雄川一郎・前掲論文・287頁以下、（アメリカについて）橋本公亘・前掲論文・1107頁以下。

113)　参照、阿部泰隆・前掲論文・155頁。

229

第Ⅱ部 「多極的行政法関係」と権利保護

　ここでは、このような判例・通説の根本的問題として同条の「法律上の利益」の範囲を行政処分の直接的根拠法規（規定）に限定する判断枠組みにあるという基本認識から、この点がまさに「第三者」の原告適格＝権利保護を不当に狭める最大の原因であるばかりでなく、しかも現代行政法の基本原理たる行政の法治主義を「形式的」それに堕さしめるという自己矛盾に陥っていることを明らかにした。すなわち取消訴訟の原告適格（拡大）の問題については、たんに行政訴訟レベルの問題にとどまらず実体法上の原則との整合性との視点からの再検討が必要である。したがって、最近有力な「法律の保護に値する利益説」の提起する通説・判例へのさまざまな批判自体には首肯すべき点も多いが、あえて判断基準が曖昧で、かつ、行政法上の基本原理との関連性が不明確な同説を採用しなくても「憲法を具体化する法律」によって保護されている利益という基準で原告適格拡大の必要性に十分対応しうるし、これらの問題もまた、基本的に解決されうるといえよう。ただ環境行政・消費者訴訟などにみられる、最近の住民団体訴訟や代表訴訟の原告適格拡大要求については、現行・改正行訴法の規定で十分に対応できるとはいえない。この点については明確な、それを肯認する改正規定を設けるべき必要があろう。

　いずれにしても本章は、ドイツ法の判例・学説をベースにしてわが国の判例・通説のよって立つ保護規範説の論理構造の矛盾の分析とその解決策を総論的に提示したものであるが、すでにのべたように、司法制度改革に伴い、平成16年法84号の改正行訴法により第９条が１項と２項に分けられ、改正前の第９条がそのまま１項になり、新たに「処分及び裁決の相手方以外のもの（いわゆる第三者）」の法律上の利益（原告適格）の範囲を「拡大」「明確化」する基準を設けた。したがってこの「第６章」では、改正法の趣旨・目的、およびその効果の検証といった当面の課題については、ほとんどアプローチされていない。そのため本研究の現在的意義は限定的であるが、第９条１項をベースにしてその応用編として「第三者」の原告適格が、周知の最高裁主要３判決に基づき立法化された経緯にかんがみると、この保護規範説の抱える根本的問題は改正行訴

114）　ドイツの団体訴訟については、参照、宮崎良夫「行政訴訟における団体の原告適格—西ドイツの判例、学説および立法の展開」社会科学研究33巻３号、同『行政訴訟の法理論』（1984年）57頁以下。

法施行後も解消されていないばかりか、第2項において継承され拡大している
ように思われる。すなわち、現代行政法関係の「複雑化」「多様化」に伴う、
第三者の原告適格の「明確化」と「拡大」の要請に対する立法者の「解答」は、
改正法9条2項の「新設」であったわけであるが、それは、従来の（最高裁）
判例の「核心」部分の連結による統一基準の設定であった。それだけに、第三
者の原告適格の地位の「確認」自体は評価できるにしても、およそ「統一性」「明
確性」「拡大」志向のいずれをとっても不十分といわざるをえない。

　本章では、行政法各論的な参照領域における「第三者」の範囲とその行政法
的位置づけ[115)]、これと密接に関連する三極・多極的行政法関係の特質、および第
三者への基本権適用の具体論についてはふれることができなかったため、これ
らの課題とともに、改正行訴法における原告適格規定（9条1・2項）の効果
検証が今後の重要な課題となろう。

---

115)　このような研究の先駆的なものとして、公権力の行使と第三者の法的地位との関係を実体法・
　　訴訟法の観点から体系的に論究された藤田宙靖「行政活動の公権力性と第三者の立場—『法律に
　　よる行政の原理』の視点からする一試論」『行政法上の諸問題上』（雄川一郎先生献呈論集）（1990
　　年）171頁以下参照。

第 **III** 部

個別行政法の研究

第**7**章 建築行政における実効性確保のための法制度と政策に関する若干の考察

——建築基準法第9条の「除却命令」を中心にして

はじめに——考察の基本視角

　平成17年4月1日施行の改正行政事件訴訟法（法84号）により、従来同法で十分救済されなかった、国や自治体と市民との間の行政（法）上の紛争である行政紛争が、原告適格の拡大（9条2項）や「義務付け」（3条6項・37条の2〜3）・「差止め」訴訟（3条7項・37条の4）・「仮の義務付け及び仮の差止め」（37条の5）ならびに実質的当事者訴訟としての「公法上の法律関係の確認の訴え」（4条）の新設により今後は適切かつ迅速に解決されることが期待されよう。しかし他方では、近い将来、多くの行政紛争が依然として「裁判外紛争解決手続」（裁判外紛争解決手続の利用の促進に関する法律2条）、とくに国や自治体の行政機関による各種の行政相談・オンブズマン制度などによって処理・解決されてゆく実態には大きな変化がないことも、また確実に予想される。すなわち行政主体が紛争当事者として関与する行政紛争については、平成15年度で年間3,890件の「行政訴訟」（その約8割が取消訴訟である。）が新受けされているが、その他大部分の行政紛争は、処分性・原告適格（主観的訴えの利益）・出訴期間などの争訟要件をはじめ当事者の経済的・時間的負担などのため、正規の行政救済手段よりも、むしろ総務省所管の行政相談員制度などに持ち込まれ、処理・解決されているからである。いわば、「行政紛争」は端的にいえば、法的システムより、むしろ「裁判外紛争解決手続」による救済システムによって、大部分処理されているといってよい。

1）　最高裁判所事務総局行政局「平成15年度行政事件の概況」『法曹時報』56巻9号24頁以下、とくに参照、第1表「行政訴訟事件 事件の種類別 新受総件数—全審級」。

第Ⅲ部　個別行政法の研究

このような「行政紛争」の解決方法の実態・特色を、都市計画法とともに今まちづくり法の中心をなす建築基準法においてみるに、同法違反の建築物に対して、特定行政庁（建築主事を設置する普通地方公共団体の長＝知事および政令市の市長を含む大都市の市長ら）が同第9条に基づき建築主・請負人などに対し「是正措置を命ずることができる」（以下、除却命令という。）という、典型的な行政処分を発令するのではなく、大部分「処分性」（行訴3条2項）を有しない「是正指導」という行政指導によって対応しているため、市民は、正規の行政争訟の各要件をクリアーできず、損害賠償（国家賠償）はともかくとして、その根本的解決を建築基準法で設置された不服申立て機関＝建築審査会（同78条）ではなく、裁判外的な組織・解決手続（＝行政相談）や（自治体）オンブズマン制度にゆだねざるをえない状況にある。[2]

このことは、こと建築行政では行政庁―行政処分―行政強制（代執行・即時強制・行政罰）という、伝統的行政法学が予定するフォーマルな方法ではなく、行政指導―自主「改善」又は違法状態の放任という方法が一般化していること、特定行政庁自体が、「除却命令」の行使という代表的行政処分の形式を避けてインフォーマルな方法を多用していること、すなわちそもそも行政処分―行政不服審査（申立て）―行政訴訟というフォーマルな紛争解決（救済）ルートに乗りえない形で対応していることを意味する。

かくして建築基準法を中心とする建築行政では、紛争・対立回避のため、すなわち「紛争回避文化」[3]としての行政指導が中心的役割を占め、紛争の発生―解決というより、むしろ紛争の防止に重点を置いていることから、その執行過程において重要な役割を果たす行政指導の法的根拠、形式・手続、およびルールについての「公正の確保と透明性」の向上（行政手続法1条）をはかること、

2）　参照、総務省行政評価局監修『行政評価年報・平成16年度』（2005年）国土交通省住宅局建築指導課『最近の建築行政の動向について』（第52回全国建築審査会会長会議資料）（2005年）。行政紛争の裁判外組織・手続（ADR）による解決に関する問題については、大橋真由美『行政紛争の現代的構造』（弘文堂、2005年）を参照されたい。

3）　藤田宙靖「行政指導の法的位置付けに関する一試論」『行政法学の原状分析』（高柳信一先生古希記念論集）（勁草書房、1991年）167頁以下、同『行政法の基礎理論上巻』（有斐閣、2005年）179頁以下。藤田裁判官は、行政指導を、行政行為や行政契約を中心とする「紛争文化」の法原則ではなく、「紛争回避文化」の法原則である、と位置づける（同204頁）。

ならびに大部分の違法状態を解消し、もって法の支配の回復をはかるため解釈上の論点を整理したうえで、法政策論的視点から検討することがきわめて重要な課題となっている[4]。

このような状況を（自治体）行政の実効性確保という視点からみるに、行政罰・代執行という行政強制の代表的手段がいわば「機能不全」（「執行の欠缺」）に陥り、これに代わる有効な手段が欠落していることが、自治体の建築行政の現場サイドにおいても深刻な問題としてクローズ・アップされているばかりでなく、法律―行政庁―行政処分―行政強制の「三段階構造」モデルにもとづく支配的行政法理論のありかた、およびその研究方法にも重要な問題提起をするといえよう。

このささやかな研究では、建築基準法第9条を中心とする行政の執行過程・紛争（回避）の実態・特色をふまえて、「法解釈論」と「政策論」の視点から、紛争防止・解決のための建築隣人、（第3者の）法的地位の確立、実質的法治主義の原則＝法の支配を回復するための行政指導の改善策、および行政の実効性確保のための新たな手段としての「執行罰」導入の意義・課題を中心に、建築行政におけるのぞましい紛争予防ないし解決策について若干検討することにしたい。

I　建築基準行政における法の執行状況とその問題性

1　違法建築物に対する「除却命令」をめぐる執行状況

(1)　建築基準法は、周知のように、「建築物の敷地、構造、設備及び用途に関する最低基準を定めて、国民の生命、健康及び財産の保護を図り、もって公共の福祉の増進に資することを目的とする」（1条）法律であり、建築主が「建

---

4)　このような研究の代表的なものとして、大橋洋一「建築規制の実効性確保―建築基準法を素材として」法政研究第65巻第3・4号（1999年）1頁以下（同『対話型行政法の創造』196頁以下）、山谷成夫・鈴木潔「行政上の義務履行確保等　上　下―法制度改革のデザイン」自治研究第82巻第6（57頁以下）―7号（54頁以下）（2006年）、阿部泰隆『政策法学の方針』（弘文堂、1996年）229頁以下、福井秀夫「行政代執行制度の課題」公法研究第58号（1996年）200頁以下、宮崎良夫「行政法実効性の確保：行政法違反とその是正をめぐる問題点」『行政法の諸問題　上』（雄川一郎先生献呈論集）（有斐閣、1990年）203頁以下など、がある。

第Ⅲ部　個別行政法の研究

築物」を建築しようとする場合には、その計画がこの法律・命令・条例の「建築基準関係法令規定」に適合するか否かの「確認」（建築確認）を行うことをはじめ、建築物に関する完了（中間）検査など各種の規制を設ける、文字どおり統一的基準法である。

　また、最近明るみにでた建築士らによる一連の耐震構造の偽装事件で、その[5]問題性がクローズアップされた後の、1998年の建築基準法の改正により導入された、国土交通大臣・都道府県知事の指定を受けた民間の「指定確認検査機関」（建基77条の18以下）も建築確認などを行う権限を有し、指定確認検査機関が行った建築確認などは、建築主事が行ったものとみなされるとされた（同6条）。

　これを受けて同法第9条は、特定行政庁が「建築基準法令の規定」、または「この法令の規定に基づく許可に付した条件に違反した」建築物などについて、建築主、工事の請負人もしくは現場管理者などに対して、「工事の施工の停止を命じ」、または、「当該建築物の除却、移転、改築、増築、修繕、模様替え、使用禁止、使用制限その他これらの規定または条件に対する違反の是正するために必要な措置をとることを命ずることができる」旨、規定する。

　特定行政庁は、これらの「除却命令」を発令する場合には、あらかじめ措置事由などを記載した通知書を建築主らに交付するとともに、法令などに「違反」が明らかな「工事中の建築物」について、「緊急の必要」がある場合を除き（同9条10項）、意見書・有利な証拠提出の機会、もしくは公開の意見聴取の機会を

5）　2005年末に、建築主・施行主・建築士らによる建築基準法令の定める「耐震構造」の基準を偽装して設計し、これに対する民間の「指定確認検査機関」による建築確認の審査においてパスさせた事件が明るみに出て、マンション住民らを文字どおり「震撼」させた。この事件は、建築業界の価格競争主義から来るコストダウンの圧力、効率性・市場競争主義の問題、および民間の検査体制の不十分さなど、住民の安全性の確保・保障問題はもとより、建築基準行政に関しても多くの問題を提起し、今後の建築行政の改革の課題を突きつけている。たとえば、平成17年12月7日付けの朝日新聞（西部版）は、「違反建築の半数放置」という見出しで、この事件で明るみに出た「耐震強度偽装」問題のみならず、建築基準行政における「是正指導」の一般化、「違反建築の半数放置」や行政強制の「機能不全」を特集している。平成18年の第164通常国会では、このような事態を受けて建築基準法・建築士法等の改正案が内閣より提案され、可決された。その主な内容は、①高さ20mを越える鉄筋コンクリートの建物（7階建て相当）についての建築確認・構造計算の審査を行う第三者機関「構造計算適合性判定機関」の設置、②偽装設計に関与した建築士等に対する罰則の強化を規定する建築士法、建築基準法および宅地建物取引業法の改正である。これらは当面の対処方法であり、本研究のテーマである「除却命令」権の規定と法執行上の実態との「矛盾」を根本的に解消し、有効な義務履行手段を創設するものではなかった。

238

第7章　建築行政における実効性確保のための法制度と政策に関する若干の考察

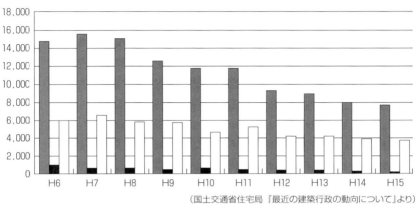

（国土交通省住宅局『最近の建築行政の動向について』より）

建築主らに与えなければならず、当事者の権利保護の観点から適正・慎重な事前行政手続が求められている（同9条2～15項）。

　このような「除却命令」に代表される「措置命令」は、建築基準法だけではなく、たとえば、消防法第5条、大気汚染防止法第14条、水質汚濁防止法第13条、および騒音規制法第12条など各種警察・公害環境法規などにもみられる、行政庁の「作為・不作為」命令を内容とする典型的な行政行為（＝下命・禁止）であり、わが国の伝統的行政法学が基本的に依拠する、行政庁―行政処分―行政強制の「三段階構造」[6]モデルのうちの中核をなすものである。すなわち、この行政処分（行政行為の伝統的分類によれば、下命・禁止に当たる）を経て、はじめて法の予定する「行政罰」（同98条）の科罰、もしくは代替的作為義務違反に対して「行政代執行」（同9条12項）が行われることになるからである。

(2)　この建築基準法で定める除却命令に関する執行状況を、国土交通省住宅局発行の資料[7]によってみるに、以下のような特徴を指摘することができよう（図7-1）。

---

6)　藤田宙靖・前掲論文・『行政法の基礎理論上巻』有斐閣所収179頁以下。
7)　参照、国土交通省住宅局『最近の建築行政の動向について』（第52回全国建築審査会長会議資料）（2005年）21頁以下。

239

第Ⅲ部　個別行政法の研究

① 　建築基準法令の規定などに違反する建築物・敷地などに対して、特定行政庁は、同法の規定する「除却命令」権ではなく、大部分改善のための「行政指導」（「是正指導」ともいう）で対応している。平成15年度の同法第9条の対象事案のうち、全国で7,628件がこの「行政指導」であり、行政処分たる「除却命令」の発令はわずか162件（約2.1パーセント）にすぎない。このような傾向は、図7-1から明らかなように、最近の数年間、基本的にほとんど変化がない。

② 　したがって、同法の予定する行政罰（建基法第98条）、もしくは代執行（同9条12項）という行政強制の発動は「除却命令」よりさらに少なく、ごくわずかである（平成15年度の全国統計で行政罰の告発6件、代執行2件である）。

③ 　行政指導の結果については、建築主らがこれに応じて「自主改善」をしている件数は3,667件と半数以下（約48パーセント）であり、それ以外の過半数の事例では行政指導にも応じず違法状態が「放置」されている。

2　建築基準行政における行政指導多用の背景・理由

(1)　さて、このような建築基準法における「除却命令」権に基づく、違法状態に対する「是正指導」がいわば常態化している背景・理由はなにかという基本的な問題について、まず検討しなければならない。換言すれば特定行政庁は、なぜ行政処分―行政強制という法の予定する正規の方法が「回避」されるのか、という問題でもある。

　このような傾向は、北村喜宣教授の実態的調査によれば、決して建築行政においてのみならず、他の行政分野、とくに消防行政、産業廃棄物行政、本質汚濁防止行政、および農地法行政など、わが国の主要行政分野にみられる、「行政の執行過程」における共通の特色であり[8]、いずれも行政処分代替的な行政指

8）参照、北村喜宣『行政執行過程と自治体』（日本評論社、1997年）。なお、北村教授は、これら各規制行政分野における執行過程の実証的分析から、「インフォーマル志向の執行」を規定する制度的要因として、①行政の「執行意識」に関する要因、②根拠法規と関連法制度に関する要因、③行政組織に関する要因、および④作業環境に関する要因をあげ、それぞれについて詳細な分析を加えている（同書235頁以下）。

第7章　建築行政における実効性確保のための法制度と政策に関する若干の考察

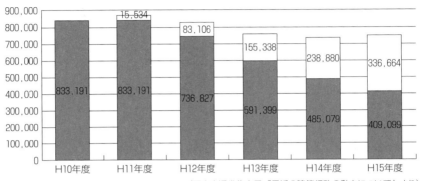

図7-2　指定確認検査機関の業務実施状況（建築確認）

（国土交通省住宅局『最近の建築行政の動向について』より）

導中心のあらわれでもある。ただ、毎年全国421（平成18年4月現在）の特定行政庁の建築主事や民間の指定確認検査機関（建築基準法77条の29以下）に対して約75万件の建築確認の申請がなされ、このうち約7割に当たる約53万件が建築工事の「完了検査」を受けている建築行政は、上記の各行政分野に比べて市民の環境権・日照権・プライバシー権などに基づく快適な住環境に密接に関連する、きわめて市民に身近な行政（「bürgernahe Verwaltung」）の代表であり、国や自治体の行政において占めるその比重の大きさからして影響は決して少なくない（図7-2参照）。

まず、全国の自治体における特定行政庁や建築指導課などは、なぜこのように建築基準法令規定違反に対してもっぱら「行政指導」で対処するのか、換言すれば、なぜ、「除却命令」―「行政強制」という正規の法ルートは自治体現場で回避されるのか、という基本的問題がある。これについて、かねてより指摘されてきた、「法と事実の乖離」、あるいはわが国における法の「伝家の宝刀」的考え方、独自の法文化論のほかとくに建築行政に限ると、主に次のような理由が考えられる。

まず第一に、自治体の行政現場では、全国で約8,000人の「建築行政職員」

9）　参照、国土交通省住宅局・前掲書・24頁。

第Ⅲ部　個別行政法の研究

がこれだけ多くの建築確認・完了検査・監視業務を処理する必要からして、除却命令の際には措置事由などの通知書の交付および意見書・有利な証拠の提出機会の付与（ただし、通知書の交付を受けた者は意見書に代えて公開の意見聴取を請求することができる）などの事前行政手続を踏まねばならないこと（建築基準9条2項～9項）から、自治体にとってはその実施が複雑で、しかも時間・コストの負担が大きいため、現行の人員組織・予算体制から物理的にきわめて困難な状況にある、という実態・環境がある。けだし特定行政庁は平成18年4月現在全国で421あり、平均すると一特定行政庁当たり平均約20人の建築行政職員体制で、これらの違反摘発（除却命令―行政強制）を適宜執行しなければならず、全国で約2,000人の監視員が年間平均約75万件の建築確認、および約53万件の建築工事の完了検査、ならびに既存の建築物などに対する法的チェックを担当することになるからである。

　第二に、行政担当者は、一般に行政訴訟・行政不服審査・事前行政手続の導入・履行を忌避する傾向がある。行政機関・職員は可能なかぎり行政争訟（行政不服審査・行政訴訟）に発展する可能性のある紛争・対立を避けようとすることから、勢い「処分性」を欠く行政指導に走る傾向が強い。たとえば、有名な「品川区マンション・建築確認保留事件」は、その日常的な典型例である。同事件は、建築主事による建築確認審査終了後も、付近住民らの日照問題を中心とする苦情解決を理由に、同主事が建築確認の発給を保留し、住民との「協議・同意」を求める行政指導を継続したことに対する国家賠償請求事件であり、最高裁（昭和60年7月16日判決）は、これについて、「社会通念上合理的」期間内の行政指導による建築確認の留保を、「違法とはいえない」としつつも、相手方が行政争訟の提起など「真摯かつ明確に」応答すべきことを求めているときは、「特段の事情のない限り」、それ以降の建築確認の留保を担保に行われる行政指導は違法であると判示した。これは、いうまでもなく近隣住民との間の行

10）　民事法を中心にこのようなわが国の法意識を体系的・継続的に分析し、「西洋の法意識」と比較し、その特徴を方向づけた研究に、川島武宜『日本人の法意識』（岩波書店、1967年）がある。そのほか、このような日本人の法意識に関する最近の研究として参照、青木一志『「大岡裁き」の法意識―西洋法と日本人』（光文社、2005年）。

11）　民集第39巻5号989頁。なお同判決の評釈として参照、三辺夏雄「行政指導による建築確認の留保」『行政判例百選Ⅰ（第4版）』所収・222頁。

政争訟に発展する可能性のある「紛争回避」のための行政指導であり、最高裁判決は、これに一定の法的歯止めをかけたものである、といってよい。

しかも、もともと「相手方の任意の協力」（行手32条）を特徴とする行政指導によって、建築基準法令違反状態のうち、約5割程度の確率で「自主改善」がなされれば、自治体現場ではあえて相手方の抵抗が予想される行政処分を発動しなくても、行政指導によってある程度の目的が達成されることから、いわば「儲けもの」という意識、あるいはコスト・人員・組織体制をふくめて比較考量的判断に基づく行政指導への傾斜が潜在的に働いても不思議はない、と思われる。

第三に、上述の第一・二の理由とも関連するが、「除却命令」はともかく、行政罰についていえば告発—検察官による公訴の提起—（有罪）判決—判決・刑の執行（猶予）（罰金・懲役刑）というルートになるが、仮にこれらが順調に作動しても、これはあくまで「間接強制」にすぎず、行政目的である建築基準法令違反の状態が直ちに解消されるわけではなく、また仮に「告発」しても、検察官による「起訴便宜主義」（刑訴248条）の原則が働き、この「間接強制」の実施さえ見通しが立ちにくい状況にある。さらに、行政強制の「王道」たる行政代執行法の発動については、「鶏をさばくに牛刀を以ってする」の類のごとく、大部分軽微な法違反に直面しその是正策を求める（自治体）行政庁にとっては非常に使い勝手の悪い「行政強制」手段であり一般に忌避されていることは、周知のところである[12]。

Ⅱ　建築基準行政における近隣住民ら＝第三者の法的地位論

1　第三者による「除却命令」発令の請求権問題

(1)　前述のように、建築基準法第9条の規定する「建築基準法令の規定」に違反する建築主などに対する「除却命令」権において、特定行政庁はこれを発令せず、その代行的機能をもつ「是正指導」によって、大部分対応しているとい

---

12)　参照、福井秀夫・前掲論文・206-207頁、宮崎良夫・前掲論文・225-243頁、北村喜宣・前掲書・261頁以下。

第Ⅲ部　個別行政法の研究

う実態を基に、このような規制的行政指導自体の法的根拠の有無、近隣居住者
（第三者）による行政指導の発令を請求する権利の有無、あるいは行政指導の
「公正の確保と透明性」の向上（行手1条）をはかるための「手続・形式・方法
（口頭、もしくは書式）」の明確化、および行政指導に関する苦情処理システムな
どの問題が現実にクローズ・アップされてこよう。なぜならば、同法第9条
は、違法建築物に対する「行政処分」権を定めているのであって、これに代わ
る「行政指導」の直接的な根拠規定ではなく、あくまで前者の処分権のなかに
これより弱い権限として包摂されるという「擬制的」解釈に依拠し、必ずしも
法の予定している執行状況でないため、全国の自治体現場でさまざまな、法の
予定していない「対応」が行われているからである。すなわち行政指導が、指
示書・警告書等の文書で、相手方に「指示」ないし「警告」を与える形で行わ
れているのか、あるいは口頭で行われそのまま放置されているのか、またこれ
に従わない建築主などの氏名が「公表」されているのか、必ずしも統一されて
おらず、「地方分権時代」への「接近」もあって、各自治体の文字どおり自主
的判断にゆだねられている状況である。

（2）　さて、このような建築行政における違反建築の是正のための措置として解
決しなければならない法解釈的課題として、建築物の隣人ら「第三者」が建築
基準法違反の建築主らを相手に民事訴訟（たとえば、日照妨害や隣地境界違反や、
道路後退などを理由とする工事の差止め・損害賠償の請求など）を提起することは当
然可能であるとしても、特定行政庁に対して建築基準法第9条に基づく「除却
命令」権の発動を求める、あるいはその権限行使の義務づけを請求しうるかと
いう、いわゆる「三面関係」における第三者の権利保護の問題をあげることが
できよう。なぜなら違反建築物の建築主などが、自ら「除却命令権」の発令を

---

13)　筆者の行った神戸市役所に対するヒヤリングによれば、神戸市では建築基準行政を担当する建
　築指導課とは別組織として監視行政を担当する建築安全課が設置され、約20名の職員が建築基準
　法令違反の摘発に当たっており、違反建築物に対しては、それを外部に表示し警告を与えてい
　る、とのことであった。そのほかの大部分の自治体では、違反建築物に対しては文書ではなく口
　頭による行政指導が一般的のようである。

14)　くわしくは参照、磯部力・小早川光郎編著『自治体行政手続法』（学陽書房、1993年）。自治体
　における「都市環境行政手続は、つねに原理的には三当事者間の三面関係として現れること」を
　原則とする（同179頁）。そのほか参照、北村喜宣・前掲書・262頁。

特定行政庁に求めることは全く考えられないことから、もっぱら違法建築の被害を受ける近隣居住者ら＝「第三者」による当該権限行使の請求の可否が法的な問題となるからである。

これについて下級審判決では、違反建築物に対する、特定行政庁の是正措置命令を発する権限は「自由裁量」行為に属し、近隣居住者に当該権限の発動を求める権利を付与したものではない、とする見解が一般的である（東京地判昭和51年1月21日[15]）。他方で、この自由裁量権を前提に、特定行政庁において、①当該建築物の違反の程度が著しく、②付近住民などが重大な生活利益の侵害を受けていること、③違反状態解消のため是正をとることに別段の支障がなく、しかも、④建築主による自発的な違反状態解消も期待できないなど、行政庁による「放置」が「裁量権の濫用」に当たる場合には、是正措置をとらないことが違法となるとする下級審判決もある（東京地判昭和55年5月20日[16]）。

このように、特定行政庁の「是正措置命令」の発令がその自由裁量行為であるとすれば、当然のことながら、この権限に内包される「行政指導」についても、その発令が「特定行政庁の自由裁量」であり、原則としてその不行使が上記判決のような基準を満たす「濫用・逸脱」行為（行訴30条ほか）に当たらないかぎり、違法とはいえないことになる。

これに関連する最近の下級審判決では、新設の義務づけ訴訟における違法性の判断＝裁量濫用論との関連で、国立市のマンション事件におけるいわゆる「市村判決」（東京地判平成13年12月4日[17]）が注目される。同判決は、特定行政庁の違法建築に対する建築基準法第9条の規制権限の不行使が違法になるケース、すなわち旧行政事件訴訟法（（平成16年法84）の改正前のもの）における義務づけ訴訟（いわゆる無名法定外抗告訴訟）の許容性を明確に肯定した点で、学説では高い評価をうけつつも、原則的にその権限行使におけるタイミングや事前手続の実施面については（特定）行政庁の「裁量の範囲内」であり、「一義的明白とは言え」ないとする基本的立場を崩してはいない。

---

15) 判時第818号47頁、そのほか参照、荒井八太郎・山田信敏・田中学・酒井正之・近藤恵嗣編著『建築の裁判例』（有斐閣、1992年）11頁以下。
16) 判時第981号92頁。
17) 判時第1791号3頁。

第Ⅲ部　個別行政法の研究

　これについて建築審査会への審査請求事例における「裁決」においても、基[19]
本的には上記判決と同様の理由から、近隣居住者ら「第三者」からの是正措置
発動の請求は却下されている。たとえば『平成15年度審査請求事例』をみると、
近隣居住者による、建築基準法違反の建築物に対する特定行政庁の「是正措置」
（行政指導も含む）の不作為の違法確認をもとめる、千葉市、東京都大田区、名
古屋市における審査請求における裁決では、いずれも行政不服審査法第2条2
項の「不作為」の前提要件である、「法令にもとづく申請」にはあたらないと
の理由で、不適法であると判断されている（却下裁決）。これらの裁決は、主と
して第三者による措置要求を「不作為」の要件である「法令に基づく申請」（行
審2条2項）の該当性という視点から判断したものであるが、その前提に、特
定行政庁による権限行使の「自由裁量」性の確認がある、といえよう。すなわ
ちこれらいずれの「裁決の理由」も、不服審査請求における不作為の要件の欠
缺を指摘しつつ、他方で建築基準法第9条にもとづく「除却命令」権の発動に
ついては、「命ずることができる」とされており、「命じなければならない」と
いう義務的規定ではないこと、さらに「是正するための必要な措置」と規定さ
れ、「措置」の内容について特定行政庁の選択の自由を認めていることを根拠
に、「特定行政庁の自由裁量」と位置づけているからである。

　これらの判決・裁決については、多様な観点から検討が必要であるが、ここ
では後者の裁決例についてのみ、次の2点を指摘しておこう。

　まず第一に、このような裁決については行政不服審査法における「不作為」
という請求内容から、同法第2条所定の要件の充足可否についてもっぱら審査
し、その該当性を否定したものであるが、この場合の「不作為」はもとより「法
令に基づく申請」に対する不作為の事案ではなく、あくまで建築基準法第9条

---

18)　たとえばこれは、行政訴訟検討会における改正行政事件訴訟法（案）の論議、とくに「義務付
　けの訴え」の新設・その要件の検討に際して、同判決における理論構成を前提に、これを後退さ
　せるような厳しい要件を課すべきではない、という意味の共通の理解があったとしてしばしば取
　り上げられており、義務づけ訴訟に関連する従来の判例のなかでも、改正法の内容を方向づける
　意味できわめて注目された判決である。参照、橋本博之『解説改正行政事件訴訟法』（弘文堂、
　2004年）69頁以下。
19)　全国建築審査会協議会編『第52回全国建築審査会会長会議参考資料』（平成15年度審査請求事例）
　72頁・114頁・116頁。

246

という実体法を根拠するいわゆる「直接型」の是正措置の不作為の「違法・不当」性が審査されるべき事案であった。

　第二に、不服審査における審査対象は、いうまでもなく是正措置の不作為の「違法・不当」（参照・行審1条）であることから、自由裁量行為性を前提に、その権限の不行使が社会通念上からみて、裁量権の濫用等に当たる「違法」のみならず、妥当性を欠く「不当」の場合にも請求が認容されうるため、かかる観点からその要件の充足性を厳密に検討すべきであったが、このような「不当性」の有無の視点からの検討が必ずしも十分なされておらず、また必ずしも「違法性」「不当性」の基準が明確に識別されたうえで審査されておらず、その結論はともかく、理由づけが前記下級審判決とまったく同様の論理になっているといえよう。

　いずれにしても建築基準法第9条の規定する「除却命令」（行政指導もふくむ）の発令について、法文の構成・文理解釈からして、基本的に特定行政庁の自由裁量と解されることから一般的には、近隣者＝第三者には、この発令を請求しうる、固有の意味での法的請求権は認めがたく、あくまで自由裁量権を前提にこれを統制しうる法的根拠、すなわち「裁量の濫用・逸脱」論、とくにこれまでの主要学説・下級審判決[20]（福岡高判昭和61年5月15日・東京地判昭和53年8月3日）における「裁量収縮論」による統制が期待されるが、ここでは判例・裁決の現状とその問題点のみの指摘にとどめておくこととする。

Ⅲ　違反建築の是正措置に関する政策論的検討

1　建築基準行政における行政指導の意義と課題

⑴　このように、建築基準法令違反の建築物に対する「除却命令」の権限行使が特定行政庁の自由裁量行為である以上、その不行使の「違法・不当」性を隣人居住者らの第三者が正規の争訟、たとえば新設の改正行政事件訴訟法（平成16・法84）の義務づけ訴訟、もしくは差止め訴訟で争うことはともかく、その

---

20)　阿部泰隆『国家補償法』（有斐閣、1988年）176頁以下、原田尚彦『行政判例の役割』（弘文堂、1991年）184頁以下、判時第1191号28頁、判時第899号48頁。

第Ⅲ部　個別行政法の研究

基本要件たる「違法性」の「判断」（判決など）を得ることは極めて困難である
といわねばならない。換言すれば現行法（の支配的解釈）に立脚すれば、是正
措置、あるいは行政指導の発動も、特定行政庁の自由な政策的・裁量的判断次
第であり、この「濫用・踰越」（行政事件訴訟法30条ほか）に当たる場合のみ司
法的統制が発動されるので実際にはきわめて困難ということになろう。このよ
うな状況のなかで、具体の是正措置のうち行政指導により相当程度「自主改善」
がなされれば、「法の支配」（実質的法治国）という観点からして深刻な「問題」
は発生していない、ともいえるかもしれない。しかしながら、すでにみたよう
に行政指導に対しては約半数の事案でこれが無視され、違法状態が「放置」さ
れたままであり、自治体現場においても明治憲法下の行政執行法第5条1項に
もとづく「執行罰」のような有効な法的手段の実現を求める声が少なくないこ
とから、そのまま「指導」―「不服従」―「放置」という執行状況を追認する
わけにもゆかないし、また「法の支配」の実現という観点からも大きな問題で
ある。いずれにしても「地方分権時代」においても、依然としてこと建築行政
においてはかつての1960年代の宅地開発指導要綱などにおけると同様に、この
ような基本的な課題が一向に解消されていないのである。

(2)　またこれを住民サイドからみても、近隣居住者らは建築確認の取消しなど
を求める行政訴訟において「法律上の利益」（行訴第9条は審査請求資格を定める
規定でもある）を有しつつも、特定行政庁に対する違法状態の解消のため「除
却命令」などの発動を求める規制権限の行使を求める権利を有しないことにな
る。したがって、これらの法の執行状況の問題を解決するためには、法解釈論
的立場をふまえつつ法政策的解決策が検討されねばならないし、現にこのよう
な観点からいくつかの重要な提言も、これまでなされてきた。しかしながら、

---

21)　毎年1回開催される全国建築審査会長会議においては、最近の第1議題として、「建築規制の実
効性の確保について」（1999年）、「建築物の違反是正等の実効性の確保について」（2002年）など
が取り上げられ、自治体関係者・審査会委員からその都度、現行の行政指導中心主義の限界が指
摘され、行政の実効性を確保する観点から、「執行罰」の導入などの必要性が提唱されている。く
わしくは参照、全国建築審査会協議会編『50年のあゆみ―全国建築審査会長会議』平成16年。

22)　隣人などの原告適格を肯定した事例としては、「所有権などの権利侵害」を受けたものに限定す
べきではなく、建築基準法によって保護されている利益の侵害を含むとの立場から、火災の危険
等不測の危険にさらされる隣人などについて、原告適格を肯定した判決がある（佐賀地判昭和32
年4月4日・行集第8巻4号729頁、横浜地判昭和40年8月16日・行集16巻8号1451頁）。

248

いずれも建築行政の特徴、有効性の面での限界、あるいは新規の実効性の確保に対する法制度上の問題などのため理論面はともかく実務面では必ずしも成功しておらず、上記のような違法状態が継続しているのである。

　ここでは、以上の観点から、まず①行政指導の「透明化・公正化」を確保するという目的のため、とくに近隣居住者の権限についての、行政手続条例および建築基準法における改正規定のあり方、②行政指導の実効性を高めるためその「不服従」に対する制裁としての「公表」制度の意義と限界、および③新規の行政強制としての「執行罰」導入の意義と課題について、若干検討しよう。

2　行政指導の改善策

(1)　周知のように、これまでさまざまな問題が指摘されその「改善」が求められていた行政指導については、平成6年10月1日施行の「行政手続法」(法88号)がはじめてこれを実定法において定義づけ、規制を加えることにより、その「公正の確保」と「透明性の向上」のための法的基礎を確立した。同法第46条に基づき、地方公共団体においても同種の「行政手続条例」の制定がその努力義務とされており、実際には全国のほとんどの自治体で制定されている[24]。直接的には同法は、地方公共団体の行う「行政指導」についてその適用がなく、あくまで自主条例である「行政手続条例」で規制されることになるが(3条3項)、実際には行政手続条例の内容は、ほとんどの自治体で行政手続法の基本的内容と変わるところがないため同法の内容から、自治体における行政指導（一般）についての規制内容の方向を了知することができる。

　このような状況のなかで、平成17年に行政手続法が約10年ぶりに大幅に改正され（法73号）、とくに「第6章　意見公募手続等」が新設され、行政機関による行政立法（命令等）に関する規定が設けられたことは、行政指導との関係でも注目されてよい。すなわち同法は、命令等の制定に関して、「審査基準」・「処分基準」のほか、複数の者に対する行政指導をしようとするとき共通の内容を定める「行政指導指針」についても、その重要性に鑑み「意見公募（＝パブリッ

---

23)　参照、山谷成文・鈴木潔・前掲論文（上）・57頁以下・同（下）・54頁以下、大橋洋一・前掲論文・8頁以下、福井秀夫・前掲論文・200頁以下、宮崎良夫・前掲論文・203頁。

24)　参照、兼子仁・椎名慎太郎編著『行政手続条例制定の手引』（学陽書房、1995年）。

第Ⅲ部　個別行政法の研究

ク・コメント）の手続をもとめているからである（行手2条8号ニ[25]）。

　このような行政手続法の改正を受けて、各地方自治体では、早速同法の第6章に相当する行政手続条例の改正が焦眉の課題として検討されてしかるべきであり、これにもとづく「行政指導指針」が策定されることが必要不可欠である。もとより地方分権下の全国各自治体においては、行政手続条例のような条例の制定・改廃は、いうまでもなくその固有の権限であり、したがって条例の改正、これに関する地方共団体固有の「行政指導指針」が、住民の意見公募・表明手続を経て制定される場合のその内容が重要になろう。

(2)　このような課題を、建築基準法第9条における「除却命令」にかかる行政指導のあり方（指針）について検討すれば、以下のような点を指摘することができる。

　第一に、行政指導一般については行政手続法（32条から36条）、もしくは各行政手続条例の規制を受けるべきであるが、行政の法治主義の原則の視点からすれば、国民の財産権などを規制する行政指導＝規制的行政指導については、法律の留保原則、とくに通説的な侵害留保説もしくは権力留保説によって、個別の作用法的根拠（根拠規範）を必要とせず、各省設置法などの組織法（規範）のみで足りるとする見解は、行政指導の実態を無視した見解であるばかりでなく、理論的にも疑問のわくところである[26]。しかも建築基準行政では、すでにみたように「除却命令権」にこれより弱い「是正指導」が内包されているという解釈がその根底にあるが（参照・行手34条）、これらの「法定外の行政指導」に法的根拠を与え、法治主義を回復するためには、まず「是正指導」・「是正勧告」

---

25)　改正行政手続法の内容についてくわしくは参照、宇賀克也『行政手続法の解説（第5次改訂版）』（学陽書房、2005年）37頁以下。

26)　参照、田中二郎「行政指導と法の支配」『現代商法学の課題　下』（鈴木武雄先生古希記念）有斐閣所収・1432頁、塩野宏「行政指導」『行政法講座　第6巻』有斐閣所収・18頁、千葉勇夫『行政指導の研究』（法律文化社、1987年）。なお千葉教授は、行政指導を機能別に①規制的行政指導、②嚮導的指導、③助成的指導、④調整的指導、および⑤広報的指導に分類し、このうち①について、これらの行政指導の多くは、制度のうえで命令や禁止などの処分権限によって裏打ちされた、あるいは監督権限下にある相手方を対象にした勧告であり、その拘束力も強く、規制、制限の程度も他の行政指導に比較して強いものであるとして、建築基準法第9条に基づく行政指導の特徴を指摘する（同22頁以下）。そのほか、行政指導に関する包括的研究としては参照、山内一夫『行政指導』（弘文堂、1977年）。

第7章　建築行政における実効性確保のための法制度と政策に関する若干の考察

を、各種公害立法のように、除却命令＝行政処分の前段階の行為として個別法令、とくに建築基準法（改正）で明示することが、立法政策の第一の課題であろう（けだし、最近の（平成26法70）行政手続法の改正において、行政指導に対する各種の「求め」は──行政指導の「中止等の求め」（同36条の2）、処分・行政指導の「求め」（同36条の3）──法律上規定のある行政指導に限られているからである）。

　第二に、当該建築物の「近隣居住者」（一定範囲の第三者）などは、建築基準法令・条例違反の建築物・建築主などに対して、その是正のための措置をとるよう、特定行政庁に求めることができることとし、この正当な要求を受けた特定行政庁は、自ら採った措置の内容（作為・不作為）を近隣居住者に文書で通知するものとする規定を導入すること。この「措置」の内容については、除却命令・行政罰などの行政強制のみならず、行政指導も含むことを明示する必要がある。これは、第三者による行政措置発動の具体的請求権まで合意するものではなく、権限行使はあくまでも特定行政庁の「自由裁量」としつつも、これを求める手続的権利を第三者に与えるものである。

　第三に、違反建築物などに対する行政指導にあたっては、特定行政庁は文書で相手方に通知するとともに、当該建築物が違反建築物であることを公示すること。ただし、このような行政指導を発する前に、あらかじめ当事者に主張・弁明の機会を与えなければならない。このような「制裁的公表」については、プライバシー保護、名誉権・信用保護などの人権保護の観点から慎重にすべきであるとの見解[27]があるが、個人情報取得（＝建築確認申請）の際、違反建築物について建築主等に対して標札・公示を行いうる旨明示しておけば少なくとも行政機関情報保護法第4条の趣旨には違反しないことになる。

　第四に、固有の除却命令権・行政強制については、市民は行政事件訴訟法などの行政救済法において救済を求めうることはもちろんであるが、行政指導については、前述のように「処分性」の要件にてらして、一般的に行政訴訟の提起は不可能とされている。しかし国家賠償については、判例・通説の支持する、「公権力の行使」（国家賠償1条）に関する広義説によれば、その要件を充足するものと解されてきた[28]。今回の行政手続法（条例）の改正に基づく行政指

27）　参照、山谷成文・鈴木潔・前掲論文（下）・64頁以下。

251

第Ⅲ部　個別行政法の研究

導指針の策定により、これらの行政救済法上の壁、とくに「処分性」の障壁を克服することができる方向性が示されたとみてよい。けだしこのように、行政庁の行政処分権限に内包される「行政指導」が一般的「指針」によって規律されると、それはもはや単なる事実行為ではなく、実体的・手続的にも法的性格をおびる行為といってよく、幅広い・実効的な権利救済の観点から処分性をもつ行為として位置づけることは不可能ではないと解されるからである。[29]

3　違反建築に対する「執行罰」導入の意義とその課題

(1)　つぎに、建築基準法違反の「是正措置」の「公正化」・「透明化」のためのルール化、および近隣居住者＝第三者の請求権の付与などについて一定の考察をふまえて、根本的解決策としての行政強制のありかた、もしくは行政指導・行政強制に代わる、有効な、かつ当事者にとって履行しやすい「第三の道」はないのか、仮にあるとすればそれはどのような方法であるかが、政策論の視点から具体的に検討されねばならない。

　まず前述のように、建築基準法第9条の「除却命令」については、平成15年度の全国統計で違反建築物の約98パーセントに当たる7,628件が行政指導によって行われ、法の予定する除却命令権の行使はわずか約2パーセントの162件にすぎない。そしてこのような傾向は、最近のみならず、国土交通省の全国統計以来のほぼ共通する現象であり、行政強制の執行はごくわずかで、行政罰の告発が6件、代執行に至っては2件にすぎず（図7-3）、全くといっていいほど機能していない。

　さて、このような「法と事実の慢性的・乖離現象」をどう評価し、その克服策をどう考えるべきか、という問題である。

　まずこれについて、行政庁の命令（処分）—行政強制は、あくまで「伝家の宝刀」であり、あえて無理に抜く必要はないし、悪質な法違反に備えて飾って

---

28)　参照、塩野宏『行政法Ⅱ（第4版）』275頁以下。主な判例としては、銃刀法の権限行使を背景にして玩具の製造・販売の中止の行政指導をしたことに対する国家賠償事件で、その「公権力の行使」該当性を認めた判決など（東京地判昭51年8月23日判時第826号20頁）がある。

29)　この点について中川丈久教授は、行政指導不服従に対する事実の公表は、行政指導なのか、あるいは行政処分なのか判定困難な事例であるとする。参照、中川丈久「行政指導の概念と法的統制」『行政法の争点（第3版）』（有斐閣、2004年）38頁以下。

252

第7章　建築行政における実効性確保のための法制度と政策に関する若干の考察

図7-3①　告発件数の推移

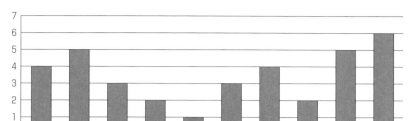

図7-3②　不服申立件数及び裁決件数の推移

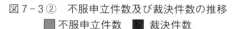

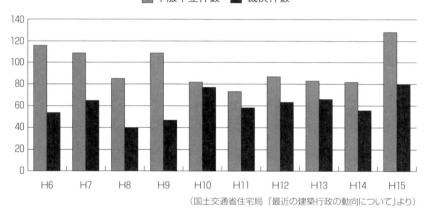

（国土交通省住宅局『最近の建築行政の動向について』より）

おくだけで十分であるという考え方がある[30]。いわば、「一罰百戒」的な役割を果たせば法としては十分であるとする立場である。他は、あくまで厳格な建築基準法の執行をもとめ続けるべきである、という見解である。

とくに後者の立場では、このような「法と事実」の乖離現象をそのまま放置すれば法の規範力の弱体化、あるいは法への信頼の低下、ひいては法治国の崩壊に発展しかねないという問題意識から、その解決策のひとつとして、あくまで法の趣旨・目的尊重の立場から、行政処分―行政強制を中心とする行政の実

---

30)　参照、川島武宜・前掲書・43頁以下。

253

第Ⅲ部　個別行政法の研究

効性確保を第一義に考え、その発令のための諸条件をどのように整備すべきか
を重点的に検討する必要がある。たとえばまず、行政代執行法の定めるその要
件・手続が厳格なため「機能不全」を来たしていることから、その緩和・簡易
化が検討されるべき課題であるが、行政代執行法によれば、①相当期間内の代
執行をなすという文書による戒告（3条1項）、②代執行をなすべき時期、執行
責任者等の義務者への通知（同2項）、③義務者からの代執行の費用の徴収（同
5条）という手順であり、これらは、相手方（義務者）の権利保護の観点からも、
原則的に「緊急の必要」があるときを除いてこれらの手続を省略化することは
できないし（同3項）、仮にそれが可能だとしても、これによって直ちに自治体
現場において、近い将来において行政代執行が現在より活用されるとは到底期
待しがたい、という根本的な壁にぶつかる。けだし、「紛争回避文化」や意識、
および行政強制の執行体制の欠如が、自治体現場ではすでに長い間定着してお
り、住民もこのような実態・自治体職員の対処方法をいわば「折り込み済み」
で行動している面があり、もはやこのような実態を行政代執行手続の簡素化に
よって直ちに反転させることはきわめて困難であろう。しかもこのような状態
が、建築基準行政の執行過程において戦後一貫してつづいており、このような
「乖離」現象を、自治体行政の執行監視体制の現状からしてもはや法の規定・
趣旨に引き寄せて解消することは到底困難であると思われるからである。そう
だとすれば、行政代執行法を戦後における行政強制の一般法と位置づけ（同1
条）、行政代執行を行政法令（条例もふくむ）違反状態の解消のための、行政の
実効性確保の「王道」と位置づけることは、実態に反するばかりでなく一種の
「ドグマ」であり、現にこのことが行政処分─行政強制を中心とする、わが国
行政法理論の根幹をも揺るがせつつある、といってよい。

　次に、行政罰の強化とその発動の簡易化という問題もあるが、国家行政組織
法・検察庁法に基づき、法務大臣の指揮監督下にある「検察」と自治体の建築
行政との間の法意識のギャップ、建築基準法違反に対する行政罰の実効性への
疑問、および行政罰の告発・公訴の提起などの問題があって、図7-3①の示
すように実際の告発件数は極めて少なく、また道路交通法などの行政法規違反
に対する行政罰の「非犯罪化」（＝交通反則通告制度）傾向などもあって、行政
罰の適用によって法治主義の原則の早期回復を実現するのにはさまざまな困難

第7章　建築行政における実効性確保のための法制度と政策に関する若干の考察

が伴う。

⑵　そこで、行政指導中心の実態の改善とともに、いわゆる行政の実効性確保のための「第三の道」が模索されねばならない。これまでしばしば理論・実務面から指摘されてきたのは、明治憲法時代の行政執行法に規定され、戦後において砂防法第36条を除き一般法においては廃止された「執行罰」の復活提唱[31]である。すなわち砂防法第36条は、「間接強制」と題して「私人ニオイテ此ノ法律若シクハ此ノ法律ニ基ヅキ発スル命令ニヨル義務ヲ怠ルトキハ国土交通大臣若シクハ都道府県知事ハ一定ノ期限ヲ示シ若シ期限内ニ履行セザル時ハ五百円以内ニオイテ指定シタル過料ニ処スルコトヲ予告シテソノ履行ヲ命ズルコトヲ得」、と定める。この「過料」（執行罰）については、「国税滞納処分ノ例ニヨリ徴収スベキコトヲ得」るものとされた。

　第二次大戦後の法制度改革において、行政強制について一般法レベルで、行政代執行（法）のみ存置され直接強制や執行罰が廃止された理由について、今村成和博士[32]は「国家の命令といえども、当然には、行政権による強制を認めるものではない」ということ、および「執行罰や直接強制は行政上の強制執行の手段としては、適当ではない」という、英米法的思想の影響を指摘される。この理由のうち後者はともかく、前者については代替的作為義務の不履行に対する行政代執行が存置されていることからすれば、執行罰が廃止された理由としては必ずしも説得的ではない。けだし、(旧)行政執行法第5条においては、執行罰と代執行はワンセットの行政強制として位置づけられており、現行憲法下では、周知のように代執行（＝行政代執法）のみ存続しているため、執行罰を廃止する積極的な根拠にはなりえないからである。

　今村成和博士のいわれる、行政法における「英米法的思想」の影響は、いうまでもなく、公法と私法の区別の否定（法の一元化）、行政裁判所の廃止（司法の一元化）、および民刑事のみならず行政事件をふくむすべての「法律上の争訟」

---

31)　この点につき執行罰の再評価できる点としては、一般に①司法手続をふまなくて済む点、②効果が大きいこと、③相手方の市民に直接手を加えないため公務員に使いやすい点の3点が指摘される（大橋洋一・前掲論文・8頁以下）。そのほか、違反建築物、違反屋外広告物、無許可営業等の違反行為を対象に個別法による金銭賦課制度の創設を提言する研究として、山谷成夫・鈴木潔・前掲論文（下）・59頁以下がある。

32)　今村成和著・畠山武道補訂『行政法入門（第6版補訂版）』（有斐閣、2000年）150頁以下。

255

第Ⅲ部　個別行政法の研究

（裁判所法３条１項）性に代表されるが、強制手段としては行政権独自による手段ではなく、あくまで司法＝裁判所の判断に基づく強制手段に拠るべきであるという考え方が根底にあると思われる。

　しかしながら、宝塚市パチンコ店事件最高裁判決（平成14年７月９日[33]）に代表されるように、市長等の行政機関は、「財産権の主体」としてはともかく、「行政権の主体」としては民事訴訟的・司法的執行を求めることはできないというドイツ法的考え方が――学説においてはこれに批判的意見が強いが――判例では支配的であるため、自治体当局は、非代替的義務履行の強制について行政処分の発令はともかく、その履行をはかるための有効な法的手段を何ら有せず、とくに民事的執行手段も利用できないという「執行の欠缺」状況に陥っているのである。

　これについて戦後の執行罰廃止の実質的な理由としてあげられる、「刑罰としての罰金・科料のほかに、このような制度を設ける必要と実益に乏しい」という指摘の問題性であろう。けだし戦後の現行憲法下で執行罰復活の動きがあったが、実際上記のような理由で沙汰やみになった経緯があるからである[34]。しかし執行罰には、「罰」という名称を付している関係から、過去の法違反に対する制裁を意味する行政罰（行政刑罰・秩序罰）の「一種」というイメージが定着しているが、その性質は決してそうではなく、これは「公法上の義務の履行を強制する目的を以って若し其の義務を履行しないときは一定の罰を科すべきことを戒告することによって義務違反者に対して科する処の処罰」をさし、行政罰とはその趣旨・目的・手続などの点で厳格に区別されるべきものである。これを美濃部博士は、つとに義務履行を求めるための「戒告罰」とよび、両者の区別を明確にしてきたところである[35]。しかも実質的には行政罰も建築基準法

33）　民集56巻６号1134頁、判時1798号78頁これに対する主な判例批評として参照、高木光「行政上の義務履行を求める訴訟と『法律上の争訟』」・『平成14年度重要判例解説』所収・45頁以下。

34）　参照、浪岡洋一「建築行政と都市計画」時の法令第739号５頁。

35）　美濃部達吉著『行政法撮要上巻（第５版）』（有斐閣、1936年）222頁、同『日本行政法上巻』（有斐閣、1936年）333頁以下。なお美濃部博士は、明治憲法下の行政の執行状況から、「執行罰」を「非代替性の作為義務」についての、また「代執行」を「代替性の作為義務」についての行政強制手段と位置づけているが、後者の機能不全が発生している今日の建築行政において、執行罰の対象を「非代替性」の行為に限定する根拠はとぼしいといえよう。

第7章　建築行政における実効性確保のための法制度と政策に関する若干の考察

違反に対してほとんど機能していないことは、前述のとおりである。すなわち
この執行罰の導入自体は、形式的にも実質的にも、憲法第39条が禁じる「二重
処罰」に該当する可能性は全く存しないといってよい。したがって基本的問題
は、このような憲法・行政法上の障害にあるのではなく、その制度設計に際し
て、義務履行を促すためのインセンテイブとしての執行罰の有効性、法令違反
と執行罰の金額とのバランス、あるいはその上限額をどの程度にし、義務履行
がなされるまで何回まで課しうるとするのか、および執行罰徴収の執行体制の
構築など、きわめて実務上重要な法政策的諸課題の「解決の困難性」にあると
いえよう。この際、執行罰の導入の基本方向としては、建築基準法違反のうち
でも建築確認手続などの瑕疵に代表されるように、大部分の比較的軽微な違反
行為に対する「除却命令」の実効性確保手段として制度設計すべきであって、
たとえば、前述の「耐震構造」偽装事件のような重大な違反行為に対しては、
現行法上行政罰・代執行が文字どおり「伝家の宝刀」として予定されているた
め、これで十分対応できることを確認しておきたい（なお、2005年末の耐震構造
擬装事件を契機に、設計段階の擬装などに対する罰則強化が建築士法・建築基準法・宅
地建物取引業法の各改正規定において導入された）。したがって、比較的軽微な違法
行為を主たる対象とする執行罰の上限は100万円程度にして、その徴収につい
ては「国税の例」（国税通則法34条以下・国税徴収法47条以下）によるものとし、
実際上その違反の程度とのバランスを考慮して「制度設計」すべきであろう。

むすびに代えて——研究の整理と今後の課題

　国や自治体などの行政体（機関）対市民間の広義の「行政紛争」は、わが国
の場合には、行政訴訟を中心とする正規の「救済」ルートによって解決される
のは、全体のごくわずかであり、その大部分は総務省・行政評価局所管の行政
相談員制度（行政相談員法）や全国の自治体の各種行政相談、オンブズマン制

---

36)　大橋洋一教授は、具体的に執行罰（間接強制）導入の際の法政策的課題として、①二重処罰の
　　禁止、②業務者の自主性、③手続及び徴収機関、④名称の多義性（執行罰・課徴金・賦課金・負
　　担金など）、⑤徴収可能性、⑥法形式などの10項目をあげ、それぞれ間接強制との関連で検討され
　　ている（同・前掲論文・15頁以下）。そのほか参照、山谷成夫・鈴木潔・前掲論文（下）・59頁以下。

第Ⅲ部　個別行政法の研究

度や各種 ADR によって処理解決されているといってよい。この背景や根拠については、従来より紛争・対立を回避する法文化、「紛争回避文化」や法の「伝家の宝刀」的考え方、あるいは訴訟に伴う市民の経済的負担など、さまざまな原因や背景が指摘されてきた。

　本章では、これまでの研究成果をふまえつつ、建築基準行政、とくに建築基準法第９条の「除却命令」に関する執行状況の実態・特色についての分析をもとに、建築基準行政においてはそもそも法の正規の救済手続にのりえない「是正指導」という行政指導が支配しており、そのため二重の意味で法の支配＝実質的法治国の実現に支障をきたしている実態と、この解決策について、解釈論的・政策論的視点から若干検討してきた。すなわち行政紛争解決という「出口」論の現象面もさることながら、建築基準行政では、むしろそれに至る「執行過程」において、紛争が発生すること自体を回避するために行われるところの行政指導中心に最大の特徴・問題があり、この「過程」における諸問題の「解決」なくして建築紛争の真の「解決」はありえないとの立場から、一方では、行政指導のあり方、とくにその「公正の確保と透明」化のためのその手続・ルール改革、近隣住民＝第三者の権利保護手続の諸問題、他方で既存の行政強制に代わる「第三の道」としての執行罰の復活の意義とその課題を検討してきた。

　もとより本章は、建築基準行政に関する「紛争」の途中経過に関する問題点、その解決策のグランド・デザイン的検討にすぎず、この意味でいわば序論的レベルの考察にとどまっており、今後の課題として残された点もすくなくない。たとえば、建築行政に限っても、この大量の行政指導に関する苦情・相談の処理・解決システムの構築、あるいは諸外国の制度・実態との比較研究、自治体における建築行政の執行過程の分析、さらには「建築基準」行政にかかわる実効性確保のための具体的な制度設計案の検討などが、その主な課題であろう。

　建築基準行政は、いうまでもなく国民の生命・健康・安全・快適な生活の確保にかかわるきわめて重要な、かつ身近な「まちづくり」行政の一環である。この意味で、単に法の支配の実現、法と事実のギャップの解消、あるいは行政の実効性確保という視点だけでなく、市民の生存権・健康権・環境権などの人権の実現という視点からの考察が欠かせないと思われる。

258

最後に本章を執筆するに当たり、熊本市建築審査会会長として2002年度から全国建築審査会会長会議に出席する機会を得て、全国の多くの建築基準行政の任に当たる審査会委員や現場の職員と意見交換することができた上に、また貴重な知見と助言を受けた。関係資料・情報の提供を受けた関係機関者・自治体当局に改めて感謝を申しあげたい。

第**8**章　国立大学法人に関する若干の考察

——独立行政法人としての「特性」と教育研究の「自由」の狭間のなかで

はじめに——考察の基本視角

(1)　周知のように、2004（平成16）年4月1日から、全国98の国立大学・共同研究利用機関が、すでにその半年前に施行された国立大学法人法（以下、国大法という。）により（附則1条）、国立学校設置法が廃止されるとともに、一斉に「国立大学法人・○○大学（共同研究利用機関）」に衣替えをした。各大学では、同日に看板の書換えはもとより、法人の設立登記・各規則の制定・施行、各種役員の任命など、国立大学の「法人化」に必要な諸手続を執り行い、「国立大学法人・○○大学」としてその歴史的第一歩を記した。[1]

　すなわち学校教育法は、国立大学法人法の規定する「国立大学法人」をこれまでの設置主体である「国」のなかに含めるが（2条）、厳密にいえば国立大学の設置主体が国から「国立大学法人」に変わったのである。

　かくして、明治時代の帝国大学令に基づく「帝国」大学から、第二次大戦後の国立学校設置法にもとづく「国立」大学を経て、ある意味では国立大学、否日本の教育研究全体にとって極めて重要な「改革」を意味する国立大学法人による国立大学がスタートしたわけである。

　大学は「学術の中心」として広く知識を授けるとともに、深く専門の学芸を「教授研究」する機関であり（学教52条）、わが国教育体系の頂点に位置する組織であるので、その中枢を占める国立大学の改革が、わが国の教育研究（機関）全体に大きな影響を及ぼすことは、必至であるからである。

---

1)　参照、平成15年12月19日文部科学事務次官通知「国立大学法人法等の施行について」（15文科高第659号）。なお法人の設立登記は、必ずしもその成立要件ではなく、設立後「遅滞なく」行う必要があるとされている（附則3条）。

261

第Ⅲ部　個別行政法の研究

　このような変革を憲法・行政法の視点からみると、これまで人類の発展・福祉に貢献するため「学問の自由」（憲23条）、およびその制度的保障として、伝統的な「大学の自治」が、特に学長・教員の人事、および管理・運営面における中心組織たる教授会自治が「重要な事項」を審議するため幅広く認められてきたが（教特法4～6条・9～10条、学教59条[2]）、このような憲法的保障は、今回の設置者の変更により、どのような影響を受けるのであろうか。また、単に学長・教員の人事権を中心とする、狭義の「大学の自治」の範囲にとどまらず、文部科学大臣による中期目標の設定（国大法30条）、大学による中期計画に対する大臣の認可（31条）、評価システムの導入、および独立の経営体としての国立大学法人への企業会計制度の導入（独立行政法人通則法37条、以下通則法という。）の下での運営費交付金制度を中心とする財政面（財務会計制度[3]）、および非公務員型の採用に伴う職員の労働勤務関係に関する諸問題も[4]、今後の基本的課題として検討されなければならない。

(2)　さらに他方で、国大法の制定による国立大学の「法人化」は、平成9年12月13日の「行政改革会議最終報告」の内容を具体化した、平成11年中央省庁等改革基本法（以下基本法という。）に基づく行政改革、とくに行政組織的減量化を推進するための改革であること、また論をまたない。換言すれば、今回の国立大学の「法人化」のための改革は、その教育研究「改革」という内発的な動機づけというより、むしろもっぱら国の行政機関からの国立大学の「切離し」という行政の「垂直的減量化」＝国の行政機関の総定員の削減を目指すことにあった[5]、といっても過言ではない。すなわち国立大学は、これまで国立の「研究試験機関」などと同様、「施設等機関」という行政機関に属しながら（国行

2）　とりあえず、参照、中村睦男「第23条学問の自由」『注釈日本国憲法　上巻』554頁以下（青林書院、1984年）、佐藤幸治『憲法（第3版）』508頁以下（青林書院、1995年）。

3）　国立大学法人の財務会計制度についてくわしくは参照、堀川洋『国立大学法人会計入門』（税務経理協会、2004年）。

4）　国立大学法人における職員の人事・勤労労働関係についてくわしくは参照、盛誠吉「国立大学法人化と人事・労働問題」日本教育法学会年報33号（2004年）142頁以下。

5）　参照、行政改革会議最終報告Ⅳ2（2）、藤田宙靖「国立大学と独立行政法人制度」ジュリスト1156号109頁以下。しかしこの「組織的減量化」が必ずしも、本来の事務・事業の「効率化」に役立つものでないことについては参照、塩野宏『行政法Ⅲ（第2版）』83頁以下（有斐閣、2001年）、森田朗発言「座談会・行政改革の理念とこれから」ジュリスト1161号10頁以下。

組8条の2[6])、「学問の自由」（23条）という憲法上の要請から、主務大臣（文部科学大臣）の指揮命令権が排除されるという「独特の地位」を占めていたわけであるが、国大法の施行により、国の行政機関から切離され独立の公法人（権利義務の主体）として法人格をもつに至ったのである（国大法6条）。同法は、国立大学を完全に「民営化」すれば、業務の停止による公共性＝国民生活に重大な影響をもたらすことを配慮して（通則法3条）、「民営化の次善の策」（ローソン）である独立行政法人[7]の「一種」としての国立大学法人を創設し、文部科学大臣による中期目標の策定、中期目標に基づく中期計画に対する同大臣の認可・計画変更命令権など（国大法30・31条）、国の強力な「監督権」を新設したのである。

　これに関連して、国立大学法人の内部組織・運営に立ち入ってみると、管理運営面では、法人の長としての学長が、経営面の経営協議会（学長・理事・学長指名の学外者で組織＝国大法20条2項）および教学面の教育研究評議会（学長・学長指名の理事・学部等の代表者・学長指名の職員で組織＝同21条2項）という両組織の「議長」＝「トップ」に位置し、両者を統括する役割を担うため、学校法人（私立大学）にも見られない、経営・教学両面を中心とする強力な、かつ垂直的な権力集中の仕組みになっているのが、その基本的特徴である。伝統的な意味の大学の自治が、研究者の教育研究の自由（＝内的自由）を基礎とする教授会自治に収斂する水平的な関係に基礎を置くのに対して、これは学長を頂点とする一元的管理システムに改変させようとする試みに他ならず、ここでも国立大学の「法人化」は、憲法第23条の保障する学問の自由・大学の自治と緊張関係に立っている、といっても過言ではない。

　本章は、このような国大法に関する諸問題――とくにその中核をなす中期目標・中期計画制度、学長・教員の人事権、および大学の財政的自治を中心にして――の意義と問題性について、憲法・行政法、とくに行政組織法、および大学の自治の視点から若干の考察を行うものである。

6）　参照、塩野・前掲書（注5）（行政組織法）69頁以下、藤田宙靖『行政組織法（新版）』166頁以下（良書普及会、2001年）。

7）　山本隆司「独立行政法人」ジュリスト1161号127頁以下、福家俊朗「独立行政法人総論」福家俊朗・浜川清・晴山一穂編『独立行政法人』所収論文125頁（日本評論社、1999年）。

第Ⅲ部　個別行政法の研究

Ⅰ　国立大学法人法の立法過程の特質

1　行財政改革＝組織的減量化の手段としての国立大学法人化

(1)　今回の国立大学法人法の制定に基づく大学改革は、すでにのべたように、大学改革方策の選択肢のひとつとして「法人化」を提言した「行政改革会議最終報告」（平成9年12月13日[8]）に端を発する、といってよい。すなわち、同最終報告は、「自律的個人」を基礎とする国家社会の建設を目指す基本的立場から、「内閣官邸機能の抜本的拡充・強化」などと並んで、「官民分担の徹底による事務事業の抜本的見直しや独立行政法人の創設」による「行政の簡素化効率化」の推進を企図していたからである。これを承けて、平成10年に成立した基本法第36条は、「国民生活および社会経済の安定等の公共上の見地から確実に実施されることが必要な事務及び事業であって、国が主体となって直接に実施する必要はないが、民間の主体にゆだねた場合には必ずしも実施されないおそれがあるか、又は一の主体に独占して行わせることが必要であるものについて、これを効率的かつ効果的に行わせるにふさわしい自律性、自発性および透明性を備えた法人（以下、「独立行政法人」という。）の制度を設けるものとする」、と初めて独立行政法人の創設に法的根拠を与えるとともに、その基本像を提示した。

　この「独立行政法人」は、周知のように、イギリスの「エージェンシー[9]」をモデルにしたとされる新たな組織形態で、①（公）法人格を付与することにより、固有の国の行政機関からこれを切離しつつも、②「公共性」の見地からの事務・事業の「確実な実施」の保障、③「自律性、自発性および透明性」を備

8）　この行政改革会議最終報告に対する批判としては参照、晴山一穂「行政改革会議最終報告の批判的検討」原野翹・浜川清・晴山一穂編『民営化と公共性の確保』所収3頁以下（法律文化社、2003年）。

9）　イギリスの「エージェンシー」に関する研究としては、榊原秀訓「独立行政法人とは何か」賃金と社会保障1222号（1998年）35頁以下、行政改革会議事務局OB会編『行政改革会議活動記録─21世紀の日本の行政』（行政管理研究センター、1998年）376頁以下、森田朗「行政改革と行政学」季刊行政管理研究79号・27頁以下、福家俊朗・浜川清・晴山一穂編著「独立行政法人とは何か─FAQ」『独立行政法人』2頁以下。

えた法人、ならびに④事務・事業の「効率性」・「効果性」（有効性）の確保をめざす組織である（通則法2〜3条・地方独立行政法人法2〜3条）。もっとも、行政の組織内部の実施部門（機関）に独立的自由な権限を認め、「業務の効率性」を図ることをめざし、かつ法人格を有しない「エージェンシー」（Next Steps Agency）とは異なり、基本法によって創設された独立行政法人は、むしろ現在の公団・公社などの政府系特殊法人に近い日本版の組織である[10]といわれている。
⑵　さて平成11年、独立行政法人通則法[11]の施行後、政府にとっては国の行政機関全体のなかで当時すでに郵政公社への移行を決定していた郵政職員とともに、職員の定員数の比率が高い国立大学を（行政機関職員の定員に関する法律第1条で定める約54万人の総定員のうち約13万人と約1／4を占める[12]）国の行政機関から「切離し」＝独立化させ、その組織的減量化を図ることが重要な課題となり、平成15年度までにその結論を得るため、文部科学省を中心に、さらにその在り方について検討を加えることとした（「中央省庁等改革に係る大綱」）。すなわち通則法によれば、その職員の型は引続き公務員としての身分を保持する特定独立行政法人（51条以下）と非公務員型である「非特定独立行政法人」（61条以下）とに大別され、いずれの型を採用するにしても国家公務員の定員の上限を定める行政機関職員の定員法第1条（昭44年）でいう「職員の定員の総数」には含めず別途国会への報告義務を課していた（通則法60条）。しかしこれが、結局非公務員型とされたため、「国立大学法人」化の主たる狙いが、この意味での国の行政組織から「切離し」という「垂直的減量化」とともに、組織の「弾力化・規制緩和」にあったことは否定できない。

2　高等教育研究機関としての国立大学改革の流れ

⑴　国立大学は、いうまでもなくわが国教育研究の中心的機関であり、そのため憲法、教育基本法、学校教育法、および教育公務員特例法をはじめとする各

---

10)　したがって、「エージェンシー」は実態的には、日本の行政機関の外局である「実施庁」に近いといわれる。参照、福家・浜川・晴山編・前掲書・4頁以下、藤田宙靖・前掲論文（注5）・112頁以下。
11)　独立行政法人（通則法）の行政組織法的意義については参照、塩野宏・前掲書（注5）・80頁以下、藤田宙靖・前掲書（注6）・170頁以下。
12)　藤田宙靖・前掲論文（注5）・109頁以下。

第Ⅲ部　個別行政法の研究

種教育法規において、すでに幅広い教育研究の「自由」と大学の「自治」を享受しているので、その法人化に伴う「独立」により、これらの憲法的「自由」が拡大するのか、あるいは逆に文部科学大臣による、中期目標の設定・中期計画の認可・計画変更命令権、および政策評価という方法に基づく「拘束」が強まるか否かが、大きな争点になった。

　これについて、当時行政改革会議のメンバーでもあった藤田宙靖教授は平成15年度に至るまでのタイム・スケジュールを提示しつつ、行政組織の「垂直的減量化」のための手法としての独立行政法人の本質をふまえ、これまで大学および教員が享受していた自由＝独立がこれによって拡大するか否かの検討、および通則法に対して、研究教育の自由の拡大を目的とする個別法の制定によってその独自性をどのように打ち出すかという視点から、大学関係者による積極的な検討を呼びかけた。[13]

　このような動向のなかで、文部科学省を中心にして、「国立大学等の独立行政法人化に関する調査検討会議」が発足し、その検討結果を平成15年3月26日、現行の国大法の基礎となる「新しい『国立大学法人像』について」（以下、調査検討会議報告という。[14]）という文書で公表した。この調査検討会議報告は、「基本的な考え方」のなかで「大学改革の推進」として、①「行政機能のアウトソーシングや、運営の効率性の向上」といった行政改革の視点を超えて「教育研究の高度化、個性豊かな大学づくり、大学運営の活性化」という点を前提にすべきこと、②単に法人格を付与することなどの「消極的な発想」ではなく、「予算、組織、人事等様々な面で規制が大幅に緩和され、大学の裁量が拡大するといった法人化のメリットを大学改革のために最大限に活用する」という「積極的な発想」に立って、国立大学の改革を進めるべきことを提言していた。また同報告が、改革の前提として学問の府としての大学の「自主性・自律性」の尊重、および「大学運営における裁量の拡大」の必要性を訴えていたことは、ある意味では当然のことであるが、問題はこのような憲法的要請をこの改革の

---

13)　藤田・前掲論文（注5）・109頁以下。

14)　これは、Ⅰ基本的な考えかた、Ⅱ組織業務、Ⅲ人事制度、Ⅳ目標・評価、Ⅴ財務会計制度、Ⅵ大学共同利用機関、およびⅦ関連するその他の課題、から構成されている。
　　http://www.mext.go.jp/b_menu/houdou/14/03/020327.htm

なかにどのように具体化するかであった、といってよい。

これらの改革論議の諸「前提」をふまえて、同報告は、大学改革の基本的視点として、①個性豊かな大学づくりと国際競争力ある教育研究の展開、②国民や社会への説明責任の重視と競争原理の導入、③経営責任の明確化による機動的・戦略的な大学運営の実現をあげて、具体的な方向づけを行っている。

この調査検討会議報告を承けて法条化された「国立大学法人法案」は、平成15年度通常国会に上程され、「独立行政法人国立高等専門学校機構法」、「独立行政法人大学評価・学位授与機構法」、「独立行政法人国立大学財務・経営センター法」、国立大学法人法の制定に伴う整備法などの関連法律、並びに憲法の学問の自由・大学の自治の尊重、および大学の自主性・自律性を強調した両議院での附帯決議（衆議院で10項目、参議院で23項目）とともに、同年7月14日に可決され、同法施行令（政令）・同施行規則（文部科学省令）とともに平成15年10月1日より施行された（国大法附則1条）。

このような国立大学法人法の制定過程を鳥瞰するとき、国立大学法人法（案）がもっぱら中央省庁等改革基本法によって具体化された行財政改革＝組織的減量化の推進のため企画立案され、国立大学における教育研究改革をいかに推進するかという本来の内発的動機づけが乏しかったため、その評価が全面的に正しいか否かはともかく、内容的にも憲法・教育基本法を中心とする「現行教育法体制との矛盾」といわれるような教育法学者の評価を招来することになったことは否めない。

Ⅱ　国立大学法人の行政法的位置づけと関連問題

1　国と国立大学法人との行政法的関係

(1)　すでにのべたように、今回の国大法は、同法によって創設された国立大学法人が国立大学を設置・運営するという法的仕組みをとっている（22条1号）。これは、いわゆる国の直轄方式ではなく、設置主体と（国立）大学との分離方

---

15)　あわせて関係法律6本、政令7本、省令7本が施行された。参照、文部科学事務次官通知「国立大学法人法等の施行について」1頁以下。
16)　三輪定宣「国立大学法人化の教育法制論的検討」日本教育法学会会報33号（2004年）132頁以下。

第Ⅲ部　個別行政法の研究

式である。これまで国・地方公共団体や学校法人のみが学校を設置する権限を有していたが、これにより、新たに国立大学法人が加わったことになる（もっとも、学校教育法第2条は、国立大学法人を国のなかに含めているが）。これは、いうまでもなく、設置・経営主体を国から独立の国立大学法人に切替えることにより、もっぱらその経営責任の強化・国の行政組織の「効率化」を図ることを狙いとするものであることは、すでにのべたとおりである。

　この国立大学法人は、その準用法律の関係からみても、行政組織の「垂直的減量化」の手法として導入された独立行政法人の「一種」としての側面をもつことは否定できず（参照、国大法35条）、この独立行政法人は、行政機関全体の役割分担においては、「企画・立案機能」と「実施機能」との分離の基本方針をふまえ、両機能の「緊密な連携の確保」を図りつつも、専ら後者の役割を割当てられている（基本法4条4項）。これについて現代行政活動において、そもそも「企画・立案」と「実施」を厳密に区分することができるだろうか、という疑問が湧く。とくに教育研究の場合に、教育計画の実施ひとつとっても、両者の明確な区別は困難であるといえようが、その点は置くとしてもこれにより「個性豊かな文化の創造」・「学問の自由」（教基法前文・2条）という特色をもつ教育研究を目的とする国立大学が、はたして、国の企画方針の下にそれを忠実に「実施」する機能という役割にとどめられることに矛盾はないだろうか、という重要な問題がある。

　ただ、これについては、あくまで国立大学法人に対して実施機能を与え、これを国が監督するのであって、教育研究自体は国立大学（教員等）の機能であって、国がこれを直接統制するものではない、という両者の分離方式が働いているという反論がありうるだろう。しかしこの反論については、あまりにも形式的・表面的な見方であって、国立大学法人を通じて国立大学の研究教育自体を統制することは可能であり、後述のように現に国大法では中期目標の設定・中

17）参照、藤田・前掲書（注6）・123頁以下、なお藤田教授によれば、「企画立案」と「実施」機能の区別について理論的には困難であるが、基本法第4条4号に基づく両者の役割分担については、前者は法律案の作成、補助事業の考案、後者は、法律の執行、補助事業採択の際の箇所付けを指す程度の区別の意味である、とされる（同書・154頁）。しかしこのような区別論であれば、独立行政法人を「実施」機能であるとして「企画立案」から区別する「振り分け」は、積極的な根拠にはなりえないのではないか、と思われる。

第8章 国立大学法人に関する若干の考察

期計画の認可・変更命令権において、文部科学省の意向が強く働くシステムであり（同法30・31条）、上述のような分離方式を根拠とする反論によって、上記の疑問が完全に解消されるわけではない、といえよう[18]。

⑵　さて行政組織法の視点からして、国（文部科学省）と国立大学法人との法的関係はいかなるものであろうか。国大法自体は、両者を組織的に峻別しその対峙関係を前提に、文部科学大臣の国立大学の中期計画に対する「認可」（31条1項）・「変更命令権」（31条4項）、積立金の処分および長期借入金・債券の発行の「認可」（32・33条）などの行政処分類似の権力的関与を認めているが、他方で同法は、学校教育法第2条と同様に教育基本法のほか、国大法施行令（政令）第22条であげる59本の法律・政令で定める、学校設置者としての国のなかに国立大学法人を含めているのである。換言すれば国立大学法人は、行政主体としての国に吸収されて独立の行政主体性を有しないのか、または独立の行政主体性を有するのか、仮に有するとすれば、両者はどのような法関係に立つか、という問題である。

　これについては、国（旧運輸大臣）の日本鉄道建設公団に対する新幹線工事実施計画の「認可」が、土地所有者によるその取消訴訟において行政処分性を有するか否かが争われた事件・判決が一応参考となろう。同事件の東京高裁控訴審判決（昭和48年10月24日[19]）では、日本鉄道建設公団は、実質的には「国と同一体」をなすものであるとして、この「認可」は監督庁としての運輸大臣（当時）が下級行政機関に対する監督手段としての「承認」であって、「講学上の行政行為としての認可」・「許可」に当たらない、と判示した。最高裁第二小法廷判決（昭和53年12月8日[20]）も、本件認可は上級機関としての運輸大臣が下級機関としての日本鉄道建設公団に対しその作成した「工事実施計画」と「整備計画」との整合性を審査して行う監督手段としての「承認」としての性質を有するも

---

18)　参照、晴山一穂・福家俊朗「独立行政法人の及ぼす影響」（FAQ）、福家・浜川・晴山編前掲書（注9）66頁以下。

19)　行裁集24巻10号1117頁、参照、村井龍彦「日本鉄道建設公団の地位」『行政判例百選Ⅰ（第4版）』98頁以下。

20)　民集32巻9号1617頁、参照、塩野宏「運輸大臣の成田新幹線工事実施計画認可と抗告訴訟」昭和53年度重要判例解説（ジュリスト）48頁、村井・前掲書（注19）・98頁、石井健吾「訴訟の対象―成田新幹線訴訟」ジュリスト686号85頁。

269

第Ⅲ部　個別行政法の研究

のであって、「抗告訴訟の対象となる行政処分」に当たらない、と原審の判断
を是認している。

　しかし、国立大学法人を日本鉄道建設公団＝総務省設置法第４条15号に
よって個別法で設置される政府系特殊法人と見立てて、このような考え方を、
文部科学大臣と国立大学法人との関係にそのまま当てはめることはできないと
思われる。けだし判例の論理を適用して、国立大学法人は、実質的に「国と同
一体」の関係を形成するので、文部科学大臣の下級行政機関と位置づけ、その
「監督手段」として「認可」（上記最高裁判例のいう「承認」）などの権力的「関与」
が法定されていると解釈すれば、教育研究機関として、国家権力からの「自由」
を意味する「自主性・自律性」という、国立大学の「教育研究の特性」への配
慮義務（国大法３条）を没却せしめることになるからである。後者の要素を強
調すれば、組織法的には、国立大学法人を安直に「国と同一体」と看做すべき
ではなく、「自主性」を備えた法人として、学校法人・私人と同様の地位にあ
る、という構成も十分可能である。教育研究の「特性」から、政府系特殊法人
に比して、より一層国からの「自主性・自律性」が求められる国立大学法人の
場合には、上記の位置づけには十分な合理的根拠がある、と思われる。そうだ
とすれば、主務大臣の認可や計画変更命令権も、私人に対する「行政処分」に
当たり、抗告訴訟としてこれを争うことが可能となり、結果としていわゆる
「法化社会」への対応も可能となるが、そうではなく、両者が「国と同一体」、
もしくは行政機関の内部関係と位置づけられると、上記の主務大臣の「認可」・
「計画変更命令権」に対して行政訴訟で争うことができなくなるばかりでなく、
国と地方自治体間の紛争解決組織としての国地方係争処理委員会（自治250条の
７）のような行政主体間の権限争議解決手続も全く用意されていないことか
ら、国と国立大学法人との間の「一切の法律上の争訟」（裁判所法３条１項）に
対して法人としての「裁判を受ける権利」（憲32条）を行使することも制限され

---

21)　政府系特殊法人の行政組織法的位置づけに際して、国家と社会、および公法と私法の二分（元）
　　論が前提とされ、特殊法人を「国家と一体」とみるか、あるいは社会の一組織とみるかによって、
　　結論が大きく異なることになる。参照、塩野宏・前掲書・76頁以下。これについて、このような
　　包括的な二分論に批判的意見も少なくない。むしろ個別法における具体的な法関係の実態に即して
　　判断すべきである、という。参照、村井・前掲書（注19）・99頁。

ることになろう。いずれにしても、国立大学法人を「自主性・自律性」という
その「教育研究の特性」を無視して組織法的に国・政府系特殊法人と同一視す
ることは、「教育研究の水準の向上と均衡ある発展を図る」目的を定める国大
法第1条の立法趣旨からしても、疑問である。

2 行政計画法としての国立大学法人法と教育研究の「自主性・自律性」

(1) さて、独立行政法人の「一種」としての国立大学法人は、何をもってその
本質的要素とするのであろうか。換言すれば、国立大学法人は、国の固有の行
政機関、政府系特殊法人、および民間企業と異なる独自の組織として位置づけ
る要素は何か、ということである。通則法と国大法は、いずれも行政組織法
(公法人法)として、あるいは準用通則法(国大法35条)と個別法の関係において、
密接な関連性をもつ。具体的に両者の法律構成をみれば、法律の目的等は別に
して、名称(通則法4条、国大法4・5条)、名称の使用制限(同10条、同8条)、
法人格(同6条、同6条)、登記(同7条、同9条)、役員及び職員(同第二章・18
条以下、同10条以下)、業務運営(業務内容)(同27条以下、同22条)、中期目標・中
期計画(同29・30条、同30・31条)、ならびに財務および会計(同第4章36条以下、
同第4章32条以下)、という点において、極めて類似した内容規定をもつ。この
ような類似性のある諸規定の上に、さらに、国大法第35条により、「準用通則
法」の諸規定(3条他、全体で30ケ条)が文字どおり「準用」され、全体として、
国大法の法体系・全体像を形づくるのである。とりわけ、通則法の第四章「財
務および会計」(36~50条)は、全面的に国大法に準用され、国大法人のそれを
根本的・共通的に規定している。

　これらの比較検討から、両者を「通則法」と「個別法」の関係にあると規定
する十分な根拠はあるが、そのうち、その本質をあえて問えば「中期目標」・「中
期計画」、これに対する「評価」、および企業会計原則〔通則法37条〕に基づく
財務会計制度を備えた公法人にある、ということができよう。換言すれば、両
者はいずれも広い意味の行政組織法に属し、行政作用の面はその業務内容が個

---

22) これについて数多くの研究があるが、「実効的権利保護」の視点からの最近の体系的研究とし
　て、笹田栄司『裁判制度』(信山社、1997年)85頁以下を参照されたい。

第Ⅲ部　個別行政法の研究

別法で規定されるため（通則法 5・27条）、国大法の場合には、その教育研究のあり方を規定する法制度・法形式は、「中期目標」・「中期計画」であることから一種の行政計画法である[23]、ということができよう。

　このような国大法の行政計画法としての特質をふまえるならば、「目標を設定し、それを実現するための諸手段の総合化」というその本質に照らして、計画法一般として、計画の策定主体、計画間調整、計画裁量、および計画に対する行政救済などの諸問題がクローズアップされるが[24]、ここでは教育研究を中心とする国立大学法人の計画であることから、文部科学大臣による中期目標の設定に基づいて、当該国立大学が「中期計画」を策定し、文部科学大臣がこれを「認可」し、国立大学法人評価委員会が「評価」するという計画（政策）過程をどう法的に位置づけるかが、重要な検討課題となる。

（2）　すなわち国立大学法人は、その「自主性・自律性」尊重の観点から、中心的業務内容を規定する「中期目標・中期計画」を自主的に決定することができるのか、という問題である。換言すれば、研究者の研究教育の自由、およびその制度的保障を中心とする伝統的な学問の自由・大学の自治（参照、憲23条・教基 4 条）尊重の立場と、国立大学法人の業務運営の「基本」を形成する「中期目標」・「中期計画」に対する文部科学省の関与、特に中期目標の設定、中期計画に対する認可・変更命令権という「公権力の行使」（行訴 3 条）とをどのように整合的にとらえることができるか、ということである。すなわち、国大法第30条は、「文部科学大臣は、 6 年間において各国立大学法人等が達成すべき業務運営に関する目標を中期目標として定め、これを当該国立大学等に示すとともに、公表しなければならない」と規定する。この中期目標の具体的な内容としては、①教育研究の質の向上に関する事項、②業務運営の改善および効率化に関する事項、③財務内容の改善に関する事項、④教育研究および組織運営の状況についての自己点検評価および情報の提供に関する事項、ならびに⑤その他業務運営に関する重要事項、が挙げられている（参照、30条 2 項）。この中期目標が、文部科学大臣により示達・公表されたときは、国立大学法人等は、「当

23）　参照、山本・前掲書（注 7 ）・127頁以下。
24）　参照、西谷剛『実定行政計画法』（有斐閣、2003年） 5 頁以下。

該中期目標に基づき、文部科学省令で定めるところにより、当該中期目標を達成するための計画を中期計画として作成し、文部科学大臣の認可を受けなければならない」（31条１項）ものとされている。中期計画の策定事項としては、前記目標①②を達成するため採るべき措置のほか、人件費の見積りを含む予算、収支計画、資金計画、短期借入金の限度額、重要な財産の譲渡又は担保計画、剰余金の使途、およびその他文部科学省令で定める業務運営に関する事項（31条２項）、である。

　この中期目標に対しては、国立大学法人に意見表明が認められ（30条３項）、これに基づく中期計画は当該国立大学自身がこれを策定し、文部科学大臣の「認可」を受けなければならないが（31条１項）、このうち経営に関する事項については大学の経営協議会が、その他の事項については教育研究評議会がそれぞれ審議し、大学としての意思決定に「関与」することが国大法で規定されている（20条４項・21条３項）。

　これについて、大学の基礎組織である学部の教授会などがこれらの決定にどう関わるかについて、国大法自体には何らの規定もなくあくまで国立大学法人内部の「自主性・自律性」にゆだねられる。しかし、教育研究を中心とする国立大学法人の役割にてらして考えると、これら国立大学自身の意思表明について、学部等の意思決定機関であり、かつ学校教育法上「重要な事項」を審議する必置機関である教授会の関与を否定することはできないし（同59条）、また上記中期目標事項のうち、①教育研究の質の向上、②業務運営の改善・効率化、③教育研究・組織運営の状況などに関する自己点検評価などについて、その「関与」は望ましいばかりでなく、むしろ必要不可欠とされるべきである。──改正学校教育法において教授会を教育研究上の「重要な事項」を審議する機関で、「学長・学部長等」の「求めに応じ」て意見を述べることができると位置づけた（93条１〜３項）──けだし、何が「重要な事項」であるかについて、学校教育法自体なんら規定せず教授会の自主的判断にゆだねていると解されるが、[25]入学、卒業、学位、教員の人事、および学部内の規制事項などの例示にてらして（学教施行規則67条、教特法３条）、これらを包摂する教育研究に関わる６年間

---

25)　山崎真秀執筆『基本法コンメンタール　教育法』、169頁以下（日本評論社、1977年）。

第Ⅲ部　個別行政法の研究

の中期目標・計画の策定は、いうまでもなく、大学・教員にとって極めて「重要な事項」であり、当然教授会の審議事項に属すると解されるからである。ただ国大法自体は、あくまで「目標」について文部科学大臣が、「計画」については「目標」に基づいてそれぞれ国立大学法人が自ら決定し、主務大臣の「認可」を受けなければならない、という法システムを採用していることから、憲法第23条に究極の基礎を置き、学校教育法第59条が定める教授会自治と国大法のこのような規定とが矛盾なく、整合性をもちうるか、という根本的問題が残る。

　これについては、大学の自治を支える教育研究の「自主性・自律性」の基礎は、いうまでもなく教員の教育研究の自由であり、これを制度化した学部・教授会自治の理念からすれば、教授会の意思を体した学部代表としての教育研究評議会での評議員の意見表明という任務・役割が導き出されるので、この点から「教育研究」に関わる事項については、一応論理的には整合性を保つことができよう。²⁶⁾

　問題は、大学の「経営」に関する事項について各教員が、評議会→中期目標・中期計画への意見表明というラインから完全にはずされ、大学の意見表明がもっぱら学長・経営協議会サイドに留保されているということである。これについて、基本的には大学における「教学」と「経営」との分離・区別可能性の問題と、他方で学長に上昇的に集約される「意思決定」と学長の「一元的」支配というの仕組みのなかで、その基底をなす個々の教員・学部教授会の意思を適確に反映せしめるルートをどう確立するか、という点が重要な検討課題となろう。

(3)　次に、国大法第31条4項が、文部科学大臣が、同条第1項の認可を受けた中期計画が中期目標の内容をなす各項目の「適切かつ確実な実施上不適当となった」と認めるときは、中期計画の変更を命令することができる旨、規定している点が、上記の視点から問題となりえよう。すなわち同法は、このような目標・計画の「6年間」の統一的実現の困難性を予想して、中期計画の変更命令権を定めた、といえなくもない。²⁷⁾しかし基本的な問題は、はたして憲法第23

---

26)　参照、三輪定宣発言「討論・大学自治と国立大学法人化問題」日本教育法学会年報33号162頁。

第8章　国立大学法人に関する若干の考察

条に基づく学問の自由と大学の自治が、このような文部科学大臣による一方的な「計画変更命令権」という、典型的な「公権力の行使」（行訴法3条1項）と両立しうるか、という点である。とくに、この計画変更命令権は、文部科学大臣による中期目標の策定、および中期計画の認可と異なって、国立大学法人や国立大学評価委員会の意見聴取・配慮義務に随伴するもの（30条3項・31条3項）ではなく、極めて一方的な権力性の強いものとなっていることに注意すべきである。国大法の基礎をなした、前記「調査検討会議報告」では、「学問の府としての特性を踏まえた大学の自主性・自律性」の尊重とともに、「各大学における運営上の裁量の拡大」が強調されていたし、同法の解釈・適用についての文部科学事務次官通知（平成15年12月19日）においても、「国立大学における研究教育の特性」についての配慮義務（同法3条）の意味として「教育研究の自主性・自律性、専門性及び長期性」をあげている。これらの「報告」・「通知」においては直接の言及はないが、これが憲法第23条の学問の自由・大学の自治から派生するその「自主性・自律性」であることは、いうまでもない。こうしてみると、中期計画への文部科学大臣の変更命令権という権力的「関与」は、そのまま額面どおり受けとれば、国立大学法人自身は何らこれに「関与」することができないことから、大学の「自主性・自律性」という「特性」配慮義務（国大法3条）に反し、ひいては憲法第23条の保障する「学問の自由」に違反することになる、といえよう。

(4)　これについて、同じく（政教分離原則を含む）憲法の自由権に基礎を置き（20条・89条）、（独立）法人化の制度を認め、個人・団体の信教の自由を最大限保

---

27)　この点について、地方国立大学（＝熊本大学）の一評議員として、当該国立大学法人発足の「中期目標」「中期計画」の策定作業に関与した、ささやかな経験に照らしていえば、これらの目標・計画の内容について、「6年間」という統一の計画期間を設定して、「教育研究の質の向上」などの項目について、有効かつ実現性のある目標・計画を策定することがいかに困難であるか、いうことを痛感したところである。周知のように、大学をめぐるさまざまな状況が急激に変化し、国内外の諸情勢変化——情報化、少子高齢化、グローバル化など——が著しいこと、また教育研究の面での発展・変化などの諸条件を的確に「予測」し「目標」を立て、それを実現するための「諸手段」を盛り込むことが、ますます困難になっているからである。しかも、当該計画に自己評価、もしくは第三者評価が随伴することから、あまり「ハードル」の高い計画の定量化をすすめると、これを実現できない場合の大学のリスクが大きくなる。これらを考慮すると、いきおい無難な数量化にとどめる傾向が強いといわざるをえない。参照、調査検討会議「I基本的考え方　1　前提3「自主性・自律性」。

275

第Ⅲ部　個別行政法の研究

障しようとする宗教法人法[28]と比較した場合に、国立大学法人法の立法構成上の「異例」さが目につく。すなわち、憲法第20条の「信教の自由」を制度的に保障するための宗教団体の自治法としての性格をもつ宗教法人法第1条は、「目的」規定のなかで、信教の自由の尊重、および宗教の自由を制限的に法律で解釈することの禁止を、確認的に規定するとともに、宗教法人の設立については、「所轄庁の認証を受けなければならない」として（同12条）、伝統的分類でいうところの準法律行為的行政行為の「公証」、ないし「確認」レベルの「認証」という、比較的に弱い権力的「関与」に留めているからである。これに対して、国大法の中期計画の「認可」は、周知のように、法人側の「計画」策定に対しこれを有効に完成するための補充的行為であり、これを欠くと「中期計画」自体が有効に成立しないという権力的行為である点において、両者は顕著な差異をなすといえる。

　そもそも、このような「学問の府」である国立大学の法人化という基本的な改革に際して、当の国大法自体において憲法・教育基本法への直接的言及がなく、わずかに「教育研究の特性」への配慮義務（国大法3条）という、極めて抽象的な表現にとどめていること自体、憲法軽視のそしりは免れがたく、立法構成としても「異例」という他はない。しかも、この「教育研究」への「配慮」も、当初の「尊重」からせいぜい「心遣い」を意味する「配慮」に後退した一事をもってしても、立法者の真意が奈辺にあるか、推して知るべしであろう。

　また、同法第35条は、独立行政法人法通則法第3条以下の諸規定の準用を、さらに第37条は、「教育基本法その他政令で定める法令」については、国立大学法人を「国」とみなしてその準用をそれぞれ定めているが、国大法施行令（政令）第22条によれば、教育基本法については同第4条2項・9条2項（学校設置者としての国）のみが準用され、教育における「学問の自由」の尊重を定めた教育基本法第2条（教育の方針）の規定などは、準用の対象外とされている。これは一体何を意味するのであろうか。ここでは、学校教育法と同様に、国立大学法人を「国」と看做して関係法律の準用を定めているので、その他の法律

---

28)　信教の自由と宗教法人法の関係などについては、参照、井上恵行『改訂宗教法人法の基礎的研究』（第一書房、1972年）、相沢久「現代における宗教・国家・法（1）（2）」上智法學論集3巻1＝2号、4巻1号、6巻2号、川西誠「宗教法人法の諸問題」日大法学33巻1号。

第8章　国立大学法人に関する若干の考察

規定の準用排除を意味するにすぎない、とも解される。しかし、最高法規である憲法はともかくとして、これにより、「学問の自由」・「教育への不当な干渉の排除」を定めた教育基本法第2・10条と国大法は、法形式的にも、また実質的にも、全く関連性のない法律として位置づけられてしまう危険性はないのか、という疑問が残る立法措置である[29]。

Ⅲ　国立大学法人法と大学の自治権

1　国立大学法人法と教員人事に関する自治権

(1)　これまで第Ⅱ節で論じた問題が主として国立大学法人の、国＝文部科学省に対する対外的自治＝独立性であるとすれば、ここでは、主として、法人内部の自治・教員の人事権の問題に焦点をあてて若干考察したい。

　独立行政法人の一種としての国立大学法人は、すでにのべたように、経営・教学両面を法人の代表者である学長が統括し、学長をトップとして機動的・戦略的大学運営をめざす組織であるとされている。すなわち、文部科学大臣→学長（理事・副学長・学長補佐）→学部長→教員という「タテ」系列の上位下達型の組織の構築をめざす改革である、ということができよう。したがって、国大法において教育研究の主たる担い手である教員については、わずかに教育研究評議会の審議事項として「職員のうち、専ら研究又は教育に従事する者の人事に関する事項」が規定されているにすぎず（28条3項4号）、その他にはまったく教員の地位・権能に関する規定が見られない。これについて、国大法を基礎づけた「調査検討会議報告」においては、「法人化」を契機とする国立大学の組織業務のあり方の変化という「視点」として「学長・学部長を中心とするダイナミックで機動的な運営体制の確立」、具体的には「教授会の審議事項を精選し、学部長を中心にダイナミック」で機動的な運営の構築が指摘されている。また同報告は、①「教員の多彩な活動を可能とする人事システムの弾力化」の下に、「非公務員型」を採用し、「教員の採用・昇任等は、教員人事の自主性・

---

29)　参照、教育基本法前文につき、堀尾輝久執筆『基本法コンメンタール　教育法』23頁以下、同10条につき、兼子仁執筆・同書76頁以下。

277

第Ⅲ部　個別行政法の研究

自立性に配慮しつつ、各大学独自の方針や工夫が活かせるよう、制度を弾力化」することとし、一応教員の人事権を中心にした大学の自治に配慮している。さらに、②教員の「業績に対する厳正な評価システムの導入とインセンティブの付与」、および教員の任期制・公募制等の積極的な導入により、③「国際競争力に対応しうる教員の多様性・流動性拡大と適任者の幅広い登用」を図ることにしている。ここでも、一応大学における「教員人事の自主性・自立性」への「配慮」が言及されているが、これはいわばリップサービス的な位置づけにとどまっていて、むしろ重点は教員に対する業績主義・評価システムの構築、任期制等による教員人事の流動性にある、といっても過言ではない。

(2)　国立大学法人法の制定による、教員の人事面における大学の自治権の保障においてもっとも重要な変化は、これまで憲法第23条の学問の自由を人事面で具体化した教育公務員特例法（昭和24年法１以下、教特法）の諸規定が、国立大学法人の職員について非公務員型を採用したことに伴いはずされたことである。すなわち、国大法施行令第２条は教育公務員の範囲を、「学校教育法の規定による公立の大学の学長、副学長、学部長又は教授の職にある者」、およびこれらに「準ずるもの」に限定しており、論理的に、国立大学法人の学長、副学長、学部長、および教授らは、（国家）公務員の身分を喪失することに伴い、教特法の適用を全面的に排除されたのである。これについて、教特法第４条５項は、「教員の採用及び昇任のための選考は、評議会の議に基づき学長の定める基準により、教授会（省略）の議に基づき学長が行う」と規定し、学長・教員らの「転任」・「降任及び免職」・「懲戒」については、大学の管理機関である「評議会の審査の結果」によるのでなければ、これらの不利益処分を受けることはない、という身分保障をしている（同５～６・９条）。この場合の「教授会の議」とは、「大学教員の採用にかかる審査権限は教授会に属し、その自主性に基づきなされるべきものであり、他の機関の干渉ないし影響は当然に排除されなければならない」、と解されている（神戸地判・昭和54年１月21日[30]）。また九州大学・井上教授の発言を奇貨として学長事務取扱の発令を拒否したことに対する国家賠償事件に関する東京地裁判決も、教特法第10条につき任命権者は[31]

---

30)　判例集未登載・参照、『平成16年版・教育小六法』（学陽書房）450頁。

278

「大学管理機関の申し出」に拘束される旨、判示している。これについて学説も、学長、学部長、教員の選考にあたっては、「関係教授会の構成員の意思を重要視しようとしている趣旨」であり、評議会・教授会の「議に基づき」の文言は、「法的拘束力をもつ」という意味に解すべきである、とする。[32]

　このような教特法における大学自治権の保障が、国立大学法人の教員に排除されたことにより、教員の人事に関する自治権はどうなるのであろうか。これについて、国大法は、教特法によって保障されていた教員の人事権・身分保障をあくまで個々の国立大学法人の「自主性・自律性」に委ね、統一的規律を放棄したもの、と解される。ただ、憲法第23条の学問の自由・大学の自治の保障によりそのコロラリーとしての教員の人事に関する「自己決定」権は保障されており、それを受けて各国立大学法人の関係就業規則・雇用規則は規定されねばならず、その意味では従前と基本的な法状況に変化はない、ともいえよう。しかしながら、国立大学法人の教員について、国家法レベルの統一的規律たる教育公務員特例法の適用がはずされた法的効果は大きく、とかく制定法＝国家法中心主義の立場を採る傾向が強いわが国の裁判所（官）において、教員の人事・身分をめぐる紛争が仮に発生した場合、このような憲法原理への「還帰」がみられるかどうか、その原理・規定に立った解決が志向されるかどうか、不分明な点があるからである。

　こうして法形式的には、こと教員の人事権・身分保障については「法人」の「自主性・自律性」にゆだねられる結果になったが、憲法・教育基本法・学校教育法で保障された学問の自由・教授会自治の原則は厳然と生きており、それをふまえた法人の就業規則・雇用規則の制定・運用が望まれることはいうまでもなく、仮に明白にこれら憲法上の諸原則に反する規則が制定されれば、国立大法人はその職員は「非公務員」とはいえ「公的組織」であり人権等は直接「適用」されるため、違憲無効ということになろう。また公立学校の学長・教員等については、従前どおり教特法の諸規定が適用されることから（国大法施行令2条）、国立大学法人の教員について、大学の設置形態の違いのみを根拠とし

---

31)　訟務月報第19巻8号32頁、その他参照、磯部力「学長事務取扱の発令遅延と大学の自治」昭和48年度重要判例解説（ジュリスト）12頁。

32)　参照、和田英夫・中里英夫執筆『基本法コンメンタール　教育法』348頁以下。

第Ⅲ部　個別行政法の研究

て、教員の人事・身分保障に関して前者と異なる取扱いをする合理的理由を見
出しがたい、ともいえよう。

2　国立大学法人法と財政的自治

(1)　国立大学法人法には、大学の財政的自治（第四章財務及び会計）[33]については、
①中期計画の最後の事業年度において「整理」後の「積立金」の次の中期計画
の「財源」としての活用（32条）、②長期借入金及び債権の発行（33条）、およ
び③長期借入金・債券の償還計画（34条）、に関する規定のみがあり、いずれ
も文部科学大臣の「認可」を必要とする。

　このような国大法の「財務及び会計」の諸規定だけでは、到底国立大学の財
務の特色・実態の全体像を正確に把握することができないため、これを「補充」
しているのが、独立行政法人通則法の諸規定の準用である。すなわち同法第35
条によれば、通則法の第四章「財務及び会計」に関する規定（36条～50条）が、
「主務大臣」・「主務省令」・「評価委員会」がそれぞれ「文部科学大臣」・「文部
科学省令」・「国立大学法人評価委員会」に「読替え」られ、全面的に国立大学
法人に準用されるからである。それによれば国立大学法人には、会計について
は「企業会計原則」が適用され（通則法37条）、毎事業年度において、貸借対照
表、損益計算書、および「利益の処分又は損失の処理に関する書類及び付属明
細書」（財務諸表）を作成し、文部科学大臣の「承認」を受けなければならない
ものとされている（38条）。その他、文部科学大臣が任命する会計監査人の監
査（39・40条）、利益及び損失の処理（積立金・剰余金の使途＝44条）、財産的基礎（8
条）、短期借入金（45条）、政府による財源保障（46条）、余裕金の運用制限（47
条）、および財産処分等の制限（48条）、などの諸規定が国立大学法人に準用さ
れる。

(2)　これらの国立大学法人に適用される財務会計規定全体を通覧するとき、す
でにのべたように、大学の財政（的自治）の実態は、法人成立当初からの国の
資産による財政的基礎、全額政府出資法人としての性格からして「財政的自治」

---

33)　大学法人の評価と財政の問題については、日永龍彦「大学の評価と財政問題」日本教育法学会
　　年報33号152頁以下を参照されたい。

の要素は一段と乏しく、また、国の監督下の公法人に対するさまざまな「認可」・「承認」という手続的規制によりきびしくコントロールされている。たとえば、中期計画終了後の収支の「整理後」の余剰金・余裕金についての大学法人独自の活用や財産処分の制限などその独自の資金・資産運用などが厳しく形式によって規制され、文部科学大臣や財務大臣による「認可」・「承認」・「協議」という統制下にあり、国の財政管理に基本的に組込まれる体制になっている、といっても過言ではない。これでは、国立大学の「教育研究の特性」・「自主性・自律性」（参照、国大法３条）は、少なくともこと財政面においては全く没却させられている、といっても過言ではない。逆にいえば、大学の財政的自治というより、むしろ「国と一体」性という名目で事実上統制下にあるといえよう。

　さて、このような国大法・独立行政法人通則法で規定する国立大学法人の「財務及び会計」制度が、憲法第23条の保障する大学の自治、ひいてはその財政的自治を侵害するといえるかどうかが問題となるが、これについては、まず財政的自治が、大学の自治の範囲に含まれるかどうかが検討されねばならない。近時の憲法学説では、財政的自治を、①教員の人事権、②施設設備の管理権、③学生の自治活動、および④研究教育の方法の自由と並んで「大学の自治権」に含める見解が有力であるが、その具体的内容・保障方法などについては必ずしも明確ではなく、(旧) 国立学校特別会計制度の下で国（財務省・文部科学省）の支配下にあり、大学全体の配分額について会計・予算法令の枠内で一定の「配分の自治」が認められたにすぎない。逆にいえば、このような大学の財政的自治をめぐる憲法論議が十分展開されず、国＝政府の政策的判断が優先する法体系になった、といっても過言ではない。

　現に平成16年度当初、国立大学の「法人化」に伴う予算について、一律に効率化係数として２パーセントが削減される、という財務省の計画が明らかにされ、全国の国立大学の学長をはじめ大学関係者をあわてさせた。これに対して、東京大学をはじめ各大学が一斉に反発し、学長指定（国大法附則２条）返上の動きを見せたことは、記憶に新しいところである。この法人化の象徴的一事

---

34)　参照、高柳信一「第23条」有倉遼吉編『基本法コンメンタール　憲法』92頁以下、芦部信喜『憲法学Ⅲ　人権各論』201頁以下（有斐閣、1998年）、中村・前掲書（注２）・554頁以下。

第Ⅲ部　個別行政法の研究

によっても、憲法第23条によって保障された学問の自由のコロラリーとしての「大学の自治」が国立大学法人化に伴い、政府＝財務省を中心とする「財政的効率化」のため崩壊ないし形骸化しつつあるのではないか、という疑念を一層強くさせているといってよい。

むすびに代えて——今後の課題

　これまでのべたように、行政改革最終報告、中央省庁等改革基本法、およびこれらを受けて制定された独立行政法人通則法が、一斉に89の国立大学の「施設等機関」を「独立行政法人化」することになり、その大きな争点になったのが、国立大学の「法人化」問題であった。この構想について、文部科学省・国立大学協会をはじめ、各大学等では、行政組織の「垂直的減量化」という行財政改革の論理を優先させ、結果として国立大学の教育研究の「自主性・自律性」を軽視し、ひいては学問の自由・大学の自治を形骸化させるものであるとの立場から、「反対」や「危惧」を表明した。しかし政府はこれらに十分「配慮」することなく、行政改革を優先させ通則法に対して個別法＝国立大学法人法（案）で教育研究の「自主性・自律性」という「特性」を盛り込む方法で解決を図る方向で調整し、決着を図った。
　この意味で、国立大学法人法の体系（法律・施行令・施行規則を含む）が、果たして大学関係者を中心として表明された、このような、憲法・教育基本法で保障する「学問の自由」や「大学の自治」の規定解釈と矛盾せず、整合性をもちうるかどうかが、大きな理論的な課題である。これについて、国大法の中心的内容をなすのは、教育研究に関する「中期計画」であることから、これに対する文部科学大臣の「認可」・「計画変更命令権」という法的統制が重要な意味をもつが、これについて、大学自身が策定したり、これに意見表明権を有することから一定の関与が認められるので、その「自主性・自律性」と矛盾しない、という意見もある。しかし、あくまでこの法律の要諦は、文部科学大臣の「認可」・「変更命令権」という行政処分・「公権力の行使」（＝処分性）にある、ことはいうまでもない。これについて、憲法適合的な「解釈」の余地がありうるかどうか、またこれに関わって国＝主務大臣と国立大学法人との公法的関係を

いかに位置づけるかが、その前提問題として提起された。すなわち、国立大学法人の「自主性・自律性」を強調すれば「国と一体」とみることはできず独自の行政主体性を有するが、逆に日本鉄道建設公団に関連する最高裁判例のように、国の「下級行政機関」とみなすと、独自の行政主体性を認めることはできない、ということになる。

さらに国大法の制定により、固有の大学の自治、とくに教員の人事権・財政的自治との関係がどのように保障されるのかという問題も、職員の非公務員型の採用に伴い、教特法の適用が排除されることから、大きな論点としてクローズアップされてきた。大学の財政的自治については、国大法では、その発足の際の全額政府出資法人という基本性格、および政府による財政的基礎の設定から、法人の資産運用・財産処分などが、企業会計原則（国大法35条、通則法37条）の採用による経済的財政的「自由」の一定の拡大にも拘らず、厳しく制限されている。これらの法制度を、憲法の大学の自治の観点からどのように捉えるかであるが、有力な憲法学説も[35]「財政的自治」も大学の自治に含まれる程度の簡単な論述にとどまり、必ずしも、十分にその意義・効果をとらえるような論究を提供しえていないという問題点が明らかになった、といえよう。

いずれにしても、平成16年4月1日、国大法がスタートしたばかりで、一般的にいえば行財政改革・組織的減量化推進と教育研究の自由という「特性」とをどう「調整」しつつ「教育研究の質の向上」を図るかが重要な課題であるが、これまでみたように、法令面の分析では、前者の論理が優先し、教育研究の「自由」の論理が後退しているため、特に文部科学大臣による中期目標の設定、中期計画の認可・変更命令権、および教員の人事権に関して憲法や教育基本法上の疑義が解消されず、違憲性の疑いが濃厚であることが立証された[36]、といえよう。

---

35) 参照、芦部信喜・前掲書（注34）・225頁。たとえば芦部教授は、「大学の自治の内容は、固定的・一義的ではないので、近時学説上有力化しつつある③予算管理における自治（財政的自治権）も、内容の一つに加えて重視する理由は十分にあろう」と述べる。

36) 参照、山本・前掲書（注7）・132頁以下。「通則法に従って、文部大臣が国立大学の研究に関して中期目標を指示し、国立大学の中期計画を認可するとすれば憲法違反のおそれがある。」（同133頁）。

あ と が き

1　本書は、著者がこれまで行政法総論（基礎理論）、および個別行政法（第Ⅲ部）の研究について発表してきた以下（初出①～⑥）の各論文をベースに、今回新たに書き下ろした2編の論文、すなわち第Ⅰ部「行政法概念と基本原則」のうちの第1章「行政法概念と憲法」、および第2章「憲法的法治主義の原則」を加えて、行政法総論体系の主要要素にそれぞれ対応するよう構成・配置した新著作であり、また論文選集でもある。

①　第Ⅰ部・第3章「行政法の『政策化』と行政の効率性の原則について―ドイツにおける行政法改革論議を参考にして」『情報社会の公法学（川上宏二郎先生古希祝賀論集）』所収、信山社、2003年

②　第Ⅱ部・第4章「ドイツにおける多極的行政法関係論と第三者の手続法的地位論」熊本法学第92号、1998年

③　第Ⅱ部・第5章「多局的行政法関係論における『第三者』の手続法的地位論序説―行政手続法・都市計画法を中心にして」『新世紀の公法学（手島孝先生古稀祝賀論集）』所収、法律文化社、2003年

④　第Ⅱ部・第6章「取消訴訟における『第三者』の原告適格の基準としての基本権適用論序説―ドイツ法との比較研究」『公法学の開拓線（手島孝先生還暦祝賀論集）』所収、法律文化社、1993年

⑤　第Ⅱ部・第7章「建築行政における紛争予防・実効性確保に関する法と政策」吉田勇編著『法化社会と紛争解決』所収、成文堂、2006年

⑥　第Ⅱ部・第8章「国立大学法人法に関する若干の考察」日本財政法学会編『財政法講座② 財政の適正管理と政策実現』所収、勁草書房、2005年

2　新規書き下ろしの第1章は、行政法＝国内公法という「伝統的公式」に代わって「行政に関する法」、または「行政に関する特殊固有の法」（特有法説）、あるいは「行政府の行うすべての活動」説と定義される今日の代表的・形式的

行政法概念において、その「本丸」たる、実質的意味の「行政」概念について消極的控除説が支配し、しかも行政・行政法概念それぞれ別個・独立に論じられるなかで、行政の形式的理解にとどまらず、従来の（新旧）積極説の基盤の上にあえて実質的意義の積極的概念の「新構成」を試み、さらに現行憲法における「行政権」（65条）概念を重ねて、その上で行政に関する「法」としての行政法概念の積極的構成にアプローチし、両者の統合をめざしたものである。すなわち、ドイツの有力学説として展開されている、実質的意義の、「行政」＝「非私的・公共」に関すること＝「公共事務の処理」＝ポリス（都市国家）説をベースに、憲法の権力分立的統治システムを基礎に行政権−行政作用を位置づけ、それに市民の「参加」「協働」という現代行政の特質を総合的に加味し、新たな統一的構成を試みたものである。すなわち「行政」概念としては、「憲法的価値の実現をめざす、政策形成的・法執行的公共事務の、市民参加・協働による総括処理」を、次いで「行政法」概念としては上記積極的行政（概念）に関する「手段的・手続的法」である、と構成した。

　第2章は、行政法の基本原則（原理）である法治主義（法律による行政、法律の支配）とイギリス法の二大原則（議会主権）たる「法の支配」を、それぞれの源流、すなわちO. マイヤーの「法律の支配」とダイシーの3原則まで遡って発展過程を検証しつつ、現行憲法の下で「具体化された憲法としての行政法」の視点から、行政法の基本原理としてどのような内容の原理として再構成すべきかを、あらためて検討したものである。その際憲法学者からは、人権保障を中心にした、あるいは司法による人権保障、および憲法・法律に適合した行政の適法性原則を中心にした「法の支配」の現代版が提唱され、行政法学者からは、実質的法治国—実質的法治主義、法律の留保の「修正版」—本質性留保説にもとづく「原則授」説（重要事項留保説）や原則全部留保説（＝授権説）および規律態様（密度）論が提唱されるなかで、法の支配の「現代版」と「実質的」法治主義の「関連交錯」—「合一」という展開が大きな潮流として進みつつあることを確認した。そこでこの第2章では、憲法の枠内で憲法上の価値の実現をめざす「手続的・手段的法としての行政法」の立場から、法の支配における手続的正義ないし適正手続（憲法31条）と法治主義における法律の留保という法制度が、それぞれ両原則の主要構成内容をなしており、これを「克服」しな

286

いかぎり両原則の「完全な一致」はないことに留意した。その際実質的法治主義については、憲法規定の根拠づけおよびドイツ行政法、とくにH.J.ヴォルフからの「示唆」として、「憲法・法律に基づく行政の原則」（H.J.ヴォルフ）、ないし「憲法的法治主義の原則」を、そしてそのサブ原則として、法段階説による動態的法秩序の具現化である憲法を含む法律の適正執行（行政の適法性）の原則を、また憲法的法治主義の「積極面」たる「法律の留保」については法律による「適正」かつ「特定」「授権」にとって代えるべき旨をそれぞれ提唱し、もって法の支配の修正版と実質的（＝憲法的）法治主義の行政法総論レベルでの「統合」を実現しうる、といえる。

　第3章では、現代行政法の基本原則の1つとして、ドイツにおいてもわが国でもとくに行政法改革をリードし、かつ現行の行政法への「挑戦」としての効率性の原則が中央省庁等改革基本法などの実定法において規定され、また唱導されている。そこでこの章では、効率性の原則の各実体法上の根拠規定を検証しつつ、またドイツでは、各種行政（訴訟）手続の「簡略化」「迅速化」による「効率性」が叫ばれ、そのため行政法・訴訟制度改革の推進役を果たすべく期待されているなかで、このような傾向に対して重畳的、かつ慎重な手続を課すことによる人権保障をめざす立場からの批判があること、またわが国では、効率性の原則がその具体の内容が明らかにされていないため必ずしも実際の効果を発揮していないという意義とその課題を指摘した。

　第Ⅱ部の第4章は、ドイツにおける三極的・多極的行政法関係における第三者の権利保護、原告適格の問題を、これをリードしたシュミット・プロイス教授（Schmidt Preuss）の教授資格論文を中心素材にしながら、見解の意義と課題を検討したものである。教授によれば、第三者の人権＝（新）公権は、多極的行政法関係において行政庁に対して私人（第三者）が権利・利益の実現を主張するという構図ではなく、行政行為等の名宛人と第三者とは形式的「平等」の地位にありその紛争の実態は、むしろ名宛人と第三者の私人間の「対立」にあり、紛争の局外にある行政庁がこれら当事者の利益間を「調整」することによって紛争解決を行うという新自由主義的思想の法的表現というべき理論が展開されている。ただこれについては、それぞれの紛争タイプにもよるが、第三者の「法律上の利益」（公権）を訴訟の場で（原告適格として）「確認」し、その「範囲」

を拡大することを行政理論上の課題としてきたわが国の立場においては、両者は実質的平等の地位にあるといえるかなどについて根本的疑問があり、またこれらの紛争タイプの「相違」を越えて一律に論じることの困難性、および基本的二極的行政法関係と、多様化した利害関係を映し出す多極的行政法関係との「交錯」をどう統一的に「把握」するか、という問題が残されており、行政総論の一般的概念装置として位置づけることはできないと思われる。

第5章は、行政手続法第10条の「第三者」の「聴聞」規定と、都市計画法における第三者の手続的地位を体系的に考察することによって、前者においてはこの規定を根拠にして、はたして行政手続的多極的行政法関係という「独立」の法関係の「類型」が成り立つのか、後者においては開発許可等の行政行為にともなう付近住民等（第三者）に対する「生活環境」の悪化をもって、その手続法的権利主張として是認されるのか、あるいはそれは単なる「反射的効果」にとどまるのか、考察したものである。

第6章は、行政法関係における「主観的公権」は、行政訴訟の局面においてドイツ法の「権利侵害」（行政裁判所法42条2項）という規定、およびわが国では「法律上の利益」（行訴法9条1項）という規定に実定法上の根拠を持つ。行政行為等の相手方（申請者、納税者、被処分者など）については無条件に原告適格＝法律上の利益が認められるのに対して、それ以外の「第三者」の「法律上の利益」の有無の判定については、通説・判例では、法律上保護されている利益説が支持され、その上で「法律」については、処分等の根拠をなすそれに限定してきた。したがって憲法・基本権は適用されず、行政訴訟の原告適格という「入口」のところで遮られ、第三者の原告適格が「狭い範囲」に限定されてきた。そのためドイツ法における第三者の基本権の適用問題を、ドイツの判例・学説において確かめ、とくに基本法1条・14条においてその適用を確認した上で、わが国法制度・理論への適用可能性を示唆した。

第Ⅲ部のうち第7章は、まちづくり法の中心をなす建築基準法第9条における、違反建築物等に対する除却命令を中心素材にして、自治体でのその執行状況を概観するに、除却命令—代執行といった正規のルートではなく、法律の除却命令権を根拠とする「是正指導」（行政指導）が蔓延しており、権限なき自治体行政と同様の「執行の欠如」という法現象を呈している。これに対する立法

288

あとがき

政策的解決手段の探求、および正規のルートによる執行方法の課題について検討した。

第8章は、行政組織改革として独立行政法人化が進められてきたなかで、全国の国立大学を一斉に「国立大学法人」にする国立大学法人法は、もっぱら行政効率・行政の組織的減量推進の立場から独立行政法人的方向での改革であり、これに対して学問の自由・大学の自治（憲法23条）・教育基本法の立場からは、国立大学における「教育研究の特性」への配属やその「自主性・自律性」の尊重が定められつつも、大学の管理運営が学長中心に集権的に行われるため伝統的大学の自治（＝教授会）のしくみが形骸化する危険性がある点を指摘した。また従来の国大法の制定による国の施設機関から「法人化」への移行に伴って、国（文部科学大臣）と法人との「法律上の関係」の不明、および国大法人の財政的基盤・自治の弱さなど、さまざまな課題を明らかにした。従来の国の施設機関から法人化への移行に伴うさまざまな課題を残すことを明らかにした。

3　本書のうち、新規書き下ろし論文（第1章・第2章）をはじめとして、第7章・第8章を除く既発表の論文（第3章〜第6章）はいずれもドイツ法を「参考」、あるいは「ドイツ法からの示唆」という表現でドイツ憲法・法律・学説・判例を紹介・検討にした比較研究であり、また「疾風どとう」の時期・1989年8月からのドイツ・コンスタンツ大学への留学を起点とする、その後の数度にわたるドイツ訪問による研究・調査の「成果」の一部である。その際コンスタンツ大学での指導教授であったヴィンフリード・ブローム教授（Winfried Brohm）（1932-2012年）には、公私にわたり家族ともども大変親密なお世話をうけた。ブローム教授は「行政の現代的課題と行政法ドグマティーク」という国法学会報告（1971年）や『都市計画法の比較研究』（大橋洋一教授との共著）でわが国にもよく知られ、また大変な親日家でもあった。ここに記してブローム教授・奥様に対して衷心よりお礼を申し上げるとともに、教授のご逝去に対して、温和でかつ謹厳な教授のお姿を偲びつつご冥福をお祈りする次第である。

本書の各論文については、前著『ドイツ公権理論の展開と課題』（法律文化社）と同様に、九州大学名誉教授である手島孝先生には研究会、またはご著作を通

じて親密なご指導をたまわった。手島先生はここ数年体調をこわされ、いまは自宅静養に専念されておられるが、先生のご回復の一日も早からんことを祈るばかりである。

　本書は前述のように、1993年の手島先生還暦祝賀論集所収の論文（第6章）をはじめ、ここ十数年におよぶ期間に発表・公刊された論文から成り立っており、その間の法令の改廃、判例・学説の展開については、必ずしも十分にフォローができているわけではない。ただ、可能なかぎり各論文の水準を高め「整合性」をはかるべく適宜加筆・補正した箇所があり、そのため「ちぐはぐさ」が目立つ箇所が残っていることをお断りしておきたい。今回の出版企画に当たり、既発表の論文や草稿における手書きの加筆補正部分を正確に入力するという、大変面倒な仕事をしてくださった岩橋浩文氏（熊本学園大学准教授）のご協力に対して心より感謝するものである。

　本書の出版自体は2017年3月、法律文化社社長田靡純子氏と相談したことからスタートした。この間、著者の無理難題な、さまざまな要求に対して誠実にかつ迅速に対応していただいた法律文化社の編集部員・上田哲平氏には原稿・加筆修正内容等についても貴重なアドバイスを受けた。ここに記して社・氏に対して衷心よりあらためて感謝する次第である。

　こうして半世紀に及ぶ（大学での）教員生活を終える「定年・退職」に当たり、積年の課題であった行政法理論（総論）と憲法に関するモノグラフィーを出版することができて、感慨深いものがある。「学んで然る後にその不足を知る」という諺があるが、あらためて「不足」部分の多さを実感するところである。この間、変わらず物心両面にわたり支援・協力していただいた友人や妻・家族にもお礼の言葉を述べておきたい。

　　2018年4月　宮崎市は桜ヶ丘の自宅書斎にて

　　　　　　　　　　　　　　　　　　　　　　　　中 川 義 朗

索　引

あ

異議審査請求 ……………………………… 133, 153
意見書提出権 ……………………………………… 182
委任命令 ………………………………………………… 96
運営費交付金 ………………………………………… 262
営業法 …………………………………………………… 217
エージェンシー …………………………………… 264, 265
沿岸漁場整備開発法 ……………………………… 146
オンブズマン ……………………………… 236, 257

か

会計検査院法 …………………………… 141, 143, 147
外国人法 ………………………………………………… 217
（改正）行政事件訴訟法 ‥ 54, 107, 124, 145, 152,
　　179, 180, 203, 220, 251
科学技術基本法 ……………………………………… 123
学　長 ………………………………… 263, 277, 278
学問の自由 …… 262, 263, 268, 272, 275, 276, 279,
　　282
河川法 …………………………………………………… 71
学校教育法 ……………………… 265, 269, 273, 274, 276
学校法 …………………………………………………… 92, 93
環境影響評価法 …………………………………… 195, 197
環境基本法 …………………………………………… 122
環境権 …………………………………………… 226, 258
環境法（政策）…………………………………… 130, 202
間接強制 ……………………………………………… 255
官　吏 ………………………………………………… 202
議院内閣制 …………………………………………… 25
議会主権 ……………………………………………… 10
議会審議の公開性 ………………………………… 99
議会留保 …………………………………… 21, 82, 98, 114
機関訴訟 ……………………………………………… 221
規制緩和 ………………………… 119, 126, 131, 155, 265
起訴便宜主義 ………………………………………… 243

基本権 ……… 91, 93, 94, 96, 102, 114, 115, 171, 172,
　　206, 212, 221, 226, 228
基本権適用（論）……………………… 227, 229, 231
基本権保護 …………………………………………… 81
基本法 …… 5, 20, 37, 39, 94, 115, 120, 122, 129,
　　159, 167, 173, 174, 224
義務づけ（訴訟）………………………… 205, 235, 245
給付行政 ……………………………………… 40, 92, 98
給付・授益（行政）………………………………… 70
教育基本法 …… 265, 267, 269, 276, 277, 279, 282,
　　283
教育研究評議会 ………………………… 263, 273, 274, 277
教育公務員特例法（教特法）…… 265, 278, 279,
　　283
教授会 ……………………………………… 273, 277, 279
行政概念 ………………………………………………… 3
行政概念控除（消極）説 ……… 3, 17, 24, 47, 64
行政概念積極説 ………… 3, 6, 13, 14, 41, 60, 61
行政概念結合説 ……………………………… 3, 18, 24, 34
行政過程（論）………………… 54, 119, 124, 151, 152
行政機関 ………………………… 16, 28, 30, 31, 32, 36
行政機関情報保護法 ……………………………… 251
行政強制 ……… 236, 237, 241, 251, 252, 254, 255
行政計画 ……………………………………………… 57
行政契約 ……………………………………………… 57
行政権 ……… 4, 32, 37, 48, 49, 52, 63, 72, 74, 82,
　　101, 154, 210, 256
行政行為 ………………… 15, 57, 70, 99, 189, 222, 239
行政国家 …………………………………… 101, 196
行政裁判所 ……………………………… 107, 176, 255
行政裁判所法 ……… 126, 132, 133, 159, 161, 164,
　　165, 171, 182, 211, 216, 222
行政事件訴訟特例法 …………………………… 107 220
行政執行法 …………………………………………… 248
行政指導 …… 184, 236, 240, 241, 242, 244, 248,
　　249, 258

行政私法	………………………………	31
行政主体	…………………	30, 36, 39
行政手法論	………………………	119, 124
行政上の法律関係	……………………	15, 185
行政処分	……………………………	236, 237
行政争訟法	………………………………	143
行政相談	……………………………	235, 236
行政組織法	…………………	102, 263, 269, 271
行政訴訟	………………………	235, 236, 242
行政代執行（法）	…………………	254, 255
行政庁	…………………………………	30, 237
行政調査	…………………………………	57

行政手続 ……… 110, 143, 152, 191, 198, 249, 250

行政手続法 …… 54, 58, 110, 145, 152, 179, 183,
192, 193, 194, 197, 200, 201, 236, 249, 251

行政手続4原則	……………………………	110
行政法の憲法依存性	………………………	77
行政の効率性	…………………………	121, 145
行政の適正手続	……………………………	54
行政の法治主義	…………………	103, 138, 230
行政罰	…………………	239, 240, 252, 254, 257
行政不服審査（法）	………	35, 54, 145, 236, 246
行政法概念	………………………………	3
行政法概念特有法説	…………………	4, 15, 32, 61
行政法概念総合的行政主体説	……	15, 16, 51, 61
行政法概念行政機関法説	……………………	32
行政法概念国内公法説	……………	4, 15, 61, 65
行政法概念メルクマール説	……………………	22

行政法関係（論）…… 119, 124, 165, 167, 181, 184,
185, 209

行政法政策学	…………………………………	40
行政法の「政策化」	…………………	120, 123
行政法のしくみ	…………………………	119
行政領域論	…………………………	119, 124
漁港法	…………………………………	71
規律密度	……………………………	92, 96
記録資料の閲覧（権）	………	55, 58, 59
近鉄特急事件	…………………………	185, 194

具体化された憲法（としての行政法）…… 59, 72,
73, 74, 81, 136

国地方係争処理委員会	…………………	57, 270

経営協議会	………………………	263, 274
計画確定（手続）	…………………	58, 132
計画変更命令権	…………………	270, 275
経済監視法	………………………………	217
権限濫用	……………………………	90, 106

原告適格 …… 124, 154, 185, 188, 193, 194, 205,
206, 207, 208, 209, 213, 222, 223, 225, 226,
229, 230, 231, 235

検察審査会制度	……………………………	60
検察庁法	…………………………………	254
原子力施設令	………………………………	160
原子力発電所の設置認可	…………………	155
原子力法	……………………	161, 175, 217
原子炉等規制法	…………………	55, 204, 224
建設法	……………………………	175, 224
建設法典	………………………	171, 216
建築確認	…………	34, 181, 238, 248, 257

建築基準法 ……… 27, 34, 181, 236, 237, 238, 239,
240, 241, 243, 244, 245, 246, 247, 249, 250,
252, 253, 256, 257, 258

建築士法	…………………………………	257
建築主事	…………………………………	238
建築詳細計画	………………………………	172
建築審査会	………………………	236, 246
原発無効確認等訴訟	………………………	208

憲法・法律適合性（憲法的法治主義）の原則
116

憲法異議	…………………………………	81
憲法具体化法	………………………	24, 110
憲法超然的行政法	…………………………	74
憲法的価値（憲法上の価値）	…………	53, 74
憲法的法律	………	79, 83, 86, 116, 227
憲法（の）優位（論）	…………………	24, 59
「権利侵害」条項	…………………………	176
権利の章典	………………………………	107
権利平等の原則	……………………………	89
権力関係	……………………………	99, 190
権力行使（行政）留保説	…	70, 100, 102, 114, 250
権力分立	…………	17, 25, 48, 62, 76, 104
権利濫用	……………………………	51, 138
公役務	……………………………………	76

効果の最大化（の）原則 …………… 141, 143

公共の事務（政策形成的、法執行的公共事務）
………… 24, 39, 42, 44, 49, 51, 53, 66, 69

公共性 ……………………………… 264

公行政留保説 ………………… 101, 103

公共利益 …………………………… 224

航空機騒音障害防止法 ………… 209, 225

航空法 ………………… 209, 218, 225

公　権 ………………… 189, 190, 212

高　権 ……………………………… 11

公権力（の行使）… 30, 54, 70, 190, 251, 272,
275, 282

公権（理）論 ………… 70, 154, 212

抗告訴訟 ………………………… 222, 270

公衆浴場法 …………………… 208, 218

公聴会 ………………………… 55, 194

公的利益 …………………………… 216

幸福追求権 ………………………… 221

公法私法2元論 ……… 15, 26, 27, 34, 61, 72

公法と私法の区別 ………………… 255

公務員法 ……………… 143, 144, 147

公有水面埋立法 …………………… 218

効率性 …… 126, 128, 129, 137, 138, 139, 142, 144,
146, 147, 265

効率性（の）原則 ……………… 125, 148

高齢社会対策基本法 ……………… 122

高齢者等の移動等の円滑化法 …… 56

コースの定理 …………………… 130

国税滞納処分 …………………… 255

国税通則法 ………………………… 57

告知・聴聞 ………………………… 55

国民投票 …………………………… 56

国務の総理 ………………………… 49

国立学校設置法 …………………… 261

国立学校特別会計 ………………… 281

国立大学法人 ……… 261, 263, 268, 269, 270, 272,
273, 276, 277, 279, 280, 282

国立大学法人評価委員会 ………… 272

国立大学法人法（国大法）…… 261, 264, 266, 267,
272, 274, 276, 280, 282

国家行政組織法（国行組）… 16, 36, 37, 51, 127,

254

国家公務員法 ……………… 96, 144

国家指導計画 ……………………… 20

国家賠償 ………… 236, 242, 251, 278

コンセイユ・デタ ……………… 11, 76

さ

ザールラント事件 ……………… 159

罪刑法定主義 ………………… 98, 106

最高機関 …………………………… 72

財政的自治 …………… 280, 281, 283

財政法 ………………… 140, 141, 143, 144

裁判員制度 ………………………… 60

裁判外紛争解決手続（ADR）…… 235

裁判を受ける権利 ………………… 270

財務及び会計 ……………………… 280

財務大臣 …………………………… 281

裁量権（行為）…………… 106, 199

裁量権の濫用（逸脱）………… 245, 247

裁量収縮論 ………………………… 247

差止め …………………………… 235

「参加」「協働」…………… 54, 55, 56, 60

参加権 …………………………… 163

三極（的）・多極的行政法関係 …… 151, 202, 206,
222

三面（的）関係 ………… 180, 195, 202, 244

私　化 …………………………… 131

指揮監督権 ………………………… 51

市場原理 …………………………… 155

私人による行政 …………… 27, 33, 34

質屋営業法 ………………………… 218

執行権 …………… 20, 22, 52, 63, 82, 83

実効性確保 ………………………… 237

執行停止 …………………………… 180

執行罰 ………… 237, 248, 249, 255, 256

執行命令 …………………………… 96

実質的意義の行政 ……………… 45, 47

実質的当事者訴訟 ………………… 235

実質的法治国 …………… 71, 94, 106, 111

実質的法治主義 ………… 20, 142, 228, 237

執政権 …………………… 50, 60, 63

293

指定確認検査機関 …………… 27, 34, 238, 241

指定管理者 ……………………………… 27, 34

司法制度改革推進法 ……………………… 122

市民参加 ………………… 37, 53, 55, 56

社会形成 ……………………………………… 41

社会国家 ………… 14, 94, 114, 154, 157, 174, 191

社会的法治国 …… 20, 40, 81, 114, 132, 157, 158,
　　161, 187, 211, 228

社会留保説 ………………… 70, 100, 114

宗教法人法 ……………………………………… 276

自由権 …………………………………………… 102

自由裁量 …………………… 89, 245, 246

ジュース不当表示事件 ………………… 207, 209

住宅建設地法 ……………………………………… 132

自由と財産 …………………… 87, 112, 228

住民監査請求 …………………………………… 55

住民参加 ………… 148, 196, 198, 201, 202

住民訴訟 …………………………… 72, 124

住民投票条例 …………………………………… 55

収用委員会 ……………………………………… 197

重要事項留保説　→本質性留保（説）へ

授　権 ………………………………… 96, 100

授権原則説 ……………………………… 101, 103

授権執行の原則 ………………………………… 109

循環型社会形成推進基本法 ………………… 123

障害者基本法 ……………………………………… 122

情報公開法 ………………………… 124, 195

消防法 ……………………………………… 239

条　理 ……………………………………… 96

除却命令 ……… 236, 238, 239, 240, 241, 243, 244,
　　246, 247, 248, 250, 251, 252, 257, 258

食料・農業・農村基本法 ……………………… 123

処分性 …………………… 235, 236, 252

自力執行力 ……………………………………… 99

侵害行政 ……………………………………… 98

侵害留保（説）… 70, 90, 91, 94, 95, 97, 100, 102,
　　114, 115, 250

人格的自律権 …………………………………… 73

人格の自由な発展権（ボン基本法第2条）… 228

信義則 ……………………………………… 33

信教の自由 ……………………………………… 276

人　権 ……………………… 53, 72, 142

人権法（イギリス・1998年法律42）………… 107

審査基準・処分基準 ……………………………… 55

審査請求 ……………………………………… 246

人身の自由 …………………………… 105, 107

人身保護法 ……………………………………… 107

森林法 ……………………………………… 218

水質汚濁防止法 ……………………………………… 239

水道水源確保条例 ……………………………… 56

政策学 ……………………………………… 39

政策形成 ……………………………………… 37

政策評価 ……………………………………… 139

政策評価法 …… 120, 121, 125, 126, 127, 139, 140,
　　143, 146, 148

政治（統治）／行政2分論 ……………………… 20

生存権 ……………………………………… 258

制定法準拠主義 ……………………………… 229

制度的・技術的概念 ……………………………… 62

政府系特殊法人 …………………… 270, 271

是正指導 …………………… 240, 250

全国新幹線鉄道整備法施行令 ………………… 146

全部留保（説）………… 71, 85, 97, 100, 102, 103

騒音規制法 ……………………………………… 239

組織規範 ……………………………………… 91

租税法 ……………………………………… 201

租税法律主義 …………………… 98, 142

た

代替的作為義務 ……………………………… 239

大学の自治 …… 262, 263, 272, 275, 279, 282, 283

大気汚染防止法 ……………………………………… 239

大規模施設の設置認可 ………………………… 155

第三者の原告適格 … 182, 222, 224, 225, 226, 227,
　　230, 231

第三者の訴訟参加 ……………………………… 182

ダイシー（法の支配）3原則 …………… 74, 104

代執行 …………………… 240, 254, 257

宝塚市パチンコ店事件最高裁判決 ………… 256

多極的行政法関係 …… 84, 152, 153, 154, 156, 161,
　　162, 164, 165, 168, 169, 176, 178, 179, 180,
　　181, 182, 183, 184, 186, 189, 191, 192, 193,

194, 195, 199, 200, 201, 231

多極的の法関係 ……………… 155, 160, 167

宅地開発指導要綱 ……………………… 248

宅地建物取引業法 ……………………… 257

地方公務員法 ……………………………… 144

地方財政法 ……………… 140, 141, 144

地方自治法 …… 102, 139, 140, 141, 143, 144, 147

地方分権改革 ………………………………… 57

中央省庁等改革基本法 … 122, 125, 140, 267, 282

中期計画 …………… 262, 263, 269, 271, 272, 282

中期目標 …………… 262, 271, 272, 274, 283

聴　聞 ……………………………………… 55, 58

直接強制 ……………………………………… 255

直接請求 ……………………………………… 55

帝国大学令 …………………………………… 261

適正手続 …… 65, 72, 106, 108, 110, 112, 133

適法処分の原則 ……………………………… 109

手続の参加権 ……………………………… 199

手続的デュープロセス ……………………… 109

手続的法治国 ………………………………… 55

鉄道事業法 ………………………………… 186

電子政府・電子自治体 ……………………… 119

電波法 ……………………………………… 208

ドイツ連邦行政手続法 ……………………… 145

ドイツ連邦共和国基本法　→ボン基本法へ

統治行為 ……………………………………… 4, 51

動物保護法 ……………………………………… 85

道路交通法 ………………………………… 254

特殊法人等改革基本法 ……………………… 122

特定授権（説）…………………………… 90, 98

特定多目的ダム法 ………………………… 146

特定留保 ……………………………………… 97

特別委任 ……………………………………… 23, 34

特別権力関係 ……… 15, 70, 92, 93, 98, 178, 190

独立行政法人 ……… 119, 264, 266, 268, 271

独立行政法人国立高等専門学校機構法 …… 267

独立行政法人国立大学財務・経営センター法 … 267

独立行政法人大学評価・学位授与機構法 … 267

独立行政法人通則法 …… 262, 265, 276, 280, 282

都市計画 ……………………………… 196, 202

都市計画法 …… 55, 183, 195, 196, 197, 198, 200,

201, 236

都市再開発法 ………………………………… 195

土地改良法（施行令）……… 143, 146, 195, 197

土地基本法 …………………………………… 122

土地区画整理法 …………………………… 195, 197

土地収用法 ………………… 194, 195, 196

取消訴訟 ……… 124, 152, 153, 154, 159, 160, 164,

179, 182, 194, 205, 206, 219, 220, 221, 222,

226

取消訴訟の原告適格 ………… 203, 207, 208, 227

取消理由の制限 ……………………………… 223

な

内　閣 ……………………… 16, 32, 51, 52

内閣法 ……………………………… 37, 50, 102

成田新法事件最高裁判決 ……………………… 110

二重効果（複効）的の行政行為 …… 152, 153, 156,

159, 161, 164, 165, 166, 167, 176, 179, 181,

182, 206

二重処罰 ……………………………………… 257

日本国憲法 ………………………… 106, 115

日本鉄道建設公団 ………………………… 283

二面的（法）関係 ………………… 156, 157

認　可 ……………………………………… 270

人間の尊厳 ……………… 141, 148, 228

は

廃棄物処理法 ……………… 55, 175, 182, 195, 197

パブリック・コメント ……………… 57, 249

反射的利益 ……… 207, 208, 210, 212, 215

非公務員型 ……………………………………… 265

ビスマルク帝国憲法（1871年4月16日）…… 75

費用最少化原則 ……………………………… 141

平等原則 ……………… 33, 51, 89, 107

費用便益分析 ………………………………… 131

比例（性）原則 ……………… 109, 138, 139

福岡県行政手続条例 ………………………… 152

普通法（コモン・ロー）…………… 89, 105

不当景品類及び不当表示防止法 ……… 208, 218

プロイセン一般ラント法（1794年）…… 43

文化財保護法 …………………… 207, 218

295

ベルリン憲法（2006年7月6日第9次改正憲法）
…………………………………………… 20
弁明の機会の附与 ……………………… 55
法段階説 ………………………………… 96
包括（グローバル）授権 …………… 90, 97, 98
包括的権利保護制度 …………………… 228
法規命令 ………………………………… 94
法政策（学）………………… 38, 130, 190
法治国 ……… 11, 78, 85, 94, 108, 113, 115, 148
法治主義 …… 8, 67, 69, 72, 74, 86, 94, 108, 109,
110, 111, 115, 139, 142, 227, 250
法的しくみ論 …………………………… 124
法的（法律の）保護に値する利益説 … 221, 229
法の支配 …… 10, 67, 69, 72, 74, 89, 106, 108, 109,
110, 111, 113, 237, 248
法律上の利益 … 185, 219, 220, 225, 227, 228, 229
法律上保護された利益 …… 190, 204, 210, 213
法律による行政 ……………… 69, 86, 88, 89, 103
法律の執行（説）…………… 46, 62, 65, 111
法律の優位 …………… 67, 70, 96, 115, 228
法律（の）留保 …… 67, 70, 85, 88, 90, 91, 97, 99,
101, 103, 109, 112, 114, 115, 228
保護規範説 …… 154, 169, 188, 203, 206, 207, 208,
209, 210, 211, 212, 213, 215, 216, 217, 219,
220, 221, 226, 229, 230
保障行政 ………………………………… 36
ボン基本法 … 82, 97, 115, 137, 141, 154, 157,
161, 177
本質性留保（説）… 71, 87, 90, 95, 101, 103, 114
本質性理論 …………………………… 93, 100
本質的・理論的概念 …………………… 62

ま

マグナ・カルタ ……………………… 98, 107
まちづくり行政 ………………………… 258
民営化 …………………… 126, 131, 134
民主的正統性 ………………… 82, 91, 94
無瑕疵裁量行使請求権 ………………… 211
無効等確認訴訟 ………………… 124, 224
命　令 …………………………………… 53

命令等意見公募手続 …………………… 59
もんじゅ原子力発電所設置無効等確認訴訟 … 204
文部科学大臣 ……… 270, 273, 274, 277, 280, 281

や

郵便法 …………………………………… 84
ヨーロッパ共同体（EU）……………… 136
抑制と均衡 ……………………………… 64
予算原則法 ……………………………… 134

ら

立憲君主制（政）………… 17, 68, 101, 102, 178
立法機関 ………………………………… 72
理由の付記 ……………………………… 55
隣人訴訟 ………………………………… 158
連邦イミッシオン防止法 ………… 136, 162, 175
連邦官吏法 ……………………………… 93
連邦行政（高等）裁判所 …… 160, 172, 216, 219,
223
連邦行政手続法 …… 101, 126, 132, 133, 162, 182
連邦憲法裁判所 …… 91, 92, 102, 114, 159, 224
連邦自然保護法 ………………………… 138
連邦土地保護法 ………………………… 85
連邦予算法 ……………………………… 134

わ

ワイマール憲法（1919年8月11日）…… 68, 79,
86, 88, 96

【著者紹介】

中川 義朗（なかがわ よしろう）　熊本大学・宮崎大学名誉教授

1942年生まれ
九州大学大学院法学研究科博士課程退学　博士（法学・九州大学）
宮崎大学教育学部助教授、熊本大学法学部教授、熊本学園大学特任教授を経て現職

〔主要著書〕
『新基本行政法学〔第2版〕』（共監修）法律文化社、2016年
『これからの地方自治を考える―法と政策の視点から』（編著）法律文化社、2010年
『熊本大学21世紀地方自治叢書1　地方分権と政策』（編著）成文堂、2007年
『現代の人権と法を考える〔第2版〕』（編著）法律文化社、2006年
『地方公務員政策法務ハンドブック』（編著）熊本県市長会、2005年
『ドイツ公権理論の展開と課題―個人の公法的地位論とその権利保護を中心として』
　（単著）法律文化社、1993年

Horitsu Bunka Sha

行政法理論と憲法

2018年6月10日　初版第1刷発行

著　者　　中　川　義　朗
発行者　　田　靡　純　子
発行所　　株式会社　法律文化社
　　　　　〒603-8053
　　　　　京都市北区上賀茂岩ヶ垣内町71
　　　　　電話 075(791)7131　FAX 075(721)8400
　　　　　http://www.hou-bun.com/

＊乱丁など不良本がありましたら、ご連絡ください。
　送料小社負担にてお取り替えいたします。

印刷：西濃印刷㈱／製本：㈱藤沢製本
装幀：前田俊平
ISBN 978-4-589-03896-8
ⓒ 2018 Yoshiro Nakagawa Printed in Japan

JCOPY　〈(社)出版者著作権管理機構　委託出版物〉

本書の無断複写は著作権法上での例外を除き禁じられています。複写される場合は、そのつど事前に、(社)出版者著作権管理機構（電話03-3513-6969、FAX03-3513-6979、e-mail: info@jcopy.or.jp）の許諾を得てください。

手島 孝・中川義朗監修／村上英明・小原清信編

新基本行政法学〔第2版〕

A 5 判・354頁・3300円

行政法令の重要な改正（行政不服審査法、マイナンバー法、文書管理法、行政手続法、地方自治法など）や重要判例の展開をふまえ、バージョンアップ。学生、公務員の標準テキストとして最適。

中川義朗編〔HBB〕

現代の人権と法を考える〔第2版〕

四六判・346頁・2500円

現代社会を読み解くうえで最も重要なキーワードである「人権」について、アクチュアルなテーマをとりあげ、初学者にもわかりやすく解説した人権論、人権問題の入門書。最近の法制度・理論・実態の動きをふまえて改訂。

高橋雅人著

多元的行政の憲法理論
―ドイツにおける行政の民主的正当化論―

A 5 判・276頁・6000円

多元化する行政組織と作用について、ドイツの「民主的正当化論」を整理のうえ、多元的行政に対応する民主主義モデルを検討する。民主的正当化による憲法理論の可能性と限界の考察を踏まえ、その再編成を試みる。

安藤高行著

憲 法 と 自 治 体 争 訟

A 5 判・310頁・6400円

「思想・良心の自由」「政教分離」などの憲法上の権利の侵害や原則違反が争点となった自治体争訟をとりあげ、憲法と行政権行使との関わりを解明する。「人権の主体」（法人の人権）のテーマにも考察を及ぼす。

君塚正臣著

司 法 権 ・ 憲 法 訴 訟 論
〈上巻〉〈下巻〉

A 5 判・626頁・10000円／A 5 判・772頁・11000円

戦後日本の司法権・憲法訴訟論における法理、法解釈の主要論点のすべてを考察。日本国憲法の下で裁判所が法的および憲法判断を行う際のルールを解明し、司法の在り方への理論的・実務的な要請に応える。

―――――法律文化社―――――

表示価格は本体（税別）価格です